찰스 하츠혼의 철학적 신학

정승태 지음

침례신학대학교출판부

| 차례 | 찰스 하츠혼의 철학적 신학 |

약어 및 참고자료   9

감사의 글   13
    배국원 총장   13

추천의 글   16
    정연홍 교수   16
    장왕식 교수   21

머리말   25

제1장   하츠혼의 생애와 사상적 배경   33

제2장   과정사상의 역사적 전개   81

제3장   신고전 형이상학   107
    형이상학의 성격   111
    형이상학의 방법   118
    미학의 논리   123
    나가는 말   128

제4장 하츠혼의 우주관   131
생성으로서의 우주   136
과정으로서의 우주   139
범정신으로서의 우주   144
나가는 말   152

제5장 신고전 유신론   155
신고전 유신론의 논리   158
신의 절대성과 상대성   163
신의 영원성과 시간성   170
신의 필연성과 우연성   175
나가는 말   181

제6장 신의 사회성   185
전통신학의 모순과 비사회적 관계   189
신의 사회적 개념   193
공감적 의존성   198
신의 인격성   202
나가는 말   208

제7장 신의 속성   211
신적 힘   215
신적 지식   222
신적 거룩함   230
나가는 말   236

제8장	인간이해	239
	경험의 구조	243
	경험적 단위 - 사건으로서의 인간	251
	나가는 말	262

제9장	과정 신정론	265
	악의 발생적 근거	269
	본래적 선과 본래적 악	275
	악과 신의 역할	281
	나가는 말	285

제10장	죽음의 미적 의미	289
	죽음의 전통적 견해	292
	객체적 불멸성	299
	생명과 신적 기억	305
	나가는 말	313

제11장	과정철학과 포스트모던 신앙	317
	모던적 신앙 양태	322
	포스트모던 신앙 양태	331
	나가는 말	341

제12장	과정 종말론	343
	역사의 문제	347
	자유를 향한 희망	352

희망의 원리로서의 신	359
나가는 말	363

제13장 과정철학의 유용성   367

예배의 가치로서의 신	370
과정으로서의 사고	374
비분절적 이원론의 사고	378
미적 느낌의 사고	381
창조적 자기 변혁으로서의 과정사상	384

후주   389

참고자료   435

약어 및 참고자료

EA   Existence and Actuality: Conversations with Charles Hartshorne (Chicago: University of Chicago Press, 1984).

AD   Anselm's Discovery: A Re-examination of the Ontological Argument for God's Existence (La Salle: Open Court, 1962).

AW   Aquinas to Whitehead: Seven Centuries of Metaphysics of Religion(Milwaukee: Marquette University Press Publishing, 1976).

BH   Beyond Humanism: Essays in the Philosophy of Nature (Gloucester: Peter Smith, 1975).

BS   Born to Sing: An Interpretation and World Survey of Bird Song (Bloomington: Indiana University Press, 1973).

CS   Creative Synthesis and Philosophic Method (La Salle: Open Court, 1970).

CA   Creativity in American Philosophy (Albany: State University of New York Press, 1984).

DL	The Darkness and the Light: A Philosopher Reflects Upon His Fortunate Career and Those Who Made It Possible (Albany: State University of New York Press, 1990).
DR	The Divine Relativity: A Social Conception of God (New Haven: Yale University press, 1948).
NWV	Hartshorne: A New World View, eds. Herbert F. Vetter (Cambridge: Harvard Square Library, 2007).
IO	Insights and Oversights of Great Thinkers (Albany: State University of New York Press, 1983).
LP	The Logic of Perfection and Other Essays in Neoclassical Metaphysics (La Salle: Open Court, 1962).
MVG	Man's Vision of God and the Logic of Theism (Chicago: Clark Co., 1941).
NT	A Natural Theology for Our Time (La Salle: Open Court, 1967).
OO	Omnipotence and Other Theological Mistakes (Albany: State University of New York Press, 1984).
OD	An Outline and Defense of the Argument for the Unity of Being in the Absolute or Divine Good, doctoral dissertation, Harvard University (1923).
PSG	Philosophers Speak of God (Chicago: University of Chicago Press, 1953).
PPS	The Philosophy and Psychology of Sensation (Chicago: University of Chicago Press, 1934).

RSP	Reality as Social Press: Studies in Metaphysics and Religion (Boston: The Beacon Press, 1953).
WP	Whitehead's Philosophy: Selected Essays, 1935-1970 (Lincoln: University Press of Nebraska Press, 1972).
WV	Whitehead's View of Reality (New York: Pilgrim Press, 1981).
WM	Wisdom as Moderation: A Philosophy of the Middle Way (Albany: State University of New York Press, 1987).
ZF	The Zero Fallacy: and Other Essays in Neoclassical Philosophy, ed. Mohammad Valady (La Salle: Open Court, 1997).

감사의 글

배 국 원 총장
침례신학대학교

제가 아는 교수들 가운데 정승태 박사는 가장 부지런한 분 가운데 한 사람입니다. 컴퓨터, 운동, 음악, 미술 등 다양한 분야에서 다재다능한 능력과 여유를 즐기는 멋진 분입니다. 얼핏 보기에도 바쁘기 그지없는 가운데 저술과 번역활동도 왕성하니 참 대단한 분이 아닐 수 없습니다.

정승태 박사가 다시 한 번 특유의 왕성한 의욕으로 새로운 저서를 출판하게 됨을 진심으로 축하드립니다. 특히 이번 저서는 정승태 박사가 오랫동안 연구해 왔던 과정철학자 찰스 하츠혼(Charles Hartshorne)에 대한 본격적인 연구서입니다. 잘 알려진 것처럼 하츠혼은 오늘의 과정철학이 있게 하는데 결정적인 공헌을 세운 인물 중 한 사람입니다. 흔히 「과정과 실재」를 발표한 알프레드 노스 화이트헤드(Alfred N. Whitehead)가 과정철학의 아버지라면 찰스 하츠혼은 그 어머니가 된다고 비유합니다. 하츠혼의 사고체계가 더욱 조직적이라는 의미에서 「로마서」를 쓴 바울에 비교하는 어떤 분의 논평도 읽은 적이 있습니다. 하츠혼이야말로 과정신학 형성에 직접적인 영향을 준 사람이라는 점을 감안한다면 일리가 있는 논평인 듯합니다.

　20세기 미국의 가장 독자적인 신학이라고 평가받는 과정신학의 형성을 이해하기 위해서 하츠혼에 대한 연구는 필수적이라고 생각됩니다. 하버드에서 화이트헤드에게 사사했던 하츠혼이 시카고 대학에서 존 캅의 스승이 되었고 후에 캅이 클레어몬트에서 과정신학을 꽃피우게 되는 과정에서 하츠혼은 중요한 중간고리의 역할을 담당하고 있기 때문입니다. 과정철학이나 과정신학을 과연 포스트모던 신학의 일종으로 볼 수 있는가 라는 문제에 관해서는 이견이 있을 수 있습니다. 가령 캅의 수제자인 데이비드 그리핀은 과정신학을 포스트모던 신학의 대표로 부각시키는 반면 후기자유주의 신학자인 윌리암 플래처, 해체신학자인 마크 테일러 등은 과정신학을 기존의 거대 담론적 신학, 곧 메타 내러티브(meta narrative)을 전형으로 비판하기 때문입니다. 그러나 과정신학이 다양한 현대 신학적 움직임 가운데 가장 활발하게 논의되는 이론 가운데 하나라는 사실은 분명합니다. 결론적으로 현대신학의 중요한 흐름인 과정신학을 알기 위해서는 하츠혼을 필히 이해하여야만 하고, 바로 그것이 정승태 박사의 저서가 우리에게 큰 도움을 줄 주제입니다.

　화이트헤드의 과정철학이 근대의 과학적 세계관을 반영한 형이상학 체계를 지향한다는 사실은 잘 알려져 있습니다. 현대적 과학적 가치를 반영하는 과정철학에 기초한 과정신학은 어쩔 수 없이 전통적 기독교 세계관과 갈등을 빚기도 했습니다. 13세기 토마스 아퀴나스의 신학에 기초한 이른바 "고전적 토마스주의"(Classical Thomism)에 대한 하츠혼의 공격은 유명하고 또 맹렬한 논쟁을 유발하기도 했습니다. 결과적으로 존 캅의 과정신학 역시 정통 기독교 교리와 충돌하는 부분이 없지 않아서 복음주의 진영의 우려를 자아내기도 했습니다. 그러나 최근에 소위 "열린 유신론"(Open Theism)에 관한 관심이 고조되면서 복음주의 신학자와 과정신학자들 사이에 생산적인 대화가 증가하고 있어 기대를 높이고 있습니다.

최근 신학의 이런 움직임을 감안할 때 정승태 박사의 「찰스 하츠혼의 철학적 신학」은 아주 적절한 시점에 발간된다고 생각되어 더욱 반갑게 느껴집니다. 이 저서를 통하여 하츠혼과 과정신학에 대한 비판적 이해가 크게 증대할 수 있으리라고 믿고 기대합니다.

추천의 글

정 연 홍 교수
충남대학교 철학과
전 한국 화이트헤드학회 회장

    인간은 알고자 욕구하는 동물이다. 앎(知)을 근원적으로 추구하는 학문이 철학이다. 철학분과의 하나인 종교철학은 종교적 믿음이나 신념을 이성적 성찰을 통하여 비판적으로 연구하는 학문이다. 종교철학이 종교적 믿음이나 신학이론들을 철학적 방법으로 합리적으로 정식화하고 해석하려는 영역이라면, 그것은 비판적 탐구를 통하여 종교적 믿음이나 신학이론들의 진리성과 타당성을 논증하는 학문 분과이다.
    종교철학은 종교나 신학의 특정 주제들 예컨대 신, 인간, 구원, 기적과 같은 다양한 주제들을 철학적으로 정식화하고 해명하는 작업 속에서 그 의미를 갖는다. 그렇기 때문에 종교철학은 방법론상 두 가지 기능, 즉 분석적 기능과 종합적 기능을 갖는다. 분석적 기능은 비판적 기능으로서, 이론체계에 나타난 정합성, 논리적 일관성, 실재성과 개념과의 관계 그리고 진리의 정당성을 검토하는 것이다. 반면에 종합적 기능은 보편적 진리에 도달하려는 기능으로서 실재의 특성, 삶의 목적, 기원, 의식의 상태, 운명과 궁극적 물음과 같은 포괄적인 문제들을 다루는 탐구

기능이다.

　인식론적 관점에서 종교철학은 두 가지 범주, 정초주의와 비정초주의로 나누어진다. 정초주의 인식론은 객관적이지만 반면에 비정초주의는 인식론적 상대주의적 입장이다. 데카르트와 라이프니츠와 같은 합리론자들과 로크, 버클리와 흄과 같은 경험론자들에 의해 뒷받침되어 온 정초주의는 절대주의, 근본주의와 객관주의의 특징을 지닌다. 인간은 창조주에 의해 창조되었기 때문에 신에 대한 믿음은 자연스러운 것이라는 플랜틴가와 워트스트로프의 주장은 정초주의 인식론에 속한다. 이에 반해 비정초주의는 주관주의, 상대주의, 비합리주의, 회의주의와 자유주의의 인식론으로서 철학의 잘못된 접근 방식에서 오는 비판으로 시작된다. 합리성, 진리, 실재, 옳음, 선과 그리고 규범과 같은 개념들은 문화, 사회, 삶의 양식, 이론적 주조의 틀과 패러다임에 따라 달라지는 상대적이라는 것이다.

　종교철학에서 인식론적 범주를 수용한다면, 이때 "신은 존재하는가?" "신이 존재한다면 어떻게 알 수 있는가?"와 같은 물음이 제기된다. 다시 말하자면 인식론적 근거에서 신 존재 증명을 논증해야 한다. 신 존재 증명은 선험적 논증 방식과 후천적 논증방식으로 대별된다. 선험적 논증방식은 이성에 의거하여 신 존재를 논리적으로 추론을 하려는 존재론적 논증형식으로서 안셀무스, 데카르트, 칸트와 하츠혼(Charles Hartshorne)이 그 대표적인 철학자들이다. 그리고 후천적인 논증은 우주론적 논증과 목적론적 논증으로 나누어지며, 이 논증방식은 후천적인 경험을 통해 주어진 사실, 즉 존재하는 것과 우주의 원인을 규명하고자 하는 방식이다.

교부철학자 테르툴리아누스가 제기했던 "아덴과 예루살렘을 무슨 관계가 있는가?" 하는 물음은 철학과 종교가 무슨 관계가 있는가 하는 물음으로 환원된다. 서구의 중세철학사에서 초기 교부들이 히브리적 신앙을 그리스철학의 경지로 고양시키는 작업을 한 역사적 사실로 미루어 볼 때 아덴과 예루살렘은 양립 불가능한 것이 아니라 상보적인 것이라고 생각된다.

시카고대학의 철학과와 동시에 신학과의 교수로 적을 두었던 하츠혼은 과정철학자 또는 과정신학자로 널리 알려져 있다. 그는 그의 과정철학을 정초함에 있어 합리론과 관념론을 비판하고 양자를 종합하려고 시도한다. 이러한 그의 시도는 A. N. 화이트헤드(Alfred N. Whitehead)가 지각의 양태 분석에서 합리론과 경험론의 종합이라는 칸트의 시도를 한층 전진시킨 것에서도 볼 수 있다. 하츠혼이 「과정연구」(Process Studies)에서 화이트헤드 철학을 과정철학으로 명명한 이후로 화이트헤드는 과정철학자로 분류되기 시작했다. 그러나 화이트헤드는 그 자신의 철학을 "유기체의 철학"(Philosophy of Organism)이라고 이름했다. 그럼에도 불구하고 「과정연」의 제호에서 밝히고 있듯이, 화이트헤드 철학의 많은 주석자들은 그의 철학을 과정철학으로 분류하고 있다.

이 책의 저자가 밝히고 있듯이, "하츠혼이 평생 고민하면서 지냈던 문제 … 그렇지만 포기할 수 없었던 그의 문제는 여전히 신이었다 … 신은 그에게 철학적으로 중요했을 뿐만 아니라 삶에 매우 가치가 있었다. 기독교 신학과 마찬가지로 형이상학에서도 신의 문제를 빼고는 논의가 될 수 없다고 믿었던 하츠혼은, '신에 중독되었고 취했던' 철학자였다. 평생 그의 철학적 주제는 신이었는데, 신의 개념적 문제, 신 존재 증명, 신의 속성, 신의 역할, 악과 신 등 무수히 많은 신의 주제들을 그의 형이상학적 언어로 채색시켰다." 하츠혼은 화이트헤드로부터 직접 사사하지는 않았지만 그로부터 학문적으로나 인격적으로 크게 영향을 받았다. 현실적 존재자(actual entity)의 과정(process)의 기술에서 보듯이, 하츠혼의 '사회적 불멸성'(social immortality) 개념과 화이트헤드의 '대상적 불멸성(objective immortality)의 그것과 유사성이 있음을 알 수 있다.

화이트헤드는 그의 형이상학의 문제를 설정하기 위해서 「과정과 실재」(Process and Reality)에서 두 구절의 성구(聖句)를 인용한다. "나와 함께 하소서. 때 저물어 날 이미 어두우니…." 앞의 구절은 영속하는 것을 표현하고 뒤 구절은 무상한 변화, 다시 말하면 유동하는 것 속의 영속하는 것을 나타낸다. 앞 구절로 시작하는 철학자들은 실체의 형이상학을 추구했고, 뒤 구절로 시작하는 철학자들은 변화의 형이상학을 발전시켰다. 변화무상한 것 속에서 영속하는 것이 있고, 영속하는 것 속에 변화로 이행하는 요소가 있다. 영속성은 변화 속에서 나타난다. 역설적인 것 같지만 근본 존재자들의 영속적 소멸은 대상적으로 불멸한다. 영속적인 소멸을 하는 존재는 화이트헤드 용어로 현실적 존재자이고 대상적 불멸성, 즉 영속성을 지닌 존재는 영원한 대상(eternal object)이다. 하츠혼의 지도로 '화이트헤드의 영원한 대상 이론에 관해'라는 석사학위논문을 쓴 네오 프라그마티스트인 리처드 로티(Richard Rorty)는 "… 화이트헤드의 「과정과 실재」를 통해 하츠혼이 우리들을 매료시켰다"라고 술회하였다. 이처럼 화이트헤드의 용어인 영원한 대상의 이론은 중요한 개념이었다.

아무튼 이 책, 「찰스 하츠혼의 철학적 신학」을 저술한 저자, 정승태 교수는 하츠혼의 생애와 사상적 배경, 과정사상과 그 유용성, 신고전주의적 형이상학과 우주관과 종교철학의 주제들, 예컨대 신고전 유신론, 신의 사회성과 속성, 과정 신정론, 과정형이상학과 포스트모더니즘, 종말론, 그리고 인간문제와 죽음의 문제들을 명쾌하게 해명하고 나아가 현대에 있어서 과정사상과 그 유용성과 역사적 흐름을 유려한 필치로 소상히 밝힌 아주 훌륭한 책이다. 정승태 교수의 「찰스 하츠혼의 철학적 신학」은 하츠혼에 대한 본격적인 체계적 연구서로는 처음이라 생각된다. 연구서로 이 책은 이 분야를 연구하려는 학자나 철학도와 신학도들에게는 소중한 디딤돌이 될 것이고 초학자에게는 길잡이가 될 것이다.

추천의 글

장 왕 식 교수
감신대 종교철학과
한국 화이트헤드학회 회장

　많은 사람들은 오늘의 인류가 유신론 이후의 시대를 살고 있다고 말한다. 오늘날 현대인에게 남겨진 것은 어떤 종류의 신(God)도 전제하지 않고 어떤 종류의 종교적 가치도 강조하지 않는 무신론적이고 비종교적인 사상뿐이라고 외친다. 따라서 인간이 자신의 삶에 대해 분석하고 우주의 질서에 대해서 탐구할 때 마지막으로 신뢰할 수 있는 도구는 어떤 초월적인 것도 배제한 채 추구되는 지극히 인간 중심적인 내재성의 철학뿐이라고 주장한다.
　하지만 다른 한 쪽에서 사람들은 반문한다. 정말 우리는 초월자 없이 내재성만으로, 혹은 신 없이 인간만으로, 또는 종교 없이 세속만으로 우리의 문제를 해결할 수 있을까 질문한다. 가벼운 욕망의 유혹에도 맥없이 무너지며, 기회만 주어지면 타자를 짓밟기 위해 온갖 권모술수를 마다하지 않는 모습이 바로 인간의 모습이라는 것을 우리는 잘 알고 있다. 조금만 느슨해지면 천사이기를 포기하고 금세 야수로 돌변할 수 있는 것이 인간이다. 그러기에 우리는 그런 야수적인 인간의 뇌에서 만들어 내는 사고가 아무리 훌륭한 과학문명을 창조해내고, 나아가 인류의 많은 문제에 해답을 추구한다 하더라도 인간의 사고에 근거한 여러 해결책들이 근본적일 수 없다는 너무나 잘 안다. 우리가 현대에도 여전히 초월에 근거한 해답을 추구하고, 초월에 기반을 둔 학문을 탐구하지 않을 수 없는 이유는 바로 이런 인식에 근거하는 것이다.

문제는 어떤 신학이 과연 그런 과제를 수행할 수 있을까 하는 것이다. 신에 대해서 말하는 것도 불가능하고 종교의 가치마저 상실되어 버렸다고 믿는 사람들로 가득 찬 이 시대에 도대체 우리는 어떤 신학에 의지해 현대인들에게 적합한 해답을 제공할 수 있을까?

수년전 미국을 방문했을 때 구입한 한 권의 저서가 있는데 나는 당시 그것을 읽고 적지 않게 놀랐었다. 그 저서는 폴 틸리히가 떠난 지난 1960년대 이래 수십 년 동안 미국을 지배해 온 진보적 신학자들에 대해서 소개하는 책이었는데, 미국의 신학계를 이끌어 가고 있는 상당수의 신학자들이 직·간접적으로 과정사상의 영향 하에 있다는 사실을 보여주고 있었다. 그 책의 결론에 따르면, 화이트헤드와 그것에 근거한 과정신학이 각광을 받는 이유는 그것이 오늘의 과학주의와 내재적 철학이 제기하는 모든 문제점들을 진지하게 다루면서도 여전히 종교와 초월, 특히 유신론적인 주장에 근거해 해답을 펼쳐나가는 드문 신학 중의 하나이기 때문이다.

찰스 하츠혼은 화이트헤드의 조교로 활동하면서 과정철학을 계승해 화이트헤드를 세상 알렸을 뿐만 아니라 그의 철학을 종교적으로 적용하여 과정신학이 태동하도록 머릿돌을 놓은 매우 중요한 사상가이다. 그가 시카고 대학 시절에 가르친 수많은 제자들로 인해 과정신학이 창조되었다고 해도 과언이 아니며, 그로 인해 시카고 대학으로 하여금 캘리포니아의 클레어몬트와 더불어 과정신학의 메카가 되도록 만든 장본인이 바로 하츠혼인 것이다.

하지만 솔직히 찰스 하츠혼은 이해하기 어려운 학자로 정평이 나있다. 하츠혼의 신학이 어려운 것은 그가 단지 그 난해한 화이트헤드 철학에 기반하고 있기 때문만은 아니다. 언어분석철학이 지배하고 있는 20세기 미국의 철학적 분위기에 맞서서 형이상학의 가치를 주장한 드문 철학자 중의 하나가 바로 하츠혼이었다는 사실도 그의 학문 체계의 깊이를 심도 있게 만드는 이유이기도 하다. 나 역시 20대 시절에 과정신학과 철학에 처음 접했을 당시 그를 이해하려고 두 세 학기를 그의 연구에 몰두한 적이 있었다. 그러나 그렇게 짧은 세월을 가지고 그를 이해하는 것은 거의 불가능한 일이었다. 그를 이해할 수 있는 적절한 이차자료가 없었기 때문이다.

정승태 교수의 하츠혼 연구는 한국의 철학계는 물론 신학계에서도 처음 시도되는 참으로 의미 있는 사건이다. 이미 말한 대로 하츠혼의 사상과 관련하여 수많은 논문은 있었지만 그에 관해 본격적으로 연구된 저서는 전무했었기에 본 저서의 등장은 한국의 신학계에 새로운 공헌이 될 것이다. 바야흐로 정교수의 하츠혼 연구를 필두로 하여, 과정신학이 제시하는 해결책들이 어떻게 이 땅의 다양한 문제에 적용될 수 있는지 지속적으로 연구되기를 희망한다. 나아가 한국의 많은 신학도들로 하여금 과정신학의 다양한 주장들에 대해 보다 심도 있게 토론하는 계기가 될 수 있기를 바란다.

머리말

찰스 하츠혼(Charles Hartshorne)의 글은 매우 어렵고도 난해하기로 정평이 나 있다. 마치 그의 글은 끝없이 협소한 골목길로 이루어진 중세도시의 미로와 같다. 그의 글은 그가 무엇을 말하려고 그렇게 장황하고도 어수선한 이야기를 늘어놓을까 하는 깊은 자괴감을 갖게 한다. 그럼에도 우리가 그의 장황하고 어수선한 논거와 주장을 인내심을 가지고 따라가다 보면, 우리는 철학의 어떤 통찰력과 마주하게 되고, 어떤 섬광과 같은 빛이 눈에 환히 들어오는 것을 느낀다. 그것이 그의 글이 갖는 매력이고, 그것 때문에 그의 글이 독자들에게 강독의 즐거움을 선사한다. 때로는 그의 글 속에 묻어나는 찰스 하츠혼이라는 철학자는 꼬장꼬장한 노인네처럼 호통 치는 소리로 들리기도 하고, 때로는 철학의 새로운 관점을 강의하는 선생처럼 들리기도 하며, 때로는 그것이 복음주의의 열정적인 강단의 설교자처럼 예언의 글을 풀어서 미래를 예견하는 메신저로 느껴지기도 한다. 어떤 글은 전문적인 철학적인 내용으로 독자들을 설득하고자 하고, 어떤 글은 여성, 사회, 경제와 같은 사회적 쟁점을 다루면서 사회적 관심에 눈을 돌리게 하고, 어떤 글은 부드럽고 자상한 신앙적 자세로 우리들을 고무하기도 한다.

무엇보다도 하츠혼은 한평생 형이상학을 화두로 삼아 온 철학자다. 하지만 그의 형이상학은 과정형이상학이다. 기존의 형이상학과는 다른 과정형이상학, 이른바 신고전 형이상학은 느낌이나 경험에 근거된 우주론을 제시하는 '유기체 철학' 또는 '과정철학'이다. 이 시대에 우리가 잃어버린 것이 있다면 그것은 형이상학에 대한 관심이라고 강력하게 강조하는 철학자가 하츠혼이다. 그는 형이상학의 난해하고도 생소한 개념들을 그의 우주론과 더불어 인간의 경험적 삶 속으로 풀어헤친다. 이유는 간명하다. 우리의 삶은 미적 경험이나 가치를 구성하고 있기 때문이다. 따라서 하츠혼은 형이상학, 특히 미적 형이상학을 지리멸렬해진 철학으로 간주하지 않고 오히려 일상적 삶의 담론으로 철학적 본의를 전달하려고 시도한다. 그의 형이상학에서는 다양한 관점들로 채색되어 있지만, 획일적으로 강조하는 하나의 관점은 중용 또는 중도의 철학적 방법이다. 이 중용의 철학적 방법은 미리 설정한 사유의 틀 속으로 세상을 편입하지 않는데 있다. 그래야 학문이 발전하고 수용하면서 비판적일 수 있다. 이런 맥락에서 「찰스 하츠혼의 철학적 신학」은 폭넓게 운신하는 그의 과정 철학적 개념과 사유를 다양한 학문과 대화하며 진보해 나가는 것을 엿보게 한다. 그래서인지 하츠혼을 공부하다보면 그의 철학은 마치 노(老) 스승이 후학들에게 양극단을 멀리하고 좌로나 우로나 치우치지 않도록 경계하면서 합리적 기준에 따라 움직이는 중도적 길을 구도하라고 가르치는 대학 강의실의 수업 분위기를 연상케 한다. 보다 넓고 깊은 인간의 경험구조를 해명하기 위해서 우리는 과정철학의 개념적 도움이 절실히 필요한 듯하다. 신학적인 관점에서만 보아도 과정철학은 우리가 배우고 믿어왔던 전통적인 신앙에 위협일 수 있겠지만, 우리가 미리 예단한 사유의 틀에서 그의 철학을 보면 그렇게 보일 수 있고 또 마음이 편치 않을 수 있다. 하지만 사실은 그건 기우(杞憂)에 불과하다. 어떤 철학보다 인간경험 구조를 적절하게 해명해 주는 철학이 과정철학이지 않을까 싶다.

「찰스 하츠혼의 철학적 신학」을 구상하고 연구하면서 나는 개인적으로 크게 아쉬운 부분이 남는다. 이는 하츠혼의 거대한 철학적 사상을 쉽게 몇 마디 평하고 이런저런 방식으로 해석을 늘어놓기를 좋아하는 책이 되어버린 것 같은 느낌이 들었기 때문이다. 하츠혼은 누구와도 견줄 수 없는 20권이 넘는 방대한 책들을 출판했다. 나는 그러한 그의 방대한 책들을 소화하지 못하고 일을 저질렀다. 촘촘히 짜여 있는 그의 논지를 제대로 추적하지 못했다는 생각에 나는 마음이 편치 못하다. 기회가 된다면, 나는 그의 사상에 좀 더 헌신하여 증보판을 내야겠다고 다짐해 보면서 스스로 작은 위안을 삼고자 한다. 부디 이 책을 접하는 과정철학의 독자들에게 큰 결례를 범했음에도 찰스 하츠혼의 사상을 배우고자 하는 분들에게 도움을 제공하자는 마음에서 출판을 감행했다는 점을 이해해 주길 진심으로 바란다.

이 책은 13장으로 구성되었다. 제1장에서 나는 하츠혼의 삶과 사상적 배경에 관해서 다루었다. 그가 어떻게 성장했고, 어디서 공부하면서 어떤 학우들과 스승들로부터 토론하고 영향을 받았는지 또 그가 가르친 대학들에서 지적 생활이 어떠했는지를 보여주려 했다. 특히 한국 독자들에게 하츠혼의 인물에 관한 배경적 정보가 제한적이기 때문에 제1장에서는 그에 관한 내용이 다소 긴 분량으로 소상하게 기술되었다. 제2장에서는 과정철학이 어떻게 발전되었고 전개되었는지를 역사적으로 살펴보았다. 이 장은 과정철학에 대해 어느 정도 관심을 가진 사람이라면 과정사상의 역사적 전개과정을 이미 알고 있는 내용일 것이다. 제3장과 제4장은 신고전 형이상학과 우주관에 관해 다루었다. 제3장에서는 주로 아리스토텔레스에서 유래하는 고전 형이상학에 반대하는 신고전 형이상학의 내용을 다루었고, 제4장에서는 하츠혼의 우주관을 구성하는 과정과 생성 그리고 범정신으로서의 우주를 이해하려고 했다. 제5장은 신고전 유신론의 논리적 개념들을 정리했다. 과정사상의 신은 신고전 유신론의 논리 속에서 이해된다. 신고전 유신론은 범재신론(panentheism) 또는 초상대주의(surrelativism)에 의해서 특징짓는다. 이러한 신관은 하츠혼이 서로 다른 저서들에서 상이하게 취급했다. 그래서 제5장은 그의 「신에 대한 인간의 이상」(Man's Vision of God)에서 "신의 절대성과 상대성"의 문제, 「철학자는 신에 관해 말한다」(Philosophers Speak of God)에서 「신의 영원성과 시간성」의 문제, 그리고 「창조적 종합과 철학적 방법」(Creative Synthesis and Philosophic Method)에서는 「신의 필연성과 우연성」의 문제를 각각 논의했다. 제6장과 제7장은 신고전 유신론의 실제적인 내용으로서 사회적 개념으로서의 신과 신적 속성의 문제들을 취급했다. 구체적으로 이 장에서는 신학적 논리의 문제로 야기되는 신의 전능성, 전지성 그리고 인격성의 문제를 다루었다. 제8장은 과정적 관점에서 인간의 문제를 다루었다. 특히 이 장에서는 경험-단위의 인간과 전통적 인간이해와 비교하면서 인간의 문제를 전개했다. 제9장에서는 하츠혼의 과정적 관점에서 악과 고통의 문제가 취급되었고, 무엇보다도 악의 문제에서는 인간의 자유로운 행위와 세계를 위한 신의 역할이 중요하다고 보았다. 제10장은 미학적 관점에서 죽음의 문제를 다루었다. 전통적 죽음의 문제와 비교하면서 객체적 불멸성의 과정 철학적 관점을 전개했다. 이 장에서는 인간이 살아온 모든 생명들은 신적 삶 속에서 소중하고 오래도록 기억된다는 것을 보여주었다. 제11장은 과정철학은 포스트모던 신앙에 어떤 대안을 제시하는지를 연구했다. 과정철학과 포스트모던 철학을 대조하면서 과정철학이 포스트모던 상황에 적절한 신앙적 대안이 될 수 있는지를 검토했다. 제12장은 '과정 종말론'이라는 희망의 문제를 취급했다. 과정사상은 우리가 무엇을 기대하는가가 현재를 결정한다는 매우 중요한 선택과 자유의 개념을 제공하며, 신은 희망적 미래를 위해 중요한 역할을 수행하고 있다는 점을 보여주려고 했다. 마지막 제13장은 찰스 하츠혼의 철학적 신학을 정리하는 것보다는 과정철학의 개념들을 통해서 우리의 구체적이고 실제적인 삶에서 과정철학이 어떤 점에서 유용한지를 간략히 기술하면서 결론을 마무리 지었다.

아울러 본서의 내용 중 제8장에서 제11장은 「복음과 실천」(30집, 32집, 36집, 38집)에 내가 오래 전에 쓴 논문들이지만 대폭 수정하고 보안했다. 이 논문들은 몇 년 전 「과정사상과 기독교」란 과목을 통해서 학우들과 강독하면서 수정해야 할 필요성을 느끼고 있었던 터라 이 번 기회에 빛을 보게 되었다. 원래 위의 네 편의 논문들은 비평적 평가에 초점을 맞추어 하츠혼의 사상을 논의되었지만, 여기에 수정하고 보안한 글들은 하츠혼의 철학적 신학을 소개하는 이른바 입문적인 수준에서 초점을 맞췄다.

주지하다시피, 하츠혼은 1897년에 출생하여 2000년 10월에 103세의 일기로 세상을 떠날 때까지 우리 시대에 알프레드 N. 화이트헤드와 더불어 과정철학이란 거대한 사상적 학맥을 형성하는데 크게 기여한 철학자다. 찰스 하츠혼의 신학이 김상일 교수님의 신학석사(연세대) 논문과 장왕식 교수님의 신학석사(감신대) 논문에서 소개되었지만, 하츠혼은 여전히 한국의 신학적 사유 속에 화이트헤드와는 달리 아직도 생소하게 느끼는 철학자다. 그럼에도 과정철학의 대변자로서 하츠혼의 노력이 없었다면 화이트헤드의 철학이 그만큼 빛을 발했을까 하는 의구심이 든다. 이처럼 하츠혼은 과정철학의 발전을 위해 선구자적 역할을 다한 증언자와 같다. 그의 영향력은 신실용주의자 리처드 로티와 같은 철학자를 비롯하여 존 캅, 대니얼 대이 윌리엄스, 슈베르트 오그덴 등, 셀 수 없을 만큼 수많은 신학자들과 사상가들을 배출했을 뿐만 아니라 그들에게 직·간접적으로 영향을 미쳤다. 「찰스 하츠혼의 철학적 신학」은 내용에 있어서 다소 피상적이라고 느낄 수 있겠지만 찰스 하츠혼의 철학을 접할 수 있는 좋은 기회라 확신한다. 모쪼록 이 책이 과정철학을 공부하는 학도들에게 조금이나마 도움이 되길 바란다.

　「찰스 하츠혼의 철학적 신학」이라는 책으로 나오기까지 도움을 주신 분들이 많다. 침례신학대학교의 배국원 총장님, 충남대학교 철학과의 정연홍 교수님, 감리교신학대학교 종교철학과의 장왕식 교수님은 축하의 글과 추천의 글을 흔쾌히 써 주셨다. 바쁜 행정과 업무 그리고 연구에도 불구하고, 학문의 발전을 위해 격려와 조언해 주신 세 분께 진심으로 감사드린다. 또한 겨울방학 동안에 교회사역과 학교공부에 매진할 소중한 시간을 보내야 함에도 즐겁게 함께 원고를 읽고 토론해 준 신학대학원의 임동빈 학우를 비롯하여 동아리 「서재」에게 감사의 말을 전하고 싶다.

특히 「서재」 회원들 중 권세현, 남승민, 정동우, 최상현 학우들에게 고마움을 표하고 싶다. 그리고 책의 짜임새 있게 하고 책의 완성도를 높이도록 많은 노력을 기울여 준 침례신학대학교출판부의 이정훈 편집장에게 진심으로 감사함을 드린다. 끝으로 글을 쓰는 동안 나를 격려해 준 나의 가족 연희, 다정, 다운에게 깊은 사랑의 마음을 전한다.

2013년 3월
하기동 연구실에서
저자 정 승 태

제1장

하츠혼의 생애와 사상적 배경

제1장
하츠혼의 생애와 사상적 배경

죽을 수밖에 없는 존재를 뒤흔드는
모든 사고와 열정 그리고 기쁨은
사랑의 일꾼들,
그의 신성한 불꽃을 타오르게 합니다.
가장 잘 사랑하는 사람이 가장 잘 기도하는
사람입니다.
모든 것은 위대하면서도 동시에 사소합니다.
우리를 사랑하는 주님이
이 모든 것을 만들었고 사랑하기 때문입니다.

- S. T. Coleridge

혼란과 평화, 어둠과 빛은
모두 한 마음의 산물이지요.
한 얼굴의 다른 모습들이고
한 나무에 핀 만발한 꽃들이지요.
위대한 묵시록의 아주 작은 부분들이며
영원의 전형과 상징들이지요.
처음과 마지막 그리고 그 가운데이자 끝없는 연속이지요.

- Wordsworth[1]

키텐닝과 피닉스빌에서의 청소년 시절

　과정철학자 찰스 하츠혼(Charles Hartshorne)의 생애는 비교적 평탄했다. 특별히 어떤 긴박하고도 극적인 사건을 통한 생의 전환점이나 기적과 같은 삶의 이야기는 그에게 일어나지 않았다. 그의 생애 중심에는 언제나 가르침과 저술 그리고 연구에 대한 열정만이 있었다. 한마디로 교수로서의 삶에서 출발하여 교수로서 삶을 마감했다는 표현이 적절한지 모른다. 학문적 업적을 성취하는 그 언저리에는 여러 나라를 여행하며 그가 관찰한 다양한 환경과 관점 그리고 그 가운데 만났던 여러 학자들은 그에게 다른 학문과 문화의 지평을 열어주었고, 그가 접한 다양한 경험은 다양성과 차이성에 개방적인 과정 사상적 학문이 어떤 것인지를 여실히 보여주었다.

1909년 여섯 형제들(왼쪽에서 프란시스, 찰스, 제임스, 헨리, 리처드 그리고 알프레드)

알프레드 N. 화이트헤드(Alfred North Whitehead, 1861~1947)와 함께 과정철학을 이끌었던 찰스 하츠혼은 1897년 6월 5일, 인구 약 4천 명 정도의 펜실베이니아 키텐닝(Kittanning)이라는 아주 작은 마을에서 태어났다.[2] 하츠혼은 여섯 자녀들 중의 둘째였고, 첫째가 유일하게 누나였고 나머지는 그의 남동생들이었다. 그가 열두 살까지 살았던 키텐닝이라는 정갈한 마을은 피츠버그에서 북쪽으로 72킬로미터 떨어진 알레게니강 동편 강가에 위치해 있었다. 원래 시골마을이 그렇듯이, 키텐닝은 사람의 마음을 안정시키는 정서적인 곳이었다. 이 마을에서는 자전거를 타고 조금만 서쪽으로 나가면 더 산골마을로 들어갈 수 있었고, 강을 내려다보이는 곳이긴 해도 그 곳 길들은 모두 흙으로 포장된 좁은 길이었으며, 자동차는 거의 다니지 않았다. 강은 아이들의 놀이터였지만, 수영을 배우기 전에 익사의 위험 때문에 그 곳 마을의 아이들은 강 근처에서 놀지 못하도록 엄격한 통제를 받았다. 겨울에는 가파른 두 언덕에서 썰매를 탈 수 있었고, 집 근처에 있는 언덕은 낮았으며 강 건너편 썰매장은 훨씬 높고도 길었다. 강을 타고 조금 내려가면 조그만 계곡이 있었는데 사람들은 대부분 이 계곡을 '위스키 소굴'이라는 험악한 이름으로 불렀으나 하츠혼의 어머니는 '플레전트 벨리'(Pleasant valley), 즉 '쾌적한 골짜기'라는 이름을 붙여주었다. 이 키텐닝은 하츠혼이 1909년에 동부로 이사가기 전까지 살던 곳으로 여름에는 말과 마차, 겨울에는 썰매가 주요 교통수단이었다. 썰매 종소리는 눈을 감고서 과거로 돌아가면 언제나 들을 수 있는 정겨운 소리였다. 고향의 마을은 그야말로 시골다웠다. 그럼에도 키텐닝에는 전화, 전등 그리고 전차가 있었지만 당시에 라디오나 텔레비전은 없었다. 그의 어린 시절, 난방은 석탄을 주로 사용했고, 하츠혼은 거실의 석탄 벽난로에 석탄이 떨어지지 않도록 지하실에서 가져다 채워 넣는 책임을 지고 있었다.

찰스 하츠혼의 아버지 프란시스 하츠혼(Francis Hartshorne)은 영국인 후예로서 키텐닝의 한 성공회 교회의 교구목사(rector)로 일하고 있었다. 그의 가족은 본래 퀘이커교도였지만, 라이 벨리 철도회사의 부사장이었던 하츠혼의 할아버지가 퀘이커교도가 아닌 사람과 결혼을 하는 바람에 퀘이커 신앙 공동체에서 성공회로 이적하게 되었다. 하츠혼의 아버지는 뉴욕시에 있는 제너럴 성공회 신학교(General Episcopal Seminary)를 다녔고, 그곳에서 성서연구의 배경을 훌륭히 배웠다. 그는 신학적 관점에서 보면 정통이었지만 성서 해석에서는 고리타분한 방법을 수긍하지도 추구하지도 않았다. 신중하면서도 외향적인 성격을 지닌 하츠혼의 아버지는 상냥하면서도 재능이 탁월했다. 특히 기술적인 재능을 가지고 있었던 그는 마치 발명가처럼 손에 기계도구들을 가지고 무엇인가 고치고 만들기를 즐겼다. 그는 각양각색의 여러 종류의 도구를 가지고 있었으며 펜실베이니아에서 최초로 자동차를 가진 사람 중의 하나였다.[3]

그의 아버지가 은퇴한 후에 하츠혼의 가족들은 필라델피아 피닉스빌(Phoenixville)로 이사를 했다. 매우 활동적이었으며 고등 교육을 받은 지성인이었던 그의 아버지는 원래 대학에서 법학을 전공했고 변호사 시험에 합격해서 짧은 기간 변호사로 일하기도 했다. 하지만 그가 목회 일로 그 변호사 일을 그만두었다. 한번은 그의 아버지가 펜실베이니아 대학교에

어머니 마가렛 하츠혼과 아버지 프란시스 하츠혼
(Marguerite / Francis Hartshorne)

서 법률을 공부할 때, 주와 주 사이에서 일어나는 상업 활동에 관한 헌법의 조항에 관한 논문을 쓴 적이 있었다. 아버지에 대한 하츠혼의 기억은 정직하게 사람들을 도우려는 노력을 보였던 것으로 기억한다. 그리고 성서적인 주제에 관한 논문들도 여러 편 발표하기도 했다.

1909년 하츠혼이 막 열두 살이 되던 어느 날 그의 가정은 펜실베이니아 주를 거의 횡단해서 필라델피아에서 50킬로미터 떨어진 피닉스빌로 이사를 했다. 그 마을에도 쉴킬 강가가 있었는데, 새로 이사 간 집은 다리에서 두세 구역 떨어진 곳에 있어서 그 아름다운 강이 바로 보이지는 않았다. 피닉스빌도 키텐닝처럼 산이 많은 시골이기는 마찬가지였다. 차이가 있다면, 아팔라치아 산맥 서편에서 동편으로 단지 옮겨온 것뿐이었다. 인구는 하츠혼이 태어난 곳인 키텐닝보다 두 배 반 정도 더 많았기 때문에 피닉스빌은 대도시가 전보다 훨씬 더 가까이 있었다는 것이 큰 장점이었다. 열두 살이 될 때까지는 도시가 뭔지 그에게는 아무런 개념이 없었다. 키텐닝에서 살 때는 피츠버그로 쇼핑하러 나간 적이 별로 없었지만, 피닉스빌의 마을 사람들은 쇼핑을 할 뿐만 아니라 이 마을에는 전문적으로 부탁을 받아 쇼핑을 해다 주는 사람들도 있었다. 그래서 그는 약간의 보수를 받고 필요한 물품들을 적어주면 가지고 가서 물건들을 사다 주는, 오늘날로 말하면 일종의 '알바'로 약간의 돈을 벌기도 했다.

하츠혼이 1911년부터 1915년까지 다녔던 사립 고등학교는 피닉스빌에서 60킬로미터 떨어진 렌케스터 지역 가까운 곳에 있었는데, 이 지역은 메노나이트와 아미쉬와 네덜란드 이주민들이 주로 살고 있는 비옥한 농장들로 이루어져 있었다. 휴일에 그가 집으로 갈 때엔 기차를 한번 갈아타야만 했다. 하츠혼 집안의 아름다운 여름 휴양지였던 이글스 메어는 동북쪽에 위치한 설리번 카운티에 있었고, 당시에는 도로 사정 때문에 차를 타고 이틀을 가야만 했다. 존스타운에는 협궤 기차가 있어서 그걸 타고 오는 친척들도 있었다. 약 만 명의 주민으로 이루어져 있던 피닉스빌의 계급구조는 매우 흥미로웠다. 18세기에 설립된 매우 큰 제철공장이 있었고, 그것은 리브스 집안의 회사였다. 사장은 데이비드 리브스였고 부사장은 윌리엄 리브스였는데 부사장은 하츠혼이 다니는 교회에 관심이 아주 많았기 때문에 하츠혼의 집에서 자주 거론이 되었던 사람이었다. 리브스 형제네 저택은 따로 독립된 지역으로서 리딩 철도역에서 저택으로 연결된 자신들의 전용 다리를 사용했기 때문에 필라델피아를 왕래할 때에 노동자계급과 섞이는 일은 없었다. 그들은 자신의 전용 테니스 잔디 구장이 있었고 채소와 꽃을 가꾸는 밭이 따로 있었으며 그 밖에도 여러 가지 특권들을 누렸다.

하츠혼은 거의 모든 시간을 펜실베이니아 사람으로 성장하고 자랐다. 퀘이커교의 배경도 있었지만 펜실베이니아 주 전체를 누비며 살았다. 하츠혼이 다음으로 잘 아는 주는 캘리포니아뿐이었는데, 비록 잠깐씩이었지만 자주 그곳에서 살았다. 아름다운 캘리포니아에서 살 때에 그는 남에서 북으로 그리고 동에서 서로 차와 자전거를 타고 열심히 다녔다고 한다. 하츠혼은 여행하기를 좋아하는 성품이었기에 어른이 되고 난 후에는 미국의 거의 모든 주를 다녔다. 소련과 중국 그리고 몇몇 나라들을 제외하고는 거의 모든 나라에 다녀왔을 정도로 그는 여행을 좋아했다. 흥미로운 사실은 다른 여행객들과는 달리 하츠혼은 그곳 주민보다 그 지역의 새들에 관해서 더 잘 알고 있었다는 것이다. 이는 그가 에모리대학교 교수 시절 조류학에 관심을 두면서 여행을 하는 곳곳마다 새들에 대한

미국육군 의무대시절(1917-1919)

관찰로 시간을 보내는 일이 많아졌기 때문이었다. 다양한 관심을 둔 그였지만, 특히 하츠혼은 언어에도 남다른 재능을 보였다. 독일어를 능숙하게 하며 불어도 곧잘 했다. 약간의 이탈리아어와 스페인말도 하고 일본말로 의사소통을 할 정도며, 라틴어로 글을 읽을 수 있을 정도였다. 하츠혼은 아마도 인생의 십 분의 일은 외국에서 보냈다고 해도 과언이 아닐 것이다. 주로 프랑스, 독일, 벨기에, 호주, 인도, 일본 그리고 남아메리카에서 살았다. 그 중 2년은 프랑스에서 군인으로, 2년은 독일에서 박사 후 과정 연구생으로, 나머지 기간은 풀브라이트 재단의 후원을 받아 여러 나라를 다니며 강의했으며, 그리고 자신의 사비로 가고 싶은 곳을 두루 여행했다. 거기에는 대부분 국제 철학 회의 또는 조류학 회의와 같은 전문적인 이유가 있었다. 한 인생에서 그처럼 향유적인 삶을 산 사람이 하츠혼 외에 또 있었을까 싶다.

하버포드대학과 하버드대학 시절

하츠혼의 청년시절은 대학생활에서 시작된다. 그가 다닌 대학들은 그의 지적 성장에서 가장 중요한 심리적이고 정신적인 환경을 제공했다. 그가 대학에 입학할 나이가 되었을 때, 할아버지와 아버지가 다녔던 대학에 가는 것이 어떻겠느냐는 아버지의 제안에 그는 아무 저항 없이 받아들였다. 그가 1833년에 퀘이커인들이 설립한 하버포드대학(Haverford College)을 다녔던 시기는 1915년에서 1917년이었다. 하지만 그가 하버포드대학 2학년 때 남은 2년은 하버드대학에서 공부하는 것이 좋겠다는 결정을 내렸다. 이는 하츠혼이 어릴 적에 가지고 있었던 작가의 꿈을 이루고자 하는 내재된 열망이 아주 강렬했기 때문이었다. 작가가 되기 위해서는 하버포드대학보다는 하버드대학이 더 낫다고 생각했다.

하버포드대학에서 하츠혼이 흥미를 가졌던 공부는 종교철학이었다. 하버포드대학에는 여러 영향력이 있는 교수들이 있었다. 영문학을 가르쳤던 F. B. 검베어 교수와 스나이더 교수, 수학을 가르쳤던 윌슨 교수, 기독교 교리의 역사와 철학을 가르쳤던 루퍼스 존스 교수 등이 있었다. 그들 가운데 단연 루퍼스 존스(Refus M. Jones) 교수는 학교에서 으뜸가는 교수였다. 존스는 하츠혼에게 각인시킨 인물이었고, 하버포드대학에서 만난 최초의 철학교수이기도 했다. 또한 그는 청중을 사로잡는 강력한 힘을 지니고 있었고, 누구에게도 압도당하지 않는 당당함과 위풍을 지녔으며 누구에게도 지기를 싫어하는 논쟁적 교수였다. 그는 퀘이커 교인이지만 자유로운 신조를 지니고 있었으며 스스로 평화주의자라고 말하지만 다소 독단적인 면모를 드러내었다. 하지만 그는 사고가 심오하고 비교적 자유로웠다. 하츠혼은 그의 강의를 통해서 존스 교수가 과제로 내어준 로이스의 「기독교의 문제」(The Problem of Christianity)를 읽었는데, 아마도 전문철학자가 쓴 최초의 책이었던 그 책을 통해 신학에 대한 흥미와 관심을 두게 되었다.[4] 존스 교수는 하츠혼에게 평생 잊을 수 없는 말을 했다. "모든 철학사상 체계에는 어딘가에 항상 막다른 골목이 있다."[5] 하지만 하츠혼은 존스의 「형이상학 서론」의 책을 그다지 매력적이지 않았을 뿐만 아니라 그가 쓴 책 가운데 가장 최악의 책이라고 여겼다. 이유는 존스가 신비주의자들과 일반 신자들 사이의 구별을 상대화했기 때문이다. 그는 신에 대한 직접적인 인식과 비인식의 차이는 절대적인 유와 무의 차이가 아니라 정도와 명확성의 차이라고 주장했다. 하지만 신은 본질상 어디든지 계시므로 우리가 어디에 있더라도 그 어떤 경험으로 만날 수 있고, 따라서 유신론적 물음은 곧 부분적으로는 자기 인식의 문제일 수 있는데 아무도 신을 인식할 수 없다는 존스의 주장은 실제로 근거가 전혀 없을 뿐만 아니라 불합리하고도 무의미했다.[6]

하버포드대학의 학생 수는 당시에 약 250명 정도였다. 그 대학은 피닉스빌에서 모리스빌까지 펜실베이니아 철도의 스퀼킬 계곡 지선으로 연결되었고 모리스빌에서 학교까지는 전차로 갈 수 있었던 곳에 위치해 있었다. 그래서 하츠혼은 주말이면 가끔 집에 와서 쉬곤 했다. 젊은 시절은 주로 삶의 방향과 목표에 대해 고민하고 번민하는 시기다. 확고한 직업을 생각하고 평생을 어떤 일로 살아야 하는지를 고민하는 시기에 그가 대학과정을 하버포드대학에서 마치지 않기로 결정했다. 위와 같은 결정을 내린 가장 큰 이유는 하버포드대학에는 작가와 같은 특수한 직업인을 교육하지도 않았고 그러한 직업을 원하는 학생이 거의 없었기 때문이다. 반면 하버드대학에 가면 글 쓰는 직업을 원하는 학생들이 많을 것으로 생각했다. 이미 사촌 형제인 칼 웨스턴이 하버드대학에 다니고 있었기 때문에 하츠혼은 그 같은 정보를 알고 있었다. 그래서 찰스 하츠혼은 1919년에 하버드대학에 입학하여 남은 2년을 보내게 되었다. 그가 2년간의 대학생활을 하버드대학에서 보내는 동안 신입생 때에 만났던 친구들이 아니라 3학년이나 졸업반 친구들이었기 때문에 하츠혼은 동료학생들과 깊은 교감이나 친밀감으로 지내지는 않았다. 그런 의미에서 찰스 하츠혼은 자신이 진정한 하버드인이란 느낌이 들어본 적이 없었다고 술회했다. 그의 학교 내의 사교생활은 주로 「리버럴 클럽」(The Liberal Club)이라는 철학 클럽을 통해서 이루어졌다. 리버럴이란 클럽은 전에도 하버드대학에 있었지만 해체되었는데 하츠혼이 다시 부

30대 시절의 하츠혼

활시켰던 클럽이기도 했다. 하츠혼이 기억하기를 그 클럽 회원 중에 하버드대학에서 가장 흥미로운 학생들이 여럿 있었지만, 특히 월터 가드너(Walter Gardner)를 오래도록 기억한다고 했다. 경영학을 전공하고 있었지만 철학을 중요하게 여긴 가드너는 하버드 대학원 마지막 해에 방을 함께 쓰던 룸메이트였다. 그는 지적이었고 억척스럽게 노력하는 공부벌레였다. 일원론적 입장의 논리를 잘 이해하고 있었던 가드너는 다른 입장들에 관해 하츠혼과 함께 매일 토론을 하면서 보다 명확하게 개념들을 규명하는 그런 친구였다. 하버드에서 대학원 코스를 수료하기 위해서 2년 동안 많은 대학원생들과 함께 수업을 받고 있을 때 만났던 여럿 가운데 가드너가 그 중 한 명이었음에도 하츠혼에게는 하버드대학교의 지적 생활 중 그와 함께 좁은 기숙사 방에서, 식당에서 그리고 어디서나 어느 때나 열렬한 미래의 학자들이 된 것처럼 현학적 흉내라도 내면서 격렬한 논쟁과 토론을 벌였던 것은 잊을 수 없는 교정의 추억으로 남아있다.

하츠혼의 성격은 매우 논쟁적이었다. 그의 이 같은 과도한 논쟁적 성

향은 그가 대학에 들어가기 훨씬 전부터 그의 어머니가 걱정했던 문제이기도 했다. 그는 하버드대학의 여러 친구들과 빈번히 논쟁을 벌이곤 했는데, 몇몇 이름들이 그의 삶과 저서에서 자주 언급되곤 한다. 그 중 한 사람이 브랜드 블랜샤드(Brand Blandshard, 1892~1987)다. 후에 예일대학교의 철학교수가 된 친구 브랜드 블랜샤드와의 철학적 논쟁이 있었는데, 그는 합리론자였으므로 하츠혼과 공통점이 많았음에도 그들 사이에 의견 차이가 자주 생기곤 했다. 그 이유는 간명했다. 그가 '절대 합리론'에 대한 나름대로 자신의 개념을 확립했기 때문이었다. 하츠혼에게 있어서 절대주의가 개념상 절대로 합리주의자가 될 수 없었다. 평생 하츠혼은 일종의 합리주의자로 지내왔음에도 상대주의와 개연성과 다원성에 가장 중요한 위치를 부여해왔다고 볼 수 있는데, 그런 점에서 하츠혼과 블랜샤드는 극과 극으로 달라질 수밖에 없는 운명이었다고 본다.

하버드대학교 시절에 하츠혼은 여러 다양한 교수들로부터 영향을 많이 받았다. 하버드대학에서 하츠혼이 영향을 받은 카리스마가 넘치는 철학자는 관념론의 옹호가인 윌리엄 E 호킹(William Ernest Hocking, 1873~1966) 교수였다. 한국어로 번역되지는 않았지만 「인간의 경험에서 하나님의 의미」(The Meaning of God in Human Experience)의 저자인 호킹교수는 관념론자이긴 하지만 인과적 결정론을 반대하지 않았던 철학자였다. 그는 조시아 로이스(Josiah Royce)의 제자였지만, 윌리엄 제임스에 의해서 영향을 강하게 받았다. 하츠혼은 호킹 교수의 수업시간에 많은 토론과 논쟁을 통해서 자기 생각을 명료하게 했다.[7] 추측건대, 하츠혼이 자신의 과정철학을 전개하는 데 있어서 합리론과 관념론을 극복하고 이 둘의 문제점들을 비판하며 종합하려고 시도했던 것도 이들과의 논쟁에서 나온 사유가 아닐까 싶다. 하버드대학교 철학부에서 하츠혼은 철학 클럽 회장으로 1년 동안 지내기도 했는데, 그 때에 두 명의 강사를 초빙했다. 그 중 한 분은 웰레스로부터 온 매리 휘튼 콜킨스(Mary Whiton Calkins) 교수이고 다른 한 분은 어빙 베비트(Irving Babbit) 교수이다. 학부에 다니는 동안 당시 하버드대학의 가장 저명한 교수들의 강의를 될 수 있는 한 많이 들어두는 것이 현명한 일이라고 생각했다. 비록 초빙교수였지만 어빙 배비트 교수가 하츠혼에게 깊은 영향을 주었던 교수 중 한 분이었다. 배비트 교수로부터 들었던 영문학 수업은 낭만주의 강의였다. 그가 강의 시간 중에 거칠고 깨는 듯한 목소리로 워즈워드의 별로 낭만적이지 않는 시를 낭송하는 것을 듣는 일은 잊을 수 없는 즐거움이었다. 하츠혼이 이 수업을 들었던 이유는 영문학을 부전공으로 선택했기 때문이었다. 그리고 하버드대학에서는 철학 박사학위를 받기 위해서 반드시 심리학 시험을 통과해야 하는 규정이 있었는데, 그 때 하츠혼은 레오나드 트로랜드(Leonard Troland) 교수의 강의를 통해 그의 추종자가 되었을 정도로 그를 좋아했다. 그 외에 철학과의 레비-브륄(Levy-Bruhl) 교수의 경험론과 C. I. 루이스 교수의 유물론은 하츠혼의 철학적 사유의 지평을 외연적으로 확대시켜주었던 잊을 수 없는 수업들이었다. 레비-브롤은 그에게 처음으로 철학적 관념론을 알게 해 준 교수였다. 레비-브롤은 데카르트의 강의를 통해서 "나는 생각한다 고로 존재한다"는 말은 "주체가 없으면 객체도 없다"라는 말로, 현대 관념론의 뿌리라고 주장했다. 그의 강의를 통해서 하츠혼은 "정신은 실재의 우주적 원리이다"라는 자신의 주장을 뒷받침하는 새로운 근거를 얻었다고 했다. 하츠혼에게 잊을 수 없는 또 다른 교수들로서는 베어리(R. B. Berry), 쉐퍼(H. M. Sheffer) 그리고 우즈(J. H. Woods) 등이 있었다. 우즈 교수는 인도에서 산스크립트어를 수년간 배우고 온 학자이며 상상력과 지혜가 넘치는 사람이었다. 그는 하버드대학교 동료 교수였던 화이트헤드를 철학 교수로 초빙하는데 도움을 준 사람이기도 했다. 하버드대학의 여러 교수들 중에 하츠혼은 유독 C. I. 루이스 교수의 수업을 가장 많이 들었다. 이는 그가 이성적 추론의 주의 깊고 엄격했던 학문적 자세에 매료되었기 때문이었다. 루이스는 칸트의 학자로 알려졌고 상징적 논리의 주창자였으며 상징적 논리에 관한 「지식과 정당성의 분석」(The Analysis of Knowledge and Valuation)이라는 저서를 출판했다.

하츠혼이 그의 지적 삶에서 직접 배우지는 않았지만 그의 사상에 지대한 공헌한 사상가들이 많이 있었는데, 그들 중 윌리엄 제임스(William James)는 결코 제외될 수 없는 매우 중요한 철학자였다. 제임스는 하츠혼이 대학생활을 시작하기 전에 세상을 떠났던 그의 장인인 쿠퍼를 통해서 제임스의 사상을 배울 수 있었고, 그리고 간접적으로 제임스의 저작들을 통해서 종교철학에 대한 관심을 갖게 했다. 하츠혼이 1917-1919년 동안에 미국 육군 의무대에서 신앙의 어떤 변화를 경험했을 때 이미 제임스를 알고 있었다. 이 기간에 그는 제임스의 「종교체험의 다양성」(The Varieties of Religious Experiences)을 읽고 있었고, 그 책에서 보여주는 신비한 확신과 종교의 합리적 설명들은 하츠혼의 상상력을 자극하여 온몸에 전율을 느끼게 했다. 이처럼 제임스의 사상은 그의 과정철학 체계를 형성하는 과정에서 지대하게 영향을 미쳤다. 그래서 하츠혼은 과정철학의 계통을 이야기할 때에 라이프니츠, 베르그송, 퍼스, 화이트헤드를 언급하면서 제임스를 빼지 않는다. 미육군의무대에서 군복무를 하고 있을 때, 하츠혼은 내적인 사유의 갈등을 겪고 있었다. 그가 두 가지 질문에 대한 답을 찾고 있었는데, 한 질문은 '물질과 마음의 관계'에 관한 것이었고, 다른 질문은 '자아와 타인의 관계'에 관한 것이었다. 첫 번째 질문의 대답은 후에 형이상학적 통찰이라고 부르는 직관적 자료를 이해함으로써 해결되었다. 그것은 물리적 세계가 전적으로 정서적인 맥락 안에 직접 주어진다는 것이다. 즉 세계가 먼저 느껴지고 난 후에야 비로소 생각된다는 것이다. 따라서 하츠혼은 감각이 전적으로 완전히 정서적이라고 확신했다. 물론 일반적인 경우에는 감각이 너무 미세해서 정서적인지 느껴질 수 없지만, 그것은 근본적으로 감정에 속하는 것이다. 하츠혼은 당시에는 버클리와 화이트헤드에 관해 전혀 알지 못했지만 이 두 철학자로부터 자기 생각을 확고하게 했다. 두 번째 질문의 대답은 모든 행동의 동기가 근본적으로 자기 자신의 쾌락추구라고 확신하면서 찾게 되었다. 하지만 하츠혼은 곧 바로 인간의 동기를 이런 식으로 단순화시키는 방법에 대해 회의를 느꼈다. 그리고 그가 결국 불교와 화이트헤드의 관점에 도달하게 되었는데, 그것이 자기 정체성과 사람들 사이의 비정체성 사이에는 절대적이라기보다는 상대적인 관계가 있다고 보았다. 그 당시에 하츠혼은 이 질문에 관한 책을 읽은 것은 하버포드대학의 존스 교수가 소개한 루이스의 「기독교의 문제점」에서 어느 정도 답을 찾을 수 있었다. 루이스는 인간 사이의 비정체성이 상대적이라는 사실을 분명하게 이야기했고, 또 사람이 자신의 감정과 생각과 기억과 인식과 희망과 공포와 목적을 내면화함으로써 성격을 만들어간다는 것을 이야기했다. 하지만 정체성의 상대성을 말할 때 인간 안의 정체성을 지칭하는지 아니면 인간 사이의 정체성을 지칭하는 지를 분명하게 밝히지 않았다. 이는 루이스가 실재를 이루고 있는 많은 활동들 사이에 존재하는 진정한 독립성이나 외

1966년 홍콩에서

적인 관계성을 인정하지 않았던 것 같았다.

찰스 S. 퍼스와 알프레드 N. 화이트헤드로부터 받은 영향은 길게 언급하지 않아도 잘 알려져 있다. 퍼스와의 친분은 하츠혼이 퍼스의 작업을 분류하고 수정하는 일에서 시작되었다. 당시에 동료들은 "하츠혼은 절반은 화이트헤드 학파이고, 절반은 퍼스의 추종자였다"라고 평가했다. 이러한 평가에 대해 하츠혼은 거부감을 느끼지 않았다고 한다. 퍼스의 철학은 화이트헤드의 철학보다 더 명료했다. 퍼스의 철학은 어떤 철학자들보다 통일성과 다양성 사이에서 중간적인 입장을 취하고 있기 때문에 하츠혼의 형이상학적 성향이 그를 따를 수밖에 없었던 것으로 보인다.

퍼스로부터 그가 배운 것은 사물이나 문장을 명확하게 규명하기 위해 사용하는 강력한 분석도구였다. 아무튼 그는 퍼스와 화이트헤드의 추종할 영웅으로 존경했던 것 같다.

하츠혼은 「절대적 또는 신적 선에 나타난 모든 존재들의 통일성을 위한 개요와 변론」(An Outline and Defense for the Unity of All Things in Absolute or Divine Good)으로 1923년에 박사학위를 받았다. 당시 형이상학 체계를 열렬히 옹호하는 뜨거운 논쟁으로 이루어졌던 이 논문은 일종의 수정된 정신 일원론의 유형으로서 형이상학의 체계를 위한 논증이었다. 1923년 하츠혼은 옥스퍼드대학 교수이면서 하버포드대학의 친구였던 프랭크 몰리(Frank Morley)를 방문한 자리에서 그가 쓴 학위논문을 보여주었다. 이 논문을 본 몰리는 그에게 "용감한 노력을 했군"(It's a stout effort)이라고 아주 짧게 대답했다. 불행하게도 몰리는 경제적인 이유 때문에 대학 교수직을 그만두었다. 그 후로 하츠혼은 그와 관련된 소식을 들을 수 없었다.

무엇보다도 1925년부터 1928년까지 하츠혼은 영국태생의 수학자이자 철학자였던 알프레드 N. 화이트헤드(Alfred North Whitehead, 1861~1947)를 만난 것을 그의 인생에서 가장 큰 행운이라고 고백했다. 이 고백은 전혀 과장된 말이 아니었다. 그가 하버드대학교에서 연구원과 강사로 활동한 3년의 시간동안 하츠혼은 아마도 상당히 오랫동안 화이트헤드와 개인적인 시간을 보낼 수 있었다. 사람들은 종종 폴 바이스(Paul Weiss)와 하츠혼을 화이트헤드의 제자로 알고 있거나 소개하기도 하지만 엄밀하게 말해 바이스와는 달리 하츠혼은 화이트헤드로부터 배우지 않았고, 제자나 제자군에 속하지 않았다. 연구원과 강사 그리고 화이트헤드의 조교로 있으면서 화이트헤드의 글들을 읽고 수정하는 일을 맡았다. 그러면서 그의 글로 인해 깊은 영향을 받은, 말하자면 간접적인 제자가 된 셈이다. 그럼에도 화이트헤드의 개인적인 삶과 학문적인 삶을 누구보다 더 잘 이해한 사람은 하츠혼 외에는 없을 듯하다. 그는 화이트헤드를 '호감이 가는 인상과 재치 있는 말들로 사람들을 사로잡았고, 인품으로 또는 학문적으로 존경을 받았던 인물'로 기억했다. 한번은 화이트헤드가 그의 제자인 버트란트 러셀(Bertrand Russell, 1872~1970)을 초청한 적이 있었다. 그때에 화이트헤드는 러셀을 이렇게 소개했다. "러셀은 내 머릿속이 너무 뒤죽박죽하다고 말합니다. 그런데 나는 러셀이 너무 단순하다고 말합니다."[8] 청중들은 웃었다. 이처럼 두 철학자의 차이를 그렇게 간명하게 표현할 수 있는 표현은 없을 듯하다. 러셀은 기호논리학에 근거하여 너무나 단순화시키기 때문에 분명하고 확실한 것은 좋은데 중요한 것들까지 너무 잘라내버리는 분석 철학자로 간주되었던 반면에, 화이트헤드는 사물에 대한 설명이 명확하지는 않지만 실재를 풍부하고도 다양하게 설명하려고 시도하기 때문에 실재의 복잡성을 주제로 하는 형이상학 철학자로 간주되었다. 결국 하츠혼이 보기에는 논리학자와 형이상학자의 차이 탓에 화이트헤드와 러셀이 서로 만날 수 없고 건너기에도 두려운 영역에서 지적인 노력을 하고 있었다고 보았다. 이 두 위대한 철학자에 대한 하츠혼의 평가는 다음과 같다.

화이트헤드는 러셀의 스승이었고 상징 논리학의 고전인 「수학원리」 (Principia Mathematica)란 책을 함께 집필했다. 그러나 화이트헤드와 러셀의 지적 협력은 거기까지다. 정치적 견해가 서로 다른데다가 그 밖의 다른 요인들이 있었지만 근본적으로는 성격이 까다로워서 단순화시키지 않고는 못 배기는 러셀과 극단론을 피하고 조화를 찾는 원만하고 훌륭한 인품을 가진 화이트헤드의 기질적 차이가 그들을 갈라놓은 것이다. 어쩌면 한편으로는 러셀이 화이트헤드가 추구했던 중용과 조화에 완벽한 성공을 거두지 못했던 것으로 보이지만 사실 러셀은 처음부터 그와 같은 목표를 세우지도 않았다. 놀라운 것은 그들이 헤어진 것이 아니라 공동 저술을 마칠 때까지 서로 협력했다는 것이다.9)

하버드대학 철학박사를 취득한 후에 하츠혼에게 보다 더 학자적 사유와 환경을 강화할 수 있는 기회가 주어졌는데, 그것이 유럽 학생방문 여행이었다. 그때 하버드대학에는 「쉘던 팰로우쉽」(Sheldon Fellowship)이라는 해외 연수 장학기금 제도가 있었는데, 박사후과정, 일명 포스트 닥(postdoctoral study)을 유럽에서 받을 수 있도록 배려해 주었기 때문에 하츠혼은 이 장

알프레드 N. 화이트헤드
(Alfred North Whitehead)

학금을 1923년에 받았고, 2년여 동안 주로 독일이긴 하지만 유럽에서 지낼 수 있었다. 그곳에서 영국, 프랑스, 오스트리아, 이탈리아, 네덜란드에 방문할 기회를 가지기도 했다. 하츠혼은 인생에서 그 기간이 매우 흥미롭고 얻은 것이 많은 문화적이고도 지적인 여행이었다고 술회했다. 무엇보다도 그에게는 영국과 프랑스와 오스트리아에서 많은 철학자를 만날 수 있었던 좋은 기회였고, 독일어와 프랑스어를 읽고 말하는 능력을

크게 향상할 수 있었던 시간이었다. 그리고 더욱 중요한 것은 그가 유럽 학자들의 학풍을 어느 정도 파악할 수 있었다는 데 있었다. 그가 가장 오래 머물렀던 곳은 독일의 프라이부르크였다. 거기서 가장 유명한 철학자는 현상학자 에드문트 후설(Edmund Husserl, 1859~1938)이었지만, 하츠혼은 주로 실존주의 철학자 하이데거(Martin Heidegger, 1889~1976)를 포함하여 몇몇 다른 철학자들로부터 강의를 듣고 배웠다. 하츠혼은 후설은 인간적으로 무난한 사람이기는 하지만 뚜렷한 결점을 가지고 있는 것처럼 생각했다. 후설의 동료들은 후설에게 아무런 유머감각이나 재미를 찾아 볼 수 없다고 말하곤 했다. 하츠혼 또한 현상학 창시자인 후설을 여러 번 만났지만 확실히 그에게서는 어떤 유머의 흔적을 찾아볼 수 없었다고 술회했다. 그곳에 사는 저명한 수학자였던 저멜로(Zermelo)와도 약간의 친분을 나누었다. 저멜로는 하츠혼과 마찬가지로 후설의 사상에 회의적이었다. 하이데거의 명성은 독일 밖에서 솟아오르고 있었고 프라이부르크에도 이미 후설의 이름을 능가하고 있었으며, 하츠혼이 독일을 떠나기 전에, 하이데거는 이미 말부르크에 교수로 초빙되어서 많은 학생들이 몰려들기 시작했다. 하츠혼도 그 중 한 사람이었다. 말부르크에는 나트롭(Natrop)이라는 유능한 교수가 있었는데 여전히 활동하고 있었지만 약 2년 후에 세상을 떠났다.

그리고 하츠혼의 유럽에서의 경험 중 니콜라이 하르트만(Nicholai Hartmann, 1882~1950)과의 만남은 빼놓을 수 없는 일이었다. 하르트만은 말부르크 대학에서 가르치는 저명한 교수로서 그가 강조한 것은 실존주의 철학과 비판적 실재론이었다. 그 외에 몇몇 교수들도 흥미로웠고 유능한 교수들이 있었지만 아무도 하츠혼을 제자로 만들 정도의 실력을 갖고 있지 않았다. 하버드대학에 찰스 S. 퍼스(Charles Sanders Pierce, 1839~1914)와 화이트헤드처럼 하츠혼을 매혹시켰던 철학자들은 아마도 없었을 것이다. 하지만 전체적으로 볼 때 유럽은 모든 면에서 배울 수 있는 두 번째 기회를 하츠혼에게 제공한 셈이었다.

시카고대학과 에모리대학에서의 교수 시절

1928년 10월에 하츠혼은 시카고대학교 철학과에 임용되었다. 여러 대학교에 임용서류를 제출했지만 유일하게 시카고대학교에서 그를 교수로 채용했는데, 당시 조지 허버트 미드(George Herbert Mead)와 터프스(J. H. Turfs)라는 연로한 교수들이 학교를 퇴임할 시기였기 때문이었다. 당시 시카고대학교 철학과에는 여섯 교수가 있었는데, 대부분 무신론자이거나 불가지론자였다. 그들 중에 인식론적인 생각에는 유물론자이거나 이원론자들이었고, 그들 가운데 어느 누구도 형이상학자들은 없었다. 하츠혼은 시카고대학교라는 새로운 환경에서 자신을 "외로운 늑대"(a lone wolf)로 표현했다.10) 이는 누구도 철학적으로 하츠혼과 닮은 사람이 없었고, 하버포드대학이나 하버드대학 그리고 유럽에서 배운 철학 훈련과는 전혀 다른 환경이었기 때문이었다. 말하자면 하츠혼은 지적인 고립 속에 있었다. 하지만 이런 시카고대학교 철학과의 분위기가 1930년에 로버트 M. 허친스(Robert M. Hutchins)가 총장이 되면서 대학의 지적환경이 변하기 시작했다. 허친스가 제시하는 교육의 새로운 방향은 그때까지 해오던 방법과 매우 복합적으로 얽혀 있었다. 그는 매우 신중하고 영리했으며 더욱이 마음이 아주 고상한 젊은 사람이었다. 법을 전공한 허친스는 무엇

보다도 교육에 대한 투철한 신념을 가지고
있었다. 시카고대학을 미국의 명문대학으로
성장할 수 있었던 것은 허친스의 총장시절이
었다. 특히 허친스 총장의 교육목표는 인문
학 교육이었다. 그의 교육철학 탓에 허친스
총장은 철학과 교수진들과 심심치 않게 싸움
을 벌어지기도 했다. 그리고 그의 확고한 행
정 방식에 불만을 가졌던 몇 명의 철학자들

존 B. 캅

이 시카고대학을 떠났다. 당시 하츠혼은 시카고대학의 철학과에서 별로
존재감이 없는 젊은 교수였다. 그의 철학적 입장은 당시 미드가 대표하
는 시카고학파와 달랐고 허친스 총장이 총애하는 철학자들과도 달랐기
때문이었다.

그럼에도 시카고대학은 하츠혼에게 다양한 학문적 교류를 갖는 소중
한 시기를 만들어 주었다. 특히 그가 만난 큰 행운 중 하나는 과학 모임
인 'X클럽'(The X Club)이라고 생각했다. 과학에 대해 그다지 큰 지식을 갖
지 못했던 하츠혼은 과학의 모임들을 통해서 과학의 여러 분야를 깊이
있게 배울 귀중한 기회를 잡았다. 매달 한 회원이 자기 분야의 논문 중에
서 비전공자들도 이해할 수 있는 한 논문을 선택하여 강독했다. 전혀 생
소한 분야인 화학만 빼놓고는 대부분 하츠혼이 따라가기에는 그다지 어
려움이 없었다. 각 회원들이 돌아가면서 회장직을 맡았는데, 시카고 대
학에 있는 동안 하츠혼은 영광스럽게도 두 번이나 회장직을 맡아서 활동
했다. 과학 클럽의 사람들과 교류하면서 하츠혼이 얻은 소득은 유전학자
세월 라이트(Sewell Wright)와 흰개미 전문가 알프레드 에머슨(Alfred

Emerson)과 친밀하게 교제하고 지낼 수 있었다는 것이었다. 특히 하츠혼이 에머슨과 라이트를 좋아했을 뿐만 아니라 관심을 많이 보였는데 이유는 에머슨이 정신주의자(psychicalist)였기 때문이었고, 라이트가 흰개미 군집처럼 하나의 공동체로서 밀접한 관계 속에서 살아가는 동물들의 사회적 상태를 학문적으로 연구했기 때문이었다. 에머슨이 정신주의에 관심을 보인 것은 어떤 철학자에게서 얻어낸 것이 아니라 스스로 생각해 낸 것처럼 보였다. 아마도 그가 윌리엄 클리포드(William K. Clifford)의 정신주의에 대한 칼 피어슨의 비판을 읽으면서 일구어낸 생각이었을 것으로 보인다. 그리고 라이트는 개개의 흰개미가 그 나름대로 작은 감정이 있을지 모르지만 '흰개미 군집이 인간의 사회나 가족처럼 집단적인 감정을 가지 못하는가'라는 의견에 관심을 보였다. 군집의 정신은 집단의 정신일 것이고 비유적으로 말하면 그것은 단일한 정신이었다. 하츠혼이 그들을 좋아한 또 다른 이유는 그들이 '과학이 가치문제를 어떻게 다룰 수 있는가'에 관심을 가졌기 때문이다. 화이트헤드로부터 하츠혼은 이미 가치의 문제가 철학에서 중요한 문제라고 생각하고 있었다. 하츠혼은 화이트헤드처럼 내적 가치는 경험의 강렬함(intensity)과 조화로움(harmony)의 문제라고 보았다. 여기서 비록 경험이 먼저 일어나야 하지만 경험의 강렬함은 대조되는 면들의 다양성과 그 깊이에 달려 있다고 믿었다. 그러므로 하츠혼은 'X클럽' 회원으로 지냈던 25년이 하버드대학과 하버포드대학에서 접할 수 없었던 과학지식을 마음껏 얻을 수 있었던 행운이라고 여겼던 것이다.

1943년에 찰스 하츠혼은 철학과에 적을 두고 시카고대학의 신학과 교수로 임명되었다. 그래서 그는 철학부와 신학부에서 동시에 전임교원으로 임용되는 최초의 사례자가 되었다. 신학과의 학생들은 하츠혼의 과목들에 큰 관심을 나타냈다. 그들 중에는 버나드 루머, 존 B. 캅, 슈베르트 오그덴, 대니얼 데이 윌리엄스, 유진 피터스, 유진 프리만, 휴스턴 스미스, 윌리엄 리스 등이 있었다. 그들은 신앙적 배경과 전통도 과정사상의 다양성만큼이나 다양했는데, 윌리엄스는 장로교 교인이었고 루머는 침례교 교인이었으며, 캅과 오그덴은 열렬한 감리교 교인이었고 그리고 리즈는 그리스도의 제자 교인이었다. 그들은 미국의 과정사상을 형성하고 전개하는데 상당히 주도적인 신학자들이 되었다. 존 캅은 클레어몬트 대학과 신학교로 옮기면서 과정사상 연구소를 설립하여 화이트헤드와 하츠혼의 과정철학을 미국에 전파하게 되었다. 신학과 학생들 외에도 하츠혼의 영향을 받은 시카고 대학교의 학생들 가운데 미국의 실용주의를 계승한 신실용주의 철학자 리처드 로티, 소설가 제임스 파렐, 인류학자 밀톤 싱어, 수학자 마틴 가드너 등도 그의 강의를 수강한 학생들이었다.

리처드 로티(Richard Rorty)

한 가지 흥미로운 부분이 있는데, 우리에게 잘 알려진 버지니아대학과 프린스턴대학의 교수였던 리처드 로티(Richard Rorty, 1931~2007)가 하츠혼의 제자라는 사실을 우리는 잘 알지도 또 잘 믿으려 하지도 않는다는 것이다. 하지만 하츠혼은 로티의 석사지도교수였고, 그리고 로티는 자신의 직접적인 증언으로 하츠혼이 너무나 훌륭한 선생이었는지를 보여준다.

찰스 하츠혼은 철학의 진정한 열정을 나에게 일깨워준 최초의 스승이었다. 내가 궁금해 하고 나를 흥분하게 하는 어떤 명백하고도 분명한 개념들이 전혀 없는 가운데 철학전공에 대해 방황하고 있었다. 그러나 내가 하츠혼 교수의 과목들을 수강하면서 나의 방황은 종지부를 찍었다는 사실이다. 내가 택한 하츠혼의 과목들 중 화이트헤드의 「과정과 실재」를 통해 하츠혼은 우리들을 매료시켰다. 이 책을 통해 나는 하츠혼의 지도 아래에 「화이트헤드의 영원한 대상 이론에 관해」라는 석사학위논문을 썼다.11)

하츠혼의 제자들은 미국 전역으로 퍼져나갔고, 직접적인 제자뿐만 아니라 간접적인 제자들의 활동까지도 포함하면 상당했다. 그들 중에 물리학자 에브너 쉬노니와 의학을 전공한 트리스트람 엘겔하트 등은 하츠혼의 직접적인 제자군은 아니었지만 직접 혹은 간접적으로 과정 철학의 영향을 그로부터 받았고, 미국의 유수한 대학들의 교수를 지냈다. 하츠혼과 아주 밀접한 관계를 유지했던 직접적인 제자로서는 「철학과 종교학 사전」(Dictionary of Philosophy and Relgion: Eastern and Western Thought)을 내놓았던 윌리엄 리즈(William L. Reese, 1921~)였다. 시카고 대학교의 교수 생활 중에 하츠혼은 윌리엄 리즈와 함께 공동 집필한 「철학자들은 신을 말한다」(Philosophers Speak of God)를 가장 소중한 업적으로 여겼다.12) 그는 이보다 더 충실한 책은 아마도 없을 것이라고 말하곤 했을 정도다. 학식 있는 사람들이 자기 말로 신에 관해서 지난 3천여 년 동안 한 말들을 모아놓은 책이기 때문이다.

시카고대학에 재직할 때, 전쟁으로 인해 폐허가 된 유럽대학, 특히 독일대학들을 돕자는 취지의 결정이 미국대학 간에 논의가 있었다. 이러한 결정에 따라 하츠혼도 유럽의 몇몇 대학들을 방문하여 강의하는 명단에 이름이 올라갔다. 세계 2차 대전이 끝나자 독일은 나치들의 반지성주의와 사악한 조급증으로 소중한 학자들을 많이 잃었다. 허친스 총장은 시카고대학과 프랑크푸르트대학 사이의 교류를 제안했는데, 처음에는 상호교류가 아니라 대부분 일방적이었다. 허친스 총장의 뒤를 이어 콜드웰 총장도 독일어로 독일 학생들에게 가르치는 교수를 선별했고 강의교수 명단에 하츠혼을 강제로 집어넣었던 것이다. 하츠혼은 1948년에서 1949년에 독일어로 강의할 교수가 절대적으로 부족한 상황에서 전쟁으로 추악하고 비극적인 잿더미로 변한 프랑크푸르트에서 서툰 독일어로 강의했다. 그는 그때 독일어로 강의한 느낌을 "마치 자갈로 모자이크 그림을 만드는 것 같았다"는 독일 학생의 표현을 즐겨 인용했다. 하지만 체류 5개월이 지나기 전에 하츠혼은 독일어 강의를 한결 수월하게 진행할 수 있었고, 미국에 돌아와서는 오히려 영어로 강의하는 것이 어려웠다고 회상했다. 독일에 머무는 동안 하츠혼은 프랑스와 스위스를 여행할 기회를 얻었는데 프랑스 여행은 소르본대학에서의 초청 강연 기간이었고, 스위스 바젤에서는 신정통주의 신학자 칼 바르트(Karl Barth, 1886~1968)를 방문하기 위해서였다. 하츠혼은 프랑스 소르본대학의 철학자들에게 프랑스어로 두 시간 강의하는 기회가 주어졌고, 프랑스어 실력이 관용구를 자유자재로 쓸 수 있을만한 수준이 아니었기 때문에 그가 살아오면서 겪은 가장 힘든 일 중의 하나였다고 기억했다. 또한 프랑크푸르트에 머무는 동안 하츠혼은 신학적인 주제를 위해 바젤의 칼 바르트를 방문했고, 바르트는 하츠혼의 변하는 신을 언급하면서 자신도 유사한 생각이라고 답을 했다고 한다.

시카고대학교에서 하츠혼이 가장 잘한 것으로는 크게 두 가지였다. 하나는 조류학을 공부한 것이었다. 시카고대학 4년 차에 같은 철학과 투프츠(T. H. Tufts) 교수가 갑자기 병으로 그가 맡았던 미학과 연관된 「초기 예술」과목을 강의할 수 없게 되자, 하츠혼이 대신 그 강의를 맡았다. 어린 시절부터 하츠혼은 새의 노래에 관한 관심이 많았고, 화이트헤드의 형이상학을 통해서 미적 원리를 이미 받아들이고 있었기 때문에 큰 문제는 없었지만 새로운 과목에 대한 실험에 조금은 두려워했다. 화이트헤드의 미적 원리는 존재하는 모든 것을 포함하는 생명은 경험 요소들의 상호 순응에 비추어서 미적 가치를 달성하고자 시도한다는 것이다. 이 강의를 통해서 하츠혼은 조류학에 관한 관심과 미적가치를 비교하면서 새로운 연구를 시도하게 되었다. 그런데 이 시기에는 행동주의와 같은 인식적 차원에서 단지 "조류학에 대한 형이상학적 공헌"을 배우고 강의하는 정도의 시기에 불과했고, 그가 에모리대학으로 옮기면서 본격적인 연구가 시작될 수 있었던 조건이 형성된 것으로 보인다.[13] 당시 비전문가들이 연구하고 공헌해 온 분야가 이른바 조류학이었지만, 그의 연구는 1953년 올린 패팅일 교수의 지도 아래에서 미시간대학의 생물학 분과에 개설한 조류학에 관한 여름학기 강의를 들으면서 본격적으로 시작되었다. 그 분과에서는 철학자들이 없었고 그 같은 주제들과 연관된 기본도서들과 함께 주로 생물학 주제와 연관된 강사들과 학생들뿐이었다. 그래서 그는 조류학 모임에 참석하기 시작하면서 조류학에 관한 상당한 정보를 얻을 수 있었다. 그 결과 1954년 미국 조류학과 연합회에 하츠혼은 자신의 논문을 제출했고, 이로 인해 「아우크」(The Auk)지에 그의 조류학과 관련된 최초의 논문이 실리게 되었다. 그는 자신의 노력으로 어느 정도 조류학 학자의 모양새를 갖추게 되었고, 풀브라이트 재단의 재정적 지원을 받아서 오스트리아, 뉴질랜드, 하와이, 일본, 타이완, 인도, 코스타리카, 멕시코, 아르헨티나, 영국, 독일을 여행하면서 강의하는 시간 외에 새의 울음소리를 듣고 많은 양의 정보를 수집하기에 이르렀다. 그리고 동아프리카와 자메이카와 같은 곳은 순전히 새를 관찰할 목적으로 여행하기도 했다. 조류학에 관한 그의 연구 결과는 1973년「명금조는 노래하기 위해 태어났다」(Born to Sing: An Interpretation and World Survey of Bird Sing)라는 책으로 출판되었다. 노래를 부르기 위해 태어난 새들에 관한 연구는 그의 미적 가설(the aesthetic hypothesis)에 근거하여 연구되었다.

두 번째 그가 잘한 것은 논리 실증주의자였던 루돌프 카르납(Rudolf

1961년 부인 도로시와 함께 새의 노래를 녹음하는 모습

Carnap, 1891~1970)을 철학과 교수로 영입한 일이었다. 리처드 맥케온이 총장(Richard McKeon, 1900~1970)으로 선출되었을 때, 그는 하츠혼을 철학과의 임시 학과장으로 임명했다. 일에 얽매이고 스스로 설정한 의무에 발목이 잡히고, 학교의 온갖 인간관계와 행정 속에 얽히고 설키기를 싫어했던 하츠혼은 그 자리를 고사했다. 하지만 맥케온은 임시학과장을 고사하고 있던 하츠혼에게 "하고 싶지 않은 행정가가 가장 좋은 행정가일 수 있다"고 하면서 하츠혼을 설득하여 그 자리에 임명했던 것이다. 그는 1년 반 동안 임시학과장 직을 수행했지만 스탠퍼드대학교의 객원교수로 지원하면서 행정가의 임무에서 해방되었다. 하지만 그가 임시학과장을 맡고 있을 때에 찰스 모리스의 동료 교수의 도움으로 카르납을 영입하는데 성공했다. 그를 영입하려고 한 이유는 하츠혼이 자신과는 정반대의 철학적 사상을 가지고 있었지만 그와 함께 교수로 지내게 된다면 그로부터 더 많은 것을 배울 수 있을 것이라는 기대감 때문이었다. 카르납은 하츠혼이 예상했던 대로 사고가 명쾌했고 활력이 넘쳤다. 그 덕분에 학생들뿐만 아니라 하츠혼을 포함한 동료 철학교수들이 그를 좋아했다. 시카고대학의 철학과는 논리실증주의자 루돌프 카르납과 스미스(T. V. Smith)가 있을 때 이미 세력이 네 곳으로 분산되어 있었기 때문에 다양한 사고와 사상의 교류들이 있었다. 하지만 카르납과 스미스가 시카고대학을 떠나고 난 후의 시카고대학의 철학과는 두 그룹으로 나뉘어서 철학의 다양성이 확연히 줄어들었다. 이것은 리처드 맥케온(Richard McKeon, 1900~1970)이 시카고대학의 총장으로 부임하면서 일어났다. 사정이 그러다보니 하츠혼도 새로운 환경으로 떠날 생각을 하고 있었다. 그래서 하츠혼은 27년 동안 시카고대학에서 누렸던 엄청난 자원들을 뒤로하고 에모리대학으로 옮기기로 했다.

에모리대학으로 갔던 이유는 단순했다. 시카고대학의 신학대학 학장이었다가 허친스의 명예총장 밑에서 총장을 지냈던 콜웰(Colwell)이 에모리대학 부총장으로 부임하면서 리처드 호킹과 레로이 로엠커(Leroy Loemker)와 함께 하츠혼을 에모리대학으로 데려갔기 때문이었다. 하츠혼이 시카고대학을 떠날 때가 1955년이었다. 이제 그는 거의 환갑을 바라보는 나이였다. 하지만 그는 언제나 지식의 여정에서 새로운 것을 배우고자 하는 열의로 가득해 있었다. 한번은 그가 55세의 나이에 미시간대학 필그림 생물학과에서 개설된, 조류학에 관한 여름학기 강의를 듣고 싶다고 편지를 썼다. 그는 다양한 삶의 분야나 영역에 대한 관심이 높았기 때문이었다. "인간은 좀 위험하게 살 필요가 있다"는 니체의 말을 즐겨 인용하면서 그는 이렇게 말했다.

> 여기서 위험이란 보다 분명한 신체적인 위협 외에도 자신감이나 소속감에 대한 위협일 수 있다. 나는 그들의 분야에서 지식적으로 도저히 경쟁할 수 없는 사람들, 예를 들어 물리학자들과 함께 있을 때와 같은 위협을 심각하게 느낀다. 나는 어떤 분야에서든 나보다 나은 사람들에게 배울 수 있는 기회를 될 수 있는대로 놓치지 않으려고 노력했다. 사실 그들을 피하는 것이 마음은 편하지만 그러고 싶은 생각은 추호도 없다. 그래서 나는 철학하는 과학자들을 무시하면서 이야기하는 철학자들을 볼 때마다 이해하지 못한다. 그들이 훌륭한 과학자라면 근본적인 물음들에 대한 해답을 찾는 데에 철학을 가르치는 사람들보다 예리할 가능성이 더 높기 때문이다.[14]

하츠혼은 형이상학자로서 명성을 얻었음에도 여전히 새로운 학문을 갈망하는 영원한 학생이었다. 한번은 이런 일이 있었다. 그가 논리학을 더 공부하기 위해서 카르납과의 만남을 통해서 논리학적 사유를 명확하게 할 수 있었던 경험이었다. 하츠혼은 카르납이 범하기 쉬운 오류들에 대해서는 논쟁을 통해서 형이상학의 의미를 전달하기도 했다. 특히 카르납과의 만남을 통해 하츠혼이 내적관계와 외적관계에 관해 논쟁하면서 내놓은 결과물이 바로 예일대학교 출판부에 의해 출판된 「신의 상대성: 신의 사회적 개념」(Divine Relativity: A Social Conception of God)이었다.[15] 하츠혼이 말한 것처럼 "학자들이란 자신의 선입견과 같은 부분만 받아들이는 경향이 있다."[16] 하지만 훌륭한 학자란 다른 분야에 언제나 개방적이어야 한다. 이런 면에서 하츠혼은 자신의 분야가 아닌 다른 분야에 언제나 열려 있었다. 아마도 우리는 그의 새로운 학문에 개방적인 자세를 통해서 그가 얼마나 과정적으로 적용한 인물이었는가 하는 인상을 받는다. 앞서 잠깐 언급했듯이, 조류학을 배운 경우에도 그의 학문적 태도에서 기인했다. 하츠혼은 에모리대학에서 7년을 보냈는데, 그곳에서 조류학을 가르쳤다는 사실만을 보아도 그가 어떤 사람인가를 알 수 있다. 비록 성인교육을 위한 비정규과목이긴 했지만 그러한 것을 가르친 것을 그는 매우 즐거워했다. 그가 가르친 한 부인이 자작시를 적어 하츠혼에게 보냈는데, 다음과 같이 적혀있었다.

한 수풀을 두 마리의 참새가 함께 소유하지 않는다.
한 영토 안에 두 마리가 있으면 반드시 싸운다.
지빠귀 새는 자신의 경계선을 가지고 있다.
그리고 노래로 그 고독을 만들고 지켜간다.[17]

에모리대학의 철학과 박사과정에 루이스 포드(Lewis Ford)와 루이스 치아라빌그리오(Lucio Chiaraviglio), 존 길모어(John Gilmour)와 같은 학생들이 있었다.[18] 루이스는 에모리대학에서 박사과정을 시작했지만 박사과정을 마친 곳은 예일대학이었다. 당시 에모리대학에는 7년을 가르치면 3년을 더 가르쳐야 하고, 이변이 없는 한 그 학교에서 은퇴해야 한다는 학칙이 있었다. 하지만 몇 가지 사정 때문에 하츠혼은 에모리대학에 남는 것이 불편해졌다. 이는 철학과의 학문적 또는 제도적 문제는 아니었고, 그의 부인 도로시의 인간관계의 문제에서 에모리대학을 떠나기로 결정했다. 도로시는 교통사고를 당해 건강에 문제가 있었고, 그녀가 관여한 음악 공연단과의 갈등 탓에 큰 상처를 받고 있었기 때문이었다. 하지만 하츠혼은 오스틴에 있는 텍사스-오스틴대학에서 자신을 연사로 초청하기 전까지는 에모리대학을 떠날 생각을 하지 않았다. 그런데 당시 오스틴대학의 철학과 과장이었던 존 시블러(John Sibler)가 강연이 끝나고 점심을 하면서 하츠혼에게 텍사스-오스틴대학으로 올 의향이 없느냐고 물었다. 하츠혼은 시블러가 자신을 강연에 초대하고 점심을 대접하는 보다 깊은 이유가 따로 있었을 거라고는 전혀 생각하지 않았다. 텍사스-오스틴대학에서는 70세부터 절반만 일하고 봉급은 절반을 받는 대신에 언제까지 교수생활을 할 수 있다는 규정이 있었고, 에모리대학은 68세에 완전히 은퇴해야 하는 규정이 있었다. 그런데다 에모리대학은 재정적으로 매우 곤란한 상태에 있었다. 여러 사정이 하츠혼을 텍사스-오스틴대학으로 옮겨가게 하였다.

텍사스-오스틴대학에서의 교수 시절

텍사스-오스틴대학에 도착했을 때 시블러는 하츠혼에게 약속한 것 이상으로 잘 해주었다. 하츠혼도 어느 누구도 시블러만큼 자신에게 잘 해 준 사람을 꼽을 수 없었을 정도였다. 하지만 시블러가 학과장에서 학장으로 승진하면서 상황이 달라졌다. 학장이란 일종의 대학에서 명예스러운 자리이기도 하지만 권력의 자리이기도 했기 때문이다. 시블러가 학과장으로 있을 때에는 과의 교수들을 개인적으로 너무 잘 알고 있었고 친근감이 있었지만, 학장이 된 후로는 교수들의 절반도 제대로 파악하지 못했을 뿐만 아니라 자신의 권력이 어느 정도인지도 파악하지 못했다. 이는 하츠혼이 그에게 보낸 다음과 같은 편지에서 읽어낼 수 있었다. "그렇게 훌륭한 철학과를 만들어 놓았는데 자신의 피조물을 보다 더 신뢰하는 것이 좋지 않겠습니까?"[19] 이 말은 그가 누구를 신뢰해야 하

하츠혼의 존재론적 논증을 쓴 젊은 철학자 도날드 비네이(Donald Veney)와 함께

고 누구의 조언에 귀를 기울여야 하는지를 몰라 당황스러운 자리에 있었다는 말이다.

아무튼 시블러 덕분에 그는 텍사스-오스틴대학에서 순조로운 교수 생활을 할 수 있었고, 게다가 텍사스-오스틴대학은 하츠혼에게 낯선 사람들에게 둘러싸인 땅이 아니었다. 데이비드 밀러라는 시카고 대학교에서 가르칠 때에 그의 과목을 들었던 제자가 이미 이곳의 교수로 있었기 때문이었다. G. H. 미드의 철학을 연구한 권위자로 자리매김했던 밀러는 철학과의 여러 교수를 만날 수 있도록 주선하고 소개해 주기도 했다. 그리고 시카고대학이나 에모리대학과는 달리 철학과 교수들의 사상을 하나로 통일시켜야 한다는 어떠한 압박감이 전혀 없었기 때문에 사상의 자유로움이 존재했다는 것이 그에겐 평안함과 해방감을 누리게 했다. 텍사스-오스틴대학의 철학과 교수들은 다양한 자신의 견해들을 마음껏 이야기했다. 이곳은 다른 입장의 철학자들과 허심탄회하게 이야기하는 분위기였기 때문에, 비록 하츠혼의 제자이긴 하지만 텍사스 출신 학자로서의 밀러가 은퇴하게 되자 하츠혼은 고별 연설가로 선택되었고 그를 위해 고별시를 작시하여 헌정할 수 있었다. 우리 한국의 문화 상황에서 보면, 스승이 제자를 위해 작시를 하여 헌정하는 일은 상상할 수 없는 일이다. 그리고 이것은 아마도 다른 대학에서, 외부에서 영입된 교수들에게도 상상할 수 없는 일이었다.

하츠혼은 리브와 브라우닝이라는 교수들과 함께 형이상학을 가르쳤다. 흥미로운 것은 텍사스-오스틴대학의 철학과는 그리스 철학이 꽤 인기를 구가하고 있었다. 특히 그리스 철학에 정통한 알레어 교수는 자신의 회의주의를 가르쳤는데 어떤 진리에 관한 이론도 말로 전달하고 나면 왜곡되기 마련이라고 말하는 것 외에는 무슨 말을 하는지 이해하기가 힘들었다. 알레어 교수는 잘 가르치는 교수들에게 주는 상을 받았을 정도로 인기가 높았다. 하츠혼은 그들의 인식론적 가르침과는 다른 방향을 가지고 학생들을 가르쳤다. 찰스 퍼스와 알프레드 N. 화이트헤드로부터 영향을 받은 과정사상은 텍사스-오스틴대학에서도 여전히 유용하게 가르쳤던 것이다. 하츠혼의 관심은 과학도 윤리도 어느 것도 미래의 세부적인 사항들을 미리 결정할 수 없다는 것이다. 이는 윤리와 과학이 대체적인 방향을 제시해서는 안 되는 것은 단지 그것이 안 된다고 말하는 것뿐이지 사건들의 구체적인 진로를 미리 결정내리는 것은 아니기 때문이다. 우리 인간이 해야 할 일은 미래를 한 발자국씩 만들어가는 것이며 다른 피조물들도 그들의 한계 내에서 그렇게 해 나가는 것뿐이다. 과학이란 결정과정의 한계를 설정하는 것이지 미리 모든 결정을 내려주는 학문이 아니다. 또한 한계 설정이란 고등 생물에만 한정한 것이 아니라 원자의 세계에도 적용된다. 피조물의 차원이 낮으면 낮을수록 그 한계가 좁아지는 것만이 다를 뿐이다. 따라서 그는 이렇게 믿었다. "인간의 자유는 우리를 이루고 있는 분자들의 우연성에 달린 것이 아니라, 자연이 자유의 단계적인 혹은 계층적인 조직으로 이루어져 있고, 모든 법칙과 질서는 되어가는 과정의 부분적인 측면이고 그 다른 측면은 창조적인 결정이며, 따라서 지식뿐만이 아니라 모든 실재의 구체성을 증가시켜 준다."[20]

텍사스-오스틴대학에서 하츠혼이 관심을 가진 분야는 지난 1,000년 동안 논의되어왔던 '신 존재 증명'의 문제였다. 역사적 관점에서 이 문제를 연구하는 중에 얻은 소득은 칸트의 신 존재 증명이 독창적이지 않았다는 것이고, 아리스토텔레스가 후대의 안셀름의 주장을 미리 예측했다는 것 등도 알게 되었다. 특히 그는 신 존재 증명에서 '존재론적 논증' (ontological argument)에 집중했다. "만일 누군가가 내게 '왜 당신은 신을 믿습니까?'라고 묻는다면, 나는 '존재론적 논증 때문입니다'라고 대답하지는 않을 것이지만, '나는 다른 사람에게 상호간에 지지하는 무수히 많은 존재론적 논증의 자료 더미들 때문에 신을 믿습니다'라고 말할 것이다."21) 이것은 존재론적 논증이 너무 매력이 있고 세계적으로 유명한 논증이기 때문에 그와 관련된 자료들만도 충분히 관심을 가질 수밖에 없다는 것이다. 반대로 말해 만일 신이 존재하지 않다면, 존재론적 논증은 역사에서

1978년 존 베켄으로부터 명예박사를 받음

사라졌을 것이기 때문에 신의 존재가 분명히 있다고 다소 익살스럽게 표현했던 것이다.

하츠혼은 평생 대학이라는 공동체에서 연구하고 활동한 철학자다. 하지만 그는 대학의 결정 과정에 참여한 적이 별로 없었다. 아니 별로 관심을 가지지 않았다고 말하는 것이 옳은지 모른다. 이는 그가 행정적인 의무를 제대로 수행하기를 꺼렸다고 고백했기 때문이다. 50여 년 동안 대학에서 가르치는 동안 행정적으로 의사를 표현한 것은 딱 두 번밖에 없었다. 한 번은 교수회의에서인데 정치에 대한 대학의 공식적인 찬동에 반대하기 위해서 할 수 없이 표현한 것이었고, 다른 하나는 시카고대학에서 '강독 휴강 주일'(reading days)을 학생들에게 제공해 주어야 한다는 안건을 놓고 연설을 한 것 외에는 없었다.

인생의 마지막 여정

한번은 하츠혼은 자신의 인생을 돌아보면서 "인생에서 후회가 남아 있는가?"라고 스스로 물었다. 엄청난 실수를 범하기도 하고 그 일로 인해 후회하는 것이 인생이다. 하지만 하츠혼은 자신의 인생에서 다른 사람들보다 운이 좋은 사람이었다고 고백했다. 평생 학자로 생을 마쳤던 그는 103세라는 오랜 세월동안 학문적 향유 속에서 철학분야, 특히 과정형이상학분야에서 성공을 거두었다. 무수히 많고 다양한 사건들을 경험한 하츠혼은 누구보다 학자로서의 성실하고도 향유하는 인생을 보냈다. 이러한 증거는 그의 저술에서 알 수 있다. 그가 다른 어느 철학자들과도 비견할 수 없을 만큼 어마어마한 책들과 논문들을 출판했다는 것은 부정하기 어려운 사실을 증명하고 있는 것이다. 시카고대학의 제자였던 유진 피터스(Eugene Peters)는 이렇게 증언한다. "하츠혼의 문헌 출판들은 경이로운 경지였다."22) 하츠혼 자신도 이 사실을 증명이라도 하듯 그렇게 표현했다. "나는 가르칠 생각을 결정하기 전, 즉 10년 전부터 책을 집필하고 출판했으며, 가르치게 되었든 안 되었든 간에 책을 계속 써서 출판했을 것이다. '가르쳐라. 그렇지 않으려면 세상을 떠나라'는 오랜 경구가 오히려 내게 해당한다."23)

하츠혼은 합리적이고 현실적인 부모 밑에서 자랐으며 글만 써가지고는 먹고살기 어렵다는 것을 잘 알았다. 위대한 작가들도 대부분 다른 생활 수단을 가지고 있었다. 하츠혼이 글을 써서 그걸로 살아가겠다는 무모한 생각을 하지 않고 교수를 직업으로 택한 것에 대해서는 조금도 후

심리학자 웨인 비네이(Wayne Viney)와 함께

회하지 않았다. 하지만 그는 근본적으로 작가라고 생각하고 있으며 작가로서 기억되기를 바랐다. 물론 그가 교수가 된 것은 작가로 살아가기 위한 방편만은 아니었으며 학생들과 함께 지내는 것이 좋아서만도 아니었다. 철학만이 아닌 관련 있는 여러 가지 분야에서 많은 동료들과 나눈 교류가 그에게 너무나 소중했기 때문이었다. 집필이 비록 힘들지만, 직업은 아니라는 의미에서 어떤 직업을 갖는다는 것은 인간적 본성의 약한 부분을 보호하는 데에 매우 효과적일 수 있다. 그리고 자기 시간을 자기 마음대로 쓸 수 있는 자유는 반드시 좋은 것만도 아니다. 어떤 시간에 어떤 일을 반드시 해야 한다는 것은 영감(inspiration)에 따라 살아가야 하는 사람에게는 장애가 될 수 있을지 모른다. 하지만 너무 자유로우면 독창성이나 영감적 사고가 오는 대신에 나태나 게으름에 빠지거나 시간을 낭비하는 어떤 일에 중독되거나 다른 일로 분주해지기 쉽다. 그런 점에서 하츠혼은 오로지 교수라는 직업을 황금의 순간들로 여겼다고 보인다. 그는 이렇게 적고 있다. "교수라는 직업의 황금시절은 내가 대학에서 가르칠 때가 아니었나 싶다. 오늘날 같은 각박한 직업 시장에서 젊은 강사로 시작하는 것은 매우 힘들고 두려운 일일 것이다. 대학당국은 종신직을 얻지 못한 교수들을 걸핏하면 냉정하게 해고하는데 그 이유는 더 유능한 사람들이 얼마든지 줄을 서서 기다리고 있기 때문이다. 오늘날 교수들에게 다정하게 대하는 일은 학과에 해를 끼칠지언정 전혀 도움이 되지 않는 것처럼 보인다." [24] 그럼에도 하츠혼은 연구하고 글을 쓰는 방법에는 약간의 후회가 남는다고 토로했다. 사람이 개인적인 기회를 놓쳤을 때 불행하다고 느끼는 것은 자기중심적인 망상에 사로잡혀 있을 때인데, 이는 사람이 언제나 자기중심적인 생각에서 사물을 관찰한다면 언제나 불편하고 불행하다고 느끼기 때문이다. 이런 점에서 그가 스스로 말한 대로 "행운의 철학자"라고 말한 것은 적절한 표현이었을 것이다.

하츠혼은 과정 철학자다. 생명을 축하하는 일이 인생이 하는 가장 중요한 일이다. 살아 있다는 것은 신의 은총이다. 삶이란 나 자신만의 생명도 아니고 다른 사람의 생명만도 아닌 생명 그 자체를 위한 축제다. 생명을 위해 축제를 벌여야한다는 것이 하츠혼의 삶의 신앙이요 철학이다. 그것이 하츠혼이 꿈꾸었던 세상이자 인생이다. 그래야만 우리 모두가 후회하지 않는 삶을 살지 모른다. 현재 우리가 서 있는 위치에서 사회와 세계에 공헌하는 것이 현재 우리가 질 수 있는 책임의 전부이다. 이는 "삶은 불공평하다"라는 그의 평소의 철학에 기인하기 때문이다. 삶은 실제로 불공평하다. 하츠혼이 가르치듯이, 삶에는 우연의 요소들이 있고, 우연은 자유의 결과다. 자연법칙들은 개인적인 불리한 출발들을 고려해주지 않는다. 선량한 사람이 행운을 만나면 행복할 것이다. 하지만 단순히 선함만으로는 행복을 보장하지 않는다. 물론 선한 행동을 보상해주고 범죄를 적절하게 처벌하는 정의를 가정하는 것은 말로 얼마든지 가능하다. 그렇지만 우리가 살아오면서 경험한 바로는 고난과 보상 사이에 그런 정의와의 직접적인 관련은 찾기 어려울지 모른다. 이로 인해서만 그와 같은 관계를 부정하는 것은 아니다. 우리가 사람이 사는 것을 아무리 자세히 살펴보아도 그와 같은 정확한 관계가 논리적으로 인식되는 것이 불가능하다는 것을 알 수 있다. 그와 같은 관계가 가능하다면 '인간이 신의 결정을 그대로 재현하는 것이 아니라 자기 자신의 결정을 스스로 내린다는 생각'과는 모순을 일으킨다. 왜냐하면 우리는 어떤 행동을 해야겠다고 결정하고 타인들도 다른 행동을 해야겠다고 결정하는 것까지는 좋은

데, 한 행동과 다른 행동이 동시에 일어나도록 결정한 자는 누구인지 모르기 때문이다. 그건 우리가 한 것도 아니고 다른 사람이 한 것도 아니므로 그렇다면 신이 그렇게 결정했다는 말도 아닐 수 있다. 이 말은 우리가 각자 내린 결정이 정말 우리가 한 결정이라면 거기에 신이 개입할 여지는 없다는 뜻이기 때문이다. 그러므로 하츠혼의 과정철학은 우주가 우리 각자의 개인적인 불행에 관여하고 있다고 받아들이지 않는다.

이 같은 생각은 그가 철학적 개념을 정립하면서 '사회적 불멸성'(social immortality)을 주장했을 때에 더욱 과정 철학적 삶의 방식을 지지하는 것처럼 보였다. 사회적 불멸성은 영원히 죽지 않는 방법 중 하나다. 그의 과정사상은 영원히 남아 있는 것에 진정으로 영원한 신의 생명을 포함시키고 있다. 신은 모든 피조물이 사라진 후에도 존재하며 흠이 없지는 않았지만 근본적으로 흥미롭고도 아름다운 현실적 존재(actual entities)였던 피조물들의 기억을 보존하고 있다. 하츠혼이 에드워드 뫼릭케가 쓴 "새로운 사랑"이라는 짧은 시를 즐겨 인용하기를 좋아했는데, 그의 사회적 불멸성은 아마도 이 시가 가장 잘 표현해 주지 않을까 싶다. "내가 놀라고 놀라는 일은 하나님이 이 세상에 내 자신을 드러내는 것이네." 다시 표현하자면, 신은 이 세상의 어떤 연인과도 다르게 우리를 진정으로 사랑하며 그 어떤 질투나 투기나 악의를 가지고 있지 않으면서도 신적 풍성한 지혜와 이해로 우리의 가치를 인정하고 함께 할 것이다. 우리가 이 세상에서 행한 모든 것이 신 안에서 가치가 있고 소중한 것으로 기억될 것이다. 그래서 찰스 하츠혼은 인생은 살 가치가 있다고 고백했는지 모른다. 그에게 있어서 인생은 그 이상도 그 이하도 아니다. 인생은 희망을 잃지 않고 계속 싸워나갈 수밖에 없는 과정의 여정이다. 디킨스의 말처럼 "지금이 최선의 시간이다. 그리고 지금이 최악의 시간이다." 우리의 인생에서 마주하는 시간은 무료하거나 지루한 시간이 아니며, 그렇다고 무의미한 시간도 아니다. 우리는 아마도 극적인 사건들과 역동적인 순간들이 여기저기서 일어나고 있는 시간 속에서 살고 있는지 모른다. 이런 이유에서 하츠혼은 서양철학이 전통적으로 삶과 실재에서 우연이나 불규칙성 그리고 비예측성이 가지는 긍정적인 가치를 거의 무시해 왔다고 비판해 왔다. 그에 의하면, 사상을 통해서 절대적인 법칙과 영원불변하는 진리를 찾아내는 것이 합리주의와 도덕주의의 이상이었지만, 절대원리는 창조성이지 질서가 아니며 자유이지 필연이 아니다. 따라서 그는 질서와 필연 그리고 불변의 개념들은 창조성에 열려있는 기회들을 최적화하는데 도움을 줄 수 있고, 또 그럴 때에 비로소 이차적인 선으로 작용할 수 있다고 보았다. 궁극적으로 볼 때 악은 그저 우연히 발생하는 것이다. 누군가가 그와 같은 악들을 미리 계획해서 그대로 실행하는 것이 아니다. 수많은 의도들이 우리의 삶에서 갈등을 일으키면서 예상치 못한 결과들을 만들어가는 것이다. 그래서 하츠혼은 "신의 섭리란 악의 기회보다 선의 기회가 더 우월하도록 보장한다"고 믿었다. 아무튼 인생에 대한 그의 낙관주의적 과정사상은 그 누구보다도 분명하게 대변하는 화이트헤드로부터 이 사실을 배워 실천했을 것이다. 그의 사상이 방대하지만, 그의 사상이 과정 사상적 흐름에서 본다면 훨씬 단순하고 명료할 수 있다.

우리는 그의 인생 이야기를 마치면서 하츠혼이 평생 고민하면서 지냈던 문제, 그렇지만 포기할 수 없었던 그의 문제는 여전히 신이었다는 사실을 언급해야 할 것 같다. 그의 지성적 삶에서 하츠혼을 사로잡았던 화두는 신이었다. 신은 그에게 철학적으로 중요했을 뿐만 아니라 삶에 매우 가치가 있었다. 기독교 신학과 마찬가지로 형이상학에서도 신의 문제를 빼고는 논의가 될 수 없다고 믿었던 하츠혼은 시애틀 대학의 대니엘 A. 돔브로우스키(Daniel A. Dombrowski)의 표현처럼 "신에 중독되었고 취했던"(God-intoxicated, an inebriation) 철학자였다.[25] 평생 그의 철학적 주제는 신이었는데 신의 개념적 문제, 신 존재 증명, 신의 속성, 신의 역할, 악과 신 등 무수히 많은 신의 주제들을 그의 형이상학적 언어로 채색시켰다. 한번은 시카고대학교 교수시절에 하츠혼이 미국 중부지역 철학회의 회장직을 맡게 되었다. 그가 회장직을 수락하는 강연을 준비하고 있을 때에 철학회의 동료 철학자 차너 페리(Charner Perry)가 그에게 다음과 같이 당부했다고 한다. "하츠혼, 자네가 하지 말아야 할 것이 하나 있는데 그게 바로 하나님에 관한 이야기야!"[26] 이것은 그가 형이상학자이면서도 얼마나 자주 신에 관한 이야기하기를 좋아했는지를 확실히 보여주는 한 단면이었다. 하지만 그때 그의 강연은 "우연과 사랑 그리고 비양립성"(Chance, Love and Incompatibility)이었다. 또 한 번은 그에게 이런 일이 있었다. 시카고대학의 총장이었던 허친스는 하츠혼이 시카고대학의 과학클럽에서 신을 탐구하면서도 25년간이나 버틴 것은 매우 운이 좋은 탓이라고 농담을 한 것도 이런 맥락에서 충분히 이해될 수 있는 부분이었다. 왜냐하면 하츠혼이 쓴 글들이 철학에서 수용되기 어려울 뿐만 아니라 꺼려지는 신에 관한 화두를 철학적 주제로 줄곧 이야기했기 때문이었다. 신과 과학은 별개의 것이라고 생각한 허친스는 훗날 어느 중요한 모임에서 하츠혼에게 다음과 같은 우스갯소리를 했다고 한다. "하츠혼 박사님! 아직도 당신은 신에 관해서 연구하고 있습니까?"[27] 이처럼 그는 인생의 여

손자 하츠혼과 손녀 엘리노르와 함께

정 마지막으로 향하면서도 신의 연구를 멈추지 않았다. 철학자들이나 외부의 유명 인사들이 하츠혼을 떠올릴 때면 그는 언제나 신을 연구하는 학자로 평가를 받았다. 하츠혼은 그의 「신의 상대성」(The Divine Relativity: A Social Conception of God)에서 신과 그의 피조물인 우리의 관계를 아름답게 묘사했다.

궁극적 질서자로서 신은 그의 피조물들에게서 단순히 맹종을 요구하지 않으시고, 세계의 민주적인 자기질서에 공헌할 수 있는 길을 찾게 한다.

신은 우리가 아무리 사소하고 보잘 것 없는 것이라고 하더라도 우리 피조물들을 있는 그대로 받아들여서 자신의 실재를 만들어가고, 우리는 신 안에서 스스로 우리 자신의 결정을 내리는 구성원들이 되어 우리의 느낌들이 모두 합해져 그의 '느낌의 바다' 속으로 통합해 가게 한다.28)

하츠혼은 그의 자서전적 작품인 「어둠과 빛」(The Darkness and the Light)의 말미에 신에 관한 그의 생각을 다음과 같이 적었다. "내가 믿는 신앙은 세상과 사회 그리고 타인에게 공헌하는 바로 그것입니다. 그리고 우리는 자신의 감정으로 서로의 감정에 빚을 지고 있는 우리 모두의 감정을 받아들이는 신에게 공헌하며 모두 다 마음을 열어놓고 있는 그 한 분에게 공헌해야 합니다."29)

모든 진정한 철학자들은 생애의 많은 부분을 창조적인 작업에 몰두하며 혼자 외롭게 살다가 인생의 무대에서 사라진다. 하지만 찰스 하츠혼은 극히 예외적이라 할 수 있다. 그는 학문의 즐거움과 더불어 흘러가는 시간 속에서 그가 만나는 사람들을 소중히 여기는, 좀처럼 보기 힘든 철학자였다. 게다가 그는 자기 인생의 이야기 속에 만났던 무수히 많은 사람들을 기억할 만큼 기억력이 좋았다. 학자로서의 창조적 작업에 열정적이었고, 인생을 취급하는 데에서는 유쾌하고도 낭만적이었던 하츠혼은 도덕적으로는 너무나 완벽했고, 학문에서는 비판적이었으며, 그리고 생활에 있어서는 너무나 검소했다. 그는 어릴 적 아버지가 만든 자동차 외에 평생 동안 자가용을 산적이 없었고, 담배와 술 그리고 카페인이 함유된 어떠한 음료도 마시지 않았을 정도로 내면의 평정심을 유지하며 인생을 살았던 철학자였다. 2000년 10월 9일, 과정 철학자 찰스 하츠혼은 무지개의 빛깔만큼이나 화려하게 펼쳐진 103세의 역사적 나이로 오스틴 텍사스에서 세상을 떠났다.

제2장

과정사상의 역사적 전개

제2장
과정사상의 역사적 전개

철학의 한 주요 분파를 대표하는 과정철학은 "북미 철학에서 가장 두드러지고 활동적인 분파들 중 하나로 여겨져 왔다."[1] 미국의 철학은 크게 두 가지로 대표되는데, 하나는 실용주의 철학(philosophy of pragmatism)이고, 다른 하나는 과정철학(Process Philosophy)이다. 그런데 찰스 퍼스, 존 듀이, 윌리엄 제임스, 리처드 로티로 계승되는 실용주의 철학이 미국의 철학자들에 의해서 시작되었던 것과는 달리, 과정철학은 엄밀히 말해 미국 철학자에 의해서 시초가 된 것은 아니다. 이 철학의 체계를 집대성한 사람으로 간주되는 알프레드 N. 화이트헤드(Alfred North Whitehead, 1861~1947)는 미국인이 아닌 영국태생의 수학자이며 철학자다. 그가 영국의 런던대학에서 정년을 눈앞에 둘 무렵에, 하버드대학교 철학과 교수직을 수락함으로써 화이트헤드는 자신의 과정형이상학과 철학적 유신론을 발전시킬 수 있는 사상적 전환점을 이루었고 인생에서 가장 생산적이고 왕성한 지적 활동을 했다. 하버드대학교는 과정철학을 발전시키고 집대성할 수 있는 지적 환경을 제공했기 때문에 과정철학이 미국의 학문적 에토스에서 태동하게 된 것이다. 그럼에도 화이트헤드의 과정철학은 이전의 다양한 사상들 또는 철학자들의 영향으로부터 무관하지 않았다. 한마디로 과정철학은 다소 넓고도 복잡한 이전의 여러 사상적 전통들을 계승하거나, 또는 그것들로부터 발전되었다는 사실을 보여주었다.

무엇보다도 과정철학의 역사는 소크라테스 이전의 고대철학자 헤라클레이토스(Heraclitus, BC 540~BC 480)까지 거슬러 올라간다. 당시에 현상과 실재를 구분함으로써 변화에 대한 상식적인 사고방식을 거부했던 파르메니데스(Parmenides, BC 510~?)와 대립적인 관계를 유지했던 헤라클레이토스는 자연의 새로운 문제, 즉 변화와 유동의 문제로 사람들의 시선을 돌리게 했다. 그가 보여준 사물의 유동적이고 변화하는 개념은 최초의 철학자들이 자연의 궁극적인 구성요소를 물질적 원소로 이해하고 묘사하는 데 집중했던 것과는 달리, 당시에 획기적이고 비원소적인 개념인 생성(becoming)이었다. 말하자면 실재는 생성이라는 것이다. "만물은 유동한다"는 그의 변화와 생성의 사상이 과정적 사상을 충분히 함축하고 있기 때문에, 프린스턴의 철학자 니콜라스 레셔(Nicholas Rescher)가 지적한 것처럼, "헤라클레이토스는 일반적으로 과정사상의 창시자로 간주되었다."[2] 이후 과정철학의 체계는 고대 그리스의 플라톤(Plato, BC424?~348?)과 아리스토텔레스(Aristotle, BC 384~322)의 철학에 크게 빚을 지면서 발전되었는데, 그들이 언급한 감각적 세계는 철저히 헤라클레이토스의 사상을 공유하고 있었다. 이는 감각적 경험이 우리의 일상에서 지극히 과정적이기 때문이었다. "서구철학은 플라톤의 각주다"라는 화이트헤드의 잘 알려진 단언적 문장은 플라톤의 사상적 영향력이 가히 절대적이라는 것을 분명히 반영한다. 화이트헤드 자신도 예외적 인물이 아니었다. 화이트헤드는 자신의 「과정과 실재: 유기체적 세계관의 구상」(Process and Reality: An Essay in Cosmology)에서 솔직히 고백하고 있다. "어떤 학설을 변론하기 위해서는 우리가 무수히 많은 철학자 중 어떤 한 철학자의 진술을 인용하거나, 아니면 서구의 모든 사상의 창시자들인 플라톤이나 아리스토텔레스 중 한 사람의 명확한 진술을 인용하는데 주저하지 않을 것이다. 그런데 유기체 철학은 사고를 체계화하려는 후대의 사람들이 제쳐놓았던 이 위대한 정통 철학자들(플라톤과 아리스토텔레스)의 작품들 속에 들어있는 이와 같은 요소들을 강조하려는 경향이 있다."[3] 이처럼 플라톤과 아리스토텔레스의 영향은 과정철학의 학설을 뒷받침하기 위해 필수적이었다고 보인다.

경험과 이성의 인식론적 전환을 가져왔던 근대시대에 들어서면서 과정철학의 사고는 더욱 다듬어지고 다양하게 되었다. 대륙의 빌헬름 라이프니츠(G. Wilhelm Leibniz, 1646~1717)와 조지 빌헬름 헤겔(George. W. F. Hegel, 1770~1831), 그리고 경험에 근거된 인간오성의 문제를 중요한 철학적 화두로 삼았던 영국의 데이비드 흄(David Hume, 1711~1776)과 같은 철학자들은 과정철학의 새로운 관점에 대한 전조를 예시했을 뿐만 아니라 과정적 관점을 뒷받침하는 어떤 지적인 조건을 형성해 주었다. 특히 힘의 중추적이고 활동적인 군집으로 이해되었던 라이프니츠의 단자(monads)의 궁극적 개념은 세계를 구성하는 실재의 요소로 인식되었다. 라이프니츠는 생명이나 역동적인 힘을 소유해야 한다는 점을 강조하기 위해서 실체개념을 도입했고, 그것의 실체가 단자였다. 단자는 연장되지 않으며 모양도 크기도 없고, 서로 독립적이며 상호 간에 어떠한 인과 관계도 가지지 않는다. 하지만 단자는 스스로 어떤 행동원리나 힘을 가진다는 점에서 과정 사상가들에게 중요한 실마리를 제공한 듯 보인다. 그리고 동일한 방식으로 역사적 발전의 중심에서 정신의 역동적 활동을 강조했던 헤겔의 변증법도 실재를 있는 그대로의 사물이 아니라 항상 유동적이고 움직이는 역동적 세계로 파악했던 것이다. 이는 정신이 세계의 모든 활동을 가능하게 하는 실재이기 때문이다. 비록 이 시기가 근대에 한정되어 있지만, 이러한 사고는 과정 사상가들의 마음속에 깊은 인상을 심어준 것처럼 보인다. 물론 화이트헤드 자신은 헤겔에게 그다지 매력을 느끼지 않았던 것은 사실이지만 말이다.

그리고 시대의 새로운 여명기로 접어들었던 현대에서 우리는 과정철학의 사고방식에 동조하는 더 많은 철학자를 발견하게 되는데, 그들 중에 우리는 찰스 S. 퍼스(Charles S. Pierce, 1839~1914), 앙리 베르그송(Henri Bergson, 1859~1941), 윌리엄 제임스(William James, 1842~1910), 존 듀이(John Dewy, 1859~1952)와 같은 중요하고도 상이한 사상가들을 찾아볼 수 있다. 그들은 과정철학의 전통에 쉽게 포함시킬 수 있는 개념들을 공유하고 있었던 것처럼 보인다. 다른 어떤 것보다도 그들은 인간의 정신이나 경험을 유기적 복합체로 이해했고, 세계를 정적이고 닫힌 세계로 이해하는 대신에 역동적이고 열린 세계로 해석했다. 하나의 사상이란 독립적으로 출현하지 않는다. 사상은 이전의 사상에 대한 비판이나 저항 또는 수용을 통해서 전개된다. 이런 점에서 과정사상의 체계를 정교하게 세웠던 알프레드 N. 화이트헤드(Alfred North Whitehead)는 이전의 사상가들에게 크게 은혜를 입고 있었고, 그것의 직접적인 계기가 1925년 2월에 8회에 걸쳐 하버드대학교에서 행한 로웰 강좌의 결과로 출판된 「과학과 근대세계」(Science and the Modern World)라는 저술이었다.

그럼에도 화이트헤드가 이전의 사상가들과 달리하는 것은 실재에 대한 그의 이상은 문화적이고도 신학적인 문제의 보다 광범위한 다양성에 도전했다는 것이다. 특히 화이트헤드의 형이상학은 미국과 영국에서 두드러지게 주목을 받았음에도, 비판을 피해갈 수는 없었다. 유진 피터스가 적고 있듯이, "영어권에서 20세기 이후에 철학은 반/비형이상학적 경향에 의해 강하게 영향을 받아왔다."[4] 이는 20세기 초의 영미권의 철학이 대체로 논리실증주의와 분석철학으로 철학계를 지배하고 있었기 때문이다. 밀턴 K. 뮤니츠(Milton K. Munitz)가 간결하게 표현한 대로, 당시의 철학은, 지나치게 단순화되기는 했지만, "분석의 시대"라고 기술되었다.[5] 하지만 흥미로운 사실은 형이상학과 철학 일반에 대한 논리실증주의와 분석철학의 신랄한 공격에도 과정철학은 발전을 거듭해 왔던 반면에, 오히려 논리실증주의와 분석철학은 그 영향력이 점차로 쇠퇴해 갔다는 것이다.

1925년에 화이트헤드의 「과학과 근대세계」가 출판되었을 때, 독일 태생의 미국 신학자 라인홀드 니버(Reinhold Niebuhr, 1892~1971)는 화이트헤드의 철학을 다음과 같이 기술했다. "한편에서는 현대종교가 패배주의에 빠져있었기 때문에 종교를 구할 필요가 있었고, 다른 한편에서는 철학의 승리로 대부분 철학에 치우쳐 있었기 때문에 철학에서부터 종교를 구할 필요가 있었는데, 화이트헤드의 철학은 바로 이 점을 정확히 제공했다."[6] 논리실증주의와 분석철학은 종교와 신학을 미신적이고도 무의미한 것으로 치부해 버렸고, 철학은 자신의 오만함에서 종교나 신학을 학문적 영역으로부터 배제하려는 움직임이 있었다. 하지만 학문이란 비트겐슈

타인이 말하듯이, '언어놀이'(language game)다. 과학은 과학의 언어놀이에서 그것의 법칙이 적용되어야 하고, 신학이나 종교는 그들의 언어놀이에서 그들의 법칙이 적용되어야 한다. 말하자면, 신학과 종교에 과학의 법칙이 적용된다면 거기에는 많은 부작용이 수반될 것이다. 따라서 과학의 법칙이나 신학 또는 종교의 법칙이 서로 다르기 때문에 과학의 법칙으로 신학이나 종교에 적용할 수 없고, 반대로 종교나 신학의 법칙으로 과학에 적용할 수도 없다. 이처럼 우주의 궁극적 요소를 해명하기 위해서는 과학의 분석적 기준으로 형이상학이 판단을 받을 수 없다. 이런 이유에서 그러한 실재를 해명하기 위해서 과정 형이상학적 체계는 필요하다고 보았고, 그런 시대적 정황에서 과정철학은 시대가 필요로 했던 사상체계였던 것으로 평가되었다.

 과정사상의 전개에서 우리는 화이트헤드와는 직접 관련하지 않은 채로 진행되었던 철학자 윌몬 H. 셸돈(Wilmon H. Sheldon, 1875~1981)을 언급할 필요가 있다. 하버드대학에서 공부한 후에 예일대학교에서 가르쳤던 셸돈은 미국의 초기 과정철학자들 가운데서 두드러진 위치에 있었을 뿐만 아니라 자주 회자되었던 철학자였기 때문이다. 그는 화이트헤드가 자연을 이분화한 것에 대해 비판적인 입장을 분명히 가지고 있으면서도 양극적 대비나 대립의 능동적이고도 지속적인 상호작용의 개념에 집중했다. 이것을 그는 "생산적 이중성"(productive duality)이라고 불렀다. 그리고 그는 대체로 철학의 사상들이 양극화 현상으로 인해 조화를 이루지 못하고 서로 다른 극단으로 흘러갔다고 강하게 비판했다. 이를테면 유물주의와 관념주의, 주지주의와 주의주의, 결정주의와 비결정주의의 서로 다른 대립적 관점들이 지나치게 한편으로 치우쳤던 것이 그러한 예들이었다.

따라서 셀돈은 자신의 생산적 이중성의 원리에 근거하여 '차이성 속의 동일성'(sameness in difference)을 주장하게 되었다.7)

화이트헤드의 과정철학을 보다 널리 알린 것은 화이트헤드의 조교로 있었던 찰스 하츠혼(Charles Hartshorne, 1897~2000)이었다. 사람들은 하츠혼을 과정철학의 대변자로 부른다. 하츠혼의 영향으로 과정사상은 미국의 기독교 신학자들의 사유에 지대한 영향을 미쳤다. 심지어 희망의 신학자들인 독일의 위르겐 몰트만(Jürgen Moltmann)과 볼프 판넨베르크(Wolf Pannenberg)가 과정철학을 언급하기도 했을 정도로 과정철학의 영향은 신학자들의 논의 속에 널리 스며들었다.8) 그들은 종말론적 탐구에서 신을 "미래의 힘"으로 이해했다. 루이스 S. 포드(Lewis S. Ford)는 「설득하시는 하나님」(The Lure of God)에서 이 사실을 밝히고 있다. "[판넨베르크의] 종말론은 하나님의 주권이 발휘되는 위치를 현재로부터 미래로 바꾸어놓기 때문이다. … 하나님을 미래적으로, 보다 정확히 말하자면 현재에 작용하는 미래의 힘으로서(as the power of the future effective in the present) 이해하게 되면 하나님의 설득과 인간의 자유를 보다 새롭게 받아들일 수 있다."9) 물론 과정철학이 그들에게 긍정적으로만 비치지는 않았겠지만, 미래를 신학적 담론으로 삼았던 몰트만과 판넨베르크는 과정철학의 영향에서 벗어나기 어려웠다고 본다.

오늘날 과정철학의 개념들은 기독교 신학의 중심적인 교리들과 비교하거나 그 교리들에 비추어서 논의되고 있다. 이러한 노력이 1971년 존 캅(John B. Cobb)과 데이비드 그리핀(David Griffin)에 의해 설립된 「과정연구소」(Center for Process Studies)와 그 이듬해 포드와 캅에 의해 시작되었던 「과정연구 저널」(Process Studies), 그리고 「미국 철학연구소」(Society for American

Philosophy)와 「미국 형이상학연구소」(American Metaphysical Society) 등으로 나타났고, 이러한 저널들과 연구소들의 후원으로 과정사상은 마치 유행처럼 널리 보급되기 시작했다.10)

잠시 화이트헤드로 다시 돌아와서 그와 신학과의 관계를 잠시 언급하는 것이 좋을 듯싶다. 우리가 알고 있듯이, 화이트헤드는 신학자가 아니라 수학자이면서 형이상학자다. 1859년에 다윈의 「종의 기원」이 출판된 지 2년 뒤에 영국의 남쪽 끝에 있는 타네트 섬에서 태어난 화이트헤드는 1880년에서 1890년까지 케임브리지 대학의 트리니티 칼리지에서 수학을 공부했고 그곳에 남아 수학교수로 학생들을 가르쳤다. 화이트헤드는 신학자로 불릴 수 없지만 한 때 신학에 대한 깊은 관심을 두기도 했다. 이는 그의 아들이 21세 때 사고로 죽은 이후에 그가 악과 고통의 문제에 심각하게 관심을 뒀기 때문이었다.11) 하지만 그는 신학에서 큰 매력을 느끼지 않았던 것 같다. 더욱이 화이트헤드는 유신론적 질문들에 대한 관심을 두고 형이상학을 연구하지도 않았다. 루이스 포드(Lewis S. Ford)는 화이트헤드의 신학적 관심과 그것을 포기한 이야기를 상세히 들려준다. "러셀은 화이트헤드가 청년기를 지내는 동안 추기경 뉴먼의 영향으로 한 때는 로마 가톨릭으로 거의 개종할 뻔했다고 말한다. 하지만 초기의 그의 그러한 생각은 점점 퇴색되어가고 의혹과 불확실성에 사로 잡혀가기 시작했다고 한다. 그럴 수밖에 없었던 이유는 당시 빅토리아시대의 지성인들이 다 그랬듯이 하나님의 전능성과 악의 현실 사이에서 극심한 갈등을 겪었기 때문이었다. 화이트헤드는 하나님이 전능하다면 이 세상에 악이 존재하도록 놓아두는 것이 일종의 직무유기라고 생각했던 것 같다. 그래서 그는 이 문제를 보다 깊이 다루기 위해서 신학을 연구하기로

했다."12) 하지만 화이트헤드는 결국 신학을 포기했다. 루시엔 프라이스는 그때의 정황을 이렇게 기록했다. "내 기억으로는 화이트헤드가 8년 동안 신학연구에 몰두했다고 말한 것으로 압니다. 그는 이 분야에 대한 연구가 바닥이 나자 그만두기로 했습니다. 그리고 케임브리지 서점 주인에게 물었습니다. 이 책들을 전부 다 얼마나 주겠소?"13) 이러한 사실에 대해서 포드는 애석한 마음으로 이렇게 표현했다. "신학자들은 그를 설득하지 못하고 실패한 것이다."14)

그런 와중에 화이트헤드는 케임브리지대학과 런던대학에서 자신의 경력을 끝낼 무렵인 63세에 미국 하버드대학교 철학부의 철학교수직을 수락함으로써 과정철학의 완성자로서의 세상에 알려지기 시작했다. 버트란트 러셀과 더불어 기호논리학과 자신의 독창적인 형이상학의 영역에서 공헌한 그는 1925년 「과학과 근대세계」를 발표한 이후에 깃포드 강좌(Gifford Lectures)에서 "유기체 철학"(philosophy of organism)으로 발표되었던 내용을 「과정과 실재」(Process and Reality: An Essay in Cosmology)라는 제목으로 1929년에 출판했다. 존 머쿼리는 "유기체라는 말은 좁은 의미로서 생물학적 면으로 사용될 수 있을 뿐만 아니라 경험의 모든 측면들이 상호 연관되고 있다는 점에서 실재의 개념—자연과학에서 그들의 기원을 가지는 세계의 모든 관점들, 미적, 도덕적이고 종교적인 관심 등을 포함하여—으로 사용될 수 있을 것이다…. 화이트헤드는 세계를 역동적 용어들로 인식한다. 우리는 세계의 사물들을 강조하는 정적인 실체(a static substance)를 생각하지 않는다. 여전히 우리는 두 개의 실체들, 즉 정신과 물질의 이원론적으로 덜 생각하고 있다. 오히려 우리는 과정에 비추어서 생각하고 있다."15)

유신론적 문제는 화이트헤드의 과정 사상에서 가장 중요하고도 탁월한 주제였다. 그것은 단순히 많은 것들 가운데 한 요소였다. 화이트헤드는 신의 개념에 관한 완전한 논의나 해명을 상세하게 취급하지 않았다. 화이트헤드의 유신론적 발전으로부터 그의 사상을 배운 젊은이가 있는데, 그가 바로 찰스 하츠혼(Charles Hartshorne)이었다. 하츠혼은 하버드대학에서 연구조교로서 화이트헤드의 작업을 돕고 교정하면서 자신의 임무에 충실했다. 그의 작업을 돕는 과정에서 하츠혼은 화이트헤드의 철학에 매력을 느끼기 시작했다. 엄밀한 의미에서 하츠혼은 화이트헤드의 제자가 아니다. 그는 연구조교로서 그와 함께 작업했던 것뿐이었다. 당시 20대 후반의 젊은 철학도인 하츠혼은 화이트헤드와 친밀한 관계를 유지하면서 과정 사상의 후속적 논의와 연구에 결정적인 역할을 하게 되었다. 하츠혼의 관심은 그의 과정 철학적 개념들을 유신론적 문제에 적용하는 것이었다.

1934년 하츠혼은 화이트헤드를 해석하는 논문들과 화이트헤드주의의 종합으로서 유신론적 측면들을 발전시키는 논문들을 선보이기 시작했다. 그 중 가장 유명한 논문은 "신의 재정의"(Redefinding God)인데, 여기서 그는 지속해서 발전시키려는 중심 개념들을 소개했다. 신학의 미래를 위한 희망은 화이트헤드에 의해 제시된 새로운 형이상학을 이해하는 것에 놓여 있다고 제안되었다. 왜냐하면, 하츠혼은 신의 존재와 비존재의 오래된 문제를 야기하는 신선한 근거를 화이트헤드 철학이 제공할 수 있다고 보았기 때문이다. 1937년에 그는 「휴머니즘을 넘어서」(Beyond Humanism)라는 책을 출판했는데, 이 책에서 그는 독일 신학의 "신초자연주의"(neo-supernaturalism)와 과정신학을 비교했다. 신초자연주의 개념은 신정통주의 신학자 칼 바르트(Karl Barth, 1886~1968)의 영향을 받고 있었다. 당시 지배적인 신학인 바르트주의의 강한 영향력은 과정신학을 발전할 수 없게 하는 방해요인 중의 하나였다. 1919년에 출판된 바르트의 「로마서 강해」(The Epistle to the Romans)와 1927년에 영어로 번역되었던 「하나님의 말씀과 인간의 말」(The Word of God and the Word of Man)은 인간의 의지와 노력 또는 힘으로 세상을 이길 수 없다는 것을 세계에 알리는 일종의 경종을 울리는 저술들이었다. 그의 저술에서 두드러지는 신학적 특징인 '하나님의 말씀으로 돌아가야 한다'는 신정통주의의 반합리주의가 일반인들에게도 큰 호응을 얻었을 뿐만 아니라 신학계에서도 큰 주목을 받았다. 전쟁으로 말미암은 낙관주의적 희망에 좌절을 경험했던 많은 사람들은 바르트를 추종하며 인간학에 근거된 인간중심의 사고를 배격하며 상대적으로 상대주의적 요소가 강한 과정신학에도 그다지 눈을 돌릴 수 없었던 것으로 보인다.

과정사상의 발전을 방해했던 또 다른 요인은 화이트헤드의 초기 신학적 지지자였지만, 나중에 경험주의에 근거한 신중심적 자연주의(theocentric naturalism)를 표방한 헨리 넬슨 비이만(Henry Nelson Wieman, 1884~1975)이 화이트헤드보다 존 듀이(John Dewey)에 의해 더욱 영향을 받았다는 사실이었다. 결과로서 화이트헤드의 철학을 실용주의와 경험주의로 동일시하는 그릇된 생각들이 등장했다. 비이만에 관한 논평이 이 사실을 뒷받침한다.

비이만과 유사한 설득을 당한 사람들은 화이트헤드의 철학의 요소를 기회에 맞는 것으로 발견했다는 사실, 또한 여러 사람이 비이만을 화이트헤드주의자로 보았던 사실에도 불구하고, 어느 누구도 회고해 보면 비이만에 대한 화이트헤드의 영향은 아주 부분적이고 그리고 존 듀이의 영향은 경험적 관찰과 입증에 대한 합성적인 강조와 함께 비이만의 경험주의적이고도 실용주의적 신학을 위하여 또렷이 더욱 형식화하고 있었다.16)

1942년에 스테픈 엘리(Stephen Lee Ely, 1905~1947)는 「화이트헤드주의 신의 종교적 유용성: 비판적 분석」(The Religious Availability of Whitehead's God: A Critical Analysis)을 출판했다. 이 책은 "과정사상을 비판한 최초의 학문적 저서"였다.17) 과정신학에 대한 비판적 입장에서 관심을 표방했던 엘리는 반화이트헤드주의의 입장에서 화이트헤드의 신이 갖는 모순에는 어떠한 유용성도 들어있지 않다고 단언해 버렸다. 그에 의하면, 종교적인 목적을 위해 적합한 신의 개념은 신의 목적과 인간의 가치가 동일시 되어야 한다. 그럼에도 신에 관한 화이트헤드의 견해는 가치의 궁극적 향유자로서 신 자신을 이해할 수 있고 화이트헤드의 종합에서의 신은 그가 인간들에게 바라고 있다는 면에서 진정으로 가치가 없다는 것이다. 엘리는 이렇게 말한다. "화이트헤드가 형이상학적 분석으로부터 끄집어내는 신은 종교의 신이 아니다. 종교적 가치가 무엇이든 간에 화이트헤드의 신은 이성의 합리성을 초월해 있는 신에 대한 생각들에 의존하고 있는데, 그 생각들이란 화이트헤드가 직관이나 추측으로 알고 있든지 아니면 믿음을 가지면서 알고 있는 생각들이다."18) 그리고 엘리는 화이트헤드의 "가치의 궁극적 향유자"(ultimate enjoyer of value)이신 신을 "입증할 만한 충분한 증거가 없다"고 주장했다.19) 따라서 화이트헤드의 개념은 단지 합리성에서 부적절할 뿐만 아니라 실제로 종교적 유용성에서도 적대적이며 해롭다고 결론을 내렸다.

엘리의 공격은 화이트헤드주의자들을 자극했고 그들로부터의 다양한 반응들을 이끌어냈다. 가장 먼저 존 홉킨스 대학의 빅토르 로웨(Victor Lowe)는 엘리가 화이트헤드의 신 개념을 왜곡했다고 비판적으로 논평했다. 특히 로웨는 신의 문제에서 충분히 화이트헤드의 형이상학적 개념들을 다루지 않았기 때문에 오해할 수 있는 부분이 많았다고 비판했다. 그럼에도 로웨는 엘리가 지적한 대로 화이트헤드의 신은 모든 면에서 유용하고 가치가 있는 신으로 적용되지 못하는 한 측면은 분명히 있다고 인정했다.[20] 엘리의 공격에 시카고 대학의 신과대학장을 역임했던 버나드 루머(Bernard MacDougall Loomer, 1912~1985)도 반응했다. 그는 이 같은 비판에 가장 적합한 변론적 답변을 내놓았다. 그의 입장은 아래의 소논문에서 잘 나타나있다.

우리의 결론은 화이트헤드의 신학에 대한 엘리의 해석이 그의 화이트헤드의 신 개념에 존재하고 있는 기본적 모호함을 개방하게 했다는 것이다. 하지만 모호함의 근거는 화이트헤드의 신학적 교리들이 잘못되었다는 생각을 구성하고 있지 않다. 오히려 전체적인 입장이 일관적으로 상호 연관된 범주들에 비추어서 완전히 발전되지 않았다. 다시 말해, 엘리는 화이트헤드의 사상의 풍부함에 충분하게 적응하지 못했다는 것이다. 거기에는 주장될 수 있는 화이트헤드의 종교적 철학에 대한 보다 긍정적이고 구성적인 해석이 있다. 이 선구적인 작업은 현재의 철학적이고 종교적인 시대를 위한 책무 중의 하나이다.[21]

그러면서도 루머는 로웨와 마찬가지로 화이트헤드의 신학적 논의가 불안전하다는 것을 인정했다. 특히 그는 화이트헤드가 제시한 '신의 원초적 본성'과 그의 '결과적 본성' 간의 관계에 대해 더 발전시킬 필요가 있었다는 것을 지적했다. 루머는 여기서 그러한 발전 가능성을 타진했다. 화이트헤드주의자들 중 화이트헤드의 사상을 발전시키고 전수하는 가장 뛰어난 두 사람을 들라면, 한 사람은 찰스 하츠혼(Charles Hartshorne)이고, 다른 사람은 윌리엄 크리스틴(William A. Christian)이다.

하츠혼의 영향은 화이트헤드의 사상을 발전시킨 그의 두 저서에서 즉각적으로 나타났다. 1959년에 그의 저서인 「화이트헤드의 형이상학에 관한 해석」(An Interpretation of Whitehead's Metaphysics)이 출판되었다. 이 저서에서 그가 강조한 것은 화이트헤드의 하츠혼주의 해석이었다고 보인다. 하츠혼은 신은 논리적으로 필연적이라는 점을 아주 일관적으로 논증했다. 하지만 크리스틴의 화이트헤드 해석은 화이트헤드의 신은 형이상학적으로 필연적 범주들로서 요청되는 것이 아니라 현실적 세계의 시간적 특성의 우연적 사실에 의해서 요청된다는 것이다.[22] 따라서 화이트헤드의 접근은 존재론적 논증을 거절하고 신 존재를 위한 우주론적 논쟁을 전개해야 한다고 주장한다. 더하여 예일대학의 철학 교수였던 크리스틴은 직접적으로 화이트헤드에 대한 하츠혼의 해석의 주요한 쟁점 중 하나에 대해 도전했다. 그 도전은 다름 아닌 신 존재 증명을 위한 존재론적 논증이었다. 크리스틴 역시 그의 제자들이 없는 것은 아니었다. 크리스틴의 입장을 옹호하는 사람 중에는 예일대학교의 철학부 출신으로서 펜실베이니아 주립대학에서 철학과 종교학 교수였던 루이스 S. 포드(Lewis S. Ford)와 밴더빌트 대학철학부 교수였던 도널드 셔번(Donald Sherburne)이 있었다. 특히 서번은 신의 개념을 화이트헤드의 체계에서 완전히 빼버렸다.[23] 그에 의하면 화이트헤드의 형이상학적 체계에서 신의 개념은 전체 구조에서 어울리지 않는다는 것이었다. 그런 연유인지는 모르지만, 화이트헤드 사상에는 두 학파가 형성되었다. 하나는 하츠혼 학파이고 다른 하나는 크리스틴 학파다. 하츠혼의 사상은 신의 개념을 형이상학적 구도에서 중요하게 취급되었지만, 크리스틴 학파는 신의 개념을 무시했다. 아무튼 여기서 우리가 관심을 갖는 부분은 당연히 하츠혼의 철학적 사상이다.

하츠혼의 가장 널리 알려진 신에 대한 이해는 양극성적 개념으로 설명되었다. 그의 양극적 개념(dipolar conception)은 신의 원초적 본성과 신의 결과적 본성을 강조하는 화이트헤드의 개념을 추상적 측면과 구체적 측면으로 이해했다. 화이트헤드의 원초적 본성과 결과적 본성 그리고 하츠혼의 추상적 측면과 구체적 측면 사이에 어떤 양립성이 존재한다는 것은 의심의 여지가 없다. 그렇지만 하츠혼의 양극성적 개념은 신의 의미를 다양하고 풍부하게 만들었다. 이런 점에서 어느 누구도 하츠혼이 "화이트헤드의 으뜸되는 해설가이면서 옹호자"라 말하기를 주저하는 사람은 없을 것이다. 하츠혼은 철학적 사유에서 신학적 사유로 전환하는 것을 두려워하지 않았다. 1940년 이후로 과정신학의 궁극적인 열망이 화이트헤드의 구체적인 자원에 대한 관심에서 하츠혼에 관한 관심으로 이동되었다고 보인다. 그래서 하츠혼이 화이트헤드의 작업들에서 보여준 신의 견해들을 수정하고 발전했던 것을 다시 기술하는 것이 중요하게 되었다.

여기서 우리가 지적할 세 가지 중요한 점이 있을 것 같다. 첫째로 하츠혼은 유신론적 관심에서 형이상학으로 돌아온 경우다. 특히 신의 존재를 위한 안셀름의 논증에서 보여준 그의 관심은 화이트헤드보다 더 선행한다. 실제로 안셀름의 신존재 증명에 관한 논의는 화이트헤드가 그의 체계를 발전하기 이전에 나타났다. 이와는 달리 화이트헤드는 과학철학에서 형이상학으로 온 경우이고 또 그의 체계가 단지 모든 체계의 일부분이다.

둘째로 비록 화이트헤드가 그의 깃포드 강좌의 결과물로 출간된 「과정과 실재」에서 형이상학적 체계의 필요성을 명확하게 언급하긴 했을지라도 신에 대한 화이트헤드의 개념이 충분하게 논의되거나 설명되진 않았다. 형이상학의 일관적 체계를 위해서 화이트헤드는 신의 개념이 필요하다고 인식하긴 했지만, 그 신이 정확히 기독교 유신론의 신인지 범신론의 신인지, 아니면 후대의 사람들이 논의했던 범재신론의 형태인지에 대한 엄밀한 의미를 전달하지 못했다는 아쉬움을 남겼다. 따라서 신과 관련된 부분에서 더 명확하게 설명할 필요가 있었다. 게다가 그가 몇몇 저서들에서 신의 원초적 본성을 논의하고 있을지라도 신의 결과적 본성은 「과정과 실재」의 마지막 장에서 취급되었다. 사실, 신의 원초적 본성과 결과적 본성 간의 관계는 불분명한 채로 남겨져 있었다. 실제적인 목적을 위해서 화이트헤드가 두 신들에 관해 이야기해 왔던 터라 신의 두 본성보다는 두 신으로 오해될 수 있었던 소지가 충분히 있었고, 그래서 과정사상가들은 그 부분에 대해 논의해야만 하는 필요성을 느끼고 있었다. 이 같은 필요로 하츠혼이 화이트헤드의 신을 더 발전시키고 설명했던 것이다. 아마도 누구도 하츠혼보다 더 화이트헤드의 신에 관한 논의를 열정을 가지고 발전시키려고 했던 철학자들은 없었을 것 같다. 하츠혼은 그의 '양극성적 개념'이 한 신을 포함하고 있다고 분명히 밝히면서 화이트헤드의 신 개념을 형이상학적 체계에서 분석하고 재정의했다. 그에 의하면, 신은 추상적인 측면, 또는 화이트헤드의 용어로 표현하면 '원초적 측면'(primordial aspect)을 가지고 있는 구체적인 개인(concrete individual)으로 설명됐다.

마지막으로 화이트헤드는 신이 유일하고 영원한 현실적 존재로 인식될 수 있을지, 아니면 현실적 존재들의 시간적 연속인 '인격적 질서'(personally order)로서 간주할 수 있을 것인지를 언급해야만 한다. 하츠혼은 의식적이고 기억이 있으며 그리고 유한한 피조물들이 결정하고 활동하는 것이 무엇이든 간에 다른 어떤 것에 의해서 영향을 받는 인간의 인격적 모델로 신을 끊임없이 상상했다.

윌리엄 크리스틴과 그의 제자들을 제외하고는 하츠혼에 의해 주장된 화이트헤드의 유신론의 이 수정된 견해는 2차 세계대전 이후에 시카고 대학교 신학과를 중심으로 과정 신학자들에 의해서 널리 받아들여졌다. 과정신학은 화이트헤드주의자(Whiteheadian)보다는 하츠혼주의자(Hartshornean)로 이동했다. 여기에 대해서는 여러 이유가 있을 수 있다. 그 중 가장 중요한 요인은 아마도 하츠혼의 분석이 화이트헤드의 진술보다 더욱 풍부하게 그리고 명확하게 신 개념을 발전되었기 때문이었을 것이다. 실제로 화이트헤드의 신 개념은, 앞서 잠깐 언급했듯이, 다소 애매했던 부분이 있다. 그리고 또 다른 이유 중 하나는 하츠혼의 주요 관심이 화이트헤드의 경우에 해당하지 않는 유신론이라는 사실은 신학자들에게 더 매력적으로 보이는 경향이 있기 때문이다. 비록 과정의 근본적인 교리들이 하츠혼의 몇 가지 수정된 부분들을 제외하고는 대체로 같다고 할지라도, 신학으로서의 과정사상은 하츠혼과 함께 화이트헤드의 범주들에 대한 폭넓은 신학적 적용이 시작됐다고 말하는 것이 옳다. 사정이 그러다 보니, 과정철학의 형이상학적 개념들이 과정신학이라는 새로운 형태의 신학운동으로 나아간 것으로 보인다. 캅과 그리핀은 「과정신학」에서 이 사실을 분명히 밝히고 있다. "이들 두 사람(화이트헤드와 하츠혼)의 입장들 사이에는 약간의 상이점들이 있기는 하지만, 그 상이점들은 일치점들에 비해서는 작은 것이다. 그들이 공통으로 주장하는 견해는 '과정철학'으로 널리 알려졌으며, 따라서 그 철학에 따라 영향을 받은 신학적 운동은 '과정신학'이라 불린다."[24]

역사적 시점에서 보자면, 1950년대는 과정신학이 발전하는 중대한 시기였다. 화이트헤드의 「과정과 실재」가 출간된 1929년 이후에 신학자들이 즉각 그의 제안들에 관하여 토론을 시작하지 않았다. 우리가 본 대로, 이러한 토론들이 잘 이루어지지 않았을 뿐만 아니라 다소 늦게 이루어졌다. 신학자들의 개인적인 연구들을 통한 소논문들이 파편처럼 여기저기 흩어져 있었던 것들을 제외하고는 화이트헤드의 과정철학이 거의 20년 동안 무시된 채로 흘러왔다고 해도 틀린 말은 아니다. 1950년에 접어들며 하츠혼과 같은 철학자나 신학자들에 의해서 본격적으로 과정철학과 신학에 관한 생산적인 논의가 활발해졌다고 볼 수 있다. 이것이 1950년을 과정신학에 관한 관심이 지속해서 고조되었던 시기라고 말하는 이유다. 이러한 증거들은 과정사상과 연관된 책들과 논문들의 참고문헌들을 살펴보면 명백하게 알 수 있다. 흥미로운 사실은 과정신학이 새롭게 태동할 무렵에 '기독교 무신론'(Christian Atheism)을 표방한 토마스 알타이저(Thomas Altizer)와 윌리엄 해밀턴(William Hamilton)을 주축으로 하여 세속주의 신학의 한 형태로 나타났던 '신-죽음의 신학'(the death of God theology)을 시대의 아이콘으로 삼아 반기독교 문화를 주도하려고 했던 시기라는 점이다. 그런데 기독교 교리의 가장 핵심적인 교리인 성육신의 교리로서 신의 죽음을 명시하는 자기-비하 또는 자기-무화하는 행위가 상당히 깊은 의미를 제공하는 내용이었음에도, 1960년 후반에 신학적 운동을 주도했던 이 신-죽음의 현상은 급격히 쇠퇴하고 말았다.25) 그 이유는 아마도 내용 때문이라기보다 신의 죽음이라는 부정적인 이미지가 기독교인들에게 호응을 얻지 못했기 때문일 것이라 추정된다. 이와는 달리 과정사상의 관심은 사라지는 징후가 보이지 않았고, 오히려 더 많은 생산적인 논의들과 저서들이 쏟아져 나왔다.

점차로 증대되어간 과정 신학적 글들과 책들에서 논의되었던 쟁점들은 유신론적 문제 그 자체에 관한 것과 전통적 기독교 교리를 과정사상의 상황 속으로 통합하는 것이었다. 신 문제에 관해서는 신이 단순히 일련의 사건으로서 인식될 수 있는지, 아니면 인간 인격의 양태에 대한 결과로 알버트 아인슈타인의 상대성 이론에 비추어 신의 시공적 측면들에 관해, 신의 과정적 개념에서 악의 문제에 관해, 그리고 신의 과정적 개념의 일관성의 문제에 관해 논의되어질 수 있는지를 검증해 왔다. 또한 과정 신학자들은 신앙과 이성의 상호 관계, 과정 사상에서의 기독론 그리고 인간론의 문제를 취급하기도 했다. 토마스주의와 과정사상을 통합하려는 시도가 워터 스톡스(Walter E. Stokes, S. J.)에 의해서 전개됐다. 하츠혼과 크리스틴을 제외하고도 두드러진 과정 신학자 중에는 남감리교 대학의 슈베르트 오그덴(Schubert Ogden), 클레어몬트대학의 존 캅(John B. Cobb, Jr), 멜본대학의 보이스 깁슨(Boyce Gibson), 시카고대학의 대니엘 대이 윌리엄스(Daniel Day Williams), 시카고대학의 버나드 멜란드(Bernard E. Meland), 그리고 캠브리지 킹스 대학의 노만 피텐저(Norman Pittenger), 올드 도미니

안 대학의 루이스 S. 포드(Lewis S. Ford) 등이 있었다.

하츠혼의 제자들은 또다시 여러 생산적인 신학자들을 배출하게 되었는데, 두 사람을 언급하자면, 아리조나 주립대학교의 교수였던 델윈 브라운(Delwin Brown)과 노스 캐롤라이나에 있는 웨슬리언대학교의 교수였던 랄프 제임스(Ralph E. James)이다. 브라운은 하츠혼의 제자인 대니엘 대이 윌리엄스로부터 배운 학생이었다. 에모리대학에서 하츠혼으로부터 직접 수업을 들었던 학생 제임스는 찰스 하츠혼의 신학적 모험인 구체적 신을 발전시켰다. 그 결과로 「구체적 신: 찰스 하츠혼의 신학에서 신학을 위한 새로운 출발」(The Concrete God: A New Beginning for Theology-The Thought of Charles Hartshorne, 1967)이라는 책으로 출판되었다. 그리고 브라운은 기독교 자유의 문제를 과정신학과 해방신학에서 해석해 보려는 야심적 시도를 했는데, 그것이 「자유케 하리라: 기독교 신앙과 인간의 자유」(To Set at Liberty: Christian Faith and Human Freedom, 1981)라는 책으로 출판되었다. 이처럼 과정신학자들은 하츠혼의 과정 철학적 개념들이 어떻게 체계적으로 기독교 교리들과 성서적 의미들로 표현될 수 있는지를 고심했다. 그래서 그들은 화이트헤드나 하츠혼의 과정 철학적 개념들을 끌어들여 기독교 신앙을 표현하고자 했다.

역사적 흐름에서 우리는 미래의 과정신학에 대한 방향이 어떻게 진행될 것인가를 물어볼 수 있다. 이 질문은 대답하기가 매우 어렵다. 그러나 확실한 것은 전통적 기독교 교리를 과정 사상적 상황 속에서 통합하려는 시도는 지속될 것으로 보인다. 또한 엄격한 논리성을 겸비하면서 독립적으로 학문적 발전을 전개해 온 찰스 하츠혼의 영향은 실증주의적 또는 논리실증주의적 미국의 학풍과 화이트헤드의 해석 등이 감소해가는 것에 비해서 크게 두각을 드러냈다는 점에서 어느 정도 지속할 것으로 판단된다.

과정신학에 대한 비판에서 긍정적이고 밝은 측면은 1960년 이후에 포드함 대학에서 가르쳤던 로버트 C. 네빌(Robert Cummings Neville, 1939~)에 의해서 논의되면서 부터였다. 그럼에도 네빌은 화이트헤드의 형이상학적 신학이 존재론의 근본적인 질문들을 대답하지 않은 채로 남아 있다고 주장했다. 특히 '존재의 문제'와 '일(one)과 다'(many)의 문제는 여전히 학문적 논의를 기다리고 있다고 말함으로써 과정신학자들을 도전했다. 1971년까지 하츠혼의 제자군을 이루고 있었던 과정 신학자들은 네빌의 도전에 그다지 반응하지 않았지만, 그의 공격은 신과 존재의 문제를 재검증하도록 과정 신학자들을 고무시켰다. 그러한 발전은 환영을 받았고, 존재의 형이상학의 토마스 아퀴나스 신학전통을 비판하는 신학자들과 철학자들에 의해 발전되기 시작했다. 그렇다면 적어도 미국에서 다른 철학이나 신학들과는 달리 과정철학이 과정신학에서 급속히 발전되었던 이유는 뭘까. 아마도 여러 이유가 있을 것이다. 하지만 가장 중요한 것은 시대의 상황이 과정사상을 요청한 것은 아닐까.

첫째는 신정통주의에 대한 제한성이 새로운 신학적 관점을 찾는 중에 과정신학이 새로운 신학적 대안으로 떠오르지 않았을까 싶다. 신정통주의는 신의 초월성, 인간의 타락한 죄의 본성, 인간의 실존적 비극을 강조하면서 신 앞에서 인간의 무행위적 자유의지를 강조하면서 인간의 이성이나 자유행위를 상대적으로 경시했던 신학적 풍토였다. 19세기 후반에 찰스 핫지(Charles Hodge, 1797~1878)와 벤자민 위필드(Benjamin B. Warfield, 1851~1921)가 이끈 프린스턴 학풍은 20세기에 들어서 더욱 강한 영향력을 드러냈는데, 그러한 학풍은 신 중심의 사고로 인해 인간 중심의 사고를 배제하게 되었다. 이런 신학적 문제에서 인간과 신을 결합하는 형태였던 과정신학이 각광을 받았을 것으로 추정된다.

둘째는 과정신학이 현대과학의 우주관과 유사한 우주의 실재를 강조했기 때문에 하나의 유행신학으로 그치지 않고 발전되었다고 보인다. 현대과학에서 물리학의 상대성 이론과 양자역학의 개념들, 생물학의 진화 이론이나 개념, 사회학에서의 발전이나 진보의 의미들이 수학과 철학에 바탕을 둔 과정 형이상학과는 대체로 일치했던 부분이었다. 특히 베르너 하이젠베르크(Werner Heisenberg)에 의해 제안된 '불확정성 원리'(principle of uncertainty)는 기존 과학의 패러다임을 새로운 패러다임으로 바꿨다. 말하자면 관찰자의 관찰 행위가 관찰의 결과에 영향을 미친다는 것을 생각하지 않았던 근대의 과학적 패러다임이 더는 쓸모가 없게 했다. 과학자 한 사람이 살아온 경험, 느낌, 전통, 개인적 취미나 기호 등이 과학의 결과에 영향을 미친다는 것은 객관적 관찰을 목표로 하는 근대과학의 패러다임에서는 이해할 수 없었을 것이다. 과정신학은 이미 현대과학의 발전과 함께 논의를 시작했고 인간의 삶과 경험이 신학에 얼마나 중요한 열쇠가 되었는지를 강조한다. 따라서 가치의 절대성을 버리고 상대성을 강조하는 과정신학이 발전할 수 있는 계기가 되지 않았을까 생각한다.

셋째는 자연에 대한 새로운 이해를 요구하던 20세기 후반의 상황이 더욱 과정사상에 힘을 실어주었다고 보인다. 뉴턴-데카르트 세계관에서 자연은 인간에 의해 정복되고 다스려지는 의미로 해석되었는데, 생태계에 대해 무지한 이전의 시대와는 다르게 자연과 더불어 인간이 공존하는 형태를 요구하고 있었다. 폭력, 차별, 파괴와 같은 전통적 자연관에 반하는 과정사상은 그런 의미에서 호응을 충분히 얻을 수 있었을 것이다. 따라서 뉴턴-데카르트의 전통을 계승한 세계관이 더는 사회에 대한 효력이 상실된 상태에서 새로운 형태의 신학적 관점을 찾다보니 과정신학의 세계관이 사람들을 더 매료시켰을 것이라 보인다.

마지막으로 결국 과정신학이 미국 내에서 크게 발전한 것 중 가장 중요한 요인은 아무래도 하츠혼의 공덕이었다고 말해야 할 것 같다. 그것은 하츠혼이 시카고대학에 있을 당시 시카고대학에서 학교 역사상 철학과와 신학과의 전임교수로 재직하면서 철학과에서 절반의 시간을 보내고 신학과에 절반의 시간을 두고 가르쳤던 덕이 아니었나 싶다. 시카고대학교에서 하츠혼의 제자 그룹이 형성된 것도 그의 시카고 교수 시절에 아마도 과정사상을 널리 알릴 수 있었던 계기였을 것이다. 특히 하츠혼의 제자로서 과정 사상적 입장에서 과정신학을 가르쳤던 대니얼 대이 윌리엄스(Daniel Day Williams, 1910~1973)는 어느 한 곳에 치우치지 않는 중화적인 신학자였지만 성서적 증언의 살아계신 하나님을 이해하기 위해서 하츠혼의 과정 철학적 개념들을 신학에 활용하고 응용했다. 그가 하츠혼과 함께 조직신학을 공동으로 가르치게 된 것도 그런 맥락에서 과정신학을 알리는 데 크게 기여했을 것으로 보인다. 이러한 노력이 그가 쓴 「하나님의 은총과 인간의 희망」(God's Grace and Man's Hope)과 「사랑의 영혼과 형식」(The Spirit and the Forms of Love)이라는 책들로 출판되었고, 그 책들은 과정적 관점의 조직신학 분야에서는 고전이며 통찰력과 건전한 관념론으로 풍성부한 신학적 의미를 제공했다. 물론 그가 학구적으로 너무 완벽하려고 하는 경향 때문에 오히려 결점이 되긴 했어도 말이다.[26] 하츠혼의 제자들은 신학분야에서 또다시 상이한 제자 그룹들을 형성하여 북미에서 활발하게 가르치고 있다. 이 외에도 데이비드 R. 그리핀과 머조리 스코키(Majorie Suchokie)와 같은 캅의 제자들은 최근에 과정신학을 악의 문제와 교회의 전통적 기독교 교리들과 대화를 시도하고 있고, 최근의 철학적 사조들인 포스트모더니즘과 같은 사상에서 응용하고 있다. 그러므로 지금도 진전의 과정에 있는 과정사상은 기독교 신앙의 언어로, 구체적인 믿음의 실천으로 더 녹아들지 않을까 싶다.

제3장

신고전 형이상학

제3장
신고전 형이상학

오늘날에는 모든 것이 새롭다. 과거의 것은 사라지고 생각했던 실재는 더 이상 사람들의 의식 속에 받아들여지지 않는다. 사람들은 모든 것에서 어떤 대전환이 필요한 것처럼 느끼고, 새로운 시대에 적합한 세계의 어떤 새로운 실재를 요청한다. 하지만 그들은 정확히 그것이 무엇인지 읽어내기가 쉽지 않다. 그럼에도 그들은 대전환에 필요한 것이 흔히 변화라고 말한다. 말하자면, 우리 시대의 화두인 변화는 하나의 현실로 받아들여지고 있는 것 같다. '변화는 곧 현실이고 실재다.' 16세기 이전까지만 해도 지구가 우주의 중심이라고 사람들은 생각했다. 하지만 코페르니쿠스의 혁명은 지구가 우주의 중심이라는 사고에 사람들로 하여금 반기를 들게 했다. 이 코페르니쿠스의 혁명은 비단 과학에서만 이루어진 것뿐만 아니라 사람들의 일상에서도 새로운 혁명을 가져다주었다. 사람들은 그들의 개인적 삶이 진리라고 느끼고 있으며, 그들의 삶 속에 있는 모든 것과 세계가 진화적이거나 과정 속에 있다고 믿는다. 변화는 이 세계에서 그 어떤 것도 우주의 예정된 계획에 따라 창조되었거나 주어진 것이 없다는 사실을 약속하는 것 같다. 그래서 우리 주변의 세계가 새로움을 향한 끊임없는 변화의 과정 속에 있는 것처럼 보인다. 이 변화로 사람들은 무의식적으로 자연과 세계에 대한 새로운 이해를 필요로 한다. 이런 상황에서 여러 철학자는 알프레드 N. 화이트헤드와 찰스 하츠혼의 유기체적 우주관이 우리 시대의 변화에 가장 적합한 철학적 세계관을 제시하고 있다고 믿는 듯하다. 특히 새로운 우주를 이해하기 위해 철학적 구조의 틀을 제공하는 하츠혼은 형이상학적 접근을 포기하지 않고 수용한다. 그의 과정철학이 세계에 대한 심대한 변화를 언급하고, 다른 세계관들과 분명 차별을 두고 있기 때문이다. 그에게 과정철학은 매우 의도적으로 이전의 세계나 실재의 이해에 대해 비판적으로 검토함으로써 독특한 세계관을 제시한다.

이 장에서 우리가 하츠혼의 우주관을 다루기 위해서 그의 형이상학적 체계를 먼저 살펴보는 것이 적절해 보인다. 그의 형이상학은 신학적인 논의를 함유하고 있을지라도 기본적으로 철학적 사유에 의해서 특징짓는다. 더 정확히 말해 그의 철학은 형이상학에 근거되어 있다. 화이트헤드의 사상을 전수한 철학으로서 하츠혼의 과정 형이상학은 존재하는 사물의 경험을 명백하게 설명하려고 시도한다. 그래서 우리는 그의 형이상학에 대한 이해를 살펴보고, 다음 장에서 철학적 신학의 토대에 근거된 그의 우주관을 살펴볼 것이다. 따라서 우리는 그가 검증하고 있는 다양한 형이상학의 개념들을 논의하면서 그의 형이상학적 성격을 이해하려고 한다.

형이상학적 성격

다트머스대학의 낸시 프랜켄베리(Nancy Frankenberry)는 "형이상학은 20세기에 어려움을 겪었다"고 말했다.[1] 그것의 가장 큰 이유는 "예리한 논리적 공격에서부터 안일한 무관심주의에 이르기까지 경험주의 스펙트럼의 기준들에 의해서" 당대의 철학적 사조가 판단을 받고 있었기 때문이다.[2] 경험주의의 스펙트럼은 한편에서는 논리실증주의 사조이고, 다른 한편에서는 분석철학의 일반적인 사조로 나뉜다. 논리실증주의와 분석철학은 동일한 학문적 성향을 가지고 있었고, 그들의 철학적 진원지는 데이비드 흄의 경험론(David Hume, 1711~1776)이었다. 논리 실증주의자들과 분석 철학자들은 데이비드 흄의 영국 경험론적 전통을 이어받은 20세기의 사상적 계승자들이라고 생각했다. 의미에 대한 엄격한 기준은 철저하게 경험적이었다. 따라서 경험주의적 규범에서 대부분의 철학적 사조 중 으뜸되는 형이상학의 전 체계를 전면 부인했다. 논리 실증주의자에 의하면, 형이상학은 순수 사변적이며 명료치 않은 의미로 이해되었고, 따라서 형이상학은 경험적으로 검증할 수 없는 이론들의 오염된 사상으로 움직이고 확장되었다. 유사한 방식으로 분석철학은 옳고 그름의 명확한 명제를 구성하는 모든 진술들에 근거하여 형이상학적 주장들을 판단하려고 했다.[3] 분석 철학자는 철학의 논의가 과학의 논의와는 크게 다르다고 할지라도 과학의 체계로 판단되어야 하고, 그렇게 함으로써 사용하는 문장들과 주장들은 의미가 있고 타당한 지식의 종합체계를 달성할 수 있다고 보았다. 상황이 그렇다 보니 많은 현대 철학자들은 강한 논조로 형이상학의 종언을 고하는 것이 당연하다고 날을 세웠다. 하지만 시대의 역사적 상황은 지배적 사상을 하나로 통일하거나 영속화하는 것을 허용하지 않는다. 한 지배적 사상은 그것의 허점과 오류에 의해서 또 다른 사상을 수용하거나 비판되는 것처럼 보인다.

논리 실증주의와 분석 철학의 지배적인 대세에도 과정철학자 찰스 하츠혼은 20세기 중반을 기점으로 일어난 운동의 하나인 형이상학 폐기운동을 전면에 나서서 반대했다. 거기에는 크게 두 가지 이유가 있다. 하나는 논리 실증주의와 분석철학이 형이상학의 무의미성을 비판하기 위해서 제시한 '입증주의'(verifiability)와 '반증주의'(falsifiability)의 기준들이 잘못된 전제에서 출발했다는 것이다.[4] 카르납이 비판하듯이, "형이상학자들은 경험 과학의 연구대상들을 초월해 있는 그들의 개념을 추구하려고 시도하기" 때문이다.[5] 다른 하나는 과학의 체계와 형이상학의 체계가 서로 다른 언어놀이라는 것이다. 과학 체계와 철학 체계는 상관적 관계가 있지만, 과학이 다른 학문을 지배하거나 판단할 근거가 없다. 하츠혼은 이렇게 적고 있다. "형이상학적 체계는 과학의 완전한 해석이 될 수 없다. 이는 개별적 사실들이 아닌 오직 일반적 원리들을 포함하고 있기 때문이다. 따라서 형이상학은 과학과 경쟁하지 않는다. 과학이 이것만이 절대적이라고 보일만큼 형이상학의 위치를 점하지 못한다. 왜냐하면 과학지식 그 자체가 죽음과 같은 인간의 성찰적인 문제들에 만족을 채워주지 못하기 때문이다."[6]

그럼에도 하츠혼은 논리실증주의자나 분석철학자들이 비판한 동일한 방식으로 기존의 형이상학에 대해 비판했다. 대신에 그는 새로운 형태의 형이상학을 주장했는데, 그 새로운 형이상학이 오늘날에 알려진 과정 형이상학(process metaphysics)이다. 하츠혼은 자신의 형이상학을 '신고전 형이상학'(neoclassical metaphysics)이라고 부른다. 이것은 고전의 형이상학과 날카롭게 대조하기 위해서 사용되었다. 이전의 형이상학이 그가 생각하기에는 오류가 많이 있다고 생각했고 경험주의 기준과 같은 여러 철학적 기준들의 비판에 견디기 어렵다고 보았다. 고전 형이상학이 제시하는 것에서는 대부분의 문제가 오늘날 우리의 사유 속에 적용할 수 없는 것을 암시하고 있기 때문이다. 그러면 고전 형이상학은 우리의 사유 속에 적용할 수 없을까? 하츠혼에 의하면 사유는 생각 자체로 그치는 것이 아니라 항상 어떤 사고를 믿는 자에 의해 어떤 행위로 나타난다. 무엇을 생각하는가 하는 것은 그것이 행동과 같은 경험적 영역으로 옮겨진다는 것이다. 하지만 가장 큰 문제는 고전 형이상학에 대한 일종의 절대적 믿음이 추상적인 영역에 머물기 때문에 지성적 피해가 더욱 크다는 것이다. 이러한 고전 형이상학적 사고는, 하츠혼에 따르면 플라톤과 아리스토텔레스의 철학에서 비롯되었고 그것이 스토아학파와 중세철학 및 신학에서 매우 발전적으로 수용되면서 고착화되었다.[7] 보다 구체적으로 언급하자면 고전 형이상학은 '존재철학'(philosophy of being)으로 고착화되었다는 것이다. 존재란 이미 어떤 상태로 놓여 있다는 것을 의미한다. 이것은 만들어진 창조 또는 선험적으로 있는 상태를 강조하여 말하고 있기 때문에 거기에는 어떤 능동적 자유가 부족하거나 자유가 결여된 상태라 할 수 있다. 하지만 하츠혼은 서구철학에서 통용된 이 존재개념을 부정하고 대신에 '생성'(becoming) 개념을 실재의 근본적 개념으로 대체하고, 신고전 형이상학을 '생성철학'(philosophy of becoming)으로 이해했다. 생성은 실재의 이차적인 양태가 아니라 일차적인 양태다. 따라서 실재 그 자체인 이 생성은 이미 '되어짐'이 아니라 만들어가려는 과정에 초점을 맞추고 있다고 하겠다.

왜 하츠혼은 형이상학에 집요하리만큼 매력을 느끼는가? 그는 형이상학이 경험의 성격을 기술하고 설명하고 이해하는데 가장 적합하다고 믿었다. 흔히 물리학, 수학, 논리학 등 모든 학문들은 구조의 경험과 질적 요소보다는 기하학적 질서, 양적 요소와 시-공적 구조(spatio-temporal structure)를 일반화한다.[8] 또한 그는 고전 형이상학을 비판하고 무의미하다고 판단했던 논리실증주의나 분석철학과 같은 학문과는 매우 다르게 형이상학(metaphysics)에서는 그 구조와 마찬가지로 질적 요소가 삶의 중요한 의미를 제공한다고 확신했다.[9] 일반적으로 형이상학적 진리들은 추상적이다. 더욱이 형이상학의 일반적인 생각 속에는 이미 "경험적 증거들과 과학적 지식을 무시하기 때문에 어떤 의미 있는 성과를 내지 못하는 지적인 낭비일 뿐"이라고 여긴다.[10] 이러한 비판은 전적으로 옳다. 하지만 하츠혼은 "추상적 개념들이나 실체들이 모든 구체적인 구현들(embodiments), 즉 사고의 어떤 구체적인 과정에서의 구현들과 분리하여 단순히 그것들 스스로 현실적이 되지 않는다고 반박한다."[11] 다시 말해 현실적 경험을 이해하기 위해서는 추상적 개념을 끌어들여야 한다는 것이다. 그 반대의 경우에도 마찬가지이다. 추상적인 개념들과 구체적인 구현들의 이 두 영역은 상호 연관되어 있고, 각자 속에 내재되어 있다. 이것으로부터 그는 "실재의 근본 형식은 구체적 실재이다"라고 결론을 내린다.[12] 따라서 형이상학은 명확한 의미가 결여되고 혼동되고 부족한 것을 아름다운 진리로 명증하고도 조화를 추구하는 학문이다.

보다 구체적으로 말해 "형이상학이란 경험의 일반적인 특징들을 추구하는 학문"으로 정의된다.[13] 이 같은 정의는 어떤 면에서 화이트헤드의 입장과 매우 유사하다. 화이트헤드가 기록하듯이 "사변철학은 우리의 경험의 모든 요소가 해석될 수 있는 것에 비추어서 일반적 개념들의 일관적, 논리적, 필연적 상태를 체계화하려는 노력이다."[14] 이것은 형이상학이 경험의 해석체계를 세우는 것을 뜻한다. 이처럼 형이상학적 개념들은 현실적 경험 속에 깊이 뿌리박혀 있다. 즉 경험이 없으면 개념은 없다. 하츠혼에게 있어서 경험은 실재이며 형이상학적 지식을 위한 근원이다.[15] 따라서 형이상학은 세계를 구성하는 궁극적이고도 실재적인 사물이 "현실적 존재"(actual entities)로 인해 존재론적 원리를 전제로 하는 것이다.[16]

이러한 정의에 근거하여 하츠혼은 경험의 해석체계를 위해서 논리적 일관성의 필요성을 밝힌다. 형이상학적 개념이 논리적으로 일관적이지 않다면, 그것은 참이 되지 못한다. 하츠혼이 적고 있듯이 "형이상학적 진리는 경험이 없으면 그것들을 대비할 수 없지만 경험이 있으면 그것들을 예중하여야만 한다는 것으로 기술할 수 있다."[17] 이것은 형이상학적 개념들이 적절한 방식에 의해서 평가되어야 함을 명시한다. 형이상학에서 하츠혼이 취한 최초의 원리는 아주 분명하다. "형이상학이란 독단적으로 참인 공리들(axioms)로부터도 아니고 그렇다고 단순히 맹목적인 가정들이나 가설들로부터 오는 그러한 결론들에 대한 귀납도 아니다. 그것은 경험의 가장 일반적인 측면들을 서술하여 우리의 의식에서 개별적인 것들로부터 추론하여 가능하면 가장 분명하고도 정확하게 그 외의 여타 개념들을 보고하려는 시도다."[18] 이런 점에서 하츠혼의 형이상학은 경험의 '기술적 과학'(descriptive science) 또는 '경험의 일반화'(generalization of experience)를 목표로 하는 것이다.[19]

하츠혼의 형이상학에서 경험을 일반화하기 위해서는 두 가지 극명한 방식들을 요구된다. 첫 번째 방식은 귀납적 방식이다. 이것은 "일반화의 방식"을 의미하는데, 즉 경험의 기술적 과학은 귀납적 방식으로 전개되어야 한다는 것이다. "형이상학적 연역방식은 결론들에 관한 기술적 적합성에 의한 전제들을 정당화하지만, 그것이 전제들을 추론한다고 하여 그것의 결론에 도달하거나 입증하지 않는다."[20] 다시 말해 "연역이란 단지 개별적 사물들의 지식 이외에 지식을 분석하기 때문에 선험적이다."[21] 이러한 이유에서 그의 형이상학적 방식은 연역적 방식보다는 귀납적 측면을 고려한다. 그래서 우리가 지각이나 상상으로부터 취한 예증들로부터 시작하여 지적인 실험들을 통해 우리가 상상할 수 있는 모든 실체들이 공통으로 그렇고 그런 속성들이 있다고 추론하는 것과 같다. 그는 다음과 같이 주장한다.

명시된 전제들로부터의 추론은 중요한 역할을 하지만 공리의 암시를 확대하는 역할은 아니다. 역사의 큰 오류는 어떤 형이상학적 명제들이 오로지 진리로 보인다고 공포해야 한다고 추정하는 것이었고, 따라서 모든 형이상학적 명제들에 대한 암시들이 의심의 여지가 없다는 것이었다. 형이상학에서 연역의 진정한 역할은 처음부터 확실성의 내용을 가져오는 것이 아니라, 경험 속에 있는 궁극성의 불확실한 서술이나 설명의 의미를 이론적으로 가져오는 것이다. 그래서 우리는 그것들이 이 궁극성을 진실로 기술할 수 있는지를 더 잘 판단할 수 있을 것이다. 공리들은 자명한 진리로 받아들이지 않고 의심할 수 없는 귀결들을 끌어내려고 사용되었다. 공리들은 가능한 대답들의 결과에 대한 연역들이 우리에게 말할 수 있는 온전한 의미를 의문시하기 위해서 설정되어 있다…. 따라서 공리적 상태나 자명성은 탐구의 목표이지 출발점은 아니다. 형이상학적 추론이나 연역은 그것의 결론들의 기술적인 타당성에 의한 그것의 전제들을 정당화한다. 그것은 전제들을 추정함으로써 결론에 도달한 것을 증명하지 않는다. 이런 면에서 형이상학은 논리 과학이다.[22]

두 번째 방식은 '포괄적 대조'(inclusive contrast)의 방식이다.[23] 포괄적 대조란 매우 흥미로운 용어다. 이것은 문자적으로 현저한 차이를 가지고 있는 사물들을 모두 포함하고 있으며 또 포함하여야 한다는 의미로 사용된다. "개념들은 대조에 의해 표현된다."[24] 이러한 대조들은 "구체적/추상적, 상대적/절대적, 의존적/독립적 혹은 주체적/대상적과 같은 이원론"으로 나타난다.[25] 그들은 서로 현저한 차이를 가진다. 뒤에서 상세히 논의하겠지만 서로 다른 극들을 대조하는 방식에서는 양극적이라 할 수 있다. 그래서 이원론의 고전 의미에서 서로 고립되어 있거나 독립적으로 존재하는 극들이 아니라 서로를 필요로 하는, 즉 상호 의존적인 극들을 가리킨다. 그것들은 어떤 의미가 비실재를 가리키는 것을 요구할 때에 실재의 개념에 적용하는 것이다. 하츠혼은 나아가 다음과 같이 설명한다. "우리는 지향하거나 사유하는 모든 행위가 그것이 발생하는 한에서 실재 그 자체인 반면에 행동은 그 자체의 어떤 독립된 것을 가리키는 그것의 목적을 계승할 수도 하지 않을 수도 있다고 말할 수 있다. 만일 그것이 계승한다면 행동과 지향된 대상 양자는 실재들이다. 그렇지 않다면 오로지 행동이 실재이고 대상은 비실재가 된다. 성공적으로 가리키는 것은 아무것도 없다."26) 그러므로 하츠혼의 형이상학은 모든 기술적 과학이 비교나 분류에 의해서, 즉 차이와 특징의 관계를 놓음으로써 시작하는 학문이라는 것이다.

형이상학적 방법

형이상학을 기술적 과학으로 정의한 하츠혼은 철학적 방법을 두 가지 측면에서 고려한다. 하나는 합리적인 방법이고, 다른 하나는 경험적인 방법이다. 그의 포괄적인 방법이 철학적 방식에서도 동일하게 나타난다. 즉 모든 사고의 선험적 논리구조를 이해하기 위해서는 관념들과 관계하는 모든 개념들과 추상적인 영역들을 경험적 사례들에 의해서 구체화해야 한다는 것이다. 왜냐하면 형이상학의 방식은 경험의 모든 요소들을 이해할 수 있도록 예증되어야 하기 때문이다.27) 따라서 형이상학은 경험의 요소를 기술하기 위해서 해명되어야 한다. 하츠혼은 다음과 같이 말한다. "철학은 너무 보편적이고 또 너무 근본적인 원리를 추구하기 때문에 일반적인 원리들을 통해 설명되는 개별적 사례들은 스스로 현실 세계에서의 진리가 되며, 그리고 어떤 인식 가능한 진리의 개념들에 관한 보편적 개념들이 된다. 개별적인 사례들은 최종적이고, 그것들을 넘어서서는 아무것도 존재할 수 없고 아무것도 근본적인 것이 없다. 따라서 경험의 개별적인 사례들이 해명되어야 한다."28) 이런 이유에서 하츠혼은 추상적인 영역을 강조하는 고전 형이상학을 배격한다. 무엇보다도 그가 그리스 철학으로부터 전수된 이원론적 가정들, 즉 상대 - 절대, 주체 - 객체, 전체 - 부분, 결과 - 원인, 생성 - 존재, 순간 - 영원, 개별 - 보편, 현실 - 비

현실, 복잡 - 단순, 유한 - 무한, 우연 - 필연 등과 같은 범주들이 이원론적 가정에서 출발한다고 밝힌 근본적인 이유는 "단성극적 선입견"(monopolar prejudice) 때문이었다. 이원론적 가정들은 한편이 진리이면 다른 편은 비진리가 되고, 그리고 서로 다른 극을 고려하지도 포함하지도 않는 인식론적 한계가 분명히 있다. 하츠혼은 이러한 인식론적 성향과 개별적이고도 독립적인 이분법으로 이해되는 고전 형이상학적 방식을 비판했다. 이것은 "절대, 원인, 존재, 영원, 보편, 필연, 무한 등의 범주들을 고려하지만, 상대, 결과, 생성, 순간, 우연, 유한 등의 범주들과 같은 반대 극들을 무시하거나 등한히 하는 경향"을 의미한다.[29] 그래서 하츠혼은 이런 문제를 극복하기 위해서 서로 다른 두 가지 요소나 대립적 개념들을 종합하는 '양극성의 원리'(principle of polarity)를 제안하고 구체화한다.[30]

형이상학적 방법으로서 양극성의 원리는 크게 세 가지 요소로 특징짓는다. 첫 번째 요소는 '범주적 대조의 논리'이다. 이것은 존재론적 요소다. 우리가 경험하는 이 세계에는 언제나 이 대조의 요소가 존재한다. 간단히 말해 대조 또는 대립의 요소는 사물에는 두 개의 서로 다른 극이 존재한다. 사물은 항상 서로 다른 대립적 두 극들에 의해서 조화를 이루고 있다. 이런 근거에서 하츠혼은 양극성(polarities)을 존재론적으로 "궁극자"로 이해한다. 궁극적 실재는 범주적 대조의 논리에서 한편의 극이 다른 편의 극을 배타하지 않는다. 서로 필요로 하고, 서로에게 의존적인 관계를 유지한다. 그런데 "각 대립의 두 극들은 일어나든지 아니면 다같이 사라진다."[31] 말하자면 이것이 없으면 저것이 없고, 저것이 없으면 이것도 없다. 역으로 이것이 있으면 저것이 있고, 저것이 있으면 이것이 존재한다.

둘째로 양극성의 대조는 더 깊은 조화를 위해서 인식론적으로 중용의 조화를 추구하는 요소다. 개념들이나 사상들은 서로 상이한 것들의 대조나 대립의 관계에 의해 이해된다고 할 때 그 양극성의 원리는 극단을 피하는 시금석과 같다.32) 양극성적 원리에서는 현실적인 것과 가능적인 것, 구체적인 것과 추상적인 것, 보편적인 것과 개별적인 것과 같은 서로 다른 극(pole)을 포함한다. 흔히 우리는 일상에서 원인과 결과라는 말을 자주 사용한다. 이 용어들이 너무 일반적이기 때문에 순수한 개별사례로서 취급되지 않는 것처럼 보인다. 하지만 개별적 존재들은 보편적인 양상을 이미 포함하고 있다. 모든 결과는 하나의 원인에 의해서 생성되고, 그리고 후속적으로 이어지는 결과들을 만들어내는 원인을 제공한다. 그러기 때문에 하츠혼은 양극성의 원리에서 대조가 구체적인 사례로 예증될 때만 의미가 있다고 주장한다.

서구철학에서 논의되어온 관념론과 유물론, 합리론과 경험론, 비관론과 낙관론, 일원론과 다원론, 결정론과 자유론 등과 같은 다양한 인식론들이 있다. 하지만 하츠혼의 양극성적 원리는 상반된 인식론의 측면의 극단을 배격한다.33) 다양한 인식론들 가운데 관념론과 유물론을 예로 들어보자. 관념론과 유물론은 양극단으로서 상반된 인식론적 개념을 가지고 있다. 논리학에 정통한 철학자들은 대조들이 둘 다 진리가 될 수 없고, 그래서 둘 다 거짓이라고 가르친다. 하지만 여전히 형이상학을 연구하거나 논의하는 철학자들은 관념을 지향하면 유물론을 배제하게 되고, 반대로 유물론을 지향하면 관념론을 배제하게 된다. 그런데 관념론의 궁극적인 구성인 정신은 개념적이고 추상적 작용들이기 때문에 유물론의 궁극적인 구성인 물질은 현실적 구체성에 의해서 예증되어야 한다. 반대로 유물론의 궁극적 구성인 물질의 경우에도 추상적이고 정신적인 작용들로 구체화한다. 따라서 관념론과 유물론은 서로 배타적인 입장이 아니라 상호보완적인 입장으로 이해될 때에야 비로소 통합적이 된다.[34] 하츠혼은 이와 같은 사실을 분명히 강조한다. "구체적인 것이 추상적인 것을 포함하듯이, 경험적 진리는 항상 비경험적(추상적) 측면을 갖는다. 아주 추상적인 형이상학의 필연들은 곳곳에 널려 있으며, 또 (그렇지만 불분명하게도) 언제나 이러한 사례들이 증명되었다."[35]

셋째로 양극성적 원리는 구조적으로 비대칭적 관계(asymmetry relation)의 요소다. 서로 다른 극들이 존재하는 방식은 대칭적이지 않고 비대칭적이다. 전통적인 철학적 논의에서는 양극의 관계가 대칭적 구조로 인식되었다. 그렇다면 대칭적 관계는 무엇이 문제인가. 하츠혼이 대칭적 구조를 반대하는 이유는 뭔가. 오하이오 히람대학교의 유진 피터스가 적절히 지적하듯이, "하츠혼의 양극성적 원리는 우리로 하여금 결정론 속에 암시된 필연성 그 자체가 단순히 지지될 수 없다는 것을 알게 한다."[36] 다시 말해 대칭적 관계의 문제는 어느 극이든지 존재하는 사물 속에 이미 결정적 필연성으로 화석화하기 때문이다. 따라서 "순수한 필연성"은 대칭적인 측면에서 보면 "비한정적 자유"에 모순을 일으킨다. 만일 우리가 사물의 대칭적 관계를 허용하게 되면 비결정적 또는 비한정적 자유는 아무런 의미가 없다.[37] 하지만 사물의 관계는 항상 결정되지 않는 자유로운 행위로 무수히 많은 사건들이 일어나고 사라진다. 결국 사건이 발생하고 사멸되는 것은 세계가 결정되지 않았음을 의미한다.

하츠혼의 양극성적 원리가 종종 결정적 대립의 관계로 오해되는 경우가 더러 있다. 그러한 오해는 바로 대조를 대칭적으로 관계할 때에 흔히 일어나는 문제이다. 이런 오해는 양극의 대조가 구조에 있어서 대칭적이고 어느 것도 다른 것보다 존재론적 최우위성을 부여받을 수 없다는 데서 기인하기 때문이다.[38] 하지만 하츠혼은 개념적 관계들의 대칭적 구조와 반대되는 시간적 과정의 엄격한 비대칭적 구조를 제대로 파악하지 못함으로써 일어나는 문제라고 논박한다. 하츠혼은 비대칭적 관계를 다음과 같이 설명한다. "일반적으로 추상적/구체적, 보편적/개별적, 객체/주체 등의 양극성적 대비는 우리가 범주들을 단순히 개념들로 생각하고, 그것들이 무엇인가를 언급하고 기술하기 위해 사용되는 것으로 생각하지 않는 한에서만 대칭적 관계다. 우리가 후자에 대해 생각하는 순간 대칭적 상호의존성은 철저한 비대칭으로 대치된다."[39] 만일 우리가 보편적이고 추상적인 극은 현실적이고 개별적인 극을 떠나서는 이해될 수 없고, 동시에 현실적이고 개별적인 극은 보편적이고 추상적인 극을 떠나서는 이해될 수 없다고 말하면, 이 관계는 대칭적 관계다. 그러나 현실적이고 개별적인 극은 보편적이고 추상적인 극을 포함하지만, 역으로 보편적이고 추상적인 극은 현실적이고 개별적인 극을 포함하지 않는다. 이유는 이렇다. 사물의 관계가 비대칭적이기 때문이다. 여기서 우리가 기억해야 하는 것은 구체적인 것은 항상 추상적인 것을 포함하고 또 개별적인 것은 보편적인 것을 포함한다는 것이다. 하지만 그 반대로는 일어나지 않기 때문에 대칭적으로 분석하는 것은 잘못이다. 따라서 비대칭적인 관계는 양극성적 원리에서 구체적인 것이 추상적인 것보다 선행한다.

미학의 논리

하츠혼이 화이트헤드의 과정철학으로부터 수용한 것은 인식론적 차원이 아닌 미적 차원이다. 미학은 '감각'(sensation)으로 사용되었던 '아이스테티카'(aesthetica)에서 비롯되었다. 이것은 단순히 감각을 지배하고 통제하는 개념일 뿐만 아니라 선함과 아름다움의 가치를 가지고 있는 개념들을 포함한다. 하츠혼은 미학을 "감각의 심리학"(psychology of sensation) 또는 "가치를 수반하는 견해"(the annex view of value)로 정의한다. 그에게 가치는 "순수한 감각에 덧붙여지는 개념"이라기보다는 "모든 현실적 존재들이 경험적 실재"임을 말한다. 물리적 감각을 경험하는 것은 어떤 가치를 경험한다는 것인데, 즉 존재한다는 것 자체가 경험한다는 것을 전제로 한다. 이는 경험 자체가 사회적이기 때문이다.[40] 만일 한 존재가 외부의 사건에 의미를 부여하고 그것을 하나의 의미론적 가치로 받아들이는 과정이라면, 미학의 개념은 세계 속에 존재하는 모든 사물들이 사회적 양태 속에서 가치를 선택하고 결정하는 경험적 존재가 된다는 점을 예증한다.[41]

일반적으로 가치개념은 미적 가치와 윤리적 가치로 구분된다. 미적 가치는 윤리적 가치가 아니다. 이는 윤리적 가치가 도덕적 가치로서 행동의 정당성을 도덕성으로 나타내는 것이기 때문이다. 미적 가치는 윤리적 가치를 넘어서 인간경험의 복합적이고도 총체적인 느낌의 개념을 말한다. 하츠혼에 따르면, 미적 가치란 직접적인 가치이다. 모든 경험은 순간적이고 현재적이다. 그리고 모든 직접적인 가치는 인간을 포함한 모든 사물을 판단하고 지배하는 근거로 작용한다.[42] 화이트헤드가 언급하고 있듯이 가치란 "자기 관심"(self-interest)이자 "자기 평가의 한 느낌"(a feeling of self-valuation)이다.[43] 이것은 모든 현실적 존재가 사물에 대한 느낌의 주체임을 암시한다. 한 현실적 존재는 다른 사물에 대한 느낌을 가지는 경험적 또는 감정적 존재이며, 따라서 자기 관심의 궁극적 향유에서 악이나 선 또는 만족이나 불만족의 파생이 필연적이다. 다시 말해 이 세계 안에서 가치를 달성하려는 어떤 현실적 존재의 궁극적 자기 관심이나 향유로부터 악이나 선 또는 만족이나 불만족이 현실화되고 구체화하는 것이다. 이런 점에서 과정 형이상학적 원리는 모든 현실적 존재가 자기 원인적이자 자기 결정적이며, 자신의 느낌 또는 미적 경험에 따라 스스로 선택하고 결정하는 자기실현의 존재이기 때문에 그 누구에게 자신의 삶의 결과에 관한 책임을 전가하지 않는다는 것을 보여준다. 한마디로 미학의 논리는 중요한 가치의 논리다.

하지만 하츠혼의 미학은 과정 형이상학적 원리에 따라 중용의 논리로 설명된다. 그가 말하듯이 "좋은 형이상학은 철학이나 삶에서 오류의 징표들인 극단을 피하는 것을 의미한다."[44] 중용은 하나의 조화로운 통일성으로서 서로 다른 극단들을 피하는 조화다. 우리가 알고 있듯이 아리스토텔레스는 악덕과 비교하여 미덕을 상반된 양극단들 사이에서 사려 깊게 분별하는 중용이라고 밝힌다. 그런데 그러한 원칙은 이를테면 아리스토텔레스가 이해한 것보다 훨씬 더 일반적이다. 아리스토텔레스는 중용을 하나의 덕으로 이해하고, 덕을 악덕의 반대개념으로 설명한다. 간단히 말해 악덕은 지나침과 모자람의 특징이고, 덕은 중용의 특징이다.[45] 하지만 하츠혼은 중용을 덕의 특징이 아니라 미적 경험으로 이해한다. 그래서 하츠혼의 중용은 미적인 문제에만 적용하는데 이는 아름다움이란 일종의 중용이기 때문이다.

미학에서는 아름다움이 추함(ugliness)에 반대되는 개념으로 이해된다. 이는 전통적으로 추함이 '결핍된 완전'이나 '적합한 비례 또는 조화'가 결여된 것으로 설명되었기 때문이다. 카를 로젠크란츠(Johann Karl Friedrich Rosenkranz, 1805~1879)가 적고 있듯이 "추는 단지 미의 부정으로 존재하기 때문"에 "미는 신적이고 근원적인 이념이며, 그의 부정인 추는 바로 그러한 것으로써 기껏해야 부차적인 존재성을 가질 뿐이다."[46] 하지만 하츠혼은 아름다움을 추함의 반대 개념으로 보지 않는다. 오히려 아름다움은 미적 가치로서 "질서와 무질서의 혼합에 의해 특징짓는 미적 가치를 가리킨다."[47] 이는 추함이 부조화, 불일치, 불안정이기 때문이다. 따라서 하츠혼은 부조화와 불일치의 순수한 부재를 아름다움으로 이해하지 않는다. 구체적으로 설명하자면, 미적 가치인 아름다움은 "기계론(mechanism)과 혼돈(chaos)의 숙명적인 극단들 가운데 놓여 있는 개념이다."[48] '기계론'은 아주 엄격하고도 가차 없는 질서정연함(orderliness)으로 파악될 수 있고 '혼돈'은 질서의 순수한 부재로 파악될 수 있다. 다시 말해 기계론은 엄청난 경이로움, 긴장의 감각 및 사물들이 어떻게 생성하는가에 대해서는 관심을 두지 않는 개념인 반면에, 혼돈은 만족할만한 경이감을 만날 수 있다거나 결과를 체험하는 어떤 욕구를 일깨우게 하는 명확한 기대감을 저버리게 하는 개념이다. 따라서 "우리가 기계론에서 단순히 지루함을 느끼고, 혼돈에서는 그야말로 혼란스러움을 느끼기 때문에" 하츠혼은 "기계론과 혼돈의 이 두 가지 중 어느 것에서도 아름다움이 일어나지 않는다"고 주장한다.[49] 즉 아름다움(미)은 기계론과 혼돈의 조화에서 하나의 통일을 이룰 때에 비로소 일어난다는 것이다.

이런 근거에서 하츠혼이 아름다움을 중용의 한 방식으로 이해하는 이유다. 중용의 미학에는 피상적이고 심오한 질서들과 무질서들, 조화와 부조화들이 다 같이 공존하고 있다. '피상적'이라는 말은 사람의 자원이 질서나 무질서를 평가하기 위해 무엇을 요구하고 있지 않는다는 것을 의미한다. 이를테면 단순히 음악 코드(chord)와 같은 것은 피상적인 화음이며, 모차르트의 심포니나 바흐의 합창곡과 같은 음악은 사실 심오한 화음이다. 조그마한 꽃은 단순히 코드 또는 현과 같지만, 꽃으로 아름답게 장식된 정원이나 자연의 숲은 대조적으로 심오한 측면에 관해서 말해준다. 우리는 꽃이나 음악 코드를 예쁘다고 부르며, 심포니 또는 정원이나 숲의 전체성과 같은 것을 아름답다고 부른다. 따라서 이와 같은 언어는 피상적인 조화로움으로부터 심오한 조화로움을 훌륭히 구별해 낸다. 거기에는 또한 피상적이지만 심오한 현이 존재하기도 한다. 쇼팽의 장례식 행진은 명백한 이유에서 후자의 어떤 것들, 즉 심오한 음악코드들이 들어 있다. 화음을 기대하거나 희망하는 것을 방해하는 엄청난 불협화음은 우리가 그것을 생각하고, 그것이 우리를 심하게 도전하고 있다고 암시하는 비극의 일종이라고 부른다. 이와 비슷하게 심오하지 않은 불협화음은 기대감을 방해하는 면에서 피상적이지만 우리가 그것에 대해 웃거나 아니면 적어도 코웃음 치는 희극이 되기도 한다.[50] 따라서 이 미적 근거는 하츠혼의 과정철학을 특징짓는 중요한 열쇠다. 그것이 철학적인 문제이든 과학적인 문제이든 또는 신학적인 문제이든 미의 논리는 모든 면에서 적용된다. 미적 근거에서 결정론은 우주적 아름다움이 아니라 우주적 단조로움으로 이끌어 가는데, 이는 결정론이 예측할 수 없는 새로움을 보지 못하기 때문이다. 반대로 비결정론은 우주적 혼돈으로 이끌어간다. 이는 혼돈이 법칙이나 과학의 발견에 의해 어느 정도 예측가능하기 때문이다.[51]

앞서 언급했듯이 미적 논리에 대한 분석은 아래의 도형에서 쉽게 이해될 수 있다. 정점에 놓인 차원은 질서와 무질서, 혹은 통일성과 다양성, 화음과 불협화음의 극단들 사이에서 하나의 대조를 이룬다. 조화나 그것의 부재가 피상적이든 심오하든 간에 아름다움은 정점의 차원 선상에서는 표현되지 않고 수평선상에서만 표현된다. 언어의 가장 자연스러운 관점에서는 아름다움이 가장 중심에 놓여 있는데, 즉 두 차원 속에 있는 "이중적 중용"(double means)을 말한다.52) 그것은 주어진 다양성에 대해서는 대단히 비통일적이고 상대적이지 않으며 동일한 참조에서도 통일적이지 않다. 그리고 그것은 극단적으로 심오하거나 피상적이지도 않다. 마치 음악의 현과 같다. 그것은 통일성과 다양성 둘 다를 가지고 있으며 피상적인 단계에서도 우리의 음악적인 재능들에 적잖은 도전을 부여한다. 심포니가 현으로서 통일성과 다양성의 종합으로 동일한 균형을 이루고 있지만, 더 큰 다양성은 다양성 그 자체에 의해서 효과적으로 하나의 통일을 이루고 있다. 그래서 심포니가 하나의 통일을 이루게 되는 것이다. 미적 가치들의 도형은 다음과 같다.53)

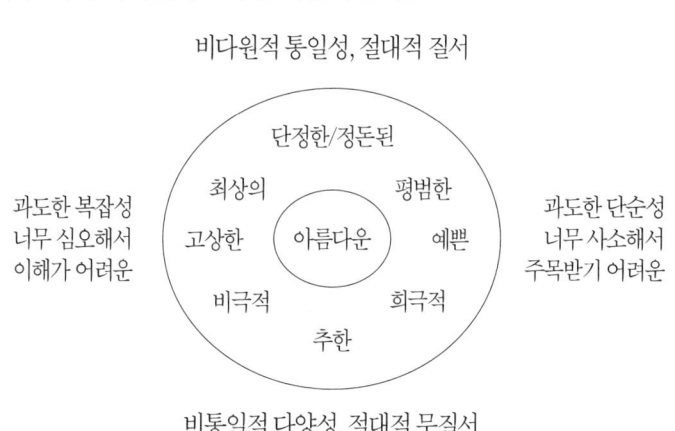

이 도형에서 보면, 우리는 원 밖에는 경험과 가치가 존재하지 않고 원 안에서만 어떤 경험과 가치가 존재한다는 것을 알 수 있다. 이를테면 "피상적", "다양성 안의 통일성", "유머가 넘치는" 것과 같은 용어들은 경험이 있는 개인들에게 어떤 상대성을 가지고 있는 것이 분명하다. 말하자면 아름다움이 상대적인 것으로서 다른 개념과의 관계에서만 파악될 수 있는 개념이라는 점은 이해하기 어렵지 않다. 각 사람에게 아름다운 그리고 단순히 예쁜, 혹은 고상한 또는 단순히 아름다운, 아니면 비극적 그리고 희극적 사이에 있는 것들과의 대조가 존재한다. 또한 이 모든 것들은 긍정적인 가치들을 표현하고 있다. 심지어 추함도 이런 면에서 미적 가치의 순수한 부재라고 말하지 않는다. 우리가 우리를 위해 본래의 가치를 전혀 제공하지 않는 것과 마주한다면, 우리는 단순히 경험을 가질 수 없게 된다. 완전한 단조로움은 경험되어질 수 없으며 혼돈도 경험되어질 수 없다. 이 세계에서는 그 자체의 혼돈이 단순하게 존재하지 않는다. 지금 물리학의 상식적인 견해에 따르면 완전히 질서정연한 것이란 존재하지 않으며, 그렇다고 해서 확고한 경험이 단지 질서정연하거나 혼란스러움이라고 말해서도 안 된다.[54] 그러므로 아름다움이 존재함으로써 아름다움이 추하게 될 수 있다는 말이 아니라 아름다움의 필연성을 이루는 동일한 대조들로 인하여 아름다움의 규정이 애매모호해질 수 없다는 것이다.

나가는 말

형이상학은 서로 다른 학문과 긴밀하게 연관되어 있다. 하츠혼의 형이상학은 다른 연구들과 더 연대하는 방식으로 설명된다. 형이상학의 문제에서 논리적인 문제가 발생하고, 논리적인 문제는 형이상학적 문제에 의해 검증되기도 한다. 하츠혼은 이 사실을 충분히 인식하면서 자신의 신고전 형이상학을 기술하고자 노력했다. 무엇보다도 하츠혼의 형이상학은 경험의 가장 일반적인 측면들을 기술하려는 시도였다. 고전 형이상학과는 달리 신고전 형이상학은 우리의 의식 속에 자리 잡은 경험의 개별적인 것을 일반화하려고 노력하는 학문이다. 이런 정의에서 하츠혼은 형이상학적 진리들이 모든 인간경험 속에서 예증돼야 한다고 주장했다. 말하자면 우리들의 구체적인 경험 중의 하나로 예증하는 것이 형이상학의 목표라는 것이다.

사물의 궁극적 요소를 "공유된 창조적 경험"으로 정의한 하츠혼이 지향하고자 했던 것은 아리스토텔레스가 언급한 "실체, 물질, 형식 또는 존재"의 개념을 부정하는 대신에 창조성(creativity)의 개념으로 대체하려는 것이었다. '존재한다는 것은 창조하는 것이다.' 이것이 바로 우주의 보편적 원리다. 모든 사물은 본성에 따라 또는 그 상태에 따라 그대로 존재하는 것이 아니라 창조적 과정 속에 다른 경험들을 포함하여 도달하는 하나의 과정이다. 이 창조적 과정 속에 포함되어 있다는 것은 사물이 있는 그대로 존재하기를 거부하고 무엇을 위해서 또는 향해서 변한다는 것을 전제로 한다. 모든 것은 변한다. 변하지 않는 것은 하나도 없다. 그것이 무기물이든 유기물이든 사물은 변한다. 책상, 돌멩이, 나무, 강물, 산, 사람 등과 같은 사물들은 일상적으로 관찰될 수 있는 구체적인 개별자들에서부터 일상 경험에서 잘 관찰할 수 없는 세포, 원자, 분자의 개념들과 같은 구체적 개별자에 이르기까지 모든 사물은 변한다. 그리고 그 변화의 근거에는 사물이 서로에 대한 느낌의 주체이기 때문이다. 하츠혼은 "이 같은 구체적인 개별자들은 느낌의 중심들"이라고 기술한다.[55] 그러므로 신고전 형이상학은 사물의 경험을 일반화하는 학문으로 규정되는 것이다.

제4장

하츠혼의 우주관

제4장
하츠혼의 우주관

    19세기 말과 20세기 중반까지 서구의 철학은 사물과 사물 간의 고립을 주장하는 분석적 사유양식이 지배적이었다. 미국의 실용주의 철학자들이었던 윌리엄 제임스(William James, 1842~1910), 존 듀이(John Dewey, 1859~1952), 프랑스의 앙리 베르그송(Henri Bergson, 1859~1941) 그리고 영국의 알프레드 화이트헤드(Alfred North Whitehead, 1861~1947)와 같은 몇몇 주요한 사상가들이 인간의 자유와 의지에 관심하여 결정론적 세계관에 반대한 것 외에는 대체로 버트란트 러셀(Bertrand Russell, 1872~1970)과 조지 무어(George Edward Moore, 1873~1958)가 주창했던 논리실증주의자들은 논리적 원자론으로 세계를 보려고 했다. 사실과 정확히 대응할 수 있는 언어를 고안했던 분석주의 또는 논리실증주의의 세계관은 학문적 영역에 지대하게 영향을 미쳤다. 이것이 매력적인 이유는 수학의 엄밀성과 정확성을 통해서 우리가 사용하는 언어나 문장의 의미를 확실하게 분석했기 때문이다. 문제는 이러한 분석적 영향력이 사물의 연결성을 부정하고 모든 것을 독립적으로 이해하려고 노력했다는 데 있었다. 1920년대 비엔나에서 모임을 빈번히 가졌던 과학자들과 철학자들이 하나의 집단을 결성하게 되었는데 오늘날 그 집단을 "비엔나 학파"(Vienna Circle)로 알려지게 되었다. 그 학파의 성향은 철저하게 경험적이어서 형이상학의 체계 자체를 완전히 부정하기에 이르렀다. 그리고 이러한 일련의 분석적 사상의 출현으로 과학은 철학으로부터 분리되어야 했고, 논리적 원자론의 엄격한 기준에서 종교나 신학 그리고 형이상학과 같은 학문을 무의미하다고 단정했다. 상황이 그러다 보니 유기적 통일체로 세계를 바라보는 것보다는 과학적 도구로 세계 속에 존재하는 분자들의 의미를 관찰하고 파악하는 것이 훨씬 용이하게 되었다.

이런 시대의 지배적 학문에서 화이트헤드의 형이상학을 성실히 강독하며 자신의 사상을 세우려고 노력했던 과정철학의 대변자 찰스 하츠혼(Charles Hartshorne)은 비엔나 학파의 그릇된 전제들을 비판하면서 화이트헤드의 형이상학적 원리에서 자신의 우주관을 전개한다. 그의 우주관은 화이트헤드와 약간의 차이를 보이기는 해도 매우 유사하다. 무엇보다도 그는 '현실적 존재'(an actual entity)로서 궁극적 실재를 기술한 화이트헤드에 동의한다. 화이트헤드가 주장하듯이, "현실적 존재란… 세계를 구성하는 궁극적으로 존재하는 실재적인 사물이다. 보다 더 실재적인 어떤 것을 발견하기 위해 현실적 존재의 배후로 나아갈 수 없는 최종적 요소이다."[1] 현실적 존재는 물질적인 것이 아니며, 그렇다고 해서 영혼과 같은 정신적인 것도 아니다. 그것은 일종의 물질과 정신의 두 요소를 다 가지고 있으면서 복잡한 사회에서 서로 결합하는 과정의 단위이다. 그래서 화이트헤드와 마찬가지로 하츠혼은 실재의 궁극적 단위들을 '최종적 사실들' 또는 '경험의 물방울'로 본다. 각 경험들은 우주의 변화와 과정 속에서 서로 다른 경험들에게 영향을 주고 다른 경험들에 의해 영향을 받는다. 하츠혼은 이것을 '공유된 창조적 종합'(shared creative synthesis)이라고 부른다.[2] 창조적 종합이란 전체성 속으로 요소들이 조화를 이루는 이른바 '함께 조립되다'(putting together)라는 의미이다.[3] 예를 들어 인간 경험과 같은 단위를 보면 우리가 쉽게 이해할 수 있는 종합의 일종이자 하나의 사회이다. 경험이란 과거다. 미래는 경험이 아니라 경험되어지는 사건이다. 그래서 각 경험은 수많은 과거의 여건(data)에 의해서 현재의 전체성을 구성한다. 간단히 표현하면, 경험이란 그것의 여건들을 조립하는 구조다. 이러한 경험의 여건들은 분리되고 또 다시 종합된다. 하지만 무수히 많은 개별적 경험에 의해 구성된 현재의 경험은 무수히 많은 것들로 종합이 되었다고 해서 둘 혹은 여럿으로 나뉜 것이 아니라 하나로 종합되어 있다. 즉 경험은 다양한 경험들이 하나의 종합을 이루지만 그것은 결코 둘이 아닌 하나의 정체성 또는 동일성을 유지한다는 것이다. 이런 이유에서 하츠혼은 종합을 "일과 다의 문제에 대한 해결책"으로 본다.[4] 그러므로 그에게 각 종합은 하나의 유일한 실재이지 결코 나눌 수 있는 부분으로 보지 않기 때문에 하나의 경험 속에 단일성(unity)과 다원성(plurality)이 다같이 조화를 이루고 있고 배타적인 존재가 아니라 상보적 존재로 인식된다.[5] 우리는 우주를 구성하는 이 궁극적인 요소인 현실적 존재나 공유된 창조적 종합의 개념에서 그의 우주관을 살펴보고자 한다. 특히 이 장은 그의 우주관을 크게 세 가지 측면에서 고려될 것이다.

생성으로서의 우주

우주는 무엇인가 생성되었다가 언젠가는 소멸한다. 소멸된 자료들은 시간의 과거 속으로 들어가지만, 이 과거의 자료는 다시 현재에 새로운 모습으로 생성되었다가 또 다시 소멸하는 것처럼 보인다. 생성과 소멸의 끊임없는 과정은 우주를 관찰할 때 떠올리는 어휘다. 때로는 그것이 덧없는 것처럼 보이다가도 때로는 그것이 새로운 의미로 우리의 물리적 세계나 경험 속에 진입하기도 한다. 하츠혼은 우주를 변하지 않는 고정된 실체로 이해하지 않고 변화를 전제로 하는 '생성의 과정'으로 설명한다. 고전 형이상학에 대한 비판에서 하츠혼은 자신의 철학적 사상인 신고전 형이상학을 전개한다. 플라톤과 아리스토텔레스의 전통적 사상 속에 깊이 뿌리박힌 고전 형이상학(classical metaphysics)은 존재, 실체 혹은 필연의 개념들이 일차적인데 반해 생성은 이차적이었다. 하지만 신고전 형이상학(neoclassical metaphysics)은 생성이 제일차적인 요인이며, 존재, 실체, 그리고 필연이 이차적인 요인들이다. '생성'(becoming)은 "과거를 고려하면서 새로운 통일들과 사건을 현재에 더해 가는 창발적 종합의 과정(a process of emergent synthesis)이다."[6] 하츠혼에게 있어서 창발적 종합의 과정은 일종의 궁극적 실재로서 생성(becoming)을 창조성(creativity)의 의미로 사용된다. 그리고 이 창조성이 새로움의 원리다. 이러한 면에서 생성은 존재의 측면보다 그 자체가 하나의 실재다. 역으로 말하면, 존재는 실재인 생성의 한 측면이다. 즉 생성은 존재의 생성이 아니라 오히려 생성의 존재라고 말하는 것이 옳다. 하츠혼은 다음과 같이 기술한다.

'생성'이 그 자체와 존재 간의 대조를 억제함 없이 포괄적으로 취급될 수 있는 반면에, 존재는 이러한 대조를 파괴함으로써 포괄적으로 취급될 수 있다. 얼마나 많이 것들이 창조되지 않았다고 하더라도, 또는 가장 적은 사물이 창조되었다고 하더라도 창조된 것과 창조되지 않은 것을 포함하는 하나의 전체성이 창조된다. 창조란 전체적 실재를 포함하는 것이지 단순히 부분을 포함하는 것은 결코 아니다. 나에게 x를 영원한 것으로 허용하고, 나로 하여금 y를 창조하게 한다면, 그러면 나는 xy를 창조하게 될 것이다. 내가 y를 창조할지 안할지는 모르지만 x가 존재하기 때문에 y를 존재하도록 결정짓는 나는 또한 x와 y를 포함하면서 존재하고자 하는 전체적 실재를 결정한다.[7]

여기서 대조(contrast)의 개념은 이미 있는 존재와 그것의 생성 사이의 차이나 대립을 막지 않으면서 그 둘을 동시에 포함한다는 뜻이다. 반면에 전통적인 해석에서 존재가 실재로 이해되면, 그 존재는 차이성을 명시하는 이 대조를 파괴한다. 간단히 말하면, 궁극적 실재로서 생성은 새로운 실재에 대해 창조적이고, 이전의 요소들에 대한 일종의 종합이다. 생성은 그런 의미에서 공유된 것이고, 따라서 다원적이다. 이를테면 인간의 자아는 이전의 자아에 의해서 현재 결정되어 있다는 의미에서 이전의 자아가 현재에 포함되어 있다. 신에서부터 아주 작은 미세한 하등동물인 아메바에 이르기까지 한 현실적 존재는 이전의 모든 경험적 요소들을 포함하고 있다. 그래서 궁극적 실재는 이전의 것을 포함하면서 현재 새로운 것을 창발하는 원동력이라 할 수 있다.

이런 맥락에서 생성은 실체(substance)의 개념을 배격한다. 실체는 사물의 본질(esse)을 가리킨다. 아리스토텔레스의 「형이상학」 7권에 따르면, 실체는 각 사물의 본질을 각 사물의 실체이고, 그리고 본질을 각 사물의 존재 원인이다. 실체가 부수적이거나 술어적이지 않다는 의미에서 그것은 독립적으로 존재한다.[8] 하지만 하츠혼은 두 가지 의미에서 실체의 개념을 부정하는데, 하나는 그것의 '지속적 개체'(enduring individual) 때문이고, 다른 하나는 그것의 '종류'(spices) 때문이다. 지속적 개체란 영속적인 개인으로서 어떤 사멸이 존재하지 않으며 변하지 않는 본성을 말하고, 종류는 개체의 안정성(stability)을 유지하는 특성 때문에 변화에 반응하지 않는다는 것을 말한다. 하지만 우주에는 어떤 영속적인 개체나 무변화의 안정적 종류는 존재하지 않는다.[9] 이는 우주가 가치의 성취에 의해서 존재하게 되고 또 성취된 그 존재는 다시 사라져 가는 한 주어진 순간(a given moment) 속에 있는 경험-사건들(experience-events)의 집합을 구성하기 때문이다. 간단히 말해 우주는 경험들이 서로 경험함으로써 하나의 경험을 구성한다. 따라서 우주는 "단순한 느낌의 형식으로 경험한다"고 표현하는 것이 옳다.[10] 우주는 언제나 이러한 경험을 하게 된다는 사실이기 때문에, 우주는 미적(aesthetic)이라고 말할 수 있다. 미적이란 말은 가치의 개념이다.[11] 가치란 절대적이거나 획일적 기준을 갖지 않는다. 내면의 정서적 결과나 느낌의 정도에 따라 나타나는 것이 가치다. 정서적 결과는 내면의 강도 및 강렬함에 따라 다르게 나타나기 때문에 어디에 강도 및 강렬함이 있는지가 가치를 결정한다. 따라서 미적인 우주는 이처럼 복잡한 느낌들에 의해 생성되는 것이다.

과정으로서의 우주

하츠혼은 실재를 사회 과정(social process)으로 이해한다. 왜냐하면 하나의 현실적 존재가 된다는 것은 하나의 과정이 되는 것이기 때문이다. 현실적 우주는 일종의 거대한 과정 속에 있다. 우주는 마치 사회적 구조를 가진 집단과 같다. 여기서 그가 강조하는 사회적 과정이란 사회적 기능을 뜻한다. 다양한 사람들이 함께 어우러져 살아가는 집단으로서 사회는 그 속을 자세히 들여다보면 인간들의 애환이나 기쁨 등 무수히 많은 경험들의 사건들이 일어나고 사라지는 구조임을 알게 된다. 하츠혼은 이것을 '사회 과정'이라고 불렀다. 다시 말해, 실재는 공감적으로 서로와 관계하고 서로에게 참여하는 사회적 과정들의 복합체라는 것이다.

그런데 이 사회적 과정은 무엇을 말하는 것인가. 그것은 다름 아닌 유기체(organism)의 사회를 말한다. 유기체란 기계적 사회와는 극명하게 다르다. 18세기에 지배적인 뉴턴-데카르트적 세계관이 과정 사상가들에 의해서 심하게 비판을 받았던 이유가 여기에 있다. 이는 기계적 세계가 이미 존재된 세계이며, 개방적 세계보다는 닫힌 세계임을 의미하기 때문이다. "물질세계는 하나의 기계였으며, 기계 이상의 아무것도 아니었다. 물질에는 목적, 생명 또는 정신이란 존재하지 않는 것이다. 자연은 기계적 법칙에 따라 움직이며 물질세계의 모든 것은 각 부분의 배열과 운동으로 설명 가능한 것이었다."[12] 그러한 이유에서 하츠혼은 기계론적 세계보다는 사회적 과정으로서의 세계를 받아들인다. 그러면 유기체란 무엇인가. 그것은 부분들을 가지고 있는 전체들은 전체를 위한 기관들 혹은 도구들로서 섬기고, 그 유기체들은 다른 유기체들을 구성하고 연결되어 있는 것을 말한다.[13] 간단히 말해 부분은 전체를 반영하고 전체는 부분을 반영한다. 우리의 사회는 전체를 부분으로 완벽하게 부분으로 나눌 수 있고 부분의 합이 전체라는 요소 - 환원주의적 사고를 배격하고 있다. 이를테면, 인간은 하나의 거대한 유기체이며 인간의 심장도 한 유기체이다. 그리고 인간의 심장을 구성하고 있는 세포들도 유기체들이다. 유기체로서의 모든 개체적 사회는 시간적 과정 속에서 영향을 받고 영향을 주는 존재이며 그 과정에서 모든 개체적 사회는 변한다. 하지만 개체적 사회의 변화는 "하나의 단순하고 일정한 흐름이 아니라, 작은 물방울들로 현실화되어 들어온다."[14] 그것은 연속적인 흐름으로 보이지만 실제로는 무수히 많은 사건들에 의해서 변화되고 현실로 진입하는 과정인 것이다. 즉 우주 속에 존재하는 모든 것들은 아무런 의식이나 자각이 전혀 없이 시간의 흐름에 내 맡겨진 채로 순조롭게 진행되어가는 것이 아니다. 그 과정에서 우주는 어떤 목적이나 의도를 가지고 움직이지만 그것은 어떤 통합을 향하여 하나의 전체적인 우주적 유기체를 만들어가는 것이다.

하지만 랜돌 모리스(Randall C. Morris)에 따르면, 하츠혼의 우주적 유기체는 화이트헤드의 유기체 개념과는 약간 다르다. 하츠혼이 변호하는 견해는 '유기적 단일론'(organic monism)인데 반하여, 화이트헤드의 견해는 유기적 전체성과 비유기적 전체성의 이원론이다. 하츠혼에게 있어서 우주의 유기체는 '상대적 이원론'(relative dualism)을 가리킨다.[15] 상대적 이원론은 단순히 전체성의 두 유형과 차이를 보이는데, 모든 전체성이 목적이거나 유기적이라는 뜻이 아니라 완전히 통일된 전체성이 유기적이라는 뜻이다.[16] 구체적으로 설명하자면, 하나의 유기체는 "어떤 목적이나 가치에 반응하려는 '기관'이나 '도구'로 섬기거나 기능하는 부분들

을 가지고 있는 전체성"이라는 것이다.17)

　화이트헤드와 독특한 차이를 보이는 신의 개념에서 이 부분은 더욱 두드러진다. 하츠혼은 신을 자신의 몸의 우주를 가지고 있는 우주적 정신으로 이해한다. 따라서 우주적 정신의 신은 각 기관과 내연적으로 관련을 맺고 있다는 것이다. 물론 이러한 주장은 다른 유신론자들에 의해 그의 범신론적 요소라고 비판을 받는 부분이다. 더욱이 이 사회적 과정으로서의 실재는 서로 기능을 하고 있는데, 그 기능하는 방식은 법칙과 자유에 의해서 제한받는다.

　사회적이라고 하는 것은 한편에서는 법칙에 의해서 움직이지만, 또 다른 한편에서는 고유한 자유를 가지고 있다는 것이다. 그러나 하츠혼은 자유(freedom)의 개념 속에서도 두 가지 양태를 지니고 있다고 강조한다. 하나는 '비결정성'(indeterminism)과 '보편적 인과성'(universal causality)이다. 자유는 우리가 성취하지 않는 가능성을 향한 요구인데 반해 보편적 인과성은 하나의 법칙과 같은 결정적 상태를 제공한다. 이 인과성은 결정론과 양립 가능하기 때문에 원인과 결과라는 고전적인 방식을 부정하고 화이트헤드의 창조성(creativity)의 개념을 말하고 있다. 즉 한 실재는 과거의 경험 때문에 종속된다는 사실이다. 하지만 이 자유는 아직 미결정적인 의미에서 전적으로 자유하다는 것이다.18) 자유는 언제나 비결정론과 보편적 인과론을 요구한다. 만일 우주에 비결정적 요소인 우연이나 기회가 주어지지 않는다면, 우주는 그야말로 삭막하고 기계적인 우주가 될 것이다. 이러한 우주관에 자유의 요소인 기회가 존재하기 때문에 그나마 살 만한 가치가 있는 것이다. 그러면서도 하츠혼은 흥미로운 두 가지 개념을 설명하고 있는데, 하나는 우연(chance)과 자유(freedom)의 개념을 대조함으로써 더 나은 우주관을 설명하고자 한다.

우연이나 기회는 주어지는 것이다. 이것은 보편성을 가진 하나의 원리이지만, 이것은 우연히 인생에 주어지는 하나의 것이지만, 더욱더 중요한 것은 자유의 행사에 기회의 요소를 가져온다는 것이다. 부연해서 설명하자면 우연이란 인생의 소극적인 측면이고, 자유는 인생의 긍정적인 측면이다. 만일에 우리가 더 적극적인 인생을 그리고 그것을 성취하려고 노력한다면, 그것은 전적으로 자유의 행위다. 자유는 가까운 미래의 삶이 어떻게 될지 걱정하는 것보다는 현재의 불만족스러운 삶을 미래에 극복함으로써 새로운 출발을 원하는 시도다. 우리가 알듯이, 자유란 행위의 가장 기본단위다. 그런 점에서 자유의 행사는 모든 피조물에게 고유한 권한이고, 그 자유의 행사가 보장받아야 한다는 하츠혼의 주장은 매우 설득력이 있어 보인다.

이러한 자유의 행사에도 인생에는 뜻하지 않은 우연과 마주한다. 누구에게나 찾아온다는 주장은 아마도 보편적이거나 과학적 검증을 통해 알려진 바는 아니지만 그래도 우리는 우연적 요소가 분명히 이 우주 속에 존재한다는 사실을 의심하지 않는다. 하츠혼은 그것이 인과적 행위의 결과로 현재에 나타나지만, 우리의 현재적 관점에서는 그것이 일종의 우연이자 기회다. 그러한 기회에 어떻게 반응하는가에 따라 우리의 삶이 바뀐다. 그것이 희망적일 수도 있고, 절망적일 수도 있지만, 우연은 찾아온다거나 아니면 존재한다는 의미에서 그것을 소극적인 측면으로 이해할 수 있다고 하츠혼은 본다. 비록 이것이 소극적인 측면에서 수동적이라고 해도 그것에 대한 우리의 반응에 따라 삶의 차이를 드러낸다면, 이 측면 또한 우리의 행위와 무관하지 않다. 이를테면 우연의 원리는 마치 불교의 설법에 자주 등장하는 '십전법의 원리'로 이해될 수 있는데, 1전에서 9전까지 셈의 과정에서 1전은 항상 변하지 않는다. 다만 2전이 오면 3전으로 계산이 되면서 셈의 과정에 변화가 온다. 그리고 만일에 4전이 들어오면 1전이 더해져서 5전으로 변한다. 1전은 불교에서 말하는 하나의 '변하지 않는 자아'이며 '진여(眞如)이다. 그래서 1전은 언제나 한결같고 변하지 않는다. 말하자면 인간의 경험은 변하지 않는 자기 정체성을 포함하고 있다. 하지만 마치 진여가 대상에 따라 변하고 다른 형태로 만들어지는 것처럼, 1전은 그 대상에 따라서 변하는 이치와 같다. 이렇게 변화된 것이 다양한 직업들, 즉 교수로, 의사로, 청소부로, 학생으로 또는 공무원으로 나타난다. 하지만 교수, 의사, 공무원과 같은 다양한 모습들로 나타난 형태들은 참된 자아가 아니다. 항상 1전에 첨부된 자아다. 그러기 때문에 우리는 다만 이것은 우리가 목표를 세워서 우리 스스로 그것에 도달하고자 하는 것과 다를 뿐이다. 그러한 이유에서 우리는 인생의 삶에서 더 적극적인 반응을 하여야 하지 않을까 싶다.

    논리적 원리에서 보면 우연은 필연의 반대 개념이다. 라이프니츠는 필연적 진리와 우연적 진리를 구분하면서 필연적 진리는 이성적 진리로 해석하고 우연적 진리는 사실적 진리로 보았다. 이는 모든 명제가 주어-술어 형식을 취하고 있거나 아니면 그러한 형식의 명제 또는 일련의 명제들로 분석될 수 있기 때문이다. 필연적 진리가 이성적 진리이기 때문에 그것이 부정되면 모순에 빠진다. 반면에 우연적 진리가 사실적 진리이기 때문에 우연적 진리가 부정되어도 모순에 빠지지 않는다.[19] 여기서 라이프니츠는 이성적 진리가 가능성의 영역을 포함하고 있는 반면에 사실적 진리는 현실의 영역을 포함한다. 하지만 하츠혼은 필연성의 부정을 외연의 가능성을 열어두고 있는 점에서 비필연성으로 해석한다. 만일 어떤 한 사건 A가 발생했다고 하자. 사건 A의 발생은 사건 B에 의존한다. 사건 B가 주어졌기 때문에 사건 A가 발생했다고 확신할 수 있다. 하츠혼은 전통적인 측면에서 필연성이 사건 A를 발생시키지 않는다. 왜냐하면 비필연성 또는 우연성이 사건 A와 연결되어 있기 때문이다. 하츠혼은 이 비필연성 또는 우연성을 '개별자의 개별성'로 정의하기 때문이다. 이 개별성이란 자발적이고 독창적인 의미에서 '자기-창조성'(self-creation)이다. 다시 말해 삶에는 주어진 필연성의 조건이 있지만, 그것이 필연적으로 참으로 이끌지 못한다는 것이다. 이는 외연적 행위와 내연적 행위가 통합되어 발생하기 때문이다.[20] 그러므로 우주는 이러한 과정에서 끊임없이 변하고 새로움을 창조해 내는 것이다.

범정신으로서의 우주

아리스토텔레스는 자연세계에 존재하는 모든 것은 세 부분으로 이루어졌다고 주장했다. 첫 번째 부분은 영혼을 소유하고 있는 동물들이고, 두 번째 부분은 식물들이고, 그리고 마지막 부분은 무생물들이다. 하지만 이러한 분류는 그다지 놀라운 만한 것은 아니다. 상식적으로도 이 세계에는 인간을 포함한 동물들의 영역과 비영혼(besoulded) 또는 비정신이지만 살아 있는 생명을 가지고 있는 식물들의 영역 그리고 생명이나 영혼이 전혀 없는 무기물의 영역으로 구분하고 있기 때문이다.[21] 하지만 아리스토텔레스가 이렇게 세 부분의 영역으로 구분한 결정적인 전제는 바로 "지각은 물질을 판단하는 능력이 있다"라고 가정했다는 데 있다.[22]

하지만 이러한 영역을 구분하는 것은 피상적이라고 단정한다. 하츠혼은 이렇게 말한다. "모든 생명이 단세포이든지 아니면 다세포이든지 간에 그리고 하나의 세포가 살아있는 개체나 개인이든지 간에, 그것들은 외부로부터 자극에 반응하는 그 자체의 활동들을 결정한다…. 무생물적 자연의 경우에 돌멩이나 물의 분명한 타성은 미세한 성분의 비활동성과는 아무런 관계가 없다. 모든 구체적이고 현실적인 사물은 반작용하거나 상호작용한다."23) 따라서 하츠혼은 "실재는 활동적 개인들을 구성하고 있다"고 주장한다.24)

이러한 근거에는 우주는 죽은 것이 아니라 살아 있는 하나의 '범정신'의 영역으로 이해된다. 하츠혼은 그의 저작들에서 '범정신주의'(panpsychism)를 빈번하게 언급했다. 비록 그의 범정신주의적 개념이 오늘날 전통적인 신학이나 기독교 신앙의 관점에서 수용되기는 어려워 보여도, 범정신주의의 개념은 그의 우주관을 이해하는데 있어서 없어서는 안 될 필수적인 요소 중 하나다. 원래 "범정신주의"는 그리스어의 "모든 영혼"(all-soul) 또는 "모든 정신"(all-psychic)이라는 말에서 유래되었다. 이것은 "모든 곳에서 모든 사물들이 독단적으로 정신들, 즉 그것들의 자격들, 관계들 그리고 단체들 혹은 공동체와 함께 경험하는 다양한 종류의 단위들이나 주체들을 구성하는 견해를 말한다."25) 말하자면 모든 사물들에는 어떤 정신이 있기 때문에 모든 것이 느끼거나 경험되어지는 "지각이나 감각과 경험하는 최소한도의 형식이나 정신"을 가지고 있다.26)

그러면 정신이란 뭔가? 그것은 느끼고 생각하고 기억하고 경험하는 어떤 요소를 총체적으로 표현하는 말이다. 이 말 속에는 우주나 자연이 물질적인 것으로 구성된 단순한 현실적 사물뿐만 아니라 정신(psyche)도

구성하고 있다는 것이다. 이와 같은 정신적 느낌은 정신의 특수한 분야로서 모든 사물을 바로 이런 점에서 느낌의 주체로 볼 수 있다는 것이다. 하지만 정신은 느낌의 주체이면서 동시에 다른 존재들에 의한 느낌의 대상이기도 한다. 말하자면 느끼는 한 존재의 주체는 다른 존재들에게 어떤 여건을 제공한다는 것이다. 따라서 이 우주는 궁극적으로 사회적 관계 속에서 서로의 느낌을 느끼는 그러한 우주의 질서라는 것이다. 사실, 우리에게 중요한 사실은 근대철학에서 이 우주는 항상 이러한 느낌을 배제했다. 두 가지 철학적 사상에서 범정신주의가 배제되었는데, 첫째로는 그리스의 이원론적 사고이고, 둘째로는 물질주의적 일원론이다. 전자는 하츠혼이 지적하고 있듯이, 대부분 자연은 일반적으로 단순히 사물, 즉 물질적인 것으로만 되어 왔으며 무소 부재한 신적 정신이 개입되지 않는 한 전적으로 정신이 부재한 것으로 믿어왔다. 예를 들어 바위, 물 그리고 공기와 같은 무기물질 등은 어떤 살아있고 생기 있는 정신이 없다고 여겨왔다는 것이다. 비록 무기질이 생명이 없다고 할지라도 자연은 언제나 생명체의 구조로 이해된다.[27] 이원론의 잔인성에 의해서 정신과 몸은 서로 분리되어 있었고, 신과 세계도 서로 독립된 실체였고, 신과 인간도 서로 분리되면서 신은 위에서 군림하는 존재가 되었고, 인간은 땅에서 신의 통제에 순응하는 존재가 되는 이른바 이원론적 구조 속에 분석되고 받아들여졌다.[28]

이와는 다른 방식으로 물질적 일원론은 우주의 정신과 물질의 두 극을 독립된 것으로 받아들이지 않는다. 물질적 일원론은 '정신과 물질은 하나다'라고 말한다. 이런 면에서 물질에서 모든 것을 추론하는 인식론적 관점이 물질적 일원론이다. 하츠혼은 "실체는 근본적으로 또한 일반적으로 원자라는 것으로 되어 있다는 사고이다"라고 설명한다.29) "원자는 보이지 않을 정도로 아주 작은 물질의 덩어리로 그 크기나 형태가 변하지 않고 텅 빈 공간에서 움직이고 있는 것이라고 하였다. 정신까지도 개별적 종류의 원자로 되어 있는 것에 불과하다고 했다…. 사물에 대한 정신의 영향은… 단순히 한 종류의 원자의 상호작용이다."30) 요약하자면 이러한 이원론은 정신과 물질을 고립된 관계로 보기 때문에 서로 영향을 주지 못하는 것이다. 반면에 물질주의 일원론은 오로지 물질만이 우주의 궁극성을 인정하고 있기 때문에 정신을 배제하는 인식론을 주장했다. 그래서 이원론과 유물론은 모든 우주의 내재적인 면에서는 어떤 정신이 내포되어있다는 것을 간과했다고 보인다. 하츠혼은 이렇게 말한다.

유물론의 장점은 단순한 이원론의 약점이다. 그러나 이 약점은 또한 정신적 일원론의 강점이지만 유물론의 극단적인 약점이기도 하다. 정신이 존재하지 않는 물질로부터 정신이 출현하는 데에 따르는 문제는 단순히 몸과 마음을 하나로 아우르는 합리적인 설명이 불가능하다는 것은 아니다. 그보다는 정신이 존재하지 않는 물질을 분류할 수 있는 명확한 범주가 없다는 것이다. 물론 어떤 물리적 대상들은 느낄 수 없다는 명제를 적용할 수 있는 적합한 범주가 있는 것은 사실이다.31)

하지만 하츠혼의 기본전제는 하나의 정신이 어떤 경험하는 것과 어떤 것을 아는 것과 관련되어 있고 따라서 한 개체들이 결합하여 하나의 우주를 구성하게 된다는 것이다.32) 이런 근거에서 하츠혼은 이원론적이고 일원론적 경향의 인식론을 피하면서 우주의 모든 요소 속에는 개념적이든지 또는 실제적이든지 모든 것이 서로 영향을 주고받고 있으며, 정신과 물질은 상호 작용하고 있으며, 그리고 이 정신과 물질이 상호작용이 가능할 때에만 무엇인가가 발생할 수 있다고 주장한다. 즉 우주의 모든 사물이 어떤 대상으로서 정신적인 느낌을 느끼게 되고 또한 느낌을 증여하는 사회적 관계를 구성하고 있다는 것이다.

부연하여 설명하자면 우주에는 물리적인 극(material pole)과 정신적인 극(mental pole)이 동시에 공존한다. 물리적인 극에서는 크기, 형태, 운동 등과 같은 것이 포함되어 있고, 정신적인 극에서는 느낌이나 정서 등이 포함되어 있다. 간단히 말해 정신이 실재의 모든 단계를 특징짓는다는 것이다. 그럼에도 하츠혼의 범정신주의의 구조에는 정신성의 제로 단계를 나타내는 순수한 물질과 같은 것은 존재하지 않는다. 정신주의는 물질주의의 대립적 개념이다. 그것은 인과적 연관성의 비밀을 열어 보이는데, 모든 현실적 존재가 정신적 극과 물리적 극에 의해 특징짓는다고 주장하는 화이트헤드처럼, 자연은 정신과 물질의 단순한 이분법적 구도를 드러내는 것보다는 오히려 다양한 정신성이나 경험하는 것의 단계들 안에서의 이원성을 드러내 보인다. 왜냐하면 하츠혼의 형이상학에서 "물질과 정신은 서로 다른 두 개의 현실적 존재가 아니라 체계의 수많은 단계들을 가지고 있는 한 실재를 기술하는 두 가지 방식"이기 때문이다.[33] 이 접근은 어떻게 서로 다른 두 실체들, 즉 연장하는 실체와 사유하는 실체가 상호 작용하는지의 문제가 아니다. 예를 들어, 어떤 사람의 영혼을 구성하는 사건들이 그의 정신을 구성하는 세포들을 파악하고, 그 반대의 경우에도 마찬가지이다. 이것이 유기적 공감의 개념이다. 즉 한 주체는 객체인 다른 현실적 존재들의 느낌들을 느끼거나 공감한다.

모든 경험은 어떤 것의 경험이다. 더욱이 이 경험은 경험 자체의 주체보다 다른 어떤 것의 일부가 포함하고 있는 경험이다. "어떤 것을 의식한다는 것은 그것에 의해 사실상 영향을 받는 것이다…. 따라서 어떻게 어떤 것이 한 경험에게 영향을 미치는 것인지를 설명하기 위해서 우리는 바로 이와 같은 어떤 것이 한 객체나 경험의 내용이 되는지를 오직 설명하여야 한다."[34] 여기서 우리는 느낌의 사회적 성격이 주체와 객체의 관계에 대한 의미라는 것과 다시 이것이 원인과 결과로부터 분리되지 않는다는 것을 본다.[35] 하츠혼은 자각의 인과적 이론을 우리에게 제시하고 있다. 한 주체는 그것이 경험하는 객체에 의해 원인을 짓는다. 이 경험이 다른 개체들의 느낌들 속에 있는 공감적 참여이다. 하츠혼의 "힘이나 영향력과 같은 진화적 이론"에 따르면, "경험하는 사물들을 제외하고서는 영향들이 경험하는 것이란 아무것도 없다."[36] 한 주체는 새로운 사건에 의해 경험된 객관적 자료의 성격 때문에 단순히 있는 그대로의 존재다. 하지만 경험의 주체는 다른 주체에 의해서 다시 경험의 대상으로 바뀌게 된다. 이처럼 어느 것이 주체이고, 어느 것이 객체인지는 서로 다른 관계에서 빈번히 바뀌는 현상이다. 이 말은 우주의 중심과 주변이 서로 순환적이라는 것이다. 따라서 우리가 사는 이 거대한 우주는 유기적 관계에서 느끼는 주체가 되기도 하고, 때로는 느낌을 보여주는 객체가 되기도 하는 것이다.

유기적 관계성의 우주에서는 모든 사물이 하나의 유기적 통일체로 존재한다. 어느 것도 고립적으로 존재하는 것은 아무것도 없다. 우리의 몸, 외형, 정신, 생각, 관습 등도 자세히 들여다보면 서로 유기적으로 연결된 것들이다. 광대한 이 우주의 모든 사물들도 고립적으로 존재하고 있는 것이 아니라 자연의 다양한 요소들로 연결되어 있다는 것을 알 수 있다. 근대의 물리학이 갖는 오류가 여기에 해당한다. 화이트헤드의 잘 알려진 "잘못 놓인 구체성의 오류"(fallacy of misplaced concreteness)가 그것이다. 뉴턴-데카르트의 세계관은 한 사물이나 물체가 단순히 일정한 시간, 일정한 장소에 존재한다고 믿었다. 이것이 단순정위의 오류(fallacy of simple location)이다. "단순정위는 물질이 다른 여러 존재에 대해 단순히 그러한 위치 관계를 갖는 것으로 기술될 수 있으며, 그 다른 여러 존재에 대한 유사한 위치 관계로 이루어지는 다른 여러 영역에 관련시켜서 설명될 필요가 없다고 하는 특성이라는 것이다."[37] 이처럼 근대의 세계관은 한 물체가 다른 공간과 시간에서 서로 관계를 이미 관계를 맺고 있다는 것을 알지 못했다.[38] 따라서 화이트헤드는 이렇게 주장한다. "우리의 직접 경험 속에서 인식되는 자연의 기본 요소들 가운데는 결코 이 단순정위라는 성격을 가진 요소가 없다."[39]

살아있는 정신을 갖고 있다는 것은 아마도 우주가 경험적 가치를 지닌 존재로 이해하기 때문이다. 현실적 존재란 '지속하는 사물들'이 아니다. 그것은 오히려 '순간적인 발생들, 일어남, 경우들, 행위들 혹은 사건들' 이다.[40] 다시 말해, 우주는 사건들이나 새로운 것들이 발생하는 장소이며 철저히 가치-중심적인 존재다. 하츠혼에 따르면, "경험은 일종의 행위다. 그리고 모든 행위는 적어도 하나의 가치를 실현하고자 투쟁한다."[41] 그러므로 찰나적 순간에 있는 우주는 가치를 추구하는 경험-사건의 거대한 집합과 같다. 경험-사건의 우주는 현실적 존재로 나타나서 어떠한 가치를 달성하고 사멸한다.[42] 가치를 달성하는 우주는 독자들에게 매우 생소한 개념이다. 우주가 물질적인 것인 반면에 그 속에 정신적 요소를 가지고 있기 때문에 어떤 가치를 달성한다는 것이다. 하지만 이 독특성이 하츠혼의 과정철학을 보다 매력적이게 한다. 그래서 우리는 단순히 정령주의적 측면에서 하츠혼을 읽을 수 없다. 그가 적절히 지적하듯이, 우주 속에는 무수히 많은 존재들이 하나의 가치를 지니고 있으며, 그것을 실현하고자 하는 존재들로 구성되어 있다. 그로 인해 가치들의 상충적인 갈등이 존재하게 된다는 것은 어쩌면 필연적이다. 사물 속에 있는 가치들은 없어서는 안 될 요소들이다. 왜냐하면 가치들은 일정한 방향이나 일관적인 측면을 강조하지 않기 때문이다.

여기서 하츠혼이 강조하는 가치의 개념은 윤리적 가치를 말하지 않는다. 윤리적 가치란 보편적일 수 없다. 그것은 지엽적이고 문화적 요소일 수 있다. 하츠혼이 강조하는 가치란 '미적 가치'(aesthetic values)를 두고 한 말이다. 하츠혼이 적절히 표현하듯이, 미적 가치란 모든 경험들이 현재에 나타나는 순간적 가치들이다.[43] 이런 맥락에서 하츠혼은 우주가 느낌을 가지고 있다고 주장한다. 느낌으로서의 우주는 형이상학적 범주로서 취급된다. 우주가 느낌을 갖는다는 생각은 매우 독특한 생각이다. 느낌의 개념은 우주가 사회적이라는 것을 전제로 한다. 사회적 우주는 모든 것이 서로 연결되어 있다. 하지만 전통적 우주는 사회적 관계가 내적인 관계가 아니라 외적인 관계였다. 외적인 관계는 일방적이고 의사소통의 관계가 아니다. 한 지배적인 존재가 모든 것을 통제하고 지배한다. 그의 통제를 떠나서는 아무것도 존재할 수 없다. 이와는 달리 하츠혼의 우주관은 상호 관계적 개념의 우주요 느낌이다. 이것을 그는 우주적 변동(cosmic variables)이라 부른다. 즉 우주는 정적이거나 고정적이지 않고 항

상 유동적임을 말한다.[44]

나가는 말

　모든 사물에는 정신적이면서 동시에 물질적인 요소들을 포함하고 있다. 이러한 원칙에서 하츠혼은 전통적인 이원론, 물질주의(materialism), 그리고 뉴턴의 기계론(Newtonian mechanism)을 전적으로 부정했다. 전통적인 이원론은 실체 개념으로서 두 개의 속성으로 분리되어 있다. 정신과 육체는 동일하지 않으며 독립적으로 존재하기 때문에 서로 연관되어 있지 않는 것으로 보았다. 하지만 하츠혼은 이러한 이원론을 부정하면서 인간과 신을 포함한 모든 사물들은 바로 정신적이면서 동시에 물질적인 것이라고 주장했고, 따라서 정신과 물질은 분절적인 면이 아니라 일원론적 면이라고 밝혔다. 그에게 있어서 물질주의는 생기 없는 죽은 물질을 강조하는 것이었고, 그리고 뉴턴의 기계론은 자유와 선택에 의해 파생된 비결정적 과정을 부정하고 것이었다.

　하츠혼의 우주관에서 정신은 물질로부터 발생하지 않는다. 정신은 모든 곳에 다 존재한다. 심지어 전자들(electrons)에게서도 '느낌'(feel)과 '의지'(will)를 갖는다. 실재의 모든 단위 속에서 느끼고, 반응하고, 의지하고, 평가하고, 행동하는 사회적 특징이 분명히 존재하고 있다. 이것은 우주의 존재들 속에 미적 경험이 존재하기 때문이다. 그렇다면 우주를 이해하는데 왜 그러한 미적 반응들이 중요할까? 그것은 인간을 포함한 우주의 존재들이 살아 있다는 증거이기 때문이다. 마치 '우리가 반응하기 때문에 우리가 존재하는 것' 과 같다. '신에서부터 보이지 않는 분자나 원자에 이르기까지 우주 속에 존재하는 모든 사물은 느낌으로 서로 연결되어 있다. 한마디로 우주는 느낌에 의해 그리고 느낌을 위한 존재들이다. 이 우주 속에서 느낌을 삭제하면 남는 것은 무엇일까. 거기에는 삭막함 그 자체가 아닐까. 그러므로 느낌의 주체이자 경험의 사회로 이해하는 이 거대한 우주는 아름다움의 유기적 공동체라고 말할 수 있을 것이다. 비록 아픔이나 슬픔과 같은 요소들이 존재하지만 향유와 즐거움과 같은 긍정적인 요소도 동시에 포함하는 미적 가치를 발산하는 우주다. 그러면서도 사회적 과정으로서의 우주는 독립적으로 존재하는 것은 없다. 대상에 따라서 새롭게 창발의 종합을 경험하는 느낌의 우주다. 이런 점에서 현재 논의하고 있는 생태계에 관한 논의가 하츠혼의 철학에서 많은 것을 암시한다. 우리는 우주의 느낌에 민감해야 한다. 인간이 느끼는 것만을 제한하여 생각한 것에서 이제는 개방적으로 논의할 때가 되었다고 보인다. 이는 우주 속에 존재하는 모든 것들이 상호의존적이기 때문이다.

제5장

신고전 유신론

제5장
신고전 유신론

　미국의 유명한 잡지인「유. 에스. 뉴스와 세계보고」(U. S. News and World Report)에서 "100년 동안 생각한 하나님"이란 제목으로 다루어진 과정 철학자 찰스 하츠혼(1897~2000)에 관한 기사가 실렸다. 실제로 그는 100년이 넘게 장수한 철학자이고 평생동안 신에 관한 화두로 과정 사상을 널리 전파한 인물이기도 하다. 흥미로운 것은 기고자 그레그 에스터브룩(Gregg Easterbrook)의 표현이었다. "하츠혼은 일반 사람들에게 많이 알려지지 않았다. 왜냐하면 그의 작품들이 신을 말함으로써 가장 강력한 포스트모던 시대의 지성적 금기 사항을 위반하였기 때문이다."[1] 기고자가 염두에 둔 포스트모던 시대는 무엇을 염두에 두었을까. 우리의 시대는 신을 말해서는 안 되는 걸까. 그건 아마도 신의 문제를 대학에서 가르치거나 탐구하는 것은 포스트모던 시대의 금기조항이라는 것이다. 그것도 철학부에서 신이 존재한다는 것을 학문의 주요 화두로 삼았다는 것은 지성의 도발적 행위의 일종이다. 그런데 미국대학의 상아탑에서 침묵의

억압 속에 있는 '신의 문제'나 '신 존재를 믿는 믿음' 또는 '신 존재 증명' 등을 가르침으로 포스트모던의 시대에 가장 강력한 금지조항을 위반했을 뿐만 아니라 파기했다는 사실에서 신을 거론한 하츠혼은 분명 용감해 보인다. 시애틀대학 철학교수 다니엘 A. 돔브로스키(Daniel A. Dombroski)는 "하츠혼은 신에 중독되고 취한 철학자다"라고 평가했다.[2] 그는 어떻게 100세가 넘도록 시종일관 다른 강단의 철학자들과는 달리 "신이 실제로 존재한다"고 믿었을 뿐만 아니라 이러한 확신을 유명한 세속적 명문 대학들을 통해서 가르칠 수 있었을까. 왜 신이 그에게 철학의 주제로 생각할 만큼 문제가 되었을까. 우리는 추정할 수 있는 이러한 이유를 그가 추구한 '신고전 유신론'(neoclassical theism)의 사상에서 찾을 수 있을 듯하다.

신고전 유신론의 논리

하츠혼은 그의 과정 형이상학적 신관을 발전시키는 데 있어서 고전 유신론의 비판을 통해 자신의 철학체계를 세운다. 그는 고전 신학자들에 의해 전개된 신의 논리적 모순과 비일관성을 다음과 같이 기록한다.

신학자들을 난처하게 하는 것은 '신의 속성들'에 관한 것이었다. 신은 최고의 힘인 절대적 능력을 지니고 있는 것처럼 보인다. 이는 그가 모든 능력을 갖추고 있기 때문에 우리에게는 아무런 힘이 없거나, 아니면 신이 모든 것을 행할 수 있기 때문에 우리가 행할 수 있는 것이란 아무것도 없으며, 또 할 필요가 없다는 것을 의미하지 않을까? 만일 그렇다면 우리가 신에게 죄를 범했을 때에도 이것은 신이 스스로 행한 것이 되지 않을까? 물론 … 그렇지 않다. 인간은 자유를 소유하고 있으며, 이차적인 원인이 일차적인 원인과 마찬가지로 실제적이다. 그러나 모든 면에서 힘이 있다는 것은 무엇을 의미할까?[3]

이처럼 고전 유신론의 신 이해에 대한 비판을 통해 신고전 유신론을 전개하는 하츠혼은 자신의 철학적 체계 속에 화이트헤드의 형이상학을 전적으로 수용한다. 이 수용된 화이트헤드의 형이상학적 체계를 그는 "신고전 형이상학"(neoclassical metaphysics)이라고 부른다. 하츠혼에 따르면, 고전 형이상학은 플라톤주의와 아리스토텔레스주의에 역사적으로 깊이 뿌리 박혀 있고, 또한 스토아주의와 신플라톤주의에 의해서 전수된 "절대주의 형이상학"(absolutist metaphysics)으로 인식되어 왔다.[4] 고전 형이상학적 범주의 주된 개념으로서 존재, 실체 그리고 필연의 개념들을 포함하는 형이상학이다. 반면에 신고전 형이상학은 고전 형이상학이 일차적으로 간주해 온 그 같은 개념들을 이차적인 개념들로 대체되었다. 말하자면 실재의 가장 중요한 개념들인 존재, 실체, 그리고 필연의 개념들이 생성, 사건, 상대성 그리고 가능성과 같은 개념들로 전치되었다는 것이다. 따라서 하츠혼은 그리스 철학 이후 서구의 철학 전통에 의해 받아들여진 "실체"(substance)나 "존재"(being)의 개념을 우주의 궁극적인 요소로서 받아들일 수 없었고, 그러한 개념들에 대해 강하게 반대하였던 것이다. 실체나 존재의 개념들은 언제나 독립적이고 자기 원인적이기 때문에 영향을 주기만 하고 영향을 받지 않는 독립적이며 자기 충족적 개념들이다.[5]

하지만 하츠혼은 전통적인 신 이해의 부적절하고 비정합적인 요소들을 발견하면서 고전 유신론의 신을 "사건들에 의해 영향을 받지 않고 절대적으로 세계를 통치하는 분"으로 간주해 왔다.[6] 이는 우주의 생성으로서가 아니라 실체로서의 신을 인식하고 있기 때문이다. 사실 하츠혼의 기본적인 논쟁의 요지는 한 최상의 존재에 관한 논증이라기보다는 오히려 어떻게 한 최상의 존재가 적절히 현대인들에게 이해될 수 있는가에 대한 합리적 설명을 시도했다고 보인다. 이 설명을 더 효과적으로 만들기 위해서 하츠혼은 "신고전 유신론"의 보다 완전한 그림을 찾고, 그것을 모리스 코헨의 "양극의 법칙"(law of polarity)에서 출발한다.[7]

이러한 양극의 법칙은 궁극적인 대조들이 상호 관계적이며, 서로 의존적이기 때문에 단순성, 존재와 같은 복잡성, 생성과 더불어 대립에 의해서 조화를 이룬다. 즉 이러한 대조들은 "구체적 추상적, 상대적 절대적, 의존적 독립적 및 주체적 객체적"인 것과 같은 양극성을 암시한다.[8] 모든 것이 관계된 대조에 의해서 우주의 질서는 파악된다. 이러한 양극성의 원리로부터 하츠혼은 양극성적 신관을 제시한다. 이 근본적인 양극이 절대성과 상대성, 추상성과 구체성, 필연성과 우연성과 같은 대립적 관계 방식을 의미하고 있기 때문에 그가 논쟁하고 있는 것은 전통적 신관을 완전히 뒤엎으려는 것보다는 오히려 어떻게 일방적인 측면만을 강조한 이러한 전통적인 신이 적절하게 이해되고 통합될 수 있는가이다. 분명히 이 양극성적 신 개념은 화이트헤드의 "원초적" 본성과 "결과적" 본성의 개념들과 양립한다. 이처럼 하츠혼의 신은 화이트헤드와 같이 추상적 측면(abstract aspect)과 구체적 측면(concrete aspect)의 양극 본성을 가진다.

그에 의하면 그의 추상적 면에서 신은 홀로 절대적이고, 영원하며, 무감동적이며 그리고 필연적이다. 그의 추상성에서 신은 그의 피조물에 의해 전혀 영향을 받지 않는다. 따라서 이 추상적 면은 그의 전적인 실재에 적용할 수 없고 오직 신으로서 자기 자신의 본질적 정체성과만 관계한다. 이와는 반대로 그의 구체적인 면에서 신은 의존적이고, 상대적이고, 시간적이며, 감동적이며 그리고 우연적이다. 이 구체적인 면에서 신은 본질적으로 물리적이며 현실적인 존재들과 관계한다. 만일 신이 세계를 사랑한다면, 그는 물리적인 것과 관계되어 있다는 의미이다. 따라서 신은 세계에 의해 영향을 받는다. 그럼에도 하츠혼의 양극성에서는 이 두 본성이 서로 모순되지 않는다고 주장한다. 신은 절대적이면서 상대적이고, 영원하면서 시간적이고, 무한하면서 유한하다고 말할 수 있다. 그러나 그는 고전 유신론의 신관이 철저하게 절대적이지만 상대적이지 못했다고 비판한다. 전통적인 신관은 일방적이고 절대적이기 때문에 언제나 발생하는 세계의 모든 사건에 절대적으로 초연해 있다는 것이다. 바로 이러한 신은 종교적으로도 철학적으로도 아무런 도움이 되지 않으며, 실제적으로 그의 피조물들을 도울 수 없다고 그는 주장한다.9) 이러한 양극적 개념이 신의 포함성을 암시한다. 하츠혼은 주장하기를, "마치 최상이라는 것이 더욱더 위의 통합적인 존재가 되어야 하므로 최상의 존재는 이 전체를 단순히 구성하고 있는 상태가 되는 모든 것을 포함해야 한다. 이와는 달리, 만일 최상의 존재가 이 절대적 혹은 비상대적인 것과 동일시하면서, 동시에 모든 관계를 포함해야 하는 존재가 된다면, 그 결과는 하나의 모순이 된다."10)

이 양극적 개념의 체계 속에서 하츠혼은 절대성과 상대성을 동시에 종합하는 신의 "초상대주의"(surrelativism) 개념으로 발전시킨다. 하츠혼에 의하면, "초상대주의"란 "상대적 혹은 변화적인데, 이는 다양한 관계들에 의존되어 있고 차이가 나며 스스로 포함적이면서, 가치에서 비상대적, 무감동적, 독립적 혹은 절대적인 면을 초월한다. 구체성이 추상성을 포함하고 초월하는 것처럼 말이다."[11] 이 초상대주의 개념은 "내연적 관계와 외연적 관계에 관한 이론으로 외연적 관계는 신이 절대성과 관련하고, 내연적인 관계에서는 신의 상대성과 관련한다"는 것을 보여준다.[12] 그럼에도 하츠혼은 초상대주의의 견해가 신의 인격성을 부정하지 않는다고 강조한다. 즉, 그는 피조물과의 관계 속에 있으며 모든 실재들과 상호 작용한다. 이 초상대주의는 신의 구체적 본성에 기인하여 신과 세계 간의 상호 관계성으로서 이해될 수 있다. 신이 자기 자신을 구체적으로 세계와 관계하고 혹은 세계가 그것 자체를 신과 관계하는 방식 때문에, 신은 변하고, 자라고, 즐기고, 의지하고 느낀다. 세계의 모든 사건은 신의 경험에 더해지면서 바뀐다. 신이 세계에 대해 느낌의 주체인 것처럼, 세계도 신에 대해 느낌의 주체가 된다. 하츠혼은 이 초상대주의의 신을 다섯 가지 도식으로 구분하여 설명한다: 신은 영원하다(E). 신은 자의적이다(C). 신은 세계를 포함하신다(I). 신은 세계를 아신다(K). 그리고 신은 시간적이다(T).[13] 이 다섯 가지 요소들을 통하여 하츠혼은 신의 지식, 완전성, 그리고 세계에 대한 신의 사랑을 이해한다. 그러므로 신은 모든 것들과 탁월하게 관계하는데, 이는 신이 최상으로 상대적이면서 최상으로 구체적이기 때문이다.[14] 이런 맥락에서 신이 우리의 자유로운 행위들을 결정하거나 영원히 알고 계신다는 주장이 거절된다. 이 초상대주의적 신은 신적 의식 속에 실제적인 새로움을 암시한다. 따라서 세계는 신의 변화들을 원인 짓게 하는 것이다.

신의 절대성과 상대성

위의 초상대주의 또는 범재신론의 신에 대한 그의 이해는 순전히 논리적인 이유에서 출발한다. 여기서 우리는 하츠혼의 형이상학이 논리적 가능성 연구에 근거되어 있는 것을 좀 더 상세히 설명될 필요가 있다. 따라서 우리는 이 초상대주의 또는 범재신론의 논리적 분석을 시도하는 것이 좋을 듯싶다.

하츠혼은 신적 성격을 정의하는 문제에 접근하기 위해서 논리적 방식을 포괄적으로 이용한다. 하츠혼이 논리적 방식을 통해서 전개한 양극성적 개념은 그의 세 저서 속에 언급되어 있다. 여기서 우리는 그의 논리적 방식을 각각 독립적인 세 가지로 나눠 기술하고자 한다. 첫 번째 논의가 1941년에 출판한 「신에 대한 인간의 이상」(Man's Vision of God)에서 우리는 신적 성격을 3가지로 분류하여 설명하고 있는 것을 발견한다. 여기서 그는 신의 성격을 신의 절대성(absolutism)과 신의 상대성(relativism)에 비추어서 논하고 있다. 1953년에 그의 제자 윌리엄 리즈(William Reese)와 함께 공동집필한 「철학자들은 신에 대해 말하고 있다」의 "서론"에서 신의 성격을 정리하고 있는데, 여기서는 유신론적 교리들의 9가지로 분류하여 설명하고 있다. 흥미로운 것은 신의 영원성(eternal)과 신의 시간성(temporal)을 중심으로 논의하고 있다는 것이다. 그리고 마지막 논의는 1970년에 출판한 「창조적 종합과 철학적 방법」(Creative Synthesis and Philosophic Method)에서 신적 성격을 논의하고 설명하고 있다. 형이상학을 설명하고

자 시도한 이 저서에서 하츠혼은 "신의 개념: 총망라한 구분들"이라는 주제로 신의 논리적 문제를 설명하면서 신의 필연성(necessary)과 신의 우연성(contingent)을 다룬다. 우리는 위의 세 저작 속에 언급된 내용을 중심으로 신고전 유신론의 논리를 다루고자 한다.

하츠혼은 플라톤과 아리스토텔레스의 철학에 영향을 받은 중세 신학자들이 신의 개념을 불변하는 절대적 개념으로 전개했다고 지적한다. 그러다 보니, 신의 개념이 상대적 측면에서 논의하는 것 자체가 매우 불경하다고 여겼다. 신이 신으로 존재하려면, 그 신은 당연히 절대적 존재여야 했다. 신의 속성을 고려할 때, 상대적 존재로서의 신은 적합하지 않았고 더욱이 상대적 존재로서의 신을 인정할 때 신이 변한다는 딜레마에 빠질 수 있다는 것이다. 무엇보다도 이러한 사상이 최고조에 이른 것은 토마스 아퀴나스(Thomas Aquinas(1225~1274)의 자연신학이었다. 그의 자연신학 체계에서 아퀴나스는 신 존재에 대한 우리의 인식이 신은 움직이지도 변하지도 않으며, 따라서 수동적이지도 물질적이지도 않은 유일한 절대적 존재임을 주장했다.

… 하나님의 존재(esse)는 받아들여지고 한정된 어떤 것이 아니라 자존하는 것이기 때문에 하나님은 무한하고 완전한 것이다. 필연적인 존재는 필연적으로 존재하는 그 모든 것이어서 변화될 수 없기 때문에, 하나님은 불변적인 것이다. 시간은 운동을 요구하나 불변적인 존재에는 운동이 있을 수 없기 때문에, 하나님은 영원한 것이다. 하나님은 순수하고 유일하며 또 무한하기 때문에 하나님은 하나이다.[15]

아퀴나스에게 있어서 신은 모든 사물의 제1원인이면서 원인이 없이 존재하는 존재자로 설정하고 있기 때문에 절대적인 신적 속성을 가져야만 한다는 것이다. 하츠혼의 아퀴나스의 고전적 유신론이 갖는 문제는 상호작용이나 영향을 받지 않고 일방적이고 초월적인 측면에서 고려된다는 것이다.[16] 이런 일방적인 측면을 보완하기 위해서 하츠혼은 신의 절대성과 상대성의 관계를 분석하고 왜 고전 유신론의 논리가 약하며 불충분한지를 설명한다. 아래의 도표는 그의 입장을 설명하기 위해서 고안한 3가지 항목들이다.[17]

분류	부호	사례	기호	해 석
I	(A)	1	A	모든 면에서 절대적 완전성
II	(AX)	2	AR	어떤 면에서 절대적 완전성, 다른 어떤 면에서는 상대적 완전성
		3	ARI	절대적 상대성, 상대적 완전성, 그리고 '불완전성'(절대적이지도 상대적이지도 않는) 다른 면에서 각각 다름
III	(X)	4	AI	어떤 면에서 절대적 완전성, 다른 어떤 면에서는 불완전성
		5	R	어떤 면이 없는 절대적 완전성, 모든 면에서 상대적임
		6	RI	어떤 면에 없는 절대적 완전성, 어떤 면에서 상대적, 다른 어떤 면에서 불완전성
		7	R	어떤 면이 없는 절대적 완전성, 모든 면에서 불완전성

위의 도표를 설명하자면 다음과 같다. A는 '절대적 완전성'을, R은 상

대적 완전성을, I는 A와 R의 접합된 부정을, X는 A의 부정(R과 I의 분리를 의미함)을, 그리고 (A) 또는 (X)는 한 부류를 통해서 일어나는 요인들을 의미한다. 구체적으로 설명해 보면, 분류는 I, II, III으로 나뉘고, 분류 I항에서는 모든 면에서 절대적 존재이고, 분류 II항에서는 어떤 면에서 절대적 존재이며, 그리고 분류 III항에서는 어느 면도 없이 절대적 존재이다. 그래서 분류 I항은 절대적 존재가 있고, 분류 II항은 어떤 면에서는 절대적 존재가 있고, 어떤 점에서는 절대적 존재의 부정이 나타난다. 그리고 분류 III항은 절대적 존재의 부정만이 나타난다.[18]

이런 근거에서 하츠혼은 신적 절대성과 상대성의 관계를 구체적으로 분석한다. 첫째, 분류 I항에서는 모든 면에서 절대적으로 완전하거나 최상의 존재가 있다. 이것은 첫 번째 형태의 유신론인데, 이 존재는 절대주의 또는 토마스주의로 대부분 1880년 이전의 유럽신학에 의해서 표현되었다. 둘째, 분류 II항에서는 모든 면에서 절대적으로 완전한 존재가 없다. 하지만 어떤 면에서 완전한 존재가 있다. 어떤 면에서 완전한 존재가 없거나 최상의 존재가 없다. 여기에서는 한 존재가 모든 면에서 상대적으로 완전하다는 것을 배제하지 않는다. 이 두 번째 유형의 유신론은 대부분의 기독교 신학들, 유한성과 무한성의 교리들 또는 완전하고 완전하게 될 수 있는 신을 표현한다. 마지막으로 부류 III항에서는 어떤 면에서 절대적으로 완전한 존재가 없으며, 모든 존재들은 모든 면에서, 또한 다른 상태에서 스스로에 의해 어떤 것을 인식함으로써 능가할 수 있는 (surpassable) 존재들이다. 이 세 번째 유형은 유신론의 유형과는 거리가 멀고, 대체로 이 유형은 순전히 유한한 신의 교리들, 어떤 형태에서의 다신론 또는 무신론으로 표현된다.[19]

하츠혼의 분석에서 눈에 두드러진 것은 무신론을 부정한다는 것이다. 이유는 그의 논리적 체계에 기인하는 존재론적 논증(ontological argument) 때문이다. 존재론적 논증은 선험적으로 이미 신이 존재한다는 전제에서 출발한다. 우리가 존재론적 논증에서 알고 있듯이, 최상의 존재(unsurpassability)는 신을 뚜렷이 구별하고 차이를 나타내는 특성이다. 이런 점에서 하츠혼은 안셀름(Anselm, 1033~1109)의 존재론적 논증의 위대성을 언급한다. 하츠혼에 따르면 안셀름은 최상의 존재 개념의 수정이나 절대적 최상의 존재가 필요하다는 것을 깨닫지 못했다. 이는 안셀름이 주장하는 완전성이 논리적 모순을 내포하고 있기 때문이다. 반면에 하츠혼은 상대적 최상의 존재는 논리적 일관성이나 수용할 수 있는 개념이라고 주장한다. 모든 완전한 신은 어떤 다른 것에 비해 최상이지만, 스스로에 의해서 최상을 의미하지는 않는 것을 말할 때에 하츠혼은 그 개념을 상대적 최상의 존재로 보았다. 말하자면 최상이란 언제나 대조와 비교가 필요하고, 어떤 것보다 낫다거나 최고를 말한다면 그것은 논리적으로 옳지만 스스로 자신을 최상의 존재로 규정하는 일은 옳지 않다. 이런 점에서 하츠혼은 안셀름의 존재론적 논증에서 받아들여야 하는 부분은 다름 아닌 상대적 최상의 존재 개념이라는 것이다.[20]

그가 절대성과 상대성의 체계에서 분류할 때 유신론의 분류 I항은 위에서 정의했듯이 '상대적 완전성'을 인정하지 않고, 동시에 분류 III항의 경우도 신이 절대적이라는 정의에 아무런 의미를 허용하지 않는다. 고전 유신론의 형식을 주장하는 분류 I항은 필연적으로 전지성이나 전능성과 같은 신적 속성들과 거의 연결되어 있다. 그래서 하츠혼은 신은 절대적으로 완전하지만 모든 면에서 절대적으로 완전한 존재로 상정하지 않는다. 신의 전능성과 전지성을 예를 들어보자. 신이 절대적으로 완전할 때 모든 사물을 자신의 임의대로 결정하고 선택하여 이끌어가는 전능한 존재가 된다. 그렇다면 피조물인 인간은 자유로운 행위에서 제한적 존재나 무능한 존재로 인식되기 때문에 논리적인 문제를 드러낼 수밖에 없다고 주장한다. 하츠혼에 따르면 완전한 힘이란 타자 속에 있는 힘을 배제하지 않는다. 따라서 하츠혼은 "완전한 힘이 타자들을 결정하는 어떤 것과 결별되어야 한다."[21] 그리고 지식과 관련해서 존재하는 모든 것을 아는 것은 존재할 수 있는 모든 것을 아는 지식으로 보기 때문에 고전 유신론은 신의 전지성을 모든 면에서 절대적 존재라고 말하는 것이다. 하지만 하츠혼은 미래의 일어날 사건은 언제나 잠재적인 지식이거나 가능성의 지식을 의미하고 있기 때문에 미래의 구체적인 사건이 이미 결정된 자신의 지식에 따라서 이끌어진다면 그 지식은 절대적 지식이라기보다는 독단적 지식이라고 보아야 한다. 완전한 지식은 변화와 내용에서 성장을 배제하지 않는다. 이런 점에서 하츠혼은 전통적으로 논의된 유신론의 문제를 논리적인 관점에서 비판한 것이다.

　전통신학은 분류 II항에 호의를 가지는 것처럼 보인다. 거기에는 철학적 이유가 있다. 만일 신이 분류 I항에서 기술된 것처럼 이해된다면, 신은 변화나 시간이 없이 존재한다. 만일 신이 분류 III항에서 기술된 것처럼 이해된다면, 신은 어떤 또는 모든 면에서 변화의 능력을 갖추고 있지 않은 비인격적 존재가 된다. 이런 점에서 하츠혼은 분류 II항을 중요하게 고려한다. 절대적 또는 상대적이라는 두 개념은 양극성의 개념이고 서로를 배타적으로 보지 않고 포용하는 개념들이다. 절대적이면서 상대적인 신은 "피조물에 대립하는 창조자"(creator opposed to creatures)가 아니라 "피

조물과 함께 존재하는 창조자"(creator-with-the creatures)다.22)

문제는 철학적으로 또는 신앙적으로 절대성과 상대성의 연합을 위한 논리적인 장소를 주장하지 못한다는 것이다. "우리는 두 번째 사례인 AR(절대적이면서 상대적인 존재)이 순수한 상대주의와 절대주의로부터 논리적인 문제를 피할 수 있다고 추정하는 어떤 이유를 가지고 있다." 왜 그런가. 그것은 전적으로 스스로 독립된 존재는 찬양을 받을 수 없기 때문이다. 하츠혼은 다음과 같이 말한다.

절대자라는 의미를 최고로 가장 뛰어난 존재로 여기는 것은 자유다. 하지만 '절대적'이라는 용어를 아무런 제한을 두지 않고 비상대적, 독립적, 불변적, 무감동적인 것과 같은 용어들과 동일한 의미로 사용하는 것은 안 된다. 독립성이나 불변성이 탁월성과 같다고 말할 수 없고 탁월성이 독립성과 같다고 말할 수 없기 때문이다…. 절대자는 최상의 존재나 신과 동의어가 아니며 엄밀한 의미에서 절대자는 최상의 존재 또는 신보다 무한히 열등한 존재이며 실제로는 신을 구성하고 있는 한 요소일 뿐임을 먼저 인정해야 할 것이다. 만일 이와 같은 사실을 인정하는 것이 우리가 제거하고자 하는 모순만큼이나 모순적이라고 생각한다면, 그 이유는 '절대적 존재'란 말은 단순하게 '무관계적인 존재'라고 내린 정의를 충분히 숙고해 보지 않았기 때문이다.23)

요약하면 비관계적이고 무관계적인 존재, 즉 절대적 존재는 스스로 능력을 갖추고 있지만 탁월한 존재 혹은 최상의 존재로 이해하기는 어렵다. 탁월한 존재는 대조의 논리에서 다른 것과의 관계에서 파생된 개념이다. 따라서 하츠혼은 상대적이면서도 동시에 절대적인 존재가 될 때에 최상의 존재로 이해될 수 있다는 것이다.

신의 영원성과 시간성

1953년에 윌리엄 L. 리즈와 함께 완성한 그의 「철학자들은 신에 관해 말한다」(Philosophers Speak of God)라는 책은 유신론을 이해하는 하나의 개요와 같다. 하츠혼은 이 책에서 플라톤에서 시작하여 베르댜예브에 이르기까지 무려 50명의 철학자를 선택하여 신의 문제를 다룬다. 일단 이 책은 너무 방대할 뿐만 아니라 철학자들의 주된 관심이 신의 문제였다는 것을 보여준다.[24] 우리는 이 신의 영원성과 시간성의 논의를 위해서 그가 언급했던 "서론"에서 핵심적인 부분을 발췌하여 논의하고자 한다. 여기서 하츠혼이 다섯 가지 질문들에 대한 대답을 근거로 하여 다양한 유신론들의 한 분류를 만들고 있다. 다섯 가지 질문들은 다음과 같다.[25]

1. 신이 영원한가?
2. 신은 시간적인가?
3. 신은 의식적인가?
4. 신은 세계를 아는가?
5. 신은 세계를 포함하는가?

처음 두 질문들은 영원성과 시간성의 양성적 개념에 반응하는 두 면을 가지고 있는 신의 개념으로부터 일어난다. 신의 영원성을 세계의 시간성과 대조하는 대신에 하츠혼은 신의 영원성과 시간성을 동시에 주장한다. 이 이중적 개념의 결과에 따라서 신의 세계 포함을 다루는 다섯 번째 질문이 일어난다. 만일 신이 한 면에서 시간적, 상대적, 절대적 존재로 제각기 인식된다면, 그것을 부정할 좋은 이유는 더 이상 없을지 모르지만, 긍정하는 좋은 이유는 있다. 그것은 이 상대적, 시간적, 물리적 면을 통해서 신은 세계를 포함한다는 것이 그 이유다. 긍정적인 측면에서 다섯 번째 질문에 답하면서 하츠혼은 실제로 고전적 논의 형식을 받아들이지 않고 주어진 타당한 참조에서 범신론의 기본적인 직관을 본다.

그렇다면 왜 하츠혼은 3번과 4번의 질문들을 첨가했을까? 하츠혼은 하나의 명시적 이유를 제시하지 않는다. 하지만 우리는 그가 '서론'에서 명시적으로 언급하고 있지는 않지만 다른 저작들에서 이 같은 이유를 찾아볼 수 있다. 그렇다면 어떻게 신적 지식의 문제가 여러 다른 철학자들이나 신학자들로부터 그의 유신론을 구별하는 것인지를 이해하는 것이 필요하다. 신적 지식의 문제를 사용할 때에 그는 신인동형동성설(anthropomorphism)을 피하도록 요청한다.

다섯 가지 질문들에 대한 확정적인 대답들은 다음과 같이 요약될 수 있다.[26]

> T (영원성): 어떤 면(또는 만일 시간성(T)이 무시되면, 모든 면에서)에서 태어남, 성장함, 사라짐과 같은 변화가 없는 신적 실재
>
> T (시간성): 어떤 면(또는 만일 영원성(E)이 무시되면, 모든 면에서)에서, 즉 적어도 어떤 종류의 성장하는 형식에서의 변화할

수 있는 실재

C (의식성): 의식적, 자기 인식적 존재

K (지식성): 세계나 우주를 아는 실재나 전지한 존재

W(세계성): 세계-포함적 실재 또는 모든 것을 구성하는 존재

하츠혼은 위의 다섯 가지 요소, 즉 신이 영원하고(E), 시간적이고(T), 의식적이고(C), 세계를 아는(K), 그리고 세계를 포함하는 존재로 평가되면, 그것이 범재신론(panentheism) 또는 초상대주의(surrelativism)라고 부른다. 이와 같은 신적 실재의 요소들의 구체적인 종합은 다음과 같이 설명된다.[27]

ETCKW: 영원하고 시간적이고 의식적이며 세계를 인식하고 포함하는 최상의 존재, 이 사상을 가졌던 철학자들은 플라톤, 셸링, 페크너, 화이트헤드, 래드하크리쉬난 등이 이 견해, 즉 범재신론을 대표한다.

EC: 영원하고 의식적 최상의 존재. 아리스토텔레스의 유신론이 이 견해를 대표한다.

ECK: 영원하고 의식적이며 세계를 알지만 세계를 포함하지 않는 최상의 존재. 필로, 어거스틴, 안셀름, 알-가잘리, 아퀴나스, 라이프니츠 등이 이 고전 유신론을 대표한다.

E: 의식적이고 인식적인 것을 넘어 오로지 영원한 최상의 존재. 플로티누스의 유출론이 이 견해를 대표한다.

ECKW: 영원하고 의식적이며 세계를 알고 세계를 포함하는 최

	상의 존재. 이 견해는 고전 범신론으로서 샨카라, 스피노자, 로이스가 이 견해를 대표한다.
ETCK:	영원하고 시간적이고 의식적이며 세계를 알지만 세계를 포함하지 않는 최상의 존재. 시간적 유신론(temporalistic theism)의 신관으로서 소시누스와 레퀴어가 이 견해를 대표한다.
ETCKW):	영원하고 시간적이고 의식적이며, 부분적으로 세계를 배타적인 최상의 존재. 이 신관은 제한된 범재신론이며, 이 견해는 제임스, 에렌펠스, 브라이트만에 의해서 지지되었다.
T(C)(K):	완전히 시간적이거나 또는 출현하는 의식적 최상의 존재. 알렉산더, 아메스, 카텔이 이 견해를 대표한다.
T:	시간적 존재이기는 하지만 의식적이지 않은 최상의 존재. 이 견해는 위이만에 의해서 주장된다.

하츠혼에 따르면, 위의 도식은 "생략되어 온 오랜 경험으로서 주로 유신론적 사상사를 보여준다."[28] 유신론적 입장들이 첫 번째 입장인 ETCKW에 포함되었던 어떤 것을 빠뜨렸는지를 보여준 후에 하츠혼은 "사고는 더욱더 단호하게 플라톤에 의해 어렴풋하게 윤곽을 예시했던 절대 필요한 범재신론적 개념으로 돌아가도록 강요해 왔다."[29] 유신론의 역사적 발전 및 전개에 대한 그의 견해는 어떤 점에서 순환적이다. 「티마이오스」에 등장하는 플라톤이 동일한 무게로 "불변성과 가변성의 대립적인 범주들을 긍정"했고, "신성은 두 개의 속성들을 예증하는 이

중적이다."30) 하지만 수많은 철학자는 「티마이오스」의 이러한 통찰로부터 분리시켰다. 그런데 하츠혼은 19세기에 셸링에서 시작하여 화이트헤드에 이르기까지 범재신론으로 되돌아오고 있다고 보았다. 하츠혼은 다소 강한 어조로 모든 다른 입장들이 "절단된" 견해들과 "훼손되고 불완전한" 견해들이라고 표현했다.31) 그가 마치 타인에게 어떠한 자비심도 없는 사람과 같이 고전 유신론에 대해 신랄하게 공격하는 것처럼 보인다.

신의 영원성과 시간성을 보다 구체적으로 이해하기 위해서, 우리는 그가 논의하고 있는 아리스토텔레스주의 유신론(EC)과 토마스주의 유신론(ECK)을 살펴볼 필요가 있다. 아리스토텔레스주의 유신론이 영원하고 의식적인 최상의 존재이지만, 토마스주의 유신론은 영원하고 의식적이며 그리고 세계를 아는 최상의 존재다. 아리스토텔레스주의 유신론에서는 시간적이지 않고 초월적인 실체를 상정하고 있었기 때문에 신은 세계를 알지 못하고 세계를 포함하지 못하는 존재였다. 아리스토텔레스의 사상을 그의 자연신학에 흡수했던 아퀴나스는 신을 영원하고 의식적이며 세계를 아는 최상의 존재로만 한정하여 논의하였기 때문에 시간적이고 내재적인 존재로서 세계를 포함하는 최상의 존재를 배제했던 것이다. 이런 맥락에서 하츠혼은 토마스주의 유신론이 아리스토텔레스주의 유신론보다 더 일관성이 없다고 주장한다.

불변적이고 필연적인 신의 지식은 가변적이고 우연적인 사물의 대상을 가진다. 지식은 필연적이지만 사물의 대상은 우연적이다. 게다가 세계는 그 자신에 의해서 알려지기 때문에 정말로 신과 관계를 맺지만 신은 실제로 세계와 관계를 맺고 있지 않다. 하츠혼이 표현한 것처럼,

"X(피조물)은 신에 의해서 알려지고, 신은 X를 알지 못한다." 따라서 토마스주의 유신론에서는 신이 그 자신의 본질을 앎으로써 오로지 피조물들을 안다고 말한다. 이 양극적 개념의 체계 속에서 하츠혼은 절대성과 상대성을 동시에 종합하는 신의 "초상대주의"(surrelativism)를 발전시킨다. 하츠혼에 의하면, "초상대주의"란 "상대적 혹은 변화적인데, 이는 다양한 관계들에 의존되어 있고 차이가 나며, 스스로 포함적이면서, 가치에 있어서 비상대적, 무감동적, 독립적 혹은 절대적을 초월한다. 구체성이 추상성을 포함하고 초월하는 것처럼 말이다."[32] 그럼에도 하츠혼은 초상대주의의 견해가 신의 인격성을 부정하지 않는다고 강조한다. 즉 그의 피조물과의 관계 속에 있으며 모든 실재들과 상호 작용한다. 이 초상대주의는 신의 구체적 본성에 기인하여 신과 세계간의 상호 관계성으로서 이해될 수 있다. 신이 자기 자신을 구체적으로 세계와 관계하고 혹은 세계가 그것 스스로를 신과 관계하는 방식 때문에, 신은 변하고, 자라고, 즐기고, 의지하고 느낀다. 세계의 모든 사건들은 신의 경험에 더해지면서 바뀐다. 신이 세계에 대해 느낌의 주체인 것처럼, 세계도 신에 대해 느낌의 주체가 된다.[33] 따라서 세계는 신의 변화들을 원인 짓게 하는 시간적 존재가 되게 하는 것이다.

신의 필연성과 우연성

신의 필연성과 우연성에 관한 논의는 하츠혼의 「창조적 종합과 철학적 방법」 13장에서 상세히 다루어졌다. 절대적/상대적, 필연적/우연적, 무한한/유한한 등과 같은 형이상학적 대조의 신학적 사용을 말한 후에 하츠혼은 신을 인식하는 9가지 방식으로 분석한다.

여기서 우리가 신에 대한 9가지의 인식방식을 전개하기 전에, 우리는 우선 그의 다섯 가지 철학적 원리들을 근거로 제시하는데, 첫 번째 원리가 '대조의 원리'(the principle of contrast)이다. 대조의 원리는 신의 존재뿐만 아니라 신고전 형이상학의 체계에서 중요한 방법으로 취급된다. 우리가 형이상학의 방법에서 보았듯이, 형이상학의 대조의 한 극 또는 한 면이 다른 극이나 다른 면과의 대조를 통하여 그것의 의미를 취한다. 따라서 다른 개념과 같은 "필연적으로 존재하는 것"은 대조를 통하여 그것의 의미를 얻는다. 그리고 거기에는 우연적으로 존재하는 어떤 것이 있어야 한다. 역으로 말해, "우연적으로 존재한다"는 말은 "필연적으로 존재한다"는 말이 하나의 사용을 가지고 있다는 것을 암시하는 것이다.[34]

두 번째 원리는 '우연적 구체성의 원리'(the principle of contingent concreteness)이다. 여기서 우리는 과정사상의 다른 중요한 핵심 요소를 갖게 된다. 구체성은 많은 실증적인 것과 상호 배타적인 가능성들 간의 만들어진 선택 때문에 추상성과는 다르다. 하츠혼은 이것을 색상과 같은 대상의 유비를 통해서 예증하려고 한다. 추상성은 단순히 색상의 사물을 말하지만, 구체적 실재는 초록이나 노랑이 아닌 빨강으로 존재해야 한다. 추상성을 가지고 있는 필연성과 우연성을 가지고 있는 구체성을 동일시하는 하츠혼은 이렇게 평가한다. "만일 신 또는 세계가 완전히 필연적이라면, 그것은 하나의 빈 추상성이다."[35]

세 번째 원리는 '신적 자유'(the principle of divine freedom)이다. 이 기준 아래에서 하츠혼은 신의 창조적인 면을 이끌어낸다. 창조한다는 것은 "비결정적 또는 추상적 가능성에서 구체적 현실성으로 전이하는 효능이다."36) 필연적으로 전이는 선택을 내포하고, 신과 세계 안에서 우연성을 암시한다. 그는 이렇게 말한다. "그의 창조적 행위는 다르게 행할 수 있었고, 그래서 지금의 세계를 창조할 수 있었다."37) 그렇지만 신이 완전히 무를 창조하기를 선택할 수 있었다고 주장하는 것은 하나의 모순이 되거나 "반-직관"(counter-intuitive)을 사용하는 것일 수 있다. 여기서 하츠혼은 이것을 위한 두 가지 간략한 논증을 제공하는데, 하나의 논쟁은 만일 신이 모든 것을 창조하지 않았다면, 그는 여전히 잠재적으로 창조적이라는 것이다. 하지만 그는 과정사상의 핵심 원리인 "창조성의 실재는 가능성이나 잠재성 그 자체의 근거다"라는 원리로 되돌린다. 다른 논쟁은 어떤 세계가 아무것도 없는 것보다 낫고, 따라서 그 세계는 창조하지 않음으로써 신의 잘못이나 어리석음일 수 있다는 것이다. 하지만 아주 명백하게 신은 잘못이 없고 어리석지도 않다.38)

이 원리를 고려하는 하츠혼은 신과 세계 속에서의 우연성을 암시하고 또한 신과 세계 속에서의 필연성을 암시한다고 결론을 내린다. 이것은 도표에 영향을 미친다. 왜냐하면 9가지 입장들이 신적 우연성, 비신적 우연성 그리고 신적 필연성을 주장하든지 않든지 간에 판단되어야 한다. 따라서 신적 자유의 원리 아래에서 그 입장들의 세 가지 근거들이 될 것이다.

네 번째 원리는 '신적 포함성의 원리'(the principle of divine inclusiveness)다. 여기서 그는 신에게 적용하는 것처럼 전체성의 문제를 가져온다. 그가 말하듯이, "신적인 것이든 아니면 다른 것이든 간에 그 어떤 것은 전체적 실재의 구성이거나 아니면 스스로 모든 포함적 실재다."39) 이것은 하츠혼의 유신론에서 다른 중요한 요소를 말한다. 즉 신은 전적으로 포함적인 존재다. 만일 신이 단순히 실재 전체의 한 구성이라고 한다면, 실재는 그보다 최상의 존재나 우월적 존재가 되어야 할 것이다. 그래서 신은 전체가 되어야 한다. 하츠혼은 다음과 같이 주장한다. "그러나 양화논리에서 순전한 필연성은 우연성(필연적 진리와 우연적 진리의 결합이 우연적이다)을 포함하지 않기 때문에, 만일 세계 안에서의 어떤 것이 우연적이라면 신 안에서의 우연성은 있어야만 한다. 그러므로 c는 C를 수반한다.

다섯 번째 원리는 '고전적 원리'(the classical principle)다. 여기서 하츠혼은 고전적 유신론의 전통을 받아들인다. 흔히 하츠혼은 고전적 유신론을 배격하는 것이 전체적인 의미에서 배격한다고 생각하지만, 사실 그가 한 편의 진리만을 주장하기 때문에 불충분한 면에서 배격하는 것이다. 어떤 점에서 필연성이 우연성과 대조를 이루고 있듯이, 신은 세계와 대조를 이룬다. 물론 그는 신이 독단적으로 필연적이고 그리고 세계는 독단적으로 우연적이라는 사실을 거절한다.

이 다섯 가지 원리에 근거하여 하츠혼은 신의 필연성과 우연성에 관한 논의를 시작한다. 아래에 언급된 영어 대문자 N 또는 영어 소문자 n은 필연적인 존재이고, 영어 대문자 C 또는 영어 소문자 c는 우연적인 존재 혹은 어떤 우연적 속성이 있는 존재를 의미한다. 여기서 대문자는 한 범주의 탁월하거나 초월적인 형식들을 나타내고, 반대로 소문자는 일상적이거나 비탁월적인 형식들을 나타낸다.

N, C, n, c의 9가지 가능한 종합들을 열거하고 또 다섯 가지 원리들에 +와 -에 의해 그것들이 동의하든지 아니면 동의하지 않든지, 또 두 기호나 더 이상의 기호들에 의해 부분적인 동의와 반대를 언급하기 위해서 하츠혼은 다음과 같은 입장들을 도식화한다.[40]

	대조	우연적	구체적 신적 자유	포함적	부류
1. N, c	+	− +	− + −	−	+ +
2. N, n	−	− −	− − +	+	+ −
3. N, cn	+	− +	− + +	−	+ −
4. C, c	−	+ +	+ +	+	− +
5. C, n	+	+ −	+ −	+	− −
6. C, cn	+	+ +	+ +	+	− −
7. CN, c	+	+ +	+ + −	+	+ +
8. CN, n	+	+ −	+ − +	+	+ −
9. CN, cn	+	+ +	+ + +	+	+ +

논리적으로 가능한 이와 같은 입장들의 어떤 부분들은 역사적으로 위치되었다. 그것들은 많은 두 가지 앞의 도표에서처럼 부분에서 동일하다. 분명히 1의 견해가 고전적 유신론이고, 2번의 견해는 스피노자의 유신론 또는 범신론적 견해이며, 7번의 견해는 토마스 아퀴나스의 유신론의 형태이고 그리고 9번의 견해는 범재신론이다.

흥미로운 부분은 하츠혼이 유신론적 입장들을 판단하기 위해서 여섯 번째 원리를 덧붙이고 있다는 데 있다. 그는 이 여섯 번째 원리를 '형이상학적 대조의 비-개별성의 원리'(the principle of the non-individuousness of the metaphysical contraries)라고 부른다.[41]

신성은 필연성이나 절대성과 같은 어떤 추상성과 동일시하지 않는다. 그렇다고 신성은 우연성과 상대성과도 동일시하지 않는다. 초월적 또는 탁월한 것과 비초월적인 것 사이의 대조는 고전 유신론인 1번의 견해와 같은 필연성과 우연성 간의, 또는 3번 견해에서처럼 순수한 필연성과 혼합된 필연성 그리고 우연성 간의, 혹은 6번 견해처럼 순수한 우연성과 혼합된 양태들(modalities) 간의, 아니면 7번과 8번의 견해들처럼 혼합된 양태들과 순수한 우연성 또는 필연성 속으로 붕괴하지는 않는다. 탁월성은 어떻게 한 존재가 우연적인지 그리고 어떻게 그것이 독립적이거나 필연적인지의 문제 속에 있다.[42]

요약하자면 하츠혼이 주장하려는 것은 탁월함과 예배함이 필연성, 우연성 혹은 양자와 동일하다는 것이 명백하다는 것이다. 다섯 번째 원리와 여섯 번째 원리에서 보여주는 것이 바로 과정사상의 입장이다. 과정사상은 신에 대한 정의에서 이중적 측면을 주장한다. 즉 과정철학의 신은 필연적인 측면과 우연적인 측면을 동시에 가지고 있다. 그런데 만일 우리가 신을 필연적인 존재로 받아들인다면, 그 같은 신은 "비존재가 가능하지 않은 존재 혹은 모든 가능성의 요소인 새로운 가능성을 전혀 지니고 있지 않은 존재"가 된다.[43] 한 존재가 여러 가능한 것 중에서 하나를 결정할 때에 그 중 하나를 선택하는 것은 다른 것이 가능한데도 불구하고 그것을 선택하고 결정을 내리는 것을 의미한다. 이를테면, 플라톤이 자신의 여러 후계자 중에 한 제자를 선택하고자 할 때, 그는 이미 외적인 관계이면서도 내적인 관계를 내포하고 있다. 외적인 관계는 여러 가능한 제자들을 의미하고, 내적인 관계는 플라톤 자신의 자유행위를 의미한다. 이런 점에서 한 존재가 외적인 관계나 한정된 필연적 측면을 가지고 있지만, 내적인 관계나 비필연적인 우연적 측면을 가질 때에 그 존재는 탁월한 존재나 최상의 존재로 인식될 수 있다는 것이다.[44]

이런 맥락에서 하츠혼은 신적 지식에 대한 논리적이고 일관적인 설명으로 우주의 신적 포함성을 주장했다. 강조되었던 신적 성격의 양극성적 견해의 한 면은 상대성, 시간성, 우연성 그리고 구체성의 우위성이다. 하츠혼은 두 극의 대조들이 가치와 동일하게 여건을 제공한 이중적 대칭에 저항하는 강한 태도를 보였다. 우위성이나 정말로 완전한 실재는 구체성의 개념에 의해서 나타난 구체적인 예증이다. 화이트헤드는 이런 점에서 신을 구체화의 원리(the principle of concretion)로 보았다.[45] 화이트헤드의 신은 아리스토텔레스의 제1 운동자로서의 신을 구체화의 원리로서의 신으로 대체된다는 것이다. 하나의 구체성이 가능성에 의해 부과된 한정이기 때문에 신은 새로움을 창조한다. 필연적 존재는 이미 한정성과 결정성을 내포하고 있지만, 우연적 존재는 아직 비결정성과 추상성 및 가능성으로 존재한다.[46] 하지만 전통적인 신학의 흐름에서 야기된 문제는 신이 필연적 존재가 되든지 아니면 우연적 존재가 돼야 한다는 것이다. 필연적 존재는 한정된 존재 및 구체적 존재가 되고, 이와는 달리 우연적 존재는 비결정적이고도 추상적 존재이기 때문에 범신론적 존재가 된다. 우리는 한편의 존재를 받아들일 수 없다.[47] 이런 점에서 신은 다양한 조건에 의해서 발생되고 생성되는 우연적 측면을 통해서 구체적이고도 한정적인 필연적인 존재로 나아간다. 이 필연적인 존재는 다시 우연적인 존재와의 사회적 관계를 통해서 변하고 생성되어가는 존재가 된다.

나가는 말

찰스 하츠혼은 신과 세계를 역동적 실재에 비추어서 해석한다. 세계는 하나의 죽은 사물이 아니라 살아 있고, 자기 원인이나 자기 결정을 통하여 스스로 표현하며 완성하려고 투쟁하는 살아 있는 유기적 과정이다. 이 과정의 근거로서 신은 그의 피조물들과 끊임없이 사회적으로 관련을 맺는다. 신은 모든 점에서 피조물들의 구체적인 삶과 관계한다. 이러한 관계가 대칭적 관계가 아니라 상호 의존적 관계이기 때문에, 신은 그들에게 영향을 미치며, 또 그들에 의해 영향을 받는다. 신의 경험은 그들에 의해 원인이 되며 그들은 신에 의해 원인이 된다. 따라서 신이 없는 피조물은 허무하고, 피조물이 없는 신도 무의미하다. 하지만, 하츠혼의 신은 그의 피조물들의 자유로운 선택이나 결정을 통제할 수 없는 형이상학적 원리가 있다. 형이상학적 체계에 속해 있는 신고전 유신론의 신은 예정하는 어떠한 영향력보다는 오히려 설득적이고 유인적인 영향을 통하여 세계를 향한 그의 목적들에 도달하려고 시도하는 신이다. 이런 이유에서 하츠혼은 '고전 유신론'으로부터 자기 자신의 신 개념, 신고전 유신론을 구분시킨다.

  고전 유신론의 입장은 전적인 절대 타자로서의 신에 대한 내연적 관계들의 개념에 대항한 것처럼 보인다. 비록 피조물들은 신과 관계를 맺고 있지만, 순수한 절대로서의 신은 오직 외연적으로만 인간 존재들과 관계한다. 고전 유신론과는 달리, 신고전 유신론은 모든 실재의 구성적인 요소로서의 내연적인 관계에서 세계와 역동적으로 연관을 맺고 있는 신에 대하여 종교적이고 철학적인 하나의 정합적인 개념적 이해를 제공할 수 있는 것처럼 보인다. 신은 세계와의 관계에서 일어나는 모든 사건들에게 응답하면서 그들의 최적의 선택을 하도록 항상 설득적인 힘으로 유인한다. 따라서 이러한 신의 설득적 힘에 대한 신고전적 해석은 현대 신학에 새로운 의미를 제공하는 것은 사실이다. 그럼에도 불구하고 신의 설득적인 측면은 일방적으로 너무 강조한 나머지 전통적인 신의 강압적 측면이 다소 제한된 것처럼 보인다. 이러한 신의 설득적 측면이 인간의 경험이나 실제 역사에서 충분한 역할을 감당할 수 있다고 보기는 어렵다. 그러므로 더욱 역동적인 힘이 되기 위해서는 신고전 유신론의 신의 강압적 측면을 간과해서는 안 된다. 이는 전통 유신론의 강압적 측면이 하츠혼이 이해하고 있듯이 단순히 자기 충족적 이유에서 그렇게 행사하는 것이 아니라 오히려 인류의 사랑과 그의 신실성에 근거하여 행사하기 때문이다.

제6장

신의 사회성

제6장
신의 사회성

　찰스 하츠혼의 신고전 유신론에서 가장 중요한 개념은 신을 사회적 개념으로 본다는 데 있다. 사회적 개념으로서의 신은 두 가지 측면을 가진다. 하나는 궁극적인 존재이면서 동시에 모든 피조물들에 의존된 신이고, 다른 하나는 절대적 존재이면서 동시에 피조물과의 관계 속에 있는 신이다. 하지만 전통적인 교리들은 신의 한 측면만을 강조했기 때문에 논리적 모순을 가져왔다. 하츠혼에 따르면, 신학자들이 가장 고민을 많이 하는 것이 있다면 그것은 바로 신의 속성이다. 그런데 신의 속성에 관한 전통교리들은 형이상학의 딜레마처럼 일방적인 측면만을 강조하여 대조되는 측면을 부정했다. 만일 신이 전능하고 절대적인 힘을 가지고 있다면, 신은 상대적이거나 변하는 속성을 가지지 못한다. 신의 일방적인 측면을 강조하는 전통 교리들은 신이 모든 능력을 다 갖추고 있기 때문에 인간을 무능한 것으로 오해받게 한다. 그리고 신이 모든 일을 하고 있고 또 모든 것을 다 할 수 있기 때문에 우리는 아무 일도 못하고 할 필요도 없는 피조물로 인식될 수 있다. 물론 전통적인 교리들이 명확히 그렇게 이야기하지는 않는다. 하지만 모든 사물이 신을 주체로 하는 인식적 관계에서 객체들이 된다는 것은 부정하기가 어렵다. 그래서 우리에게 매우 익숙한 전통적인 신학자들의 답변은, 신은 모든 것의 원인이 되는 자신의 본질을 통해서 모든 것을 알고 있고 또 그런 방식으로 통치하고 있기 때문에 신의 인식 관계는 자기와의 관계, 즉 "자기 원인적 관계"(causa sui)에서만 이해된다는 것이다. 다시 말해, 신에게는 그 어떤 상대성이 허용되지 않았다는 것이다. 이것이 하츠혼이 분석한 전통 교리들이 가지고 있는 가장 큰 딜레마였다.

더욱이 이 딜레마는 종교적 또는 신앙적 가치를 보존하는 문제에 더욱 비논리적 모순의 중압감을 주는 것처럼 보인다. 그래서 하츠혼은 새로운 신 개념을 찾아내면서도 그 종교적 가치나 신앙적 가치를 보존 또는 증진하면서 전통적 신관에서 불가피하게 야기될 것으로 예측되는 갈등이나 모순을 피할 길을 고민해 왔다. 그 같은 그의 고민은 1948년에 예일대학교출판부에서 출간한 「신의 상대성: 신의 사회적 개념」(The Divine Relativity: A Social Conception of God)에서 명시적으로 나타나 있다.[1] 이 책에서 하츠혼은 궁극적 존재로서의 신 개념을 논리적으로 모순을 일으키거나 불합리하지 않게 형성함으로써 교육받은 현대인들도 마음과 뜻을 다하여 신을 예배하고 섬길 수 있게 해 줄 수 있는가의 문제에 천착하고 있다. 그래서 하츠혼은 신이 고도의 윤리적이고 문화적 차원에서 피조물들의 예배와 경외심을 이끌어내고 종교적 가치 또는 신앙적 가치를 강화하는 힘을 제공할 수 있다고 말한다.

전통신학의 모순과 비사회적 관계

신학자들은 그들이 형성한 신 개념이 극복할 수 없는 모순을 포함하고 있다는 사실을 인정하고 있다. '모순 없는 신 개념'에 대한 그들의 고민에도, 신의 개념은 논리적으로 모순을 드러낸다. 물론 우리의 지식으로 접근할 수 없는 신비를 지니지 않은 신은 신이 아닐 수 있다. 하지만 여기서 모순이란 어떤 의미를 지니는 것일까? 신학적 모순이란 다른 어떤 것보다 신에 대해서 그리고 비기독교인들과 무신론자들보다는 신학자나 교회에 의해서 모순으로 여겨지는 것이라고 할 수 있다. 종교적 물음들을 논리적으로 다루고자 하츠혼은 "절대적", "불변적", "부동적", "자존적" 등과 같은 철학적 개념들과 예배의 대상을 연결하는 새로운 방법들을 객관적으로 찾아내려는 것이고, 만일 필요하다면 이와 같은 개념들을 재정립하거나 수정함으로써 모순들을 제거해야 한다고 생각했다. 그렇지만 불행하게도 신학자들은 종교가 전통적인 신개념의 모순과 함께 무너져야 한다고는 믿지 않았지만, 철학적 개념들과 종교적인 사상의 연관성 또한 완전히 부인했다. 그 결과 그들이 주장한 신은 상대적인, 변할 수 있는, 우연적인 신 개념을 만들어내지 못하는 함정에 스스로 빠지게 되었다. 하츠혼은 다소 격앙된 어조로 신학자들의 태도에 대해 말한다.

이 모순들은 절대자의 무의미성 때문이 아니라 모호한 의미들을 성급하고 부주의하게 구분하려고 할 때 발생하는 것이기 때문에 적절하게 조심하기만 하면 피할 수 있을 것이다. 이와 같은 오류들은 불행하게도 습관으로 굳어져 있다. 그 이유는 부분적으로 무기력한 관성, 자신의 주장에 대한 자존심, 전통에 대한 지나친 존중 때문이며 교회의 독재(완곡한 표현은 잠시 접어두기로 한다) 때문이며 또한 그릇된 겸손 때문이다. 많은 사람이 신성한 문제들을 다룰 때에는 인간의 분석력을 최대로 사용하는 것은 불경한 짓이라는 그릇된 인식에 사로잡혀 있다. 이와 같은 겸손은 거짓이다. 신학자라면 분석하고 논쟁하고 추론하는 것이 당연하다. 문제는 조심하지 않고 부정확하게 이와 같은 작업을 하는 것이며, 이는 인간의 이성을 만든 창조자에게 취해야 할 적절한 겸손은 절대 아닌 것이다. 또한 모순이 발생한다는 것은 우리가 잘못된 사고를 하고 있다는 확실한 증거일 뿐이다. 그런데도 단지 자신들의 사고가 잘못되어서 나타난 불합리성을 신학자들은 형이상학이나 신학 자체의 자기모순이라고 공격하는 경향이 있다. 그리고 자기들이 반대하는 사상체계에서 모순을 찾아낼 때에는 그 공격이 더욱 가혹해진다.[2]

전통신학의 모순은 신의 비사회적 관계에서 야기된 딜레마였다. 이 모순들은 다양한 형태로 나타나는데 그 중 몇 가지만 이야기하기로 한다. 생각한다는 것은 곧 관계한다는 것을 의미한다. 이것은 사고에서 실재는 상대적 또는 관계적이라는 것을 뜻한다. 하지만, 여기서 우리가 모든 것을 상대적인 관점에서 이해하려고 하게 되면 또 다른 문제가 발생한다. 이를테면 모든 것이 상대적이라면 모든 것은 전적으로 변화하는 관계에 달렸고 그것에 따라 변해야 할 것이다. 만일 그렇게 된다면 적어도 상대성 자체는 불변적, 절대적, 비상대적인 것이어야 한다. 하츠혼에 따르면, 이것이 바로 중세신학의 문제였다. "중세신학에서는 비내재적, 비본질적, 외적 관계가 기본적인 교리"였기 때문이다.[3] 특히 아퀴나스의 교리는 지식에서 신을 제외한 모든 존재는 대상에 관해 더 알고 있으면 알고 있을수록 그 대상과 더 실제적인 관계를 지닌다고 가르쳤다. 이런 점에서 중세 실재론과 현대 실재론이 서로 동의하는 것처럼 보인다. 중세신학의 교리에서는 "신이 모든 것을 알고 있지만 신은 인식자로서 대상인 피조물에 대해 아무런 상대성도 의존성도 없으며, 다만 피조물은 인식자인 신에게 전적으로 의존하고 있다. 신의 사고는 그 조건들의 존재와 본성을 부여한다는 점에서 일반적인 사고들과는 전적으로 다르다. 신의 지식은 모든 것을 창조하면서도 그것들로부터는 아무것도 가져오지 않는다는 것이다."4) 이는 인간의 지식이 상대적이지만 신의 지식, 즉 신적인 것은 오로지 상대적이 아니라 절대적이기 때문이었다. 따라서 신이 모든 면에서 절대적이라는 주장은 신을 이해하는 가장 큰 걸림돌로 작용한다. 이와 같은 전통적인 신의 인식 문제에 관해서 하츠혼은 세 가지로 답한다.

첫째, 하츠혼은 신의 지식이 절대적이기 때문에 신적이지만, 모든 면에서가 아닌 한 가지 면에서만 절대적이라고 답변한다.5) 구체적으로 말해, 신이 무오성을 가지고 있다는 것은 그가 만들어낸 우발적 존재들로부터 전적으로 독립적이며 비상대적이라는 것이다. 신이 가진 모든 상대성은 가능한 세계가 있다는 것에 대한 무오한 지식을 가지고 있는가의 문제이다. 따라서 구체적인 지식은 상대적이며 모든 것을 아는 존재의 일반적인 추상적 특성은 전적으로 절대적이라는 것이다.6)

둘째, 하츠혼은 인간의 지식이 상대적인 것은 절대로 그 열등성 때문이 아니라, 오히려 그보다는 우리 지식의 오류성과 불완전성이 상대성을 제한하기 때문이라고 답변한다. 인간의 지식에서는 세계의 모든 대안과 상응하는 대안적인 상태를 찾을 수 있는 것은 아니다. 이는 인간의 지식 상태가 세계의 상태를 정확하게 수반하는 것이 아니기 때문이다. 한 사람의 느낌과 신념은 세계에 대한 명확한 정보를 제공하지 않는다. 예를 들어, 전자(electron)가 존재한다는 것을 아는 사람이 바로 그 이유 때문에 전자가 있다는 지식을 갖게 되는 것은 아닌 것과 같다. 물론 가능성은 있지만, 그것은 단지 가능성일 뿐이다. 이처럼 사람들은 알아야 할 어떤 사물에 대해서 많은 독립성과 비상대성을 지닐 수 있고, 그리고 우리가 믿어야 할 것이 존재하지 않는 것을 믿을 수 있다. 하지만, 인간의 지식은 정확하지 않고 가능성일 뿐이라는 주장은 알려진 세계에 대해서 완전히 상대적이라는 말도 아니고 그렇다고 이 세계로부터 전적으로 독립적이라는 말도 아니다. 인간의 지식은 아마도 상대적인 것과 독립적인 것의 중간에 위치한다. 그렇지만 하츠혼은 우리의 인식적 관계가 지니는 이 중간적인 입장에서 그 상대성이 있는 것이 아니라 우리의 한계에서 중간적인 위치에 있다는 것이다. 그리고 상식적으로 어떤 사물에 대해서 잘 알 수 있는 위치에서 멀어지면 멀어질수록 그것에 대한 의존도 떨어진다. 반대로 우리의 지식이 구체적이고 직접적일수록 그 의존도가 더욱 증가한다. 이처럼 "신의 지식은 없는 것을 있다고 믿을 수 없으며 있는 것만을 있다고 인식한다."[7] 결과적으로 우주 전체에 대한 신의 지식은 추론적인 지식이 아니라 직관적인 지식이며, 단지 가능한 지식이 아니라 확실한 지식이다.

    셋째, 하츠혼은 가장 이상적인 지식이 확실성에 있어서 절대적이고 지식의 대상에게는 전적으로 적절하다는 점에서 절대적이지만, 그 외의 면에서는 문자 그대로 전적으로 상대적인 지식이라고 답변한다.[8] 어떤 실재의 오류 없는 확실하고 완전한 지식은 그것의 모든 조항과 일치하고 그것을 함축하는 지식이다. 분명하게 존재하는 것으로 알려진 어떤 조항이 빠져 있다고 해도, 그 조항은 비오류적인 지식이라고 할 수 없다. 왜냐하면, 그 같은 지식이 결여되어 있는 또 다른 상태의 지식이 있다는 것을 인정하기 때문이다. 여기서 비오류적인 지식은 그 자체가 알려지면 대상에 관한 모든 것들이 다 알려지는 지식이다. 따라서 하츠혼은 이렇게 말한다. "관계가 외적이거나 비상대적인 조건은 그 존재가 명제들에 의해서 완전히 증명되면서도 그 어떤 명제도 관계항의 존재를 증명하는 것을 수반하지 않는 조건을 말한다. 이와 같은 정의를 반대하는 사람에게는 전적으로 비상대적이면서도 비오류적인 지식의 개념과 양립할 수 있는 분명한 대안적인 정의를 내려 보라고 요구할 것이다."[9]

신의 사회적 개념

사람들은 신을 믿고 신뢰하기 위해서 신은 절대적 존재여야 한다고 생각하는 경향이 있다. 그러한 신적 본성이 신의 조건에 부합된다고 여겼다. 그런 이유인지는 모르나, 그들은 신의 본성 중에는 절대성보다는 상대성이 더 분명한 신앙적 가치가 있다는 사실을 인정하지 않으려는 듯하다. 비록 신이 절대적이라는 생각에는 믿음의 가치가 있다고 인정해도, 우리는 그것이 신의 사회적 또는 인격적 성격을 말하고 있는지는 의문시해 보아야 한다. 하츠혼은 신의 절대성보다는 상대성이 더 신앙적 가치가 있다고 믿는다. 사회적 관계에 의해서 영향을 받지 않거나 다른 구성원들에 의해서 제한받지 않는 인격적 존재가 과연 무슨 의미가 있을까? 그리고 신이 이와 같은 인격적 관계의 가장 최상의 경우가 아니라면 그것은 무엇일까? 기독교 신에 대해 명백한 혐오감을 가지고 있었던 데이비드 흄이 말한 것처럼, "[사람들은] 기독교도들에 의해 기술된 것과 같은 도덕적인 속성들을 가진 인격적인 신의 존재에 관해서는 불가지론의 입장에 설 수 없다."[10] 그렇지만 신이 모든 인간의 공감을 능가하는 어떤 공감적 연합(a sympathetic union)으로 모든 피조물과 관계를 맺음으로써 우리 모두를 사랑하는 존재가 아니라면, 신에 대한 믿음은 거창한 사기극에 불과할지 모른다. 그런 점에서 하츠혼은 "우리는 절대적이고도 완전한 신이 인격적이면서 사회적일 수 있는가의 일반적인 질문보다도 사회적인 신이 어떤 의미에서 절대적이거나 완전할 수 있는가의 질문을 물어야 한다"라고 말한다.[11] 왜냐하면 신은 절대자나 완전자로 생각되기 전에 먼저 사회적 존재로 이해되기 때문이다. 하츠혼은 이렇게 적고 있다. "신은 최고의 통치자이며 재판관이며 은혜를 베풀어주는 존재이다. 신은 인간을 알고 있고 사랑하고 돕는다. 신은 열등한 피조물들과 함께 그 축복을 나누려고 이 세계를 만들었다. 이 세계는 모든 인간이 복종할 수밖에 없는 최상의 인격적인 능력을 지닌 최고의 통치자로서의 신에 의해서 제정된 법칙에 따라 다스려지는 거대한 하나의 사회이다."[12]

하츠혼의 형이상학적 구조에서 사회성은 모든 사물 속에 내포된 개념이다. 그가 말하듯이 "사회구조는 모든 존재의 궁극적 구조이다."[13] 따라서 유일한 인간뿐 아니라 살아있는 모든 생명체는 사회적 구조를 가지고 있다. 생명체들은 상당히 복잡성을 띠고 있지만 "구조를 갖는 사회"를 떠나서는 상상할 수 없다.[14] 이를테면 다세포로 이루어져 있는 모든 유기체는 세포들의 연합체이다. 통합이 충분히 이루어진 사회에 의해 형성되어 있는 각 개체와 그 개체로 이루어진 사회 사이에 분명한 선을 그을 수가 없다. 세포 자체가 비슷한 분자들과 원자들의 연합이다. 이제 문제는 보다 최근에 등장한 생물체일수록 사회성이 더 일찍 시작한다고 말할 때 이 용어들의 뜻을 얼마나 확대해서 적용할 것인가에 달렸을 것이다. 실제로 고등 생물일수록 사회적인 면이 더욱더 중요한 역할을 하게 된다.[15]

하지만 여기에는 이보다 더 결정적인 문제가 있다. 그것은 사회성의 보편적 범주를 어떻게 이해하는가 하는 것이다. 하츠혼에 따르면, 만일 사회적이라는 말이 "가장 보편적인 의미에서 모든 보편적 범주들의 종합"(the synthesis of universal categories)으로 정의될 수 있다면, 사회성은 절대성과 상대성, 독립성과 의존성, 자유와 질서, 개별성과 보편성, 특질과 구조 등 모든 범주들의 종합으로 이해될 수 있다.[16] 사실 비사회적 개념이란 대응하는 범주 중 하나를 무로 환원시켰을 때에만 가능하다. 그런데 상호의존의 요소가 각 개체의 자발성을 완전히 억제할 때 또는 특질 또는 감정이 완전히 사라지고 구조만 남게 될 때, 그 사회는 단순한 '기계와 같은 무미건조하고 단조로움으로 남을 것이다. 그리고 전적으로 절대적인, 그래서 비사회적인 신은 관계의 범주가 적용될 수 없는 존재로 전락할지 모른다. 이는 절대적이라는 말에 의미를 제공하는 기준과 그 내용이 사라지기 때문이다. 이를테면 기계론, 유물론, 절대주의와 같은 형태들은 사회의 한 가지 또는 여러 면들을 무로 환원시키는 잘못을 범할 때에 나타나는 개별적 사례들의 전형들이다. 하나의 관계가 느끼는 특질인 것처럼, 생각과 삶에 전적으로 궁극적인 범주의 값을 제로로 잡을 수 있을 때에, 남는 것은 비존재 또는 무존재 밖에 없을 것이다. 만일 그렇게 된다면, 전적으로 절대적인 신은 "광대한 공허"(great void)로 표현될 수밖에 없다.[17] 그런데 이제까지 벌여온 논쟁의 목적은 신을 포함해서 모든 존재들이 그 본질상 반드시 사회적이라는 말은 아니다. 단지 종교에서 믿는 신의 인격적인 사회성과 흔히 철학에서 말하는 최고의 존재의 비인격적 비사회성을 서로 대조하고 있는데 그것이 과연 옳은가를 의심해보자는 것이다.[18]

플라톤으로부터 화이트헤드에 이르기까지 위대한 철학자들은 분명하고도 일관성 있게 사회성을 모든 사물의 궁극적인 구조로 받아들여 왔다. 누구보다도 화이트헤드는 이 사실을 확신하고 받아들였다. 화이트헤드에 있어서 최고의 존재 개념은 "현실적 계기들의 사회에 관한 개념"(a society of actual occasions)이며 "느낌의 느낌"(feeling of feeling)이라는 공감적 결합에 의해서 서로 연결되어 있다.[19] 이런 맥락에서 신은 사회적으로 인식되어야 하고, 그것이 가장 기본적인 이해이다. 사회적으로 인식된 신은 창조자가 될 수 없다고 생각할지도 모른다. 왜냐하면 사회의 한 구성원이 그 사회를 만들 수 있을까 하는 의문을 가질 수 있기 때문이다. 그렇지만, 하츠혼은 "탁월성"(eminence)의 신학적 원리에서 "신이 탁월하게 사회적이어야 할 뿐 아니라 최상으로 사회적이어야 한다"라고 주장한다.[20] 사회적 존재로서의 신은 창조적이다. 하지만 하츠혼이 언급한 창조의 개념은 '무로부터의 창조'(creation ex nihilo)를 의미하지 않는다. 그렇다고 그것이 전적으로 "물질로부터의 창조"(creation ex corpus)를 의미하지도 않는다.[21] 여기서 말하는 창조는 주어진 구체적 현실태를 자료들이나 여건들로부터 어떤 정신이나 관념이 더해짐으로써 이루진다는 것을 의미한다. 신은 창조의 과정에서 이전의 상태에서 다음의 단계로 세계의 각 단계를 창조할 때에 과거의 사건들을 고려하면서 새로운 것을 만들어간다는 것이다. 이는 "창조성이 모든 대안적 여건들을 포함하고 있기 때문이다."[22] 이런 점에서 신은 독립적으로 존재하는 자기 원인적 존재(causa sui)로만 군림하지 않고, 이전의 모든 여건과 현재의 여건에 의해서 영향을 받는 존재로 이해되는 것이다.

하츠혼은 사회적 개념으로서의 신이 더 신앙적 가치를 높여 준다고 주장한다. 이를테면 우리가 "하나님 아버지, 당신은 참으로 자비하시며, 당신은 완전하시고 한없는 사랑이십니다"라고 기도할 때, 이것은 신의 상대성이나 수용성을 부정함으로써 신께 기도하는 것과 같다. 즉 사회적 의식으로 정의된 사랑은 문자 그대로 해석하자면 신 자신이어야 한다. 이런 점에서 하츠혼은 신의 본질을 탐구하는 신학은 "존재하는 모든 학문 중에서 가장 문자적인 학문"이라고 말한다.[23] 만일 우리가 신의 개념을 표현한다면, 우리는 두 가지 관점에서 신을 표현할지 모른다. 하나는 상징적으로 신을 표현하는 것이고, 다른 하나는 문자적으로 신을 표현하는 것이다.[24] 하츠혼은 신학적 표현은 문자적이어야 하는데, 무엇보다도 우리가 아는 "신적 인격"을 은유적인 표현으로 보지 않고, 문자적으로 보아야 한다는 것이다.

신학과는 전혀 다르게 종교에서는 그리고 신의 본질에 관한 단순한 이론과는 다르게 신학적 인문학에서는 인간의 상상력과 마음을 움직이고자 은유가 필요할 것이다. 하지만 신에 관한 순수한 이론은 문자적이어야 한다. 그렇지 않으면 시도 아니고 과학도 아닌, 진정으로 합리적이지도 않고 완전히 이성을 배제한 것도 아닌 어정쩡한 것이 되어버리고 말

것이다. 그래서 신은 선험적으로 정의를 내려야 할 필연적 본질로 이루어진 존재가 되고 말 것이다. 우연적인 존재는 이성을 초월하며 궁극적으로 순수한 사실로서 느낄 수밖에 없다. 표현의 상징적 특성이 그 절정에 도달하는 것은 역사와 사회학에서이지 신학에서는 아니다.[25]

공감적 의존성

신의 사회성은 구체적으로 "공감적 의존성"(sympathetic dependence)에 의해 특징짓는다.[26] 신은 자신의 느낌을 세계와 공유한다. 신은 독립적으로 존재하는 전통 신과는 달리 공감을 통해서 서로에게 감정적으로 의존한다. 그래서 신고전 유신론은 고전 유신론에서 언급된 "부동의 동자"(unmoved mover)를 거부한다. 부동의 동자는 적어도 서구 사상에서 "탁월하게 실재적인 존재"로 이해되었고, 화이트헤드가 말하듯이 "기독교 신학이 애호하는 학설이 되었다."[27] 부동의 동자로서의 신 개념은 자신의 의지와 명령에 따라서 세계가 반응하기 때문에 상호관계에 의한 변화는 일어나지 않는다. 근대의 르네 데카르트도 이 같은 신 개념을 확증한다. 그의 「철학원리」에서 데카르트는 이렇게 적고 있다. "신이 양태나 성질을 가지고 있다고 하는 것은 적합하지 않으며 단지 속성만 가지고 있다고 하는 것이 적합하다. 왜냐하면 신이 변화한다고 생각하면 안 되기 때문이다."[28] 따라서 데카르트는 신을 실체로 이해하기 때문에, "존재하기 위해서 다른 어떤 것도 필요로 하지 않는 실체는 오로지 하나뿐이라고 할 수 있는데, 그것은 당연히 신이다"라고 주장했다.[29] 하지만 공감적 의존성으로서의 신은 세계와의 관계에서 언제나 공감적인 반응을 나타낸다. 공감이란 다른 존재에 대한 느낌들을 느끼는 것이다. 신은 다른 존재들의 고통과 고난에 아파하고, 슬퍼하는 존재들과는 함께 슬퍼하며, 그리고 기뻐하는 존재들과는 함께 기뻐한다. 하츠혼은 이렇게 표현했다. "신은 자기 스스로 기회를 노출한다. 피조물들을 돌보고자 신은 그들의 행복과 불행에 동참하는 존재이다."[30] 화이트헤드는 유사한 방식으로 신을 "고난받는 동반자"(fellow- suffer who understand)로 이해했다.[31] 고난받는 동반자로서의 신은 다른 존재들의 감정에 무감응적 또는 무감성적 존재가 아니라 언제나 반응하는 존재가 된다. 따라서 화이트헤드의 이 같은 신 개념은 신이 세계와의 관계에서 공감적 의존성을 가지고 있기 때문에 고난과 기쁨을 함께 공유한다. 하츠혼은 이러한 존재가 예배에 적합한 신이 될 수 있다고 보았다.[32] "예배한다는 것은 의식적으로 무엇인가를 행한다는 것이다."[33] 의식적으로 무엇을 행한다는 것은 예배하는 사람은 이미 "느끼는 개인"(sentient individual)임을 전제로 한다. 하츠혼이 지적하듯이, "예배란 전적으로 개인의 모든 생각과 목적, 모든 가치와 의미, 모든 자각과 개념을 통합하는 행위다."[34] 특히 예배에서 신에 대한 감사는 매우 중요한 개념이다. 우리는 우리를 구원한 신에게 감사한다. 그런데 그 감사란 말은 "진정한 채무감"(indebtedness), 즉 "다른 사람들에게서 실제로 도움을 얻었음을 인정하고 표현하는 적절한 방식이다."[35] 교만한 사람은 감사를 표현하는 상황을 만들지 않음으로써 자신의 독립성을 자랑하려고 할지 모른다. 즉 그 사람은 누구의 도움이 없이 스스로 모든 일을 해결했다고 말할 것이다. 이것은 마치 선한 사람이라면 사랑스러운 아내 덕분에 행복하게 살아가고 있을 때 그 아내가 아니라면 행복할 수 없었다는 사실을 유감으로 여기지는 않는 것과 같다. 그런데 남편이 아내에게 소중한 것보다도 우리 각자는 신에게 더 사랑스러운 존재다. 왜냐하면 그 누구도 신보다 우리 내면을 속속들이 아는 존재는 없기 때문이다. 이처럼 우리가 믿는 신이 공감적 의존성의 사회적 관계를 맺고 있을 때 그 신은 더욱더 그의 피조물의 가치를 이해하는 존재가 될 것이다. 하츠혼은 이렇게 말하고 있다. "다른 사람의 경험을 안다는 것은 곧 그의 가치를 이해한다는 것이다. 경험의 가치는 바로 경험 자체이기 때문이다. 우리가 어떤 사람들에게 그들의 경험이 어떠함을 알고 느끼는 특권을 허락해준 데에 대해서 빚을 진 것처럼 신도 같은 특권으로 말미암아 보다 큰 즐거움에 대한 채무를 우리 모두에게 지고 있다."[36]

이런 맥락에서 하츠혼은 공감적으로 의존하고 있는 신은 그의 피조물과의 관계에서 도구적인 측면에서 응시하는 것이 아니라 가치적인 측면에서 느낀다. 이는 느낌이 있는 곳에는 도구적인 측면이 아니라 어떤 가치를 더 중요하게 여기는 신이기 때문이다. 그래서 하츠혼이 적고 있듯이, "모든 자연은 자기 향유를 내포하고 있으며, 그로 말미암아 신이 동참하는 향유(participatory enjoyment)에 공헌하게 된다. 그의 공헌은 그 중요성의 절대적이고도 최종적인 척도다."[37] 그렇지만 문제는 피조물과 감정적 느낌을 공유하는 신은 과연 적절한 신이 될 수 있는가 하는 것이다. 그래서 여기서 그 같은 적절성이 의존하게 된 대상의 본성뿐 아니라 의존하는 개체의 본성에 의해서도 영향을 받는다는 점에서 하츠혼을 공격한다.[38] 이유는 간명하다. 사람이 사람에게 의존하는 것은 적절하지만, 최상의 존재가 사람에게 의존한다는 것은 타당하지 않기 때문이다. 하지만 하츠혼은 "최상의 존재일수록 의존하는 것이 더 다양해지고 더 많아진다"라고 논증한다.³⁹⁾ 다시 말해 공감적 의존성을 갖는 신은 "탁월한 존재의 징표이고 존재의 범위에서의 모든 진보와 향상을 증대시킨다."⁴⁰⁾ 예를 들어 기쁨은 공감적 기쁨을 불러일으키고 슬픔 역시 공감적 슬픔을 일으키는 사회적 개념들이다. 이 공감적 반응은 상대방의 감정 상태에 대해 보일 수 있는 가장 탁월한 반응이다. 이는 공감이 모든 것을 아는 공감이며 세상의 모든 기쁨이나 슬픔의 미묘한 색깔에 정확하게 반응하고 의존하기 때문이다. 이처럼 인격적 존재로서의 신은 사회적 관계와 의식에서 그의 피조물의 기쁨과 슬픔 그리고 고난에 동참하면서 함께 즐거워하고 함께 맘 아파하는 존재가 된다.

하츠혼은 세계에 대한 신의 공감하는 방법은 신 자신에 의해서 강요하거나 결정하지 않는다고 주장한다. 객체가 인식의 주체에게 어떻게 반응해달라고 요구한다는 것 자체가 이미 논리적으로 불가능하기 때문이다. 그는 이렇게 표현하고 있다. "X에 대한 특정한 인식은 X 자체와는 다른 어떤 것이며, X에 의해 좌지우지될 수 없는 것이다. 만일 그렇다면 어떤 특정한 객체에 대한 인식은 단 하나밖에 없을 것이며, 두 개의 다른 인식이 하나의 객체를 공유할 수 없을 것이다."⁴¹⁾ 이처럼 신이 세상을 통치하는 방법은 상호 느낌을 수용하는 공감적 방법이다. 화이트헤드는 이 공감적 방법을 "설득"(persuasion)이라고 부른다. 하츠혼은 "이 설득을 가장 위대한 형이상학적 발견의 하나로서 그 공로를 화이트헤드에게 돌려야 한다"고 말한다.⁴²⁾ 그만큼 화이트헤드는 신이 자신을 만들어감으로써 우리를 만들어간다는 깨달음에 가장 먼저 도달한 철학자이다. 설득은 "궁극적인 힘"이다. 신은 매 순간 우리를 위하여 새로운 이상이나 질서를 제공할 뿐만 아니라 우리로 신이 제공하는 어떤 것에 반응하도록 이끈다. 비록 우리의 반응이 부분적으로 자기 결정적이라고 해도, 우리의 우주에서 과거의 반응들에 의해서 영향을 받는다. 신은 이러한 반응을 통해서 우리의 모든 행동에 영향을 미친다는 것이다. 오직 스스로 변화하는 존재만이 새로운 계기에 대한 새로운 이상을 제공함으로써 우리 안의 변화를 조정할 수 있다. 우리는 매 순간 신이 무엇을 원하는지 보고 느낌으로써 어떤 선택을 해야 할지 이해하고 결정해야 한다.[43]

신의 인격성

신의 인격성은 사회적 관계나 개념에서 가장 중요한 의미를 가진다. 신의 인격성은 절대성뿐만 아니라 상대성을 극대화할 때 우리가 신을 최고의 인격체로 받아들이게 된다. 절대성은 그 어떤 상대적 대안들 사이에서 보면 중립적이다. 하지만 신이 인격적이라고 하면, 그것은 그렇게 중립적일 수 없다. 만일 신이 모든 면에서 절대적이라면, 문자 그대로 신에게 모든 것은 똑같다. 우리가 이것을 행하든 저것을 행하든, 우리가 살든 죽든, 우리가 즐거워하든 고통스러워하든, 절대적 존재의 신은 우리에게 아무런 관심을 두지 않는다. 이는 절대적 신은 무감동의 신이기 때문이다. 무감동의 신은 비인격적 존재로서 헤겔(Friedrich Hegel)의 관념적 신과 유사하게 변하지 않는 우주의 절대 정신과도 같다.[44] 그야말로 그러한 신은 피조물들과 세계의 사건에 무관심 내지는 무감동의 존재다. 하지만 하츠혼은 인격적 개념과는 반대되는 비인격적 개념 즉 "절대적 개념은 종교적으로든 윤리적으로든 그 어떤 의미에서든 인격적일 수 없다"라고 보았다.[45] 하지만 앞서 살펴보았듯이 신은 절대자로서 등장하지 않는 한 그 어떤 관계에 대해서도 중립적이지 않고, 또 그렇게 하지 않는다. 다시 말해 "특정한 개체적 내용을 제거한 일반적 형태의 관계들에 대해서는 중립적이지만 그 외의 모든 관계에 대해서는 중립적이지 않다"라는 것이다.[46]

하츠혼은 여기서 화이트헤드의 신이 몇 가지 점에서 문제가 있다고 비판한다. 화이트헤드의 신은 계기들의 집합, 즉 사회가 아니라 "하나의 현실적 계기", 즉 사건의 발생이다. 만일 화이트헤드의 신이 하나의 현실적 계기로 이해된다면, 어떻게 하나의 우주적 현실적 존재가 피조물이나 세계 가운데 다른 현실적 존재들과 상호 관련을 맺을 수 있는지를 충분히 설명할 수 없게 된다. 이런 점에서 하츠혼은 화이트헤드의 신을 "살아 있는 인격적 존재"(a living personal being)로 다시 착상해야 한다고 제안한다. 하츠혼의 분석에 의하면, 신이 사회적 존재이고, 사회적 존재는 외부로부터 폭력이나 폭압적인 비사회적인 방식으로 세계를 다스리지 않는다. 신은 최상의 보존과 함께 협력하면서 영향력을 행사하는 사회의 구성원으로 세계를 다스린다. 우리가 알듯이, 사회는 인격적 개별자들 또는 구성원들로 구성되어 있다. 하지만 이 개별자들의 전체가 바로 "신의 몸"(body of God)이고, 그 몸의 영혼이나 정신이 바로 신이다. 따라서 인격적 사회 구성원으로 활동하고 다스리는 신은 사회를 떠나서는 생각할 수 없는 존재다.[47] 통제란 군주적 존재가 자신의 목적을 달성하기 위한 방식이다. 하지만 사회의 구성으로 존재하는 신은 타인의 느낌과 의지를 고려한다. 그래서 하츠혼은 이렇게 표현한다. "신은 확실히 세계를 주먹으로 통치하지 않고, 그의 의지, 느낌, 지식의 직접적인 능력으로 통치한다."[48]

그렇지만 신이 인격적 존재로 나타나는 것은 절대자의 모습이나 표현일 뿐이라고 말하는 사람들이 있다. 그리고 그들은 절대자는 신보다 탁월하며 신은 절대자가 열등한 차원으로 하강할 때 자신을 스스로 제한한 상태라는 주장을 암시하고 있다. 하지만 이와 같은 주장은 아무리 좋게 평가한다고 해도 혼돈 그 이상이 될 수는 없다. 절대성이란 신의 어떤 구체적인 상태는 표현하거나 예시할 수 있는 형식적인 추상적 관계 유형이다. 그와 같은 구체적 상태란 신이 인격적 존재로서 자신이 창조한 피조물들을 보살피는 상태를 말한다. 반면에 추상적인 관계 형태는 그와 같은 유형의 적절한 또는 최고의 인격의 형태일 뿐이다. 신을 인격이라고 할지라도 인격 자체로는 인격적 존재가 될 수 없다. 적절한 인격의 형태는 그 어떤 인격체도 예시하지 않아서 신에게는 인격적 또는 개체적이라고 할지라도 비인격적이거나 절대적이다. 아무것도 생각하거나 느끼거나 결정하지 않는다는 의미에서 비인격적이라는 것이다. 인간의 성격이 생각하거나 결정하는 것이 아니라 인간이 생각하거나 결정한다. 추상적인 것은 행동하지 않고 구체적인 것 즉 인격체가 행동한다. 그렇지만 신이 인격체로서 절대성을 포함하고 있지 절대성이 인격체를 포함하고 있지 않다. 그래서 인간이 성격을 가지고 있지 성격이 인간을 가지고 있지 않은 것이다. 더구나 최고의 인격체는 모든 실재를 포함해야 한다. 우리는 인격체들이 다른 사람들과 사물들에 대한 지식과 사랑의 관계들을 포함하고 있음을 본다. 그리고 그 관계는 그 대상을 포함하고 있으므로 인격체는 다른 인격체들과 사물들을 포함해야만 한다. 만일 그렇지 않게 보인다면 그것은 대상이 주체 안에 완전히 포함되지 않는 인간관계의 부적절성 때문일 것이다. 적절하게 관련된 주체에 대상의 외적인 면을 덧

입히는 것은 이제까지 아무리 자주 그래왔을지라도 현명한 일은 아니다. 신 안에서는 지식의 대상이 뚜렷하고 분명하며 지식이나 인식의 주체인 신 외부에 있지 않다.[49]

신이 절대자보다 열등하다고 주장하는 또 다른 이유는 인격체는 자신의 행동이 선택에 의해 제약을 받아 저것 아닌 이것을 선택하는 반면에 절대자는 무한하고 아무런 제약을 받지 않는다는 것이다. 그런데 여기서 하츠혼은 개념의 혼동이 있다고 주장한다. 절대자의 무한은 가능성의 무한이다. 절대적인 형태는 대안들에 대해 중립이므로 그 어떤 대안들에 의해서도 제한을 받지 않는 것이지 어떤 대안에 대해서도 부족한 어떤 것이 있기 때문은 아니다. 왜냐하면 추상적인 것은 구체적인 것 안에 있으므로 그 어떤 구체적인 경우도 무제한적인 형태를 완전히 포함할 수 있기 때문이다. 형태가 제한이 없는 것은 모든 가능한 경우를 현실화했기 때문이 아니라 그 안에 현실화된 경우를 하나도 갖고 있지 않기 때문이다.[50] 즉 모든 현실태의 공통적인 형태이므로 아무런 현실태도 가지고 있지 않은 것이다. 가능성은 전혀 현실화되어 있지 않으므로 무한하다. 모든 것이 가능성의 형태로 있으며 현실태의 형태로 있는 것은 아무것도 없다. 오로지 절대자로서의 신은 현실화된 것이 아무것도 없다. 인격체로서의 신은 적어도 현실화가 된 것이다. 그러나 절대자로서의 신이든 인격체로서의 신이든 그 어떤 신이든 간에 가능한 모든 방법으로 현실화될 수는 없다. 왜냐하면, 그렇게 되면 모든 것이 완전한 혼란이고, 아무것도 현실화되지 않은 것과 같기 때문이다.

실존은 두 가지 측면을 가지고 있는데, 하나는 가능태의 측면이고, 다른 하나는 현실태의 측면이다. 이 두 가지 측면을 지닌 모든 존재하는 능력은 그 현실화되지 않은 능력이나 가능성에서 무한하지만 전혀 현실화 되어 있지 않으며 그 현실태에 있어서는 반드시 제한을 받게 되어 있 다.[51] 하츠혼은 이렇게 기술한다.

> 신이 절대자보다 열등하다고 주장하는 또 다른 이유는 신이 선하고 현 명하므로 악하다거나 우둔하다는 술어는 포함할 수 없으므로 그와 같 은 술어들은 신 외부에 있다는 것이다. 같은 논리로 크고 무거운 집은 작음과 가벼움을 포함하지 않으며 작음과 가벼움은 그 집 외부에 있다 는 것이다. 하지만 실제로는 그 집이 작거나 가볍지는 않지만 그 집을 이루는 부분들은 작거나 가볍다. 어떤 사물 전체에 적용할 수 없는 술어 라 할지라도 반드시 그 사물 밖에 있어야 한다고 말하는 것은 논리적이 지 않다. 그와 같은 술어들은 그 구성원들의 속성으로서 그 안에 포함되 어 있을 수 있다."[52]

물론 절대적인 신은 단순하며 구성원을 가지고 있지 않다. 하지만 이 것은 상대적인 신만이 포괄적이라는 것을 의미한다. 상대적인 신은 구성 원이 전혀 없는 절대적인 형태를 포함하며 이와 같은 신은 구성원들을 가진 "상대적인 현실태"를 포함한다.[53] 이러한 방법으로 신은 완전히 포 괄적이면서도 사악하거나 우둔하지 않은 것이다. 이러한 술어들은 구성 원인 존재들에 국한된 것이므로 포괄적인 존재인 신에게 해당하는 것은 아니다. A는 B를 포함하지만, B는 A를 포함하지 않는다면 A는 분명히 B 의 속성인 비포괄성을 포함하지 않는다. 그렇지만 포괄성과 비포괄성은 모두 다 A에 포함되어 있다. 포괄성은 A의 속성으로서 그리고 비포괄성은 B의 속성으로서 A안에 포함된 것이다. 이와 같은 문제들에 관해서 신학적인 토론을 할 때 어떻게 이처럼 조악하고 독단적인 전제들을 바탕으로 할 수 있는지 이해하기가 어렵다.[54]

하츠혼은 "절대는 자기 자신을 한정한다"라는 보편적인 관념은 비판을 받을 수밖에 없다고 주장한다.[55] 절대자는 그 정의에 따라 모든 제한에 대해 무관심하다. 이와 같은 중립성은 구체적인 특정한 행동 안에서 그 행동에 의해서만 극복된다. 그리고 그와 같은 행동은 이미 제한적이고 절대적이 아니다. 이와 같은 제한은 자기 제한적이며 이와 같은 상대성은 스스로 자기를 상대화한 것이다. 그러나 절대자는 스스로 자신을 제한하거나 상대화하지 않는다. 왜냐하면 그 정의상 그렇게 하는 것은 모순이기 때문이다. 절대자는 현실태가 아니고 비구체적이기는 하지만 아무런 제한이 없다. 신은 스스로를 제한하기는 하지만 신 안에 있는 절대적인 형태가 그러는 것이 아니라 신이 자신을 제한하는 것이다. 더구나 신 안의 제한이 신 외의 다른 어떤 것에 의한 제한이라는 의미에서라면 신이 자신을 제한한다고 말하는 것은 오해를 불러일으킬 수 있다. 인간처럼 스스로 결정하는 주체인 대상들은 때때로 자유와 창조성을 발휘해서 부분적으로 스스로를 제한한다. 그리고 자신의 제한들을 스스로 선택하면서 인간에 대한 신의 인식을 제한하는 방법으로 신을 제한한다. 나는 저 행동 아닌 이 행동을 하기로 결정함으로써 나는 신이 저 행동을 하는 내가 아닌 이 행동을 하는 나를 인식하도록 결정한다. 나는 신의 지식의 내용을 결정하는 것이다. 이보다 열등한 것을 결정하는 것은 아무것도 결정하지 않는 것이다. 왜냐하면 전지성은 현실성을 측정하는 척도이며 우리의 결정에 따라서 영향을 받지 않는다면 영향을 받는 것은 아

무 것도 없을 것이기 때문이다.[56]

나가는 말

한번은 하츠혼이 이렇게 말한 적이 있다. "사람들이 2000년 전에 전적으로 절대적인 불변하는 존재에 관한 자신들의 개념에 엎드려 숭배하지 않았더라면, 그 대신에 신학의 근거로서 세계에 대한 신의 자명한 사회적 관계성을 택했더라면 어떻게 되었을까?" 그리고 "신의 사회적 상대성이나 완전 수동성의 범우주성, 무오류성, 독특한 적절성에서 신의 최고의 탁월성을 찾았더라면 그들은 이미 오래전에 이 실패할 수 없는 적절성에서 신의 자기 관계적인 모든 구체적인 행동의 일반적인 특성으로서 유일한 절대성으로 발견했을 것이며" 이 절대성에서 이론적, 실제적, 종교적 또는 철학적 필요를 알아내고서 이 절대성이야말로 "절대자에 대한 신앙에 적절한 근거나 이유가 있는가?" 하는 질문을 해야 할 가치가 있도록 해주는 의미와 일관성을 제공한다는 것을 깨달았을 것이다. 그리고 이를 통해서 제기된 신의 존재에 대한 질문을 진솔하게 숙고한 사람이라면 이 질문을 올바로 이해하기만 해도 그에 대한 대답에 매우 가깝게 도달할 수 있었을 것이다.

이제 우리의 견해를 간단히 요약해보자. 신의 속성들은 신의 행동이 구체적인 사례나 관계로 나타나는 사회적 관계의 추상적인 유형들이다. 관계의 유형은 이 유형을 예시하는 관계적 사례에 의해서 제한되거나 상대화되지 않는다. 이와 같은 유형은 비상대적이기는 하지만 어떤 관계적 사물의 추상적 형태를 취하는 상대적 대상, 즉 상대적 사물과 관계를 맺을 수 있다. 따라서 이 유형은 독립성을 상실하지 않으면서도 관계를 맺을 수 있다. 왜냐하면 의존성이란 변수에 따라 달라지는 것을 의미하지만, 어떤 상대적 사물은 그 자체로서 상대적 사물이기 때문에 항상 실재이다. 또는 의존성이란 우연적인 어떤 것과의 관계나 우연적인 어떤 사물은 우연적이기는 하지만 우연이 아니라 필연에 의해서 존재한다고 말할 수 있다. 이처럼 사건이나 어떤 특정한 사건이 일어난다는 것은 우연이지만 어떤 사건들이 계속 일어나고 있다는 것 자체는 우연적인 것이 아니며 다른 대안이 없는 필연적, 불변적 사실이라는 것이다. 따라서 절대자로 인식된 신은 긍정적인 관계적 용어로 아무런 궁극적 모순 없이 정의될 수 있다. 하지만 이러한 신은 과거의 신학적 유산이 살아있는 신, 즉 절대적 성격을 지니면서도 사회적 관계들의 최고의 주체로서의 신을 최고의 신으로 받아들이는 것을 방해하는 걸림돌로 작용하고 있다. 이 절대적인 성격은 사회적 관계의 독특하고 가장 뛰어난 유형으로 이루어져 있다. 신의 긍휼은, 안셀름(Anselm)이 말했던 것처럼, 단순히 우리에게 영향을 미치는 신 안에 있는 어떤 것일 뿐 아니라 신 안에 있는 실제적인 공감이다. 그럼에도 안셀름이 정확하게 지적했듯이 신의 공감적인 상태의 독특한 탁월성 자체가 우리의 슬픔이나 기쁨과의 관계에 따라 공감하거나 슬퍼하거나 만들어지거나 사라지거나 변화하지 않는다. 그리고 이 고정된 일반적 탁월성은 모든 선한 영향 안에서 작용하는 유일하고 영원한 원인적 요소이며, 모든 변할 수 있는 불확실성과 대조적이며, 존재했을 또는 존재할 가능성이 없는 단 하나의 사물이며, 잠재성으로부터 자유로운 단순하고 무오류적인 실재이다.

이와 같은 본질은 일반적이기는 하지만 수많은 사례가 보여주고 있 듯이 유일한 개체인 신의 성격만을 이루고 있으며 신은 이 모든 사례를 소유하고 있는데 그 이유는 이 모든 사례가 유일한 신의 삶 안에서 신의 목적과 기억의 독특하고 친밀한 연속성에 의해서 서로 연결되어 있기 때문이다. 따라서 신은 독자적이며 어떤 범주에도 속하지 않지만 매 순간 신 안에서 이미 현실화된 경험들의 범주가 무한히 증가하는 것이다. 이런 의미에서 "신은 범주 안에 있지 않으면서도 범주 안에 있으며 신은 비슷한 범주들의 어떤 범주에도 속하지 않으면서도 그 범주에 속한 구성원이다."[57] 그 이유는 그 범주에 속한 모든 구성원이 그와 논리적으로만 연결되는 것이 아니라 그의 역동성을 즐기기 때문이다. 신의 속성들은 이 독특한 범주의 특성들이다. 이 범주의 새로운 구성원들은 영원하며 옛날부터 있던 구성원도 새로운 구성원의 기억에 밀려 사라지는 일 없이 영원하다. 또한 우리가 경험한 모든 성취는 신의 기억 안에서 우리 자신과 사랑하는 모든 사람 안에서 그리고 시간 안에서 현실화된 모든 인식의 단편 안에서 이처럼 영원하다. 이처럼 아무리 사소한 성취일지라도 그것은 나름대로 독특한 방법으로 경험들의 신적 범주의 모든 구성원에게 공헌하고 있다. 따라서 그 수용성이나 상대성으로 특징짓는 신의 사회성은 그 어떤 것과도 비교할 수 없을 정도로 탁월하다고 보인다.

제7장

신의 속성

제7장
신의 속성

신고전 유신론이 전통 신학에 비판적이었다는 것은 잘 알려졌다. 그 가운데 전통 신학의 신, 특히 신의 본성에 관한 논의가 합리적인 믿음을 산출해 내지 못한다는 것이다. 프린스턴 신학교의 다니엘 L. 밀리오리(Daniel L. Migliore)가 솔직히 인정하듯이, "신의 속성에 있어서 기독교 신학의 전통은 너무나 빈번하게 모호하고 혼동하는 상황에 처해 있다."[1] 신의 무감동, 불변성, 무감각성 등과 같은 전통적 신의 속성은 우리의 일상에서 공감하고 고난당하는 가운데 승리하는 사랑의 신이라는 고백과 상충하기 때문이다. 1984년에 출판한 그의 「전능성과 다른 신학적 오류들」(Omnipotence and Other Theological Mistakes)에서 하츠혼은 전통적인 신의 속성 교리에 관한 문제를 다루고 있다. 그의 형이상학적 체계가 신학적인 문제에 관심을 가지면서 신적 속성의 세부적인 문제를 신고전 유신론의 입장에서 논의하고 전개한다. 무엇보다도 신고전 유신론의 신학체계를 정립하기 위해서 하츠혼은 고전 유신론에 나타난 신의 속성에 관한 논리적인 오류들을 지적한다. 그가 열거한 전통적인 신의 속성이 갖는 여섯 가지 논리적 오류들은 다음과 같다. 첫째, 신은 절대적으로 완전하기 때문에 변하지 않는다. 둘째, 신은 모든 면에서 완전하기 때문에 그 능력에 있어서 완전하다. 셋째, 신은 완전하기 때문에 미래의 사건을 미리 안다. 넷째, 신은 세계를 초월해 있기 때문에 무정한 존재이다. 다섯째, 죽음 후의 생에서도 인간은 영원히 사멸하지 않는다. 여섯째, 계시는 오류가 없기에 절대 무오하다.[2] 이러한 신학적 오류가 나타나는 결정적인 이유는 "이중적 초월의 원리"(principle of dual transcendence)를 무시했기 때문이다. 이중적 초월이란 "유한 - 무한, 시간 - 영원, 상대 - 절대, 우연 - 필연, 육체 -영혼 등과 같은 반대적 개념을 포함하는 원리다."[3] 하지만 전통적 신학의 신적 속성에 관한 오류는, 하츠혼에 따르면, 기본적 논리학을 무시한 결과였다. "P인 것과 P가 아닌 것은… 긍정과 그것의 부정이 한 측면에 동시에 적용할 때에 발생한다. …이중적 초월은 그런 적용을 하지도 않고 그 적용을 허용하지도 않는다. 오히려 이중적 초월의 원리는 어떻게 이 두 개의 차이가 가능한지를 잘 설명해 준다."[4] 그래서 이 이중적 초월의 원리가 신적 지식의 문제에서 상세히 논의될 것이지만, 전통신학에서 신적 속성은 신의 두 가지 측면 또는 본성을 완전히 분리하여 생각되었다.

    전통적 신의 속성을 살펴보기 위해 하츠혼은 우선 고전 유신론이 형성된 배경에 관심한다. 고전 유신론은 그리스 철학에 따라 영향을 받았기 때문에 크게 두 가지 측면에서 문제가 될 수 있는 것처럼 보인다. 하나는 성경의 기록들이 그리스 철학의 논거와는 거리가 있다는 것이다. 예를 들면 신의 완전이나 사랑의 개념 같은 것들이 전형적으로 그런 문제들을 노출하고 있다. 성서적 문헌의 신은 시간적으로 그리스도 철학 이전에 기록되었다. 물론 신약성경의 바울 서신들이 그리스 철학에 영향을 받아 다양한 그리스적 개념을 차용하여 사용했을지라도 신이 완전하기에 변하지 않는다는 명제와 같은 것은 신의 성서적 명제들과는 상당히 다르다. 그럼에도, 고전 유신론의 신학자는 신을 마치 불변하고 무감동적 존재인 것처럼 받아들였다고 가정했다는 것이다. 다른 하나는 '신은 완전하다'는 명제는 신이 더 좋아지지도 더 나빠지지도 않는다는 이중적인 의미로 받아들임으로써 불변적 또는 무감동적 존재에 대한 믿음을 고착화했다는 것이다. 기독교 유신론의 신은 살아 있는 역동적인 존재로 인식됐지만, 그리스도 철학에 의존한 고전 유신론의 신은 우리의 신앙과는 다소 거리가 멀다. 그렇지만 신학자들이 살아 있는 역동적인 신을 정적이고 무변화적 존재로 표준화했다는 것은 문제로 남는다.[5] 이러한 전통 신에 대한 딜레마 또는 불충분한 설명의 문제에도 하츠혼은 신고전 유신론에 따라서 새로운 의미가 풍성하게 설명될 수 있다고 본다. 캅과 그리핀이 밝혔듯이, "신의 교리에 대한 과정철학의 중요한 공헌은 신의 본성에 관한 사상의 명확함과 풍요로움을 제공하는 데 있다."[6] 신적 본성에 관한 하츠혼의 논의는 다른 신학적 통찰과 더불어 타당한 의미를 제공할 것이다. 하지만 이 장에서는 하츠혼이 지적하는 여섯 가지 오류들 가운데 신적 힘과 신적 지식 그리고 신적 거룩함을 선별하여 논의할 것이다.

신적 힘

기독교 신앙은 신에게 탁월한 능력을 부여한다. 이 탁월한 능력을 우리는 신의 전능성으로 이해한다. 이 신의 능력은 세계의 질서를 유지하고 보존하는 힘이다. 더 간단하게 말하자면 신은 우주의 필요에 적합한 능력을 갖추고 있는 존재로 인식되고 그러한 능력을 통해서 우주의 질서를 통치하고 유지한다. 그래서 하츠혼은 신의 능력이 "적합성에 있어서는 절대적이다"라고 말한다.[7] 따라서 우리의 신 개념에 의하면 적절성은 위대함의 기준이므로 적절한 것보다 큰 능력은 없으며 있더라도 적절하지 않다. 그렇다면 우주적 능력의 적합성이란 무엇일까? 그것은 "(신의 사회적 관계의 장인) 우주를 위해 우주적 개체에 의해 이루어지기를 바라고 이루어져야만 하는 일들을 모두 해줄 수 있는 능력이다."[8] 적절성이란 비-우주적인 개체들에 의해 이루어질 수 있는 일까지 우주를 위해 모든 것을 다할 수 있다는 것을 뜻하지 않는다. 우주에는 그런 일들이 있으며 인간과 같은 국지적인 존재들의 자유로운 행동들도 이에 속한다. 하츠혼에 따르면, "우리가 스스로 결정해서 하는 일을 신이 대신해서 구체적인 존재를 결정한다는 것은 무의미하고 공허한 말이다."[9] 우리가 해야 할 일이 다른 존재에 의해서 결정된다는 것은 엄밀한 의미에서 우리의 행위가 아니라 다른 존재의 행위이다. 이런 점에서 '전능성'(Omnipotence)이라는 말은 "어떤 일이든 모든 것을 할 수 있는 능력"이라고 정의하는 것은 옳지 않다고 주장한다. 특히 전능성이 신에게 적용될 때, 신은 모든 것을 다할 수 있는 힘 또는 능력으로 이해된다. 정말로 신은 모든 것을 다할 수 있는가? 하츠혼은 이렇게 말한다.

신은 모든 면에서 완전하다고 정의함으로써 그 힘에서도 완전해야 한다. 그런데 그런 주장은 무슨 일이 일어나든지 그것은 신에 의해서 발생한다는 것을 의미한다. 만일 내가 암으로 죽는다면 이런 불행은 신이 행한 것이라고 말할 수밖에 없을 것이다. 그때 우리는 다음과 같이 질문할 것이다. '왜 하나님은 내게 이런 일을 행하셨나요?' 이와 같은 질문이 가능한 이유는 모든 것이 '그 힘에서 완전함'이나 '전능함'으로 정의되었기 때문이다.10)

만일 그렇다면, 우리의 행동이 자유로운 결정이면서 동시에 반드시 결과를 만들어내는 신의 행동의 논리적인 결과라고 보기에는 문제가 있어 보인다. 어떤 사람에게 그 자신의 결정으로 어떤 행동을 하게 하는데 그 행동이 바로 시키는 존재, 즉 명령하는 존재가 하게 하는 행동이라고 말한다면, 그것은 불합리하다. 왜냐하면 어떤 원인이 그와 같은 선택을 하는데 편리하게 하는 조건들을 형성할 수 있기 때문이다. 하지만 그것이 선택이라면 이와 같은 호의적인 조건들에도 그 선택은 불가피하지는 않으며 일어나지 않을 수도 있다.11) 신이 모든 사건을 일으켰고 자유로운 선택마저도 일어난 그대로 신이 일으켰다고 주장하는 것은 무슨 유익이 있을까? 가장 사악한 행동도 신이 일으킨 것이고 신이 결정했기 때문에, 필연적이지는 않더라도 불가피하다고 왜 주장하려는 것인가? 가장 불행한 사건이나 가장 고통스러운 사고도 신이 현명하고 친절한 목적을 위해 일으킨 것이라고 정당화하려는 것인가?

이런 맥락에서 볼 때 적어도 신의 능력은 '적합성'(adequacy)에 비추어 이해되어야 한다. 그에게 적합성의 기준은 적당한 것을 의미한다. 적당하다는 것은 과학적 방식에 의해서 측정되지 않고 중용의 방식에 의해 파악된다. 그래서 하츠혼은 "신의 적합한 능력이란 특정의 개별적인 존재들로 하여금 바람직한 결정을 내리게 하는 데에 최대로 도움이 되는 조건들을 만들어내는 능력이다"라고 주장한다.12) 하지만 최대로 호의적인 조건들을 만들어주었다고 해서 가장 바람직하고 특정한 결정들이 불가피하다는 것은 아니다. 선택과 결정이란 그 본질상 전적으로 불가피한 것이 아니기 때문이다. 따라서 하츠혼은 어떤 조건들이 가장 호의적이고 적합한지를 알려고 바람직한 결정에 전혀 호의적이지 않은 두 가지 서로 다른 극단적인 조건들을 고려한다. 그 하나는 그 자유와 선택의 폭을 극도로 제한하면서도 그 선택이 반드시 불가피하지는 않으며 불가피하지 않는 부분도 극히 적어서 자유를 잘못 사용해서 일어날 불행한 위험 역시 극히 사소한 경우이다. 악의 위험이 이처럼 감소하는 것은 그 자체로서는 매우 바람직하다. 하지만 실제로 아무런 해가 일어날 수 없는 상황이라고 해서 반드시 바람직한 상황은 아니다. 말하자면 무해한 상황이 '최고의 선'(summum bonum)이라고는 말할 수 없다는 것이다. 따라서 어떤 상황에서 얼마나 최고의 선이 이루어질 수 있는지를 항상 물어야 할 것이다. 위험이나 위협이 사소하다면 기회나 약속도 미미할 것이다. 커다란 기회와 커다란 위험은 반드시 함께 간다. 여기서 하츠혼은 최고의 선을 "최고의 감수성(sensitivity)과 최고의 강렬함"(intensity)을 의미한다고 보았다. 그러나 하츠혼은 최고의 선과는 달리 최고의 악의 경우도 똑같은 근원 즉 "최고의 감수성과 최고의 강렬함"에서 발생한다고 보았다.13) 어떤 한 존재의 강렬함이 미약하다면 그 존재가 나타낼 수 있는 반응들도 미약할 것이며, 따라서 끼칠 수 있는 해악도 상당히 미약할 것이다. 왜냐하면 커다란 고통이나 심각한 비극은 그 성격상 주어진 여건에 의해서 일어나기 때문이다. 그리고 매우 큰 기쁨이나 심오한 행복도 고통이나 비극과 마찬가지로 한 존재의 경험적 강렬함에 의해서 발생한다. 하츠혼이 지적하듯이, "최고의 가치는 강렬한 공감적 반응을 위한 폭넓은 자유와 수용력으로 특징들을 나타내는 경험들로 구성되어 있다."14) 그럼에도 하츠혼은 매우 자유롭고 심오하게 공감적인 존재들이 함께 있다면 그들의 결정들은 우연적이라고 주장한다. 말하자면 그들의 결정들이 조화를 이룰지, 아니면 어떤 갈등을 일으킬지는 결정된 것이 없는 지극히 우발적이라는 것이다. 하츠혼의 주장을 보면, 자유를 위한 가장 적절한 조건들은 위험이 거의 사라져 안전하기는 하지만, 그렇다고 기회가 전혀 없는 상태도 아니고 또 기회나 약속이 매우 증가하지는 않을지라도 너무 위험한 상태도 아니라는 것이다. 따라서 하츠혼은 우리가 너무 안전하고 무해한 질서와 너무 위험한 무질서를 최대한으로 피해야 하고 그리고 우리가 추구해야 할 것은 바로 "중용"(golden mean)이라고 주장한다.15)

하지만 중용의 의미는 "선의 양적 요소와 악의 양적 요소의 평균값"을 말하는 것이 아니다. 그것은 "악의 가능성과 선의 가능성, 기회와 위험, 위협과 약속의 균형"을 의미한다.16) 이러한 근거에서 하츠혼은 중용적 힘의 균형을 신에게 적용한다. "실제로 일어나는 것은 우주적 능력에 의해 결정된 이상적인 평균이나 우주의 가능한 한 가장 선한 상태가 아니다. 신이 가장 적절하게 최적의 상태를 만드는 것은 특정의 개별적 존재들이 특정한 사건들을 일으키는 조건과 상황이다. 그리고 그 결과는 이상적이 아니다. 왜냐하면 특별하고도 개별적 존재들이 적절하게 지혜롭거나 선하지도 않고 그럴 수도 없기 때문이다."17)

이런 점에서 하츠혼은 우연이든 섭리든 간에 어느 하나로는 균형을 이루는 적합성이 없다고 주장한다. 우리가 배웠듯이, 기독교 신학에서는 섭리를 옹호하고, 철학에서는 우연을 옹호한다. 그렇지만 어느 하나의 입장을 받아들이는 것은 적합하지 않다. 전통적인 면에서 섭리는 우연을 배제하는 형태가 되었고, 우연은 섭리를 받아들이지 않는 결과가 되었다. 말하자면 적합성은 섭리와 우연을 동시에 필요로 한다. 따라서 하츠혼은 섭리는 우연을 배제하는 것이 아니라 최적화시키는 것이라고 주장함으로써 양자의 선택이 힘의 논리에 필요하다는 것이다. 실제로 우연은 어떤 한계 안에 있으며 이 한계는 우연에 의해서 정해질 수 없다. 그 이유는 우연에 의해 제한된 우연이란 아무런 제한도 없는 우연과 동일하기 때문이다.[18] 우연을 받아들이는 것은 섭리를 오히려 의미 있게 한다. 하츠혼은 이렇게 기록하고 있다.

절대성과 상대성 사이의 문제와 같은 전통적인 여러 문제처럼 맹목적인 우연과 목적이나 섭리 사이의 문제에 대한 해답도 양자택일이 아니라 둘 다이다. 물론 이 둘은 실존의 동일한 면을 가리키는 것은 아니다. 그리고 우리는 더는 잔인한 대안들을 고려하지 않아도 된다. 즉 전혀 관여하지 않는 신과 우리의 모든 불행까지도 고의적으로 결정하는 신 중에서 선택할 필요가 없다. 사건의 세부 사항들–우리의 고난도 이 세부 사항 중 하나다–은 미리 계획되어 있거나 신이 정해놓은 것이 아니다. 세부 사항들은 그냥 일어나는 것이다. 신이 미리 정한 것은 그러한 세부 사항들이 일어날 가능성이며, 한 걸음 더 나아가 선한 세부 사항들이 일어날 가능성도 이미 정해 놓은 것이다. 이와 같은 가능성을 미리 정해 놓은 이유는 신에 의해서든 다른 존재에 의해서든 이미 과거에 결정된 사건들의 상태에 비춰볼 때 그 어떤 범위의 가능성도 위험과 기회의 더 좋은 비율을 보여주지 못하기 때문이다. 신이 모든 우연성을 제한하는 것도 가장 좋은 일은 아니다. 그 같은 경우에는 가능한 선택은 단 하나 밖에 없게 된다. 왜냐하면 적합한 동기는 차선책을 선택할 수 없기 때문이다…. 그러나 신의 명령은 다른 어떤 가능한 명령만큼이나 선해야 한다. 따라서 신은 자신이 하는 모든 행동에서 자유롭지만 그보다 열등한 일을 하는 자유는 없다. 그리고 그렇다면 신은 자신의 선에 매여 있는 노예라고 할 수 있다. 그러나 신은 스스로 결정하거나 할 수 있는 한 그 어떤 가능한 세계보다 더 선한 세계 안에서 자신의 선을 표현할 수 있는 존재이다.[19]

물론 하츠혼은 신에 의해서 결정된 이 세계의 위험과 기회의 비율이 그 이전의 결정들에 비추어볼 때 가능한 한 호의적이라는 사실을 경험적으로 관찰할 수 있었다고 말하지 않는다. 전지한 존재가 아닌 한 아무도 그와 같은 것을 관찰할 수 없을 것이다. 따라서 하츠혼은 전통적인 전능성의 개념에 따라다니는 불합리성을 배제한 적절한 우주적 능력의 개념을 확립하고자 했던 것이다. 그러면서 하츠혼은 신의 능력을 제한한다. 하지만 신의 능력은 "가능한 한 최상의 큰 힘"을 의미한다.[20] 여기서 "가능한 한 최상의 큰 힘"이란 신의 능력만이 아니라 다른 피조물들의 능력들도 포함하고, 그리고 "가능한 한 최상의 큰 능력"은 여러 많은 능력 중 하나이며 유일한 능력은 아님을 뜻한다.[21] 간단히 말해 신의 힘은 사회적 영향의 절대적인 의미에서 최상의 힘을 갖는다는 것이기 때문에 최상의 힘은 관계를 본질로 하는 사회적 힘이다. 하츠혼은 이렇게 표현한다. "사회적이라는 것은 다른 존재들의 자유를 고려한다는 것이며 다른 존재들, 즉 그의 피조물들의 존재들을 결정하는 자신의 능력을 스스로 적절하게 제한한다는 것을 의미한다."[22]

하츠혼은 사회적 영향으로서의 힘을 "설득적 힘"(persuasive power)이라고 보았다. 신고전 유신론의 체계에서 신적 힘은 두 가지 힘으로 분류된다. 하나는 상대적인 힘이고, 다른 하나는 절대적인 힘이다. 상대적인 힘은 설득적인(persuasive) 힘이자 관계적인(relational) 힘이만, 절대적인 힘은 강압적인(coercive) 힘이자 직계적 또는 직선적(lineal) 힘이다.[23] 전통신학에서 신적 힘은 "계급 제도처럼 위에서 밑으로 명령하는" 직계적 또는 직선적 힘을 "계시적 힘이나 강압적 힘"으로 상정한다.[24] 하지만 이 직계적 또는 직선적 힘은 일방적인 힘이지 수평적 또는 설득적 힘은 되지 못한다. 하츠혼은 이 신적 힘이 상대적 힘인 설득적일 때에 최상의 힘이고 탁월한 힘으로서 신의 위대함을 드러낼 수 있다고 확신한다. 신이 자신의 임의대로 힘을 행사하지 않는 의미에서 신은 탁월한 존재가 된다. 신은 자신의 필연적 도움과 함께 피조물의 존재를 결정하는데 자유 속에 있는 고유한 혼란에 대한 경계를 설정하고, 우주적 질서에서 피조물들이 할 수 있는 최선을 다함으로써 피조물들의 가치를 극대화한다. 그런 의미에서 신고전 유신론의 신은 단순히 피조물을 자신의 의지대로 만들어 가는 것이 아니라 그들 스스로 선택하고 결정하는 것을 부분적으로 설득하고 영향을 끼침으로써 그의 피조물들을 사랑한다.[25]

신적 지식

일반적으로 "모든"(all) 혹은 "완전"이라는 "*omnis*"와 "지식" 혹은 "안다"라는 'scientia' 또는 'scire'라는 말에서 유래했던 '전지성'(omniscience)의 어원적인 의미는 사물의 "모든 앎"(all knowing)을 뜻한다. 전지성이란 말이 신에게 적용되면, '신은 모든 것을 다 안다'는 의미로 받아들여진다. 그리고 전통신학에서는 신이 신의 조건을 갖추려면, 미래의 모든 사건을 포함한 사물의 모든 것을 다 알아야 한다. 이 같은 의미는 신이 완전한 존재라는 인식론적인 의미가 내포되어 있기 때문이다. 하츠혼에 의하면, '신은 모든 사물을 다 알고 있어야 한다'라는 명제는 두 가지 신적 지식의 문제를 야기한다. 하나는 신이 미래의 사건들을 완전하게 알고 있어야 한다는 것이다. 이것은 신이 미래의 사건을 안다고 할 때, 그것은 우연적인 사건과 잠재적인 사건을 포함한다. 말하자면 그것은 아직 현재에 오지 않은 미래의 사건들이다. 다른 하나는 신이 그의 피조물의 자유로운 행위를 예지한다(foreknowledge)는 의미로 받아들일 수 있다. 이것은 신이 그의 피조물의 자유로운 행위들을 통제했다는 뜻으로 받아들일 수 있는데, 우리가 무엇을 하든, 그것은 이미 신의 예지 속에 있기 때문에 인간의 행위는 무의미하다는 것이다. 이처럼 만일 신이 무엇이 일어날 것인지를 안다면, 그것은 반드시 일어나야만 한다. 그렇지 않다면 신은 일어날 사건들을 실제로 알 수 없다. 여기에는 인간의 어떤 선택과 기회의 여지를 전혀 남겨두지 않는다.[26]

이 같은 문제에도 고전 유신론은 신의 전지성과 인간의 자유가 양립 가능하다고 주장한다. 이것의 중요한 근거는 신을 무시간적으로 설정했기 때문이다. 보에티우스(Boetius)가 그 대표적인 예인데, 그는 시간적 사건들이 영원 속에서 신에게는 항상 현재가 된다고 주장한다. 신의 예지(foreknowledge)는 현실적으로 가능하게 하는 모든 미래의 사건들을 수반한다. 보에티누스에게 있어서 신의 예지는 불완전하지 않기 때문에 미래의 결과들이 단순히 예측되거나 추측되는 것이 아니라, 시간 밖에서만 존재하며 그리고 영원한 현재에서 모든 시간을 관찰하는 신은 미래의 사건들을 완전하게 알고 있다는 것이다. 그는 이렇게 기술했다. "신이 완전하기 때문에 그는 그 일을 미리 알고 있어야만 한다. 우리에 의해서 아직 결정되지 않은 우리의 내일의 행위도 이미 신은 알고 있어야 한다. 그에게는 불확실한 미래는 없다. 만일 그렇지 않다면 신은 우리가 무엇을 행할 것인지 관찰하기 위해 기다려야만 하며, 따라서 그것은 신이 지식에 있어서 불완전하다는 의미가 된다."[27] 어거스틴도 같은 맥락에서 신의 무시간성 또는 초월성을 강조한다. 하지만 그는 신의 예지로 인해서 그의 피조물이 소유한 자유의지를 제거하지 않아도 된다고 믿었다. 이는 신의 예지가 압제 수단이 아니기 때문이다. 어거스틴에게 있어서 존재하는 모든 것은 선하며, 인간의 자유의지 그 자체도 선하다.[28] 그럼에도 어거스틴의 딜레마는 여전히 그의 피조물들이 악을 행할 것이라는 사실을 신이 미리 알고 있었다는 데 있다. 양립할 수 없는 이런 비논리적 모순에서 하츠혼은 고전 유신론에서 하나의 대안으로 제시된 신의 "예지" 개념을 단순히 거부한다. 이는 무시간적인 의미에서 고전 유신론의 신은 과거, 현재 그리고 미래의 모든 사건을 다 알고 있지만, 인간의 자유를 선하게 창조했다는 논리적 모순을 제기하며, 또한 신이 미래의 모든 사건을 다 예지한다면, 현재의 인간의 행위가 제한되거나 아니면 결정되었음을 의미하기 때문이다.

    구체적으로 말해 고전 유신론은 인식적 주체와 인식적 대상 간의 외연적 관계에서 신적 지식의 문제를 논의한다. 만일 인식적 주체가 된다는 것이 내연적으로 관계하려면, 명백히 어떤 인식적 주체는 어떤 점에서 자신의 지식 내용에 대해, 즉 그가 아는 것에 의존되어야 한다. 하지만, 전통적인 신의 지식이 내연적이라기보다는 오히려 외연적 관계이기 때문에 세상의 일어나는 모든 사건을 완전히 알고 있으면서도 여전히 불변적이고 무감동적인 신의 속성을 유지해야만 한다. 외연적 관계에서 신의 전지성은 중세시대에 정점을 이루었다. 하츠혼은 이렇게 적고 있다. "중세시대의 사상가들은 최상의 혹은 초상대적으로 탁월한 존재인 신을 순수한 절대, 비관계적, 독립적 혹은 비시간적 존재와 동일시했다."[29] 그런데 이와 같은 고전 유신론의 인식론적 입장은 "신학적 결정론" 및 "신학적 운명론"으로 빠질 위험이 있다. "신학적 결정론"은 "신이 인간의 결정에 선행하여 일어나는 모든 사건과 환경을 지배하며, 따라서 모든 경우에 우리가 행할 것을 궁극적으로 결정하는 행위자가 신에 의해서 선택된다는 신념이다."[30] "궁극적인 책임"과 "통제" 속에 있는 고전 유신론의 신은 전적으로 인간의 행위와는 독립적으로 존재하며, 따라서 미래의 모든 구체적이고 우발적인 사건이 신의 지배에 의해서 결정되며, 도덕적 행위를 포함한 모든 인간의 책임과는 아무런 관계가 없음을 암시한다. 하츠혼이 적고 있듯이, "하나의 목적을 전달하는 능력으로 규정하는 지배 개념은 언제나 인간의 목적이나 인간의 선택이나 선호와는 무관한 신의 섭리적 목적에 맞게끔 설정되었고 방향되어 있다."[31]

더는 받아들일 수 없는 이러한 모순을 바로 잡기 위해 하츠혼은 "형이상학적 필연성의 한 논리적 요청"으로서 "이중적 초월성"(transcendental dualism)의 원리를 제시한다.[32] 이것은 철학적 체계가 잘 알려진 대로 양극성적 원리이며, 따라서 신고전 유신론의 신은 형이상학적 체계에서 필연적으로 추상적 본성과 구체적 본성을 가진다. 추상적 본성으로서의 신은 불변하고 초연하며 그리고 무감동적인 반면에, 구체적 본성에서는 변하고 감동적이고 그리고 의존적이다. 이 두 본성에 의해서 신의 지식은 구체적인 측면과 추상적인 측면을 가진다. 과거와 현재의 지식은 구체적이지만 미래의 지식은 추상적이며 비실재적이다. 그런데 이러한 과거, 현재, 미래의 시간은 전적으로 '필연적' 관계가 아니라 '비대칭적' 관계이다. 전통 신학자들은 시간을 과거, 현재, 미래로 흘러가는 직선적 시간으로 이해한다. 특히 어거스틴은 시간을 "한번 지나가면 다시 돌아오지 않아 순환하지 않으며, 어떤 목적을 향해 직선적으로 진행해 나가는 역사적인 시간"이라고 강조한다.[33] 이 시간관이 갖는 문제는 바로 신이 이미 계획한 종착점으로 이끌어간다는 것이다. 그래서 시간은 신의 절대적 전지성에 따라서 필연적으로 시작하여 끝난다. 하지만 하츠혼에게 있어서 "안다는 것은 관계한다는 것(to know is to relate)이다."[34] 이처럼 인식과정은 인식자와 인식대상을 연결하는 하나의 관계성이다. "인식자(The Knower)는 내연적으로 과거의 구체적인 경험을 포함하는 대상과 관계하고, 그리고 그 대상은 외연적으로 인식자와 관계되어 있다."[35]

하츠혼의 형이상학적 체계에서 신의 전지성과 인간의 자유는 두 가지 형이상학적 조건들, 즉 '보편적 인과성'과 '미래의 우연성'에 의해서 한정된다. 첫 번째 조건으로서 보편적 인과성은 신적 전지성을 이해하는 중요한 열쇠라고 말한다. 우선 그는 "전지성"을 "모든 사물의 지식, 완전한 지식"으로 정의한다.[36] 그는 신적 예지를 미래의 관점이 되는 모든 사건의 신적 견해로 특징짓는다. 하츠혼이 설명하고 있듯이, 예지의 개념은 미래의 사건의 지식이 시간적으로 이러한 사건보다 선행하는지를 일

일이 열거하지 않는다. 이것은 과거와 현재의 세부적인 지식은 완전히 알지만 미래의 지식은 단순히 포함적이다. 그래서 미래의 지식은 알 수 없다.37) 하지만, 하츠혼은 아직 설정되지 않은 미래가 신의 전적인 무지에서가 아니라 오히려 그의 "완전한 지식" 때문이라고 주장한다. 신은 전적으로 초월적으로 임의적으로 알고 결정하는 의미에서가 아니라 참된 지식에서 전지하시고 모든 것을 안다는 의미에서이다. 신이 세계와 그의 피조물에 대한 지식을 알고 있다고 할 때, 이것은 신적 지식의 한 조건으로서의 보편적 인과성(universal causality)에 의해서 세계와 그의 피조물의 미래의 지식을 예견하는 것을 말한다.38) 미래가 아직 존재하지 않기 때문에, 아직은 결정되거나 만들어지지 않았으며, 따라서 이미 알려진 미래의 지식이란 존재하지 않는다. 하츠혼이 서술한 것처럼, "신의 전지성이 그들의 개별성 속에서, 또한 단순히 보편적 법칙들을 통하지 않고 모든 개체를 안다는 것은 우리가 미래 사건들이 개별적으로 존재한다는 사실을 알지 못한다는 것이다."39)

여기서 우리가 하츠혼의 형이상학에서 오해하지 말아야 하는 부분은 고전 유신론의 관점에서 보여준 "인과성"(causality)을 배제하지 않는다는 것이다. 즉 미래의 사태는 주어진 과거의 인과성에 의해서 결정적으로 영향을 받는 것이 사실이다.40) 무엇보다도 하츠혼의 시간 개념에서 과거 혹은 원인은 현재 혹은 결과에 대해 내연적인 관계지만, 현재 혹은 결과는 과거 혹은 원인에 대해 외연적인 관계로 이해해 본다면, 과거는 항상 현재에 필연적 조건을 제공하며, 현재는 과거를 선택하는 보편적 인과성에 의해서 제한을 받는다. 만일 원인들이 완전히 그것들의 수반되는 결과들을 포함한다면, 그 원인들은 논리적으로 서로 다른 것으로부터 독립되거나 분리되지 않는다. 그렇지만 하츠혼의 형이상학적 체계에서의 인과적 관계들은 선행적 조건들을 갖는 하나의 사건을 연결하는 논리적 필연성을 의미하는 것은 아니다. 단지 선행적 조건들은 인과적으로 "실제로 가능한"(really possible) 미래의 일어날 우연적 결과를 예측하거나 예시하게 된다. 일어날 수 있는 것은 유일하고 개별적인 사건이 아니라 가능성 중의 한 범주 및 선택이며, 따라서 과거에 의해서 결정되는 가능성의 범위라고 할 수 있다. 이러한 선행적 지식의 선택을 통해서 현실적이 된다는 것은 하나의 구체적인 한정성의 원리로 구현된다. 랜돌 모리스가 지적한 것처럼, "현실화란 가능성이 배제되고 한정성이 성취되는 과정이다."41) 인과성은 논리적 가능성의 제한이지만 그것은 또한 현실적 가능성의 결정이다. 이런 점에서 하츠혼은 고전 유신론의 신 전지성의 개념을 수정하는 근거가 된다. 고전 유신론의 신은 언제나 외연적인 관계에서는 이해되지만 내연적인 관계에서는 이해될 수 없었다. 이와는 달리 신고전 유신론의 신은 그의 피조물과의 관계에서 외연적인 동시에 외연적인 양극성적 관계를 갖는다. 하지만 이때 미래의 사태에 대한 신의 힘은 절대적인 힘이 아니라 상대적인 힘으로서 이해된다. 신은 피조물의 과거 인과성이 논리적 가능성의 제한성임을 인식하면서, 동시에 피조물의 현실적인 가능성을 통하여 결정된다. 비록 이것이 하츠혼의 형이상학적 체계의 제한이기도 하지만, 신의 임의적인 개입이나 강제성은 피조물의 자유를 파괴할 수 없다. 이것은 신고전 유신론이 하나의 미래의 사태나 신적 지식에 결정적으로 영향을 미치는 보편적 인과성이 필연성을 부정하는 미래의 우연성(future contingency)에 의해서 온전한 지식이 되기 때문이다.

하츠혼은 신적 전지성을 이해하는 두 번째 조건으로서 미래의 우연성을 고려한다. 신의 지식과 인간의 자유가 인과적 보편성의 조건에 의해 결정되지만, 또 다른 한편에서는 그것들은 "비결정성"(indeterminism)의 조건을 충족해야 한다. 미래의 우연적 사태나 사건이 아직 결정되지 않은 가능성 그 자체라는 의미에서 비결정적이며 비한정적이다. 비결정적인 미래의 상태는 전적으로 열려 있다는 것을 전제로 한다. 이것은 "한 현실적 존재는 내연적으로 결정되어 있지만, 외연적으로는 자유하다"고 하는 화이트헤드의 주장과 일치한다.[42] 미래가 전적으로 열려 있다는 것은 현재의 상태를 반영하는 것이며, 미래의 우연적인 결과들은 현재의 행위와 결정에 전적으로 의존되어 있음을 암시한다. 그럼에도 미래는 필연적으로 예측할 수는 없기에 위험한 결과가 초래될 수도 있으며, 만족할만한 미래의 우연적 사건들이 일어날 가능성을 배제하지 않는다. 동시에 신고전 유신론은 현재의 피조물의 자유로운 의지의 결정과 선택에 따라서 미래의 우연적 결과들을 결정하지도 못한다. 이런 맥락에서 미래는 전적으로 과거의 절대적인 지식에 의존된 것이 아니라 부분적으로 의존되어 있다. 이는 미래의 우연적 사건에 대한 신의 역할도 부분적으로 의존되어 있기 때문이다.[43]

신은 미래를 하나의 우연적인 것으로 본다. 하지만 그에게 있어서 하나의 추상적인 미래의 결과들은 신의 추상적인 형식 속에 있다. 이러한 추상성은 화이트헤드의 "영원한 객체"(eternal object)와 같은 의미로 사용한다. 영원한 지식은 미래의 어떤 가능성이 있는 사건으로서 플라톤의 이데아와 같은 개념이다. 보편성들의 보편성들이며 과거의 것과는 전혀 다른 현실적이지 않은 사건들이다. 다시 말해 영원한 객체는 아직 현실화되지 않은 지식이지만 그러나 미래의 어떤 추상적인 형태를 갖고 있는 지식이다. 신이 미래를 안다는 것은 미래의 가능성으로서 안다는 뜻이다. 아직 현실화되지 않고 구체화되지 않은 지식은 신의 유인을 통해서 가능하다는 의미이다. 신은 언제나 미래의 우연성이나 가능성을 바라다보고 피조물들을 인도하신다. 이러한 구체적인 것과 추상적인 지식의 형식 속에서 파악될 때에 신의 지식을 이해할 수 있으며, 그가 중세 시대의 신 개념을 배격하는 이유가 바로 여기에 있다. 존 모스콥이 적절하게 지적한 대로 고전 유신론는 첫째로 신이 순수 현실체이기 때문에, 신의 지식은 잠재성의 요소를 포함할 수 없다고 주장한다. 둘째로 아퀴나스는 제일 원인으로서의 신은 완전히 독립적이고 자기충족적인 이유이기 때문에, 그의 지식은 어떠한 외연적 대상 혹은 객체에 의존할 수가 없다는 논리적 귀결에 도달한다.[44] 따라서 인식자와 인식의 대상으로서의 신은 모든 면에서 동일시되는 것이다.

신적 거룩함

기독교 신학은 신을 도덕적인 존재로 이해한다. 도덕적인 존재의 근거는 신적 본성인 거룩함에서 유래한다. 신의 거룩한 본성은 공의와 사랑에 의해서 특징짓는다. 구약성경에서 '거룩'이라는 낱말은 '분리하다'와 '잘라내다'의 어근 동사에서 나왔다. 대체로 전통 신학에서 신적 거룩함을 이런 의미에서 세상과의 분리나 세상으로부터 헌신을 이야기할 때 사용되었다. 이는 신의 거룩한 본성이 윤리적으로 선의 절대적 기준이라는 것을 전제로 한다. 모든 선의 기준은 신이고 피조물은 그의 기준에 따라 행하는 가치다.[45] 그래서 피조물의 가치는 무시되고, 신의 가치만 인정되는 고전 유신론은 신고전 유신론 체계에서 받아들여지지 않는다. 신고전 유신론의 체계에서는 신의 거룩함의 의미가 일방적이고 독단적인 개념이 아니라 관계적이거나 상대적인 개념으로 이해된다. 하츠혼이 밝히듯이 "거룩함은 단지 죄가 없는 것이 아니라 관심들을 올바르게 그 가치를 인정하는 것이다."[46] 따라서 거룩하지 않다는 것은 관심들의 총체에 대한 가치를 올바로 알고 인정하지 못하는 데서 비롯되는 것이다.

무엇보다도 하츠혼이 주장하는 신의 거룩함은 "신의 명령"이 아니라 "신의 지식"에 따라 이해되어야 한다. 다양한 조건에 의해 구성되거나 주어진 지식은 그것에 대한 판단과 함께 도덕적 실천을 일으키는 어떤 결정적인 요인으로 작용한다. 우리가 상식에서 보았듯이, 사람들은 종종 자신이 아는 것과 자신이 행동하는 것이 서로 다른 것이라고 여기는 경향이 있다. 하지만 원칙적으로는 아는 것은 곧 미덕이다. 지식이 제공하지 않는 도덕적 실천은 무의미하고, 그래서 우리는 우리가 아는 것을 대체로 행한다. 다시 말해 이것은 선을 아는 것이 선의 가치를 안다는 것과 같다. 그러므로 선 자체가 목적이 되지 않는다면 선을 추구해야 할 이유나 동기는 없다. 목적을 안다는 것은 그 목적을 현실화하기 위해 존재할 수 있는 모든 동기를 알고 있다는 뜻이다. 이런 점에서 하츠혼은 신의 거룩함을 "가치의 궁극적 원리"로 이해한다.[47] 하츠혼의 신고전 유신론 체계에서 신이 모든 현실태를 현실로 그리고 모든 가능태를 가능성으로 적절하게 인식한다면, 신은 미래의 어떤 가치를 극대화하는 현실화를 위한 '적절한 동기'(adequate motivation)를 가지고 있다. 이는 어떤 결정을 내릴 때 모든 현실태와 가능태를 고려한다면 그보다 더 윤리적인 호소력은 있을 수 없기 때문이다. 하지만 신은 자신이 알고 있는 더욱 위대한 가치에 반응해야 한다고 말하는 것은 언어의 낭비일지 모른다. 그 가치의 위대함을 안다는 것은 그 가치들에 대해 반응하는 것이다.[48]

윤리적 규칙들은 적합한 인식의 대용품일 뿐이며 이 규칙들을 통해서 우리는 우리의 무지로 말미암은 보다 더 위험한 결과로부터 우리 자신을 보호하고 있다. 윤리적인 결정의 근거가 추상적인 규칙이 아니라 전적이고 독특한 구체적 상황이어야 한다고 주장한 것은 신학적으로는 옳다고 보인다. 하지만 우리가 이것을 자세히 들여다보면 거기에는 인간적으로 오해의 소지가 다분히 있다. 여기서 일어날 수 있는 문제점은 지식에 대한 인간의 한계다. 말하자면 인간은 구체적인 상황을 정확히 볼 수가 없고 항상 스스로 선택하고 결정하는 엄청난 맹점을 통해서 무엇인가를 보려고 한다는 것이다. 따라서 인간은 마음의 평정을 유지할 때 어떤 반성을 통해 받아들인 규칙의 도움을 받아야 편견적인 인지나 추론으로부터 자신을 보호할 수 있을지 모른다. 그렇지만, 신은 현실적 또는 잠재적 경험과 관심을 인지적으로 파악하는 능력과 자신이 인지한 모든 것을 고려하면서 결정을 내리는 능력 외에 필요한 것이 없다.[49] 이것이 하츠혼이 우리에게 말하고자 하는 것이다.

구체적으로 말하자면 모든 상황을 고려하는 결정은 잘못될 수 없다. 왜냐하면 올바른 결정이란 모든 상황을 완전히 파악한 결정이라고 할 수 있기 때문이다. 앞서 언급되었듯이 전지성 또는 지식을 가지고 행동하고 결정하는 신은 그 정의상 올바른 행동을 행할 수밖에 없다. 예를 들어 이기적이거나 사악한 사람은 실제로 결정을 내리는 순간에 그 결정과 관련된 현실적 또는 잠재적 요소들을 전혀 고려하지 않는다. 그들은 모두 다 그들이 하는 행동, 그들이 다루는 상황 그리고 그들이 선택할 수 있는 행동에서 자기 자신을 철저하게 기만한다. 우리 안에서 지식이 미덕과 동의어가 되지 못하는 것은 우리가 지식이라고 말할 때 그 의미가 사물에 대한 현실적, 구체적 인식이 아니라 가상적이거나 추상적인 인식을 뜻하고 있기 때문이다. 따라서 어떤 사람이 자신의 행동 탓에 해로운 결과가 나타날 것을 알고 있고 그에 대한 올바른 해답을 잘 알고 있으면서도 실제로 결정을 내리는 순간에 그와 같은 사실들을 마음속에서 구체적으로 정확하게 생각하려고 하지 않음으로써 잘못된 결정이 일어나는 것이다.[50]

이러한 방식으로 신의 적합한 인식은 지식과 미덕의 동일성을 회피할 수 없다. 신의 거룩성은 그의 일방적인 결정에 따른 것이 아니라 주어진 조건이나 지식에 따라서 결정하는 미덕이다. 이는 "가상적 추상적 지식은 구체적인 실재에 관한 가치를 전혀 지니고 있지 않지만, 현실적 구체적 지식은 모든 가치를 지니고 있으며 항상 적절한 반응으로 나타내기" 때문이다.[51] 즉 신은 자신이 인식하는 능력과 자신이 반응하는 능력에서 동일하다. 따라서 지식과 결정은 궁극적으로 서로 분리될 수 없다.[52] 이것은 마치 우리가 어떤 것에 반응할 때에만 우리가 그것에 대해 인식하는 것과 같다. 하지만 우리의 부적합한 지식은 부적합한 반응을 나타내며 훨씬 더 부적합한 반응을 선택할지도 모른다.

현실적 가치들과 잠재적 가치들을 단순히 인식하는 것은 그 가치들을 정확하게 평가하는 데에 빚을 지고 있는 것 외에도 이 평가의 일반적인 특성들을 추상화시키는 능력이 있다. 그렇다면 신의 거룩한 목적에 구현된 이 일반적인 특성이나 원리들은 무엇일까? 하츠혼은 크게 두 가지를 상정한다. 하나는 선의 가치이고, 다른 하나는 공의다. 신의 선함은 서로에게 도움이 되고 건설적이 될 수 있는 행동으로 사람들을 이끌어가는 방법이다. 하츠혼에 따르면, 선의 가치란 사람들이 서로 사랑하는 법을 배우고 서로 간에 내적인 가치가 있는 존재임을 깨닫고서 서로의 행복이나 안녕을 바라고 기대하는 개념이다.[53] 이와는 달리 신의 공의는 처벌과 상급으로 서로 위하는 행동을 하도록 유인한다. 선의 가치와 공의는 서로 상충하는 것이 아니라 서로 연결되어 있다. 하지만 여기서 하츠혼은 이 두 관계에서 공의는 선의 가치보다 앞서지 않아야 한다고 지적한다. 전통 신학에서 신은 인간들을 다룰 때 공의가 궁극적으로 가장 선한 특성으로 이해되었고, 따라서 악을 행하는 사람이나 불순종하는 사람들을 처벌함으로써 신의 위엄과 권위를 지키고 선한 사람들의 행동들을 보상하고 격려함으로써 신적인 선함을 확인할 수 있었던 것처럼 보인다.[54] 하지만 어떤 사람이 다른 사람들에게 선을 행하기 원해서 선을 행한다면 그는 미래에 상을 받을 것이라는 어떤 기대를 하지 않을 것이며, 따라서 상이란 단지 그에게 부차적인 의미만을 갖게 될 것이다. 선의 행함에 대한 동기는 여기서 중요하다. 하츠혼은 이른바 '동기의 자기-관심'(self-interest of motivation)은 부분적으로 아리스토텔레스에게서 유래했다고 믿는다. 아리스토텔레스의 '동기의 자기-관심'은 정치적 의무의 원리와 서로 부분적으로 관련되었는데, 이러한 생각이 신학자들에게 큰 영향을 미쳤고, 따라서 신학자들이 그들의 신학체계를 정립할 때 이 잘못된 주장을 이용해왔다고 하츠혼은 주장했다.[55]

하츠혼의 신학적 체계에서 신의 거룩함은 "피조물들이 삶의 풍성한 조화를 즐긴다는 것을 의미하며 모든 성취를 궁극적으로 모두 받아들이는 신의 생명 안으로 이 모든 풍요로움을 부어넣는 것"을 의미한다.[56] 따라서 하츠혼은 어떤 특정한 경우에는 이 목표가 상급과 처벌에 의해 이루어져가기도 하지만 이러한 것들은 이차적인 도구로만 사용되어야 한다고 주장했다. 이타심은 "경험 속에서 타인의 선에 동참하는 과정으로 동일시되기 때문에 가치가 다른 타인에게 자연히 일어난다는 사실로부터 자기에게도 어떤 가치의 형태가 자연스럽게 일어난다."[57] 이것은 단지 동기가 이기적이란 말은 아니다. 결국에는 거룩함은 타인의 행복이나 안녕을 기대하는 것이고, 타인을 타인으로서 인정하는 윤리적 의미다.[58] 말하자면, 거룩함은 타인의 몫을 빼앗지 않는 공의의 개념과 분리되지 않는 것이다.

그렇지만 하츠혼은 거룩함의 한 특성인 공의가 절대적인 성격으로 이해하거나 이러한 절대적인 성격을 지닌 신에게 적용하는 것을 우려했다. 그는 이렇게 말한다. "절대적인 신이 존재한다는 것을 인정하고 싶어 하지 않는 가장 보편적인 이유는 이 절대성을 이용해서 다른 여러 가지 절대 법칙, 즉 절대적인 윤리 규범이라든가 신의 절대 명령 등을 만들어내기 때문이다. '신의 목적은 절대적으로 선하다'라고 해서 그와 같은 사실이 어떤 다른 것 즉 신에게 돌려지기는 하지만 어떤 인간적인 윤리 규범에 절대성을 부여하지는 않는다는 것이다. 왜냐하면 신의 영원한 추상적 목적 외에 영원히 유효한 것은 없으며 특정한 구체적 행동이나 결정과 같은 신의 계명도 영원히 유효하지 않기는 마찬가지이기 때문이다."[59] 하지만 하츠혼의 신은 '탁월한 상대주의자'(eminent relativist)이다. 이는 "신이 절대적인 것은 구체적인 현실 세계의 모든 요소에 대한 자신의 평가를 항상 상대화하기" 때문이다.⁶⁰⁾ 바로 그 의미에서 신은 탁월한 상대주의자로 이해된다. 하츠혼이 말하듯이 "신이 원하는 거룩함은 자신의 욕망으로부터의 자유를 행사하지 않으며, 그의 욕망의 어느 것도 부당하게 또는 과도하게 고무시키거나 낙담시키지 않을 것이다. … 그것은 적합한 관련이 없이는 우주에 있는 다른 모든 욕망이 경쟁하지 않는다."⁶¹⁾ 그러므로 신의 거룩함은 절대적 명령으로 그의 피조물에 절대적인 규칙이나 도덕을 강요하는 존재로 군림하지 않는다. 오히려 신의 거룩함은 다른 사람들을 섬기는 기쁨을 포함한 이 모든 가치에서만 의미가 있고, 피조물들은 신 자신의 삶을 풍요롭게 하는 스스로의 성취에 빚을 지고 피조물들의 가치들을 달성하도록 고무하는 것이다.

나가는 말

세계는 하나의 죽은 사물이 아니라 살아 있는 매우 역동적인 유기적 과정 속에 있다. 인간을 포함하여 세계에 존재하는 모든 것들은 자기 원인이나 자기 결정을 통하여 스스로 자신의 가치를 표현하고 완성하려는 존재들이다. 이 유기적 과정에서 신은 그의 피조물들과 끊임없이 사회적으로 관련을 맺는다. 신의 본성은 일방적인 관계, 즉 대칭적인 관계가 아니라 상호의존적이고 상대적인 관계에서 파악되고 있기 때문에 신과 그의 피조물은 서로 영향을 미친다. 힘과 지식 그리고 거룩함과 같은 신의 본성은 이런 사회적 관계에서 이해되어야 한다.

힘에 있어 신은 자신의 임의대로 어떤 목적을 설정하여 강압하는 힘이 아니다. 신고전 유신론의 신은 절대타자로서 군림하지 않으며, 세계에서 일어나는 모든 것에 반응하면서 그의 피조물들을 설득하고 유인해 간다. 이것이 기독교 신앙에서 말하는 신적 섭리로 이해할 수 있을 것이다. 그리고 신적 섭리의 인도하는 방식이 지극히 인간에게 더 많은 자유를 부여함으로써 스스로 삶의 가치를 달성해 가도록 설득한다. 우리는 모두 우리의 미래를 예측한다. 그것을 토대로 계획을 세운다. 그런데 이러한 계획을 세우고 성취해 가는 과정에서 우리는 오류를 범하기도 하고 다른 길로 가기도 한다. 그러는 중에 우리의 삶에는 무수히 많은 경험이 채워진다. 이 채워진 경험들은 과거다. 과거는 경험으로서 우리의 삶을 예측하고 미래를 향해 가는 중요한 여건이 된다. 신의 섭리는 자신의 계획에 따라 결정하는 것이 아니라 우리의 다양한 경험으로 채워진 조건들을 고려하면서 우리의 길을 이끈다. 이는 그가 강압적인 힘이 아니라 설득적인 힘을 행사하는 존재이기 때문이다. 그런데 흥미로운 것은 우리가 가는 이 길은 예상할 수 없지만 가치가 있다는 것이다. 신의 거룩함은 우리에게 절대적인 명령으로 요구하는 것이 아니라 타인의 느낌을 공유하는 윤리적 책무로 요구한다. 타인의 느낌은 우리의 느낌과 마찬가지로 소중하다. 타인의 행복과 안녕을 위해 우리가 행하는 선함과 공의는 신의 거룩한 요구이다. 신은 절대적 규범이나 법칙이 아니라 상대적이고 관계적인 방식으로 그의 피조물들의 미래를 섭리한다. 미래를 모르는 우리는 늘 불안하지만 그것이 오히려 우리의 자유를 행사할 수 있는 근거가 되는지 모른다.

인간이해

제8장
인간이해

고대 그리스에서 시작하여 근대에 이르기까지 철학의 주요 쟁점 중 하나는 인간존재나 인간본질에 관한 탐구였다. 임마누엘 칸트(Immanuel Kant)는 '인간이란 무엇인가?'라는 물음을 던짐으로 인간에 대한 탐구가 철학의 중심이라고 밝힌바 있다. 지구 위에 존재하는 인간 외에 어느 존재들이 스스로 물음을 묻는 반성적이고 의식적인 존재로 자신에 대해 물었던 존재는 없었다. 인간본질에 관한 물음은 인간 그 자체를 문제 삼는다. 인간이 존재한 이후 줄곧 논의된 이 물음은 오래되고 진부한 것이기는 하지만, 인간본질에 관한 물음을 이해하려는 시도는 수많은 철학자에게 매력적인 주제였고 그래서 이 문제에 관한 다양한 견해들이 있었다.

인간본질에 관한 물음은 어느 관점에서 논의하는가에 따라 다른 견해들을 생각해 낼 수 있다. 이를테면 인식론적인 관점 또는 철학적 관점, 생물학적 관점, 신학적인 관점, 사회학적 관점 등에 따라 인간본질의 의미가 다르게 규정될 수 있다. 하지만 이 장에서 고려하고자 하는 인간본질에 관한 물음은 철학적 관점에서 한정하여 취급하고자 한다. 철학적 관점에서 인간본질의 의미는 크게 두 가지 견해로 좁혀지는 것 같다. 한편에서는 인간을 물질로 생각해 왔고, 다른 한편에서는 인간을 정신으로 생각해 왔다. 전자는 물질주의(materialism)나 실재론(realism)으로 발전하였고, 후자는 관념주의(idealism)로 발전하였다. 그리고 이 두 가지 견해에 따라서 인식론의 관점은 다시 일원론, 이원론 그리고 심신 동일론에 의해 부연 설명되기도 한다.[1] 이처럼 서구철학에서 인간존재에 관한 논의가 물질주의와 관념주의의 틈바구니에서 양극단으로 치우쳤던 경향을 보였다. 이러한 양극단에서 과정 철학자인 찰스 하츠혼(Charles Hartshorne)은 그의 유기체적 우주관에 비추어서 그들의 견해를 전적으로 부정하기보다는 서로 종합해 보려고 노력했다.

우선 우리는 하츠혼의 인간존재에 관한 이해를 전개하기에 앞서 하츠혼이 제시하는 인간의 경험적 구조를 먼저 이해하는 것이 순리인 듯하다. 그런 다음 그의 인간 경험 구조에 근거하여 인간존재의 과정적 의미를 개괄적으로 논의하고 설명할 것이다. 과정철학이라는 말을 떠올리면, 대부분 가정 넓은 의미에서 존재보다는 생성의 개념을 떠올릴 것이다. 이것은 과정 철학이 가장 넓은 의미에서 실체와 존재보다 세계에 대한 이해의 더욱 근본적인 범주들로서 사건, 변화 및 생성의 개념들을 존재 양태로서 이해했기 때문이다. 과정적 관점에서의 인간은 한마디로 사건과 생성의 과정 속에서 출현하는 하나의 '현실적 존재'로 이해한다. 현실적 존재로서의 인간은 우연적이고도 시간적인 과정 속에서 필연적 변화를 경험한다. 인간을 포함한 모든 사물은 변화되고 변화 속에서 어떤 새로움으로 출현한다. 이런 맥락에서 인간존재는 영속적이고 불변적이지 않고 가변적인 존재로서 인식된다. 이 세계에서 현존하는 모든 존재는 어떠한 영향을 받지 않는 독립적인 실체는 존재하지 않는다. 하츠혼의 인간관을 이해하기 위해서 그가 집요하게 대항하였던 서구 형이상학의 전통을 살펴봄으로써 전통적 인간관과는 다른 과정적 인간을 이해하게 될 것이다. 하츠혼의 과정철학은 복잡하고 방대한 유기적 체계로 구성된 형이상학적 탐구이다. 화이트헤드의 영향을 받은 그는 우주의 보편적 경험구조를 통하여 인간존재의 경험구조를 밝히고 해명하고 있다. 이 장에서는 찰스 하츠혼의 과정 형이상학에 나타난 인간존재를 특징적으로 기술할 것이다.

경험의 구조

하츠혼의 형이상학은 앞서 언급했듯이 서구 철학에 나타난 실체(substance)나 본질(essence)의 개념을 부정한다. 전통적으로 사물의 본질이나 실체는 형이상학적 원리로서 "어떤 것을 그것으로 만드는, 즉 그로 말미암아 어떠한 것이 무엇이 되는 것"으로 이해했다.[2] 이러한 정의는 어떤 사물을 지금의 그것이게 하는 존재방식에서 본질이나 실체가 존재의 한정성과 상태성을 가장 잘 드러낸다. 그것은 한 사물이 현실적이 된다는 것이 어떤 상태로 있어야 하는 존재 개념을 말한다. 또한 한 사물이 존재한다는 것은 이미 구체적인 내용을 가지고 있으며, 어떤 목적을 향해 가려는 경향을 소유한다는 말이기도 하다. 하지만 하츠혼은 우주를 구성하는 궁극적 원리로서 본질이나 실체를 수용하였던 서구철학의 전통에 관해 신랄하게 비판하면서 자신의 형이상학적 입장을 전개한다. 그에 의하면, 존재의 양태 속에서 이미 결정된 상태의 실재는 '우주적 아름다움'이 아니라 '우주적 단조로움'을 제공한다는 것이다.[3] 따라서 그는 더 복잡하고 유기적인 체계를 가진 '경험의 우주'를 보다 잘 설명하려면 과정 우주관을 받아들일 것을 주장한다.

하츠혼의 과정 형이상학은 "공유된 창조적 경험"(shared creative experience) 혹은 "타자의 한 특정 경험에 대한 반향"[4]으로 정의된다. 경험이란 하나의 종합이다. 구체적으로 말해, 경험은 일(one)과 다(many)의 종합의 구조에 의해서 파악된다는 것이다. 하나의 경험은 경험된 사물들에 대한 여건들의 다양성이면서 동시에 그 여건들을 하나로 묶은 통일체이다. 하츠혼에게 있어서 각 종합은 하나의 유일한 실재이지 상호 관계된 부분들에 귀속되지는 않는다. 하지만, 경험의 구조는 그러한 부분들을 포함하고 있으며, 부분들의 전체성이다. 그러면서 하나의 경험은 전체적 통일성을 유지한다. 이 견해에서 통일성은 항상 전체성에로의 통합이며, 그 통합된 것은 다수의 사건에 의해서 나타난다.[5] 이런 이유에서 하츠혼은 경험을 '사건-다원주의'(event-pluralism)라고 부른다.[6] 이런 경험을 구성하는 통일성과 다원성은 상호 보완적이며 서로 배격하거나 배제하지 않는다.

그런데 하츠혼은 경험적 과정 속에서 통일성과 다원성이 끊임없이 '출현'(emergence) 혹은 '생성'(becoming)되는 과정으로 보았다. 여기서 출현이나 생성은 "특정한 사례가 아니라, 과정의 일반적인 법칙"이다.[7] 즉 새로운 경험의 출현이나 생성은 우주의 필연적인 법칙이자 과정이다. 하지만 이러한 경험의 출현은 무의식적으로 일어나는 것이 아니라 다양한 여건들을 통하여 새롭게 생성된다. 하츠혼이 언급하고 있듯이 "사람은 그들의 창조적 결정을 위해서 과거 경험들에 참여하거나 공유한다. 사람은 또한 어떻게 다른 사람들이 생각했고 느꼈는지 그리고 그들이 결정한 것이 무엇인지의 과거 인식들을 기억한다. 혹은 사람은 근사치적으로 그들이 현재 생각하고, 느끼고, 결정하는 것을 지금 인식한다. 따라서 현 창조성의 자유는 절대적이거나 공간 속에서 도출되지는 않는다."[8] 이것은 사물의 경험이 그 본질에서 사회적 혹은 관계적임을 암시한다. 그러려면 각 현실적 존재의 경험은 그 사회를 필요로 하고, 그 사회를 떠나서는 구성되지 않는다. 그런 측면에서 하츠혼은 "존재하기 위해서 그 자체 외에 다른 아무것도 요구하거나 필요로 하지 않는"[9] 독립된 경험을 부정한다. 어떤 경험이든 그 공유된 경험이 사회적이고 관계적이라고 할 때, 그것은 몇 가지 특징을 보여준다.

첫째로 공유된 경험은 대칭적 관계(symmetrical relations)를 배격하고 비대칭적 관계(assymetrical relations)를 뜻한다. 하츠혼의 비판에 따르면, 흄에서 러셀에 이르기까지 경험의 관계성이 전통적으로 대칭적 관계였다는 것이다. 감각주의(sensationalism)를 표방하기 위해 경험주의자들은 인과성의 관점에서 경험의 구조를 파악하였기 때문에, 그것은 전적으로 대칭적 관계 속에서 파악된 경험이었다. 비록 그들의 감각경험의 중요성이 경험의 인과성에 의해서 설명되긴 하지만, 하츠혼은 인과성만이 경험의 구조를 다 설명할 수 없다는 점을 분명히 밝히고 있는데, 이는 "경험에 관한 설명이 후험적 경험과 동일시될 수 없기 때문이다."[10] 따라서 하츠혼은 경험에 관한 모든 추론이 원인과 결과의 관계에 기초해 있다는 감각주의의 주장은 우리의 기억과 감각에 분명히 주어진 것을 넘어설 수 없다고 보았다. 경험주의자들이 주장하는 원인과 결과의 경험적 지식에 도달하는 것이 선험적(*a priori*) 추론에 의해서 주어지는 것이 아니라 후험적(*a posteriori*) 추론에 의해서 도달되는 것은 사실이지만, 필연적으로 대칭적인 관계에서 인식되지는 않는다.[11] 하츠혼은 다음과 같은 가능한 다섯 가지 관계이론의 입장에서 그 사실을 발견한다.

1. 모든 관계는 양측면에 내연적이다.
2. 모든 관계는 양측면에 외연적이다.
3. 어떤 관계는 양측에 내연적이고, 그 나머지 관계는 양측에 외연적이다.
4. 모든 관계는 한 측면에 내연적이지만, 반대 측면에서는 외연적이다.
5. 어떤 관계들은 한 측면에 내연적이지만, 다른 측면에서는 외연적이며, 어떤 관계는 양 측면에 내연적이고, 양측면에 외연적인 관계들이다.[12]

위의 세 가지 입장들은 순수하게 대칭적 관계들이고, 네 번째는 대칭적 관계를 배제하지만, 전적으로 배제하지는 않는 입장이다. 하지만 다섯 번째 입장은 순수하게 비대칭적 관계이다. 하츠혼에 의하면, 흄과 러셀은 (1)의 입장의 대안으로서 (2)의 입장을 고수하지만 상호 비대칭적인 관계에 대해서는 부정하는 입장임을 지적한다.[13] 여기서 하츠혼이 받아들이는 견해는 다섯 번째 견해이다. 이것이 비대칭적 경험이론이 내연적이면서 동시에 외연적인 구조를 가진 공유된 관계임을 의미한다.

둘째로 하츠혼의 공유된 경험구조는 세 가지 요소로 구성되어 있다. 그것들은 기억(memory), 지각(perception) 그리고 상상(imagination)이다. 이 세 가지 요소들은 경험의 양태로서 구체적으로 기능하는 경험의 중요한 측면들이다. 그러면 경험의 형태인 세 가지 요소들은 구체적으로 어떻게 작용하고 있는가? (1) 무엇보다도 경험의 요소로서의 기억은 지각보다 경험의 성격을 이해하는 가장 중요한 개념이다. 하츠혼은 기억을 "마음의 순응성을 예증하는 정신적 활동"으로 설명한다.[14] "우리가 기억하는 것은 우리 자신의 과거 경험들이다."[15] 과거의 경험들은 실재에 하나의 여건을 형성하여 선택하게 하는 힘이다. 하츠혼의 철학에서 기억의 개념은 "과거의 여건으로부터 느낌을 계승하는 기본적인 양태"인 화이트헤드의 "인과적 효능성"(causal efficacy)과 동일하다.[16] 왜냐하면 현재 나타난 새로운 사실들이 기억이라는 것을 통하여 현재 재생되어 현실화되는 과정이기 때문이다.

하츠혼은 "우리는 기억된 것을 기억한다"라고 말한다.[17] 그런데 경험의 구조에서 전형적으로 두 극단적인 견해를 선택하도록 강요받은 것처럼 보인다. 한편에서는 경험이론이 객관이 주관을 한정하는 데서 시작한다고 보았지만, 다른 한편에서는 주관이 객관을 일방적으로 인식한다고 보았다. 전자는 결정론과 기계론의 경험이론을 의미하고, 후자는 주체인 자신이 세계를 이해하는 주관론과 유아론의 경험이론이다. 이처럼 경험에 관한 논의가 두 가지를 서로 종합하려고 시도하기보다는 서로 다른 극단적인 입장이 참이라고 고집한 것처럼 보인다. 이러한 극단적 갈등에서 하츠혼은 이 두 경험이론들의 문제점을 지적하면서 경험은 객관이 주관을 한정하는 경우도 있고, 주관이 객관을 인식하는 경우도 있기 때문에 어느 하나의 이론이 진리라고 말하는 것은 옳지 않다고 논증한다.[18] 주관과 객관의 포괄적인 경험은 이 두 경험이론의 요소들을 종합한다.

하츠혼은 이 사실을 다음과 같이 기술하고 있다. "각자의 새로운 경험은 의식적 혹은 무의식적으로 기억의 양태로 옛날의 경험들과의 관계성을 소유한다. 따라서 만일 자아가 경험들을 포함하거나 실제로 가지고 있다면, 거기에는 매 순간 부분적으로 새로운 경험들을 가진 옛날의 자아가 아니라 옛날의 경험들을 부분적으로 내포한 어떤 새로운 자아가 존재한다." 19) 이 논의에서 하츠혼의 생각은 종래의 감각주의(sensationalism)와는 크게 다르다고 볼 수 있는데, 이것은 하츠혼이 어떻게 화이트헤드의 파지(prehension)의 개념이 형이상학적 일반화의 한 예증인지를 제시하는 것이다.20) 따라서 기억하는 방식은 한 사물이 그것에 의해서 파지된 것의 원인이 되며, 그 파지는 경험의 과거 사례가 되는가를 이해하려는 것이다.

(2) 경험을 구성하는 두 번째 요소는 지각(perception)이다. 흔히 지각은 "대상에 대한 감각적, 전체적 모상(模像)이다."21) 즉 그것은 "현시적 객체화에 대한 의식"으로 이해된다.22) 그런데 전통적인 의미에서 지각은 감각기관을 통하여 사물이 경험되어진다. 경험주의의 전통에서 흔히 보는 것, 듣는 것, 맛, 냄새, 촉각 등과 같은 감각적 지각이다. 그런데 이러한 지각은 아주 애매하고 혼란된 경험 양태이다. 전통적인 지각의 교리는 우리 자신을 초월한 세계에 대한 우리의 모든 경험이 우리의 물리적 감각들을 통하여 들어온다. 하지만 이 같은 문제에서 하츠혼은 전통적 의미의 지각은 감각들을 제한적이게 한다고 보았다. 이는 경험적 주체나 현실적 존재가 물리적 대상의 구성적인 부분만을 인식한다는 것과 이미 주체자는 경험적 구성에 의해서 감각적 대상을 인식한다는 사실을 부정하기 때문이다.23) 여기서 하츠혼이 논의하는 경험의 지각은 지각하는 경

험적 주체의 구성적 요소에 의해서 물리적 사물이 '현시적 직접성'(presentational immediacy)으로 지각된다. 지각된 현시적 직접성은 사물에 대한 주체적 느낌이며, 또한 인간은 지각 양태에 의해서 그의 주위의 직접적인 세계에 대한 느낌이다. 보다 구체적으로 설명하자면 우리는 일상에서 인과적 효능성인 기억과 현시적 직접성인 지각이 서로 결합하여 우리의 일상적인 삶의 양태인 상징적 연관이라는 복합적인 지각양태를 형성하게 된다는 것이다. 따라서 현실적 존재의 현시적 직접성의 경험이 가장 명료하고, 현재 세계 속에서의 구체적 결과로 인식되는 것이다.[24]

(3) 경험을 구성하는 요소는 상상(imagination)이다. 여기의 상상의 개념은 화이트헤드의 상징적 연관성(symbolic reference)과 동일한 개념이다. 하츠혼에게 있어서 '상상'의 개념은 일종의 개념적 양태로서 이해되는데, 기억과 지각의 두 가지 양태가 서로 결합할 때 한 현실적 존재는 자신의 상상력이라는 상징적 연관을 통해서 무엇이 표상된다. 말하자면 상상은 아직 현실화되지 않은 상태를 현실화시켜주는 개념적 도구라는 것이다. 이것은 마치 화이트헤드가 설명했던 추상적 개념인 보편자와 유사하며, 영원한 객체(eternal object)의 성격을 갖는다고 해도 틀리지 않을 것 같다. 그러면 왜 상상의 개념이 필요한가? 하츠혼에 따르면 이 상상의 개념은 현실적 존재의 만족을 위해서 끌어들이는 기능을 한다. 이른바 상상의 개념은 예기(anticipation) 및 기대(expectation)와 같은 긍정적인 개념으로 작용된다. 그럼에도 상상의 개념은 추상적이긴 하지만 역순의 형태를 보이기도 한다. 다시 말해 상상의 개념은 시간적으로 과거로부터 현재를 통하여 미래로 나아가기도 하고, 이것이 미래에서 현재로 오기도 한다. 그것은 한 현실적 존재와 그 자체 간의 관계가 아니라 주관적 극이나 초점

을 가진 어떤 경험과 자아 정체성을 만드는 그 논점을 가진 다른 경험 간의 공감과 유대관계를 갖는 것과 같다.[25] 그래서 하츠혼은 경험의 사건에서 상상한다는 것은 단순히 공상한다는 의미가 아니라 '자기-창조적 과정'(self-creative process)으로서 현실적으로 변형되는 과정을 말하며, 이런 변형이 자기-향유(self-enjoyment)의 직접성을 구성한다고 주장한다. 그리고 무수히 많은 대안 가운데 선택되는 자기-향유의 방식은 하나의 특정한 목표나 만족에 도달하게 되고, 그런 다음 그것이 다시 과거로 밀어내면서 새로운 자기 창조를 위한 여건(data)이나 타인이 고려할 수 있는 객체나 대상을 제공해 주는 것이다.[26]

셋째로 공유된 경험은 최소한의 단위인 느낌(feeling)에 의해서 관계한다. 하츠혼은 느낌의 개념을 형이상학의 범주로 발전시킨다.[27] 느낌은 "합생하는 현실적 존재가 여건을 사유화하여 자신의 것으로 만들어가는 작용을 제시하기 위해 채택된 용어이다."[28] 즉 그것은 주어진 여건이 현실화하기 위해 객체화되어 가는 속성이다. 그런데 하츠혼에게 있어서, 우주적 과정이 하나의 사회적 과정인 것처럼 느낌도 하나의 사회적 과정이다. 따라서 사회적 관계에 근거가 된 느낌의 논리로 우주를 이해하려는 하츠혼이 인간경험의 경우에도 이러한 사회적 과정을 통하여 추측되는 형식들의 다양성으로부터 산출되는 것으로 보았다. 웨인 비네이(Wayne Viney)의 지적처럼, 하츠혼의 철학에서 "감각"(sense qualities)과 "느낌" 간의 논리적 구분을 만들 수는 있지만 그 같은 논리적 구분들이 감각적 경험의 세계가 실제로 작동하는 방식을 혼동해서는 안 된다. 하츠혼의 이론은 "단순한 활동-정보"로서의 감각을 단지 "정서적 색조인 기분(mood)으로 인식된 느낌"으로부터 분리하지는 않는다.[29] 느낌은 감각의 형식이고, 감각은 느낌의 형식이라고 할 때, 하츠혼은 후자의 경우를 지지하는 것처럼 보인다.[30] 하츠혼은 감각의 옛날 견해를 단순히 모든 가치로 색조된 수수한 인식에 영향을 미치는 속성으로서 오랫동안 불신 되어온 원자론의 심리적인 상대물로 이해하였다고 지적한다. 게다가 감각은 중립적인 의식작용이었고, 따라서 그것은 추상적인 형식으로 남는다. 하지만 하츠혼은 감각이 심미적이고 정서적인 요소들과는 분리된 채로 이해되어온 개념이기 때문에 의식적 경험으로 남지 못하였다고 비판한다. 그의 논의를 따르면, 경험은 느낌의 단위를 가진 의식적 구조이다. 이 의식적 경험은 특징상 평가적이면서 정서적이다.[31] 이런 이유에서 하츠혼의 경험논리는 인간 이해를 위한 심미적 근거를 제공한다고 볼 수 있다.

경험적 단위 – 사건으로서의 인간

경험적 구조를 분석함으로써 하츠혼은 인간존재에 대한 적절한 이해를 시도한다. 앞에서 언급했듯이, 플라톤 이후 서구 형이상학적 전통 속에 있는 다양한 철학자들에 의해서 논의되어 온 인간의 자아 문제는 전적으로 "실체론"(theory of substance)으로 이해되었다.[32] 데이비드 그리핀(David Griffin)이 적절하게 밝혔듯이, 오늘날 실체론적 인간의 자아개념을 수용하기 어려운 이유가 있다. 우선, 실체개념은 사물의 '기계론적이고 물질주의적인' 교리를 대표하기 때문이다. 이것은 사물의 비정신주의적 이론을 말한다. 다시 말해 사물 속에는 정신적이거나 의식적인 요소를 배제함으로써 인간을 하나의 물리적 메카니즘으로 전락시킨다는 것이다. 게다가 실체론적 인간은 이 세계 속에 자연스럽게 현존하는 신성(divinity)을 부정하기 때문에, 사물의 정신적인 요소를 부정하는 결과를 가져온다는 것이다.[33] 이런 이유에서 니콜라스 레셔(Nicholas Rescher)의 표현대로, 서구철학에서 이해되어온 실체론적 인간 자아의 개념이야말로 하나의 지적 '걸림돌'(stumbling block)처럼 간주한다.[34]

특히 이러한 인간 자아의 실체론적 입장은 근대철학을 태동시킨 르네 데카르트의 영속적 자아의 개념에서 더욱더 심각한 문제점을 드러낸다. 실체론적 견해에서 자아는 변하지 않는 상태나 지속의 개념이다. 즉 자아는 변하지 않는 자아의 영속성과 동일성을 소유하게 되었다는 것이다. 따라서 외부의 어떠한 압력이나 영향에도 이러한 인간의 자아는 영속적으로 독립되어 있으며, 상호의존적 관계보다는 외연적 관계를 암시한다. 그 같은 실체론적 자아는 영향을 주지만 영향을 받는 상호 관계적 존재가 아니었다. 이러한 실체론적 자아의 개념이 인간을 몸과 정신으로 분리하여 생각하게 되었고, 이것이 결국에는 사유하는 주체(res cogitans)와 연장하는 주체(res extensa)로 구분하여 받아들이게 되었다. 결과적으로 하츠혼에게 있어서 몸과 정신으로 구성된 인간이 실체적으로 독립되고 분리된 개념이었기 때문에 받아들일 수가 없었다.[35]

하지만 하츠혼에게 있어서 몸과 영혼의 차이는 인간을 형성하기 위해서 결합된 물질과 영혼이라는 두 구성적 요소를 말하는 것이 아니라, 하나의 살아있는 연계체 속의 인격적 인간을 말하는 것이다. 하츠혼의 인격적 인간이 변화를 전제로 하기 때문에 이때 개개의 사태들은 분리되었거나 독립된 요소들이 아니라 서로 연결된 몸체를 이루는 구성원들이다. 따라서 하츠혼의 논의에서 인간존재는 물질적인 요소와 정신적 혹은 영적인 요소가 서로 유기적으로 구성되었다는 것이다.

게다가 하츠혼은 현대 과학에서 말하는 인간에 대한 이해가 기능적 혹은 행동적인 이해로 축소하여 생각하려는 경향이 있다고 지적한다. 기능주의나 행동주의는 "심적인 종류와 속성이 물리화학적이거나 생물학적인 종류보다 더 높은 추상적 단계에 있는 기능적 유형이다."[36] 이 같은 인간존재에 관한 이해는 인간이 언제나 기능적으로 존재하고 행동하는 측면에서만 고려되어 왔다. 만일 내가 머리가 아프면 나는 나의 뇌에 어떤 주파를 보내지 않아도 자연적으로 내 손은 머리를 만져보고 열이 있나 없나를 파악하려고 한다는 것이다. 모든 유기적 인체는 마치 컴퓨터의 칩이나 부속처럼 기능한다. 왜냐하면 심적인 속성들의 영역들이 물리적이고 생물학적인 행위의 결과로 나타나기 때문이다. 하지만 이러한 기능적이고 행동주의적 인간 이해가 갖는 약점은 심적 속성들이 이미 결정되었다는 데 있다. 다시 말해 기능주의나 행동주의는 인간의 행위에 대한 인과론이나 결정론의 가정에서 출발한다는 것이다. 이런 이유 때문에 하츠혼은 철저하게 기능주의나 행동주의와 같은 결정론적 인간 이해를 반대한다.[37]

전통적인 견해와는 달리 찰스 하츠혼은 정확하게 인간을 "단위-경험들"(unit-experiences) 혹은 "경험적 사례들"(experient-occasions)로 파악한다.[38] 이것은 인간이 경험적 통일체임을 의미한다. 그에게 있어서 경험은 인간을 구성하는 근본적인 요소이다. 우리의 자아는 무수히 많은 자아들로 구성된다. 그러면서도 이러한 인간 자아는 외부로부터 영향을 받고 의존적인 자아를 형성한다. 따라서 하츠혼의 인간 자아는 전통적인 의미에서의 자기 동일성의 주체로서 인식된다. 현재적 자아는 외부의 다양한 것들을 고려하지만 자기의 독특한 동질성을 소유하기 때문에 자아는 전적으로 타인의 자아로서 인식되지는 않는다. 한 인간은 언제나 타인에 의해서 소유됨에도 불구하고 이러한 자아는 자신의 자아이다. 왜냐하면 파지의 주체는 자기에게 원인 짓기 때문이다. 예를 들면 내가 무엇을 느끼고, 내가 무엇을 생각하고, 내가 무엇을 고민하면서 미래에 기투하는 것도 결국은 나에게 원인 짓는 행위이다. 그러면서도 인간은 임의적으로 결정하거나 선택하는 행위에서 전적으로 해방되지는 않는다. 이는 그가 다양한 전이해나 전구조의 경험 속에서 이러한 사실들을 고려하기 때문이다. 다시 말해 하츠혼의 경험구조에서는 과거는 언제나 현재의 원인으로서 결정되어 있으며, 이러한 결정된 요소를 고려하거나 선택하는 결과로서의 자아가 바로 현재적 자아를 구성한다. 이런 맥락에서 하츠혼의 인간 이해는 결정론과 비결정론의 끊임없는 투쟁의 연속적 과정이라고 말할 수 있다. 그러므로 인간을 구성하는 근본적인 요소인 경험은 영속적 자아의 개념이 아니라 끊임없이 변하는 순간적 경험의 개념이다. 현실적 존재는 변화를 전제로 한다. 변하지 않고 영속적인 사물이란 존재하지 않는다. 이처럼 하츠혼의 자아는 하루에도 수십 번 변화의 유동성에 의해 새롭게 출현 혹은 생성되는 자아이고, 현재의 자아는 무수히 많은 다른 자아들에 의해서 구성된다. 이런 이유에서 하츠혼은 인간의 자아를 '차이성 속의 동질성'[39]으로 이해한다.

경험 단위-사건으로 이해하는 하츠혼은 두 가지 점에서 중요하다고 보았다. 첫째로 심신적 유기의 관계에서 중요하다. 화이트헤드와 떼야르와 마찬가지로 하츠혼도 우주를 정신(psychic)으로 본다. 모든 사물은 물리적인 단계에서 내적인 면이나 정신적인 극을 갖는다. 결과적으로 하츠혼은 정신주의를 하나의 모델로 발전시키면서 우주의 경험을 강조하여 말하고 있다. 모든 사물이 느낌의 극을 가지고 있기 때문에 하츠혼은 우주의 질서화된 구조를 통하여 인간존재를 이해한다. 그는 이것을 "범정신주의"(panpsychism)의 우주라고 부른다. 우리 시대에 과정 사상을 가장 잘 대변하고 있는 데이비드 그리핀은 이 범정신주의를 흔히 "범경험주의"(panexperientialism)라는 개념으로 대체시킨다.[40] 범경험주의는 "모든 실재하는 개체는 정신적인 속성들을 가지고 있다"[41]라는 의미이다. 존 캅(John B. Cobb)은 "범정신주의"란 용어가 갖는 오해를 피하여야 한다고 지적한다. 비록 범정신주의가 느낌이나 의식을 내포하긴 하지만, 하츠혼의 우주 실재는 "사고하며, 회상하며 그리고 가까운 미래를 예견하는 의식적 삶의 보다 높은 단계"를 가리키는 것이다.[42] 그것은 인간존재가 정신이 있고, 느끼고 결정을 내리는 의식적 존재임을 암시하는 용어이다. 결론적으로 말해 범정신주의는 인간이 이 우주 속에서 느낌의 주체라는 사실을 인식하게 하는 것이다.

형이상학적 범주로서의 느낌(feeling)은 우리 자신의 직접적인 경험에 비추어서 이해될 수 있다. 인간은 즐거움, 만족, 고통 혹은 고난과 같은 미적인 요소들을 느끼는 존재이다. 여기서 우리가 형이상학적 범주로서 느낌이라는 용어를 사용할 때에, 우리는 신인동형동성적 개념 속으로 빠져들어서는 안 된다. "한 피조물이 느낀다고 말하는 것은 어떻게 그것이 느끼는가를 말하는 것이 아니다. 하지만 우리는 어떤 피조물이 인간 존재들과는 매우 다르게 느낀다고 믿는 이유가 있다."[43] 즉 그것은 모든 피조물이 어떻게 느끼는 것뿐만이 아니라 어떻게 서로 다른 느낌이 있는지를 해명하는 것이다.

또한 하츠혼의 범정신주의의 구조 속에서는 두 개의 극으로 인간존재를 형성하고 있다. 하나는 정신적인 극(psychical pole)이고, 다른 하나는 물리적인 극(physical pole)이다. 이 정신적인 극과 물리적인 극으로 구성된 한 인간은 몸과 영혼으로 이해되었던 전통적인 개념과는 전적으로 다르다. 그런데 하츠혼의 이 두 가지 극은 서로 분리된 속성들이라기보다는 오히려 "현실적 사례들의 복잡한 사회"이다.[44] 어떤 점에서 하츠혼의 인간 이해는 성서적 인간 이해와 매우 유사한 부분이 있는 것처럼 보인다. 왜냐하면 성서적 인간 이해는 정신-몸의 전체성 혹은 통일성으로 파악하기 때문이다. 흔히 성서적 인간은 전체적 일원론으로서 이해된다고 볼 때, 전체적 일원론으로서의 성서적 견해는 인간을 심신-동일성(a psychosomatic unity)으로 이해될 수 있는 것처럼 보인다. 구체적으로 말해 인간은 하나의 살아 있는 영혼(nephesh)이나 생명이 있는 신체(basar)이며, 그리고 구약 성경에서 언급된 "생령"(ruach)이나 "성령"(pneuma)과 같은 의미로 사용된다. 이러한 용어들은 바로 성서적 의미에서 인간의 본질을 표현하는 것이다. 어떤 점에서 이러한 인간의 영혼이나 정신은 하나의 의식적 존재이다. 구약에서 몸을 만들고 하나님이 '루하'를 불어넣었을 때에 비로소 인간이 되었던 것처럼 참된 인간은 영혼과 몸의 통일체임을 암시한다. 이런 측면에서 본다면, 하츠혼의 인간존재는 뉴턴 데카르트적 인간 이해보다는 성서의 전체적 일원론에 매우 근접한 것처럼 보인다.

그럼에도 하츠혼은 성서적 일원론보다는 더욱 복잡한 형이상학적 체계 속에 나타난 양극성적 관점에 의한 구체적인 정신으로서의 범정신주의적 인간존재를 선택한다. 그의 「인본주의를 넘어서」(Beyond Humanism)에서 하츠혼은 범정신주의를 한편에서는 이원론에 대한 대안으로서 그리고 다른 한편에서는 기계론에 대한 대안으로서 제시하고 있다. "물질을 인식하는 세 가지 방식들이 있다. 우리는 어떤 행위―한 인간의 행동과 같은―가 느낌과 목적을 내포하는 반면에, 어떤 행위들은 느낌이나 목적을 내포하지 않다고 가정할 수도 있다. 우리는 모든 행위가 대부분 그렇다고 가정한다. 첫째로, 일상적인 경험이나 상식에 의해 제시된 견해가 있다. 둘째로, 극단적이 형식의 물질주의가 있으며, 그리고 그것이 너무 명백하게 사실이 아니므로 그것은 논의할 필요가 없는 것처럼 보인다…. 셋째로, 범정신주의가 있다. 물질주의적 극단을 거부한다면, 우리는 이원론이라고 불리는 첫 번째 혹은 상식 견해와 세 번째 대안인 범정신주의(panpsychism) 사이에서 결정하여야 한다."[45]

요약하면 하츠혼의 인간존재는 현실적 존재로서 경험하는 주체이면서 지식의 대상들을 가지고 있으며, 그리고 모든 그 같은 존재가 어떤 주체를 위한 한 대상이 되어야 한다는 것이다. 이런 측면에서 하츠혼은 주체들의 대양에 대한 범정신주의적 교리가 내연적으로 지식에 대한 그들의 대상들과의 관련된 것이 인과적 관계성(cause-effect relationships)의 시간적인 연속성의 참된 연관으로서 세계에 대한 우리의 깊게 스며든 개념으로 이해된다고 주장한다. 그러므로 관련된 많은 쟁점에 대한 포괄적인 분석 후에 그는 "우리는 다름 아닌 주체들의 구체성의 형식만을 알고 있다"라는 것과 "우주론과 존재론에서 유일한 대안들이 범령주의이거나 아니면 회의론이어야 한다"라고 결론을 내린다.[46]

둘째로 경험 단위-사건의 존재로서의 하츠혼의 인간관은 사회-책임적 존재로서 중요하다. 하츠혼은 결국 사회적 과정에서 어떻게 인간이 활동하고 삶을 영위하는가 하는 것이 중요하다고 보았다. 화이트헤드는 그의 주저인 「과정과 실재」에서 "건전한 형이상학이 해결하여야 할 하나의 과제는 목적인(final causation)과 작용인(efficient causation)의 상호 간의 적절한 관계 속에서 해명하는 일이다"고 지적한다.[47] 중세시대에서는 목적인의 개념을 무모하리만큼 지나치게 강조했지만, 근대의 과학시대에서는 작용인의 개념이 지나치게 강조되었다. 과정철학은 철저하게 경험의 모든 사건의 목적이 자기-결정을 통한 자기-창조에 있다고 가르친다. 여기서 우리는 자기 결정과 자기창조의 불가분 관계를 설명할 필요가 있다. 존 캅에 의하면, "아무리 하찮은 것이라고 할지라도 자기를 표현하려는 것은 보편적이다."[48] 인간은 이 세상 속에 살면서 자신을 표현하면서 산다. 하츠혼은 자신을 표현하는 이러한 삶을 '자기-창조'(self-creation)라고 말한다. 그런데 하츠혼에게 있어서 자기-창조는 작용인과 목적인의 관계 속에서만 인식되는 개념이다. 작용인은 실제적인 영향을 받은 보편적 인과성이고, 목적인은 실제적인 자유를 행사하는 비결정적 자유행위이다. 따라서 한 인간은 과거에 의해서 결정되었지만, 미래를 위한 현재의 행위가 전적으로 자유에 의해서 규정 받는 존재이다.[49] 자기-결정적 존재로서의 인간은 언제나 작용인과 목적인의 사이를 화해시키면서 자기 창조적 변혁을 가져온다. 하츠혼은 다음과 같이 서술하고 있다. "개개의 새로운 자아는 인과적 필연성의 고리를 단순히 늘리거나 환경 안에 있는 구체적인 행동들을 결정하는 선행적 성격을 지속적으로 표현하려는 것이 아니라 자유롭게 새로운 성격을 창조하면서 인과적 가능성과 개연성의 새로운 체계를 세우는 임무와 마주하고 있다."[50]

전통적인 인간 이해에서는 인과성의 개념을 부정하여 자유의 개념을 옹호하거나, 아니면 자유의 개념을 부정하여 인과성의 개념을 옹호하는 이른바 양자택일의 방식을 강요한 것처럼 보인다. 하지만 인과성과 자유는 하츠혼의 형이상학에서는 서로 배격적이거나 상충적인 관계방식이 아닌 상호보완적인 관계방식이다. 경험이 하나의 사회적 차원을 가지고 있고, 우주적 과정이 하나의 사회적 과정이라고 할 때, 하츠혼은 인간 경험의 사회적 차원에서 연계하여 설명하려는 것이다. 또한 경험의 최적 단위가 느낌(feeling)이기 때문에, "피조물들은 만일 그들이 느끼고 있다면, 사회적이며, 그리고 개개의 다른 느낌들과의 관계에서의 느낌이다."[51] 그런데 타인에 대한 느낌은 자신의 독특한 정체성 및 동질성의 독립된 실체라기보다는 다른 경험의 느낌들에 대한 반응의 결과이다. 이것은 "우주의 자기 창조적 통일의 최종적 반작용"이다.[52] 최종적 느낌의 결과는 현재적 자아를 구성하면서 동시에 타인에 대한 원인적 결과이다. 이러한 과정 속에서 인간은 고정적이고 정적인 자아가 아닌 유동적이며 역동적인 자아로서 창조적 변형을 추구하는 존재가 된다. 보다 구체적으로 말하면, 현재의 자아는 과거의 자아에 의한 누적된 소여이다. 그런 점에서 알렌 그레이그(Alan Gragg)가 적절히 표현하였듯이, 과정적 자아는 "소여된 자아"(datum self)이다. 이 소여된 자아란 이전의 과거의 불멸성에 의해서 현재 자신이 선택된 소여들의 최종적 결과에 따라서 이룩된 자아를 소유한 것이다. 따라서 고유하고 독립된 자아가 아니라 타인에 의존된 자아라는 점에서 하츠혼은 타인에 대한 느낌을 "유기적 공감"(organic sympathy)이라는 말로 적절히 표현한다. 이 유기적 공감은 한 개인적 주체가 대상들인 다른 현실적 존재들에 대한 느낌들을 느끼는 것을 말한다. "주체-객체의 관계에서 단순히 공감한다는 것은 느낀다는 것이며, 고민한다는 것이며, 그리고 의미한다는 일반적인 면에서 공감의 직접적인 사레이다."53) 간단히 말해 이 유기적 공감은 다른 존재들에 대한 느낌이다. 타인이 기뻐하면 함께 그 기쁨을 공유하고, 그가 악의 경험으로 고통을 당하면 그와 함께 고통을 공유하는 존재이다. 이런 점에서 하츠혼의 형이상학은 사회와 다른 현실적 존재들에게 무관심하거나 이기주의적이지 않아야 한다는 것을 가르친다.54) 그러면서도 하츠혼은 자기-결정적 주체로서의 인간존재는 자유에 의해서 규정된다는 것을 중요하게 여긴다. 이것은 인간이 이 세계에서 언제나 자기 결정적이며 자기 결단적인 존재임을 암시한다. 인간은 독립된 실체나 결정된 기계가 아니므로 언제나 자기의 내부로부터 무엇인가를 결정하는 힘을 소유하고 있다. 자기-결정적 선택은 항상 책임을 요구한다. 즉 세계 속에서 발생하는 도덕적이고 윤리적인 것을 포함한 모든 사건들은 인간의 자유로운 행위에 의해서 발생한다. 이것은 인간존재가 누구에게도 책임을 전가할 수 없는 현실적인 존재이자 사회적인 존재임을 말한다. 사회적 존재로서 인간은 자신의 공동체를 위해 책임적 존재로서 부여받는다는 사실이다.

하츠혼의 형이상학에서 자유의 개념은 "최종적 해명의 개념인" 궁극적인 원리이다.55) 비록 자유의 보다 높은 형태와 낮은 형태가 존재하지만, 자유의 완전한 부재는 존재하지 않는다. 그래서 "자유의 제로 상태는 경험하는 것의 제로이며, 그리고 심지어 실재의 제로가 되어 질 것이다"라고 말한다.56) 자유를 경험하지 않는 경험은 존재하지 않는다. 다른 사실체들과 달리 인간은 더 많은 자유를 행사할 수 있는 기회가 제공된다. 신의 피조물 가운데 동물들보다는 인간이 더 많은 자유의 정도를 가진다. 그러므로 인간은 자유로운 존재이며 그리고 행위에 대한 자신의 책임과 관련을 짓는다. 모든 현실적 존재는 자기 원인적이며 자기 결정적이다. 누구에 의해서 영향을 받지만 최종적인 결정은 자아의 결정이다. 따라서 되어진 현실의 결정들은 자신에 의해서 형성된 것임을 알아야 한다. 비록 그것이 악의 형태이든지 아니면 선의 형태이든지 이는 자신의 결정적인 주체의 의지에 따라서 행위된 결과이자 자신의 행위의 생산이다. 따라서 인간은 다른 피조물들과 달리 어떤 책임성을 가지게 된다. 간단히 말해, 책임은 자신의 자유로운 의지의 결과일 때만 의미가 있다. 만일 우리가 스스로 결정한 일이 아닐 때 책임을 질 이유가 없다. 책임은 의지의 활동의 임의적인 결과의 산물이라고 볼 때, 현실적 존재로서의 모든 인간은 분명히 책임적 존재로서 인식될 수 있을 것이다.

더욱이 하츠혼은 인간 존재가 매 순간 다른 자아를 가지고 있다는 것 자체가 윤리적으로 의미 있는 자아임을 강조한다. 이 관점에서 자신의 과거의 자아에 의해 제한된다는 것은 매우 이질적인 타자에 의해서 제한된다는 의미이다. 우리의 인간 자아가 타인의 자아에 덕을 입고 있다는 것은 이미 우리는 타인의 영향에서 벗어날 수 없는 인간임을 말한다. 이런 점에서 하츠혼은 사랑의 자기-관심으로 축소하려는 시도는 분명히 잘못된 것이라는 사실을 주장한다.[57] 하츠혼이 말하고 있듯이 "윤리적 의미의 문제는 반드시 보상과 처벌 또는 칭찬과 비난의 유용성의 문제가 아니다. 그것은 객관적으로 확정되지 않은 것을 참으로 확정하는 것으로서의 결정의 장소 문제이다. 이 장소는 출생부터 현재에 이르기까지의 자아 동일적 인격 속에 있을 수는 없지만 그 주어진 순간의 행동 속에 있다는 것은 틀림없다."[58] 인간 자아는 수십만의 타자의 자아들로 구성된 현재적 자아이기 때문에 인간은 단순히 동일성의 관계가 아니라 타인에 대한 현재의 현실적 존재와 과거의 현실적 존재 그리고 미래의 현실적 존재들을 위한 잠재력들에 대한 관심을 두게 한다. 결과적으로 하츠혼의 형이상학은 이 세계에서 철저하게 자신의 선택과 결정에 따라서 사회에 공헌하기도 하고 파멸되기도 하는 책임적 존재로서 자각시키는 철학이라고 할 수 있다.

나가는 말

하츠혼의 형이상학은 느낌의 형이상학이다. 이 느낌이 형이상학의 출발점을 제공한다. 그것은 경험의 최소단위로서 인간존재를 이해하는 가장 결정적인 요소이다. 이 느낌의 개념을 형이상학적 구조로 이해함으로써 하츠혼은 단순히 기계적 물질주의에 의해 보여준 우주관을 배격했다. 우주 안에서는 반응하고, 평가하고 그리고 활동하는 하나의 살아있는 유기적 느낌을 기술하려고 했다. 나아가 대상에 대한 느낌과 자기 자신에 대한 느낌이 하츠혼은 미적 경험을 심도 있게 제공하면서 인간존재의 의미와 범위를 새롭게 해석했다.

인식론적 측면에서 하츠혼의 인간 이해는 이원론적이라기보다는 양극성적(dipolar)이다. 물질과 정신의 이원론, 주체와 객체의 이분법적 사고 그리고 실재론과 관념론의 양분된 인식을 극복하려는 흔적이 보인다. 이는 그의 양극성적 이해가 물질적인 측면과 정신적인 측면을 동시에 포함하는 인간을 개괄하려는 것이다. 인간은 물질이나 정신 중 어느 하나를 배제하지 않는다. 구체적인 인간 경험이나 느낌의 경우에도 이미 물리적인 것과 정신적인 것을 포함하고 있다. 이것은 우주의 모든 과정에서 인간을 포함한 모든 사물들이 대립적 구조보다는 종합적 보편적 구조로 되어 있다는 점을 밝히는 것이다. 따라서 다양성과 통일성을 구성하는 인간을 보여준다. 또한 그의 인간 이해는 내연적으로 사회적 연계를 통한 경험의 주체적 존재로서 이해했다. 이 현실적 존재로서의 인간은 자기 결정적 혹은 자기 원인적 존재로서 스스로 우주 속에 책임적 존재로서 자각하는 일과 동시에 자신을 포함한 다른 현실적 인간들과의 관계를 통하여 상호 의존적 존재로서 자각하는 일이다. 이것이 한 인간존재는 타인의 느낌을 부분적으로 포함하고 있기 때문에 개별적이고 독립적인 인간보다는 서로 더불어 사는 인간존재를 추구하게 하는 근거를 제시한다. 그것은 전적으로 자신의 결정에 따라서 된 것이 아니라 주변의 여건과 환경에 의해서 자아가 영향을 받은 구성적 자아라는 점을 암시한다. 이런 점에서 하츠혼의 인간은 타인의 느낌을 느끼는 주체적 자아로서 이해될 수 있기 때문에 사회-책임적 존재로서 이해될 수 있을 것이다.

하지만 범정신주의로서의 인간존재에 대한 하츠혼의 논의는 분명히 많은 비판을 받는다. 현재 가장 많은 비판들 중 하나는 유기적 존재와 무기적 존재간의 명확한 경계나 규명이 불충분하다는 것이다. 무기적 상태로 존재하는 사물들의 경우에 느낌이나 의식과 같은 정신적인 속성이 있다고 하는 그의 단언적 주장은 비판을 받을 여지를 충분히 제공하는 부분이다. 즉 "인간에서 분자나 원자에 이르기까지 우리는 일련의 체계의 양태를 가지고 있으며, 이 시점에서 모든 사물이 경험하지 않는다는 것을 생각할 수 없다"라는 의미는 범재신론적 양식으로 논의하기는 하지만 다소 범신론적 양태의 인간존재에로 더욱 가깝게 몰아가는 것이 아닌가 하는 인상을 준다.[59] 시카고대학의 스테픈 툴민(Stepen Toulmin)과 브라이언트 키일링(Bryant Keeling)의 비판에서 보듯이, 원자나 분자와 같은 물질이 환경에 반응하는 것을 의식적 느낌을 갖는 존재로 동일시할 수가 없다는 것이다.[60] 따라서 환경에 자극하는 존재들의 활동을 느낌의 종류로 보는 것은 잘못이다. 그럼에도 불구하고 하츠혼은 인간존재의 복잡한 유기적 인격으로서의 사회 개념을 형이상학적 범주로서 해명하고 이해했던 노력은 높이 평가될 수 있다. 하츠혼의 형이상학은 인간을 포함한 모든 현실적 존재들이 생성하고 사멸하는 유동적 존재들이지만, 사회적 존재로서 서로 연계적 관계를 가지고 살아가는 존재라는 사실을 보여줌으로써 인간은 다른 현실적 존재들과 사회와의 관계에서 책임적인 존재로 인식하여 살도록 도와주는 철학이다. 그러면서 '하나의 질서화된 인격적 사회'의 인간은 물리적인 우주 속에서 어떻게 인간이 느낌이나 의식적 존재로서 살아가야 하는지를 보여준다. 그러므로 모든 것이 유동적이고 변하는 우주 속에서 냉혹하게 자신의 주어진 여건들을 고려하면서 자기-창조적 변혁의 결정을 끊임없이 선택하지 않으면 안 되는 하츠혼의 인간이해는 현대인들에게 정서적으로 받아들이기 쉬운 철학으로 설명된 건 아닐까 싶다.

제9장

과정 신정론

제9장
과정 신정론

"아버지 하나님은 완전히 거부되었고 심판자나 보상자로서의 신 역시 마찬가지다. 그리고 또 신의 자유의지도 부정되었고 신은 인간의 호소를 듣지도 못하며 설사 들었다 해도 도와줄 방법을 알지 못한다. 설상가상으로 신은 자신의 의사를 분명히 밝힐 능력이 결핍된 듯하다."[1] 이 것은 무신론 철학자 프리드리히 니체(Friedrich Nietzsche)의 말이다. 이처럼 악의 현실은 신의 존재와 결부하여 생각한다. 그리고 그렇게 생각하려는 경향은 자연스럽다. 만일 신이 능력이 있고 인격적 사랑의 절대적 존재로 이해한다면, 그는 분명히 악을 제거할 수 있어야 하고, 또 그 문제를 해결할 수도 있어야 한다. 그것이 신의 조건에 부합하기 때문이다. 그런데 악이 이 세상에 엄연히 존재한다는 사실은 자명하고도 부정할 수 없다. 따라서 무신론자는 신은 악을 막지도 제거하지도 못하는 능력이 결핍한 존재이거나, 아니면 신이 아예 존재하지 않는다고 비판한다. 무엇보다도 니체와 같은 무신론자들은 악의 현실을 신 존재를 부정하는 논리적 도구로 이용한다는 데 있다. 그들은 신의 존재와 악의 문제를 양립할 수 없는 문제로 설정하고, 논리적으로 모순이 많은 이 문제를 해결해야 한다고 유신론자들에 대해 신랄하게 공격한다.

또한 악의 현실은 무신론자들과 마찬가지로 기독교인들에게도 불편하게 한다. 그 이유는 간명하다. 이는 기독교 신앙이 신을 사랑의 인격적 존재로 이해하고, 신은 무엇이든 원하는 대로 다 할 수 있는 전능한 존재라고 믿기 때문이다. 그런데 신은 그렇게 행하지 않는 것 같다. 시몬느 베이유(Simone Weil)가 썼듯이 "고난은 어느 순간 동안 하나님이 존재하지 않는 것처럼 보인다."2) 그러한 신은 분명히 고통을 포함한 세상의 모든 형태의 악들을 제거하지도 해결하지도 못하는 것 같다. 삶의 현실은 냉혹하리만큼 악과 고통으로 우리의 신앙을 위축하기 때문에 악의 현실은 기독교 신앙에 일종의 걸림돌이다. 이처럼 악의 현실은 유신론과 무신론의 이중적인 난관에 맞닥뜨려져 있는 것처럼 보인다. 다시 말하자면, 한편에서는 기독교 유신론의 신이 어떤 방식으로도 자신의 신적 본성에 부합하기 위해서라도 악과 고통의 문제를 해결할 수 있는 존재여야 한다는 것이고, 다른 한편에서는 무신론은 악과 고통의 문제가 신이 사랑이 많은 인격적 존재도 능력의 존재도 되지 못하는 논리적 딜레마나 모순에 빠져 있다는 것이다. 이런 이유에서 배리 휘트니(Barry Whitney)는 "악의 현실은 당혹스러운 문제이기는 하지만 신학적으로 중요한 논쟁으로 여겨야 한다"고 했다.3)

악의 문제를 해결하기 위해서 종교 철학자들은 이른바 "신정론"(theodicy)이라고 부르는 개념을 고안해 냈다. 신정론이란 말은 근대의 합리주의 철학자 빌헬름 라이프니츠(G. Wilhelm Leibniz, 1646~1716)가 「신정론」(theodicy)에서 사용된 것으로 알려져 있다. 라이프니츠는 "신의 정의, 인간의 자유 그리고 악의 기원에 관한 소고"라는 부재로 표기했는데, 책을 편집하는 과정에서 이 부재를 "신의 선하심, 인간의 자유 그리고 악의 기원에 관한 논고"(Essays on the Goodness of God and the Freedom of Man and the Origin of Evil)로 수정했다.[4] 이 부재는 신정론의 개념에 관한 중요한 단서를 제공한다. 이는 신의 정의와 선함을 변론한다는 의미가 함축되어 있기 때문이다. 어원적으로 말하자면, 신정론은 신을 의미하는 '데오스'(theos)와 의로움을 의미하는 '디케'(dike)의 합성어이고, 따라서 이것은 악의 실재에 직면한 신의 의로움 또는 공의로움을 가리키고 신을 변론하는 것으로 사용되었다. 이런 면에서 기독교 유신론자들은 신의 선함이나 정의는 악의 문제와 양립하지 않는다고 보았다. 신정론의 대안은 크게 두 부류로 구분되는 듯하다. 하나는 전통적 신정론이고, 다른 하나는 비전통적 신정론이다. 전통적 신정론은 어거스틴 신정론, 이레니우스 신정론, 라이프니츠 신정론, 자유의지 방어론 등이고, 비전통적인 신정론은 과정 신정론이다.[5]

악의 발생적 근거

왜 악이 발생하는가? 악의 근원은 어디서 시작되었는가? 기독교가 악의 기원을 사탄이나 아담의 범죄로 인해서 세상에 악이 진입했다는 방식으로 설명하려는 것과는 달리 과정철학은 악의 그러한 근원에 대해서 그다지 큰 의미를 부여하지 않는다. 과정철학은 경험적 입장에서 이 세계에 존재하는 악의 현실성을 인정하고 그것에서부터 논의의 출발점을 삼는다. 인간의 자유로운 의지나 활동에 의해서 일어나는 도덕적 악과 인간의 자유로운 의지나 행위와는 무관하게 자연 속에서 일어나는 자연적인 악을 포함하여 악의 근원은 정확히 알 수가 없다. 따라서 하츠혼은 악의 근원을 밝히는 것보다는 오히려 악이 어떻게 세계에서 발생하고 사멸하는지의 경험적이고도 현상적인 측면에서 논의하고 있는 듯하다.[6]

하츠혼은 악의 발생에 관해서 두 가지 측면을 강조한다. 악이 발생하는 첫 번째 측면은 모든 존재는 창조성(creativity)을 가지고 있기 때문에 악이 발생한다. 창조성은 "선을 위한 기회의 조건"으로서 우주의 범주로 이해된다. 이것은 악이 신으로부터 나온 것도 아니라 창조성에서 나온다는 것이다.[7] 화이트헤드는 창조성을 두 가지 원리로 작동한다고 보았는데, 하나는 궁극적 원리이고, 다른 하나는 새로움의 원리다. 궁극적 원리는 하나의 범주로서 물리적이거나 현실적인 영역과는 다른 초월성의 영역을 의미한다. 이것은 순수하게 초월적 상태이기 때문에 보편자라고 볼 수 있다. 즉 창조성은 궁극적 범주로서 "보편자들의 보편자"(universal of the universals)다. 여기서 보편의 개념을 설명하는 것이 좋을 듯싶다. 보편자란 개별자의 반대개념이다. 구체적이고 물리적인 것은 개별자이고, 그것의 형식이 보편자다. 이를테면 붉음이나 노랑 또는 파랑과 같은 것은 하나의 형식이기 때문에 보편자이고, 그 붉음의 색상으로 장미로 구체화하면 그것은 개별자다. 어떤 점에서 보편을 범주로 이야기하는 것은 하나의 원리이고 궁극적 의미를 가리키기 위해서 보편이라는 말을 사용한다. 다시 돌아와서 화이트헤드는 창조성을 이렇게 표현했다. "창조성은 이접적 방식의 우주인 다자를 연접적 방식의 우주인 하나의 현실적 계기로 만드는 궁극적 원리이다. 다자가 복잡한 통일 속으로 들어간다는 것은 사물의 본성에 속한다."[8] 따라서 창조성은 자유에 의해서 복잡하고 새로운 형태의 현실적인 사건들이나 계기들을 만들어내는 원리라는 것이다. 이 창조성에 의해서 우주는 항상 새로움이 생성된다. 그래서 화이트헤드가 창조성을 "새로움의 원리"(principle of novelty)로 보는 이유다.[9] 그런데 새로움이 생성되는 과정은 아무것도 없는 상태에서 임의적으로 발생하지 않는다. 그것은 주어진 조건과의 만남에서 어떤 새로움을 만들어내는데, 화이트헤드는 이것을 "공재"(togetherness)라고 표현했다. "공재란 여러 종류의 존재가 임의의 한 현실적 계기 속에 다 함께 묶어지는 여러 특수한 방식을 포괄적으로 가리키는 일반적인 술어다."[10] 따라서 이 공재성의 개념이 다원성, 통일성, 창조성, 다양성 또는 창조성과 같은 개념들로 다르게 표현되기도 한다.

하츠혼은 화이트헤드의 창조성의 원리를 수용하면서 창조성이 두 가지 개별적 요인들에 의해서 특징짓는다고 보았다. 하나의 요인은 다른 어떤 사물이나 존재로부터 수용되어진 창조적 영향력에 근거하여 스스로 결정하거나 창조하는 능력이고, 다른 요인은 하나의 현실적 존재 개개인들의 자기 결정이나 자기 창조에 영향력을 행사하는 힘이다.[11] 이 두 요인이 비슷하게 보이지만 서로 상이한 요인들이다. 전자는 경험의 여건들을 고려하여 어떤 통일성을 추구하는 능력을 말하고, 후자는 모든 존재들이 본래의 가치적 힘을 가지고 있다는 것을 의미한다. 구체적으로 말하자면, 전자는 어떤 존재 또는 현실적 존재가 자신의 힘을 행사할 때에 다른 존재들의 경험에 의해서 한정되어 질 수 있다는 것이고, 후자는 스스로 자신을 만들고 창조하고자 하는 힘을 말한다. 이 후자를 '효능적 인과성'(efficient causation)의 힘으로 부르기도 한다. 모든 존재들이 자유에 의해서 어떤 힘을 행사하려고 하면, 그들은 이미 주어진 외연적인 관계에서의 힘을 의식하고 있어야 하고, 그리고 내연적으로 자신의 경험에 의해서 힘을 행사하여야 한다. 이와 같은 힘의 행사에서 선이 생성되기도 하지만 악이 생성되기도 한다. 즉 악은 한 존재의 필연적 요소와 우연적 요소에 의해서 만들어지는 복합적인 경험의 현상이라고 하겠다. 교통사고를 당한 사람의 예를 들어보자. 만일 한 특정한 사고가 운전자 자신의 과실로 일어난 경우라면, 그것은 순전히 내적인 요인이지만, 상대방의 과실로 일어났다면, 그것은 외적인 요인이다. 그래서 그 사고는 내적인 요인과 외적인 요인에 의해서 복합적으로 발생하는 현상이다. 이처럼 형이상학적 이유에서 하츠혼은 세계를 통치하는 신의 주권이 전적으로 세계를 결정하는 것으로 인식될 수 없다고 상기함으로써 전통적인 악의 문제에 대한 대안들을 공격한다. 개별적 사건들이나 계기들로 구성되는 세계는 결코 신의 독단적이고 유일한 힘에 의해서 생성되지 않는다. 신을 포함한 모든 존재들은 저마다 자유를 행사하는 힘을 가지고 있다. 이 힘은 여러 힘 중 하나이지 유일한 힘이 아니다. 세계는 다양한 존재들의 자유로운 힘을 행사함으로써 우리가 알지 못하는 복잡하고도 다양한 사건들이나 계기들이 발생하고 생성된다.[12] 따라서 악은 진정한 기회들을 가지고 있는 개별적 존재들의 부분적인 자기 결정 때문에 파생한다. 이를테면 "나는 나의 행동을 결정하고, 당신은 당신의 행동을 결정한다. 그러나 나의 행동과 당신의 행동은 함께 새롭고도 전체적인 상황으로 흘러간다. 그것은 나의 결정이나 당신의 결정으로 이루어지지 않는다. 신을 포함하여 어느 누구의 결정으로 결정되지 않는다."[13] 그러므로 악은 모든 피조물들의 자유에 근거되어 있다. 하츠혼은 이렇게 말한다.

악의 문제를 잘 설명하는 방법이 하나있다. 그것은 자유에 관한 생각을 일반화하는 것이다. 왜 오직 사람들만이 어떤 일을 결정할 수 있다고 생각하는가?… 원자나 그 이상까지의 모든 실체에 대하여 적용되는 일반 원리로서 강조되고 확대 해석되고 있다. 현대 물리학도 이것과 상충하지 않는다는 것을 많은 학자들이 인정하고 있다.14)

그런데 모든 존재는 자신의 미적 가치에 따라서 자유를 행사하는 힘을 지니고 있다. 하츠혼은 이것을 경험의 미적 원리에 따른 자유의 필연성이라고 부른다. 모든 실재는 자유로운 자발성을 가지고 있으며, 이 자발성은 피조물의 유형에 따라 등급의 차이는 있지만 본래적 가치다. 인간과 같은 보다 높은 단계의 존재는 의식적이고도 도덕적인 자유를 가지고 있다. 그래서 모든 존재자들은 자신의 삶을 향유할 고유한 가치를 가지고 있고, 그것을 성취하고자 자신에게 주어진 힘을 행사하고 결정한다. 이런 과정에서 악은 항상 열려져 있다. 어떤 유형의 악이 발생할지는 모르지만, 다양한 형태의 악들이 발생할 가능성이 있다. 물론 악이 발생할 가능성이 있지만 선이 발생할 가능성도 있다. 악이란 관계적 개념이다. 어떤 다른 자유로운 힘의 행위와 연결되어 있다. 하지만 하츠혼은 절대적 결정론을 주장하지 않는다. 대신에 그는 상대적 결정론(relative determination)을 주장한다.

'상대적 결정론'은 전통적인 의미의 상대성을 말하는 것도 아니고 그렇다고 단순히 결정론을 의미하지도 않는다. 상대적 결정론이란 비결정론을 명시하는 말이다. 전통적으로 만일 결정론이 진리이면 비결정론은 비진리가 되고, 반대로 비결정론이 진리이면 결정론은 비진리가 된다.

악의 문제에서 전통적인 대안은 결정론과 비결정론의 양자택일을 요구했다.15) 그러나 한 존재의 행위는 전적으로 자유하지 않다. 그 자유는 어디까지나 선행적 조건들 또는 경험들에 의해서 결정하고 선택하는 자유다. 다시 말해 한 존재의 자유로운 행위가 인과적으로 결정되었다면, 그 존재는 결정론에 따라 움직인다. 인과적인 조건들은 한 존재의 결정에 영향을 미치는 것은 맞지만, 결정적이라고 말할 수는 없다는 점에서 결정론은 한 면에서의 진리다. 하지만 어떤 결정에는 이미 선행적 조건과는 인과적으로 결정되어 있긴 하지만, 아직 이루지 않은 추상적 이상이나 목표를 염두에 두고 자유로운 결정을 행한다. 이것은 이미 미래가 비결정적이라는 것을 말하고 있다. 그래서 하츠혼은 이것을 상대적 결정론이라고 부르는 이유다. 상대적 결정론은 무제한의 자유나 순수한 임의성만이 이 세계에 존재하지만 그것은 선행적 조건이나 경험에 의해 인과적으로 영향을 미친다는 것이다. 간단히 말하면 한 존재는 "보편적 인과성"(universal causation)과 "미결정성"(indetermination)을 동시에 가지고 자유로운 힘을 행사한다. 악을 포함한 모든 사건들과 계기들은 선행적 원인들을 가지고 있지만 그것이 그것들의 발생을 결정짓는 필연적 이유가 되지 않는다.16) 결론적으로 악에 대한 하츠혼의 분석은 우리에게 두 가지를 강조하는 듯하다. 하나는 악의 문제에 대한 최소한의 해결은 모든 사건들을 결정하는 주체가 신이 아니라 피조물들의 자유로운 행위에서 악들이 파생한다고 강조하는 것이고, 다른 하나는 악을 극복하는 대안으로서 신과 더불어 이 세계에 존재하는 모든 피조물들이 선을 위한 자유를 행사함으로써 악을 극복할 수 있다고 강조하는 것이다.

악이 발생하는 두 번째 측면은 신을 제외한 모든 존재들의 유한성

(finituderness) 때문이다. 창조성이라는 존재의 고유한 결정에서 악이 발생하는 것과 마찬가지로 현실적 존재들은 지식에 있어서 전지하지도 않으며 그렇다고 힘에 있어서도 완전하지 않다. 현실적 존재들은 유한하고 시간적 존재다. 무엇을 결정하고 선택할 때에 유한성의 제한성 때문에 그릇된 결정과 선택을 할 가능성이 높다. 그러한 과정에서 현실적 존재들은 악을 만들어낼 가능성이 충분히 있다. 화이트헤드는 아름다움과 악의 혼합을 세 가지 형이상학적 원리의 결합작용에서 일어난다고 보았다. "(1) 일체의 현실화는 유한하다는 것, (2) 유한성이 양자택일적 가능성의 제거를 포함하고 있다는 것, 그리고 (3) 물리적 실현의 완결성으로부터 제외된, 당면 문제와 관계가 있는 선택지에 순응하는 주체적 형식을 정신적 기능이 실현시킨다는 것이다."[17] 현실적 존재가 유한하기 때문에 과거의 여건으로부터 완전한 선택을 실현하지 못하는 것이다. 정확히 말해 어떤 선택에서 왜 이것이 아닌 저것을 선택하는가. 이런 이유에서 머조리 스코키(Majorie Hewitt Suchocki)는 "모든 유한한 존재는 완성하고 사멸하는 파멸의 모호한 형식을 포함하고 있다."[18] 이것은 악의 발생에서 창조성 또는 자유가 이미 이것이 아닌 저것을 선택할 자유를 전제로 한다. 자유란 과거에 비추어진 경험의 개별적 계기들을 현실화하는 과정에서 주관적으로 선택할 수 있다는 가능성을 암시한다. 이러한 근거가 바로 현실적 존재들의 유한성 때문에 일어나는 것이다.

본래적 선과 본래적 악

현실세계에서 악의 발생은 필연적이다. 그러나 그 악은 영구히 지속적이지 않다. 하츠혼은 어떤 존재이든지 하나의 현실적 존재로 생성하고 사멸하는 과정을 통하는 의미에서 악을 시간적 존재로 본다. 신을 제외한 어떤 존재도 영원하지 않다. 악의 경우에는 다양한 여러 형태들의 악들이 발생하지만 소멸한다. 말하자면 어느 순간적 사건들에 의해 나타나는 순간적 양태들이지 영원히 지속적이지 않는다. 그런 점에서 악을 하나의 상실 또는 사멸의 경험으로 보았다. 현실적이 된다는 것은 시간적이기 때문에 악도 생성하고 사멸한다. 물론 사멸한 것이 현실적 존재의 선택에 의해서 다시 생성되지만 그 생성된 악은 이전의 악과는 또 다른 양태로 나타난다. 이처럼 악은 끊임없는 순환적 과정 속에 있다고 하겠다. 이를테면, 어떤 사람이 고난이나 슬픔의 악의 형태를 경험한다고 해보자. 그가 경험하는 고통의 순간은 고통스럽지만 현재의 순간적이고 외부의 끊임없는 요인들이나 사건들과 같은 또 다른 경험들이 진입해 들어옴으로써 처음 경험한 그 고통의 경험이 과거 속으로 사라진다. 이런 점에서 상실의 경험으로서의 악은 불안정하다. 하츠혼은 이 사실을 긍정한다. "악의 위험과 선의 기회는 단순히 한 존재의 다양한 자유에 근거하고 있다. 이것은 유일하지만 충분한 것은 아니다. 자유는 그 같은 악을 위한 이유이며, 또한 일반적으로 특정한 악들에 관해서는 궁극적인 이유를 가지고 있지 않다. 그 같은 악들은 비합리적이다." [19)]

그럼에도 하츠혼은 사멸하는 이 같은 악이 전적으로 부정적으로 이해될 수 없다고 보았다. 그의 형이상학에서는 어떤 역설이 존재하는 것처럼 들린다. 왜냐하면 모든 현실적 존재들이 필연적으로 어떤 상실이나 사멸을 내포하고 있지만 하나의 현실화의 가능성을 위한 가치를 가지고 다시 새로운 형태의 모양으로 현실화될 수 있고, 따라서 그 악은 선의 기회를 제공할 수 있기 때문이다. 실제로 완전히 과정적이 되는 곳에서는 가치들의 지속적이고도 연속적인 현실화나 향유적 만족을 위해 무엇인가를 추구하고 달성하려고 한다. 이러한 것들은 하나의 상실과 사멸을 전제로 하고 있기에 필연적이라고 볼 수 있다. 하츠혼이 강조하듯이, "각 행위는 어떤 사물들이 참된 가치들의 다른 사물들을 배제한다."[20] 그리고 "긍정적이고 적극적인 가치들 가운데서도 필연적이거나 특별히 올바른 결정만을 선택할 수 있다고 보기에도 어렵다. 그리고 그가 결정하는 과정에서 어떤 선들이나 좋은 선택들을 포기하기도 한다."[21] 그럼에도 악이 하나의 역설적인 기능을 가지고 있다는 것은 사라진다는 측면에서 파멸적이지만 보다 큰 선들이나 가치들 그리고 조화를 위해 전환하는 어떤 역할에서 보면 그것은 분명히 긍정적인 요소이고 가치를 가지고 있다고 보인다. 이런 점에서 하츠혼은 악의 어떤 형태들이 세계의 근본적인 선의 개념과 동일시하거나 양립가능하다고 주장한다.[22] 이것은 하츠혼의 미적 원리에서 보면 당연한 주장이다. 다시 말해 악의 개념은 하나의 가치를 지니고 있고 상대적으로 이해하기 때문에, 어떤 존재에게는 악이나 고통의 경험으로 나타날 수 있지만 다른 존재에게서는 악이 오히려 기회나 도전이 될 수 있다는 것이다. 이 불안정한 악의 필연성이 바로 세계 안에서의 도덕적인 질서를 제공하는 이유다.

  수많은 악들이 존재하고 있음에도 모든 경험들 속에 현실화되었던 어떤 가치, 즉 어떤 선이 항상 존재하고 있다. 이는 현실적 존재가 하츠혼에게는 선하기 때문이다. 그래서 그는 "존재들의 기회들이 악의 위험들보다 더 고려할만 하다"고 말한다.[23] 한정적이고 결정으로 형성된 어떤 가치들로 인해 모든 행위들이나 결정들에는 어떤 선이 분명히 존재하지만, 모든 것들에는 상실이나 결핍으로서의 어떤 악이 필연적으로 존재한다. 문제는 이 부정적인 측면이 선을 능가하지 못한다는 것이다. 이는 선이 적극적이고 또는 긍정적인 가치이지만 악은 부정적이고 또는 소극적 가치이기 때문이다. 확실히 한 측면에서 악은 언제나 파멸적, 상실적 그리고 부정적으로 이해된다. 악은 고통이고 정신적이고 물리적인데 비해서 보다 높은 선은 항상 능동적이며 희망적이다. 그러므로 악의 문제에서는 어떤 본질적 최적성(fundamental optimism)이 존재한다. 악은 부정적으로만 이해될 수 없을 뿐만 아니라 미적 가치로서의 본성과 기능에 관한 보다 능동적이고 긍정적인 요소들이 분명히 있다.

하츠혼은 악의 문제를 해결하기 위해서 두 가지 차원을 인식해야 한다고 가르친다. 하나는 본래적 선이고, 다른 하나는 본래적 악이다. 본래적 선은 독립적으로 존재하는 선을 의미한다. 본래적 악도 마찬가지다. 본질적인 선에는 두 가지 요소를 가지고 있다. 하나는 조화로움(harmony)이고 다른 하나는 강렬함(intensity)이다. 무엇이 선하다고 말할 때에 거기에는 조화로움과 강렬함이 있다는 것을 의미한다. 여기서 강렬함이란 경험의 크기나 정도를 갖는다.[24] 선의 이 대칭에서 악은 조화로움의 반대 개념으로 '조화롭지 않음'(disharmony) 또는 '융화를 이루지 못함'(discord)의 요소와 강렬함의 반대개념으로 '사소함'(triviality)의 요소로 구성된다. 부연하여 설명하자면 선이란 어떤 존재가 다른 존재들과 조화를 잘 이루고 함께 어떤 공동선을 위해 열망을 가지고 노력하는 것을 말한다. 반대로 악이란 어떤 존재가 다른 존재들과의 관계에서 통합이나 조화를 이루지 못하고 보다 큰 공동선을 사소한 것으로 여길 때에 발생하는 것을 말한다. 그리고 여기서 사소함의 개념은 어떤 열정이 상실된 상태나 지루함과 같은 개념이다. 무엇에 대한 열정이 상실된다면, 그러한 감정에서 악이 생성된다. 화이트헤드는 열정이 상실된 이 같은 상태를 "미적 파괴" 또는 "억제의 의미"로 해석하고 어떤 열망을 위해 고려하는 여건들을 파지하는 상태에서 "힘을 달성하는 데 실패"하는 것이라고 지적했다. 그 결과 "비판, 공포, 혐오와 같은 물리적 고통 내지 정신적 악의 느낌"이 일어난다.[25] 데이비드 그리핀은 그의 「과정 신정론: 하나님, 힘 그리고 악에 대한 물음」(God, Power, and Evil: A Process Theodicy)에서 조화를 이루지 못하고 또 융화를 이루지 못하는 것은 한 경험 안에 두 요소 또는 그 이상의 요소들이 상충하거나 갈등이 일어남으로써 상호 파괴의 느낌을 경험하게 되는 것이라고 했다.[26] 인간의 육체적인 아픔이나 고통 또는 슬픔이나 공포 혹은 미워함과 같은 정신적인 감정들은 몸의 부조화나 불일치에 의해서 일어나는 현상이고, 그리고 지루함이나 단조로움은 열정 또는 흥겨움의 결핍이기 때문에 육체적이고 정신적인 아픔의 감정을 일으키는 요소다.[27] 화이트헤드가 표현했던 것처럼, "악이란 영원한 비전(eternal vision)은 무시한 채, 각각의 단편적인 목적을 이루고자 하는 야만적 동기의 힘이다. 악은 만물을 억압하고 저속하게 만들며 손상시킨다. 반면 신의 힘은 그가 영감을 불어넣는 경배와 같다."[28]

본래적 선과 본래적 악의 관계에서 하츠혼은 악을 "사물의 엇갈림"이라고 정의한다. 서로 다른 존재들의 욕망이나 충동이 다른 존재들의 욕망과 충동과 상충할 때 파생되는 것이 악이다. 화이트헤드는 악을 "미적 파괴의 주체적 경험"이라고 정의한다. 악에 대한 하츠혼과 화이트헤드의 정의는 동일한 의미다. 그것은 주체적 경험에서 부조화의 느낌이고, 이 부조화의 느낌이 강하면 강할수록 현실적 존재들의 주체적 경험이 어떤

목표로부터 더 후퇴하면서 사소함의 느낌을 갖게 되는 것이다.[29]

악의 이러한 경험은 사물의 유기적 관계에서 더욱더 복잡한 단계로 진입한다. 경험이 그렇듯이 경험의 계기들이나 사건들 안에는 통합된 다양한 요인들이 있다. 개개의 경험은 선행적 경험들의 조건들을 자료로 활용하고 받아들임으로써 시작한다. 그 선행적 경험들의 조건들이 신의 이상이기도 하고, 추상적이지만 삶의 목표이기도 하고, 또는 자신이 추구하고자 하는 지극히 개인적인 경험들이기도 하다. 그래서 한 현실적 존재는 그러한 경험들을 고려하면서 새로운 형태의 경험을 더 풍성하게 한다. 이 때 그러한 긍정적인 경험들을 고려하고 수용하는 것을 "느낌" 또는 "긍정적 파지"(positive prehension)라고 부른다. 즉 한 현실적 존재는 자기의 세계를 구성하기 위해서 긍정적 파지를 통해서 더 많은 조건들을 느끼려는 것을 말한다. 하지만 그 현실적 존재는 반드시 주어진 경험들을 긍정적으로 느끼지 않는데, 즉 긍정적이지 않은 느낌이 일어날 수 있다는 것이다. 이것이 파지를 이러한 느낌에서 조건들을 배제하고 제거하는 행동을 하게 된다. 이것이 "부정적 파지"(negative prehension)다. 이 부정적 파지는 한 현실적 존재가 자신의 세계를 구성하기 위해서 이전의 느낌들 중의 어떤 느낌을 배제함으로써 현실에 공헌하지 못하게 하는 것이다. 화이트헤드의 형이상학은 파지의 개념을 다시 물리적 파지와 개념적 파지의 두 종류로 구분한다. 물리적 파지는 새롭게 출현하는 현실적 존재를 그 현실적 존재의 과거의 계기들과 사건들과 연결하여 새로운 경험을 가능하게 하는 것이고, 개념적 파지는 하나의 이상(vision)이나 꿈 또는 미래의 목표와 같은 "영원한 대상"(eternal object)들을 향한 느낌이고 그 대상들과 부단히 관계를 맺음으로써 미래의 희망을 성취한다.[30] 따라서 모든 현실적 존재들은 자신의 독특한 형성 과정에서 물리적으로 또는 개념적으로 파지하면서 살아간다. 이런 희망적 욕구를 통해서 한 현실적 존재가 자신의 목표를 달성하는 과정에서 욕심이나 욕구가 너무 지나쳐서 다른 현실적 존재들과의 욕심과 상충하여 서로 조화를 이루지 못하거나, 아니면 그것을 성취하고자 하는 열정이 상실하여 단조로움과 사소함이 생기게 되면, 바로 이때에 악들이 발생하게 되는 것이다.

악과 신의 역할

하츠혼은 그의 형이상학 체계를 세우기 위해 악의 문제에서 신의 역할을 강조한다. 신은 악의 문제를 해결하는 중요한 열쇠다. 특히 하츠혼은 그의 「신의 상대성: 신의 사회적 개념」에서 우주 속에 일어나는 모든 사건과 연관하면서 신은 자신의 역할을 수행한다고 주장한다.[31] 그에 의하면 전통적인 신의 개념은 절대적이지 상대적이지 않았으며, 따라서 신은 세상과의 관계에서 의존적이지 않을 뿐만 아니라 세상의 사건들이나 계기들에 의해서 영향을 받지 않는 존재로 이해되었다. 사정이 그러다 보니 전통적 신은 외연적인 관계에서만 의미가 있고 내연적인 관계에서는 아무런 영향을 미칠 수 없었다. 이런 논리적 모순을 극복하고자 하츠혼은 신의 상대성 개념을 전개하면서 두 가지 중요한 의미를 제시한다. 한편에서는 신이 최상의 존재이면서 모든 것에 빚을 지고 있는 존재로 이해된다. 다른 한편에서는 신이 절대적인 존재이면서 모든 사물들과 관계를 맺는 존재로 이해된다.[32] 여기서 신이 최상의 존재라는 것은 그가 모든 존재들로부터 의존되어 있기 때문에 최상의 존재가 된다는 의미다.

다소 역설적인 표현이기는 하지만, 최상이란 홀로 존재할 때에 최상이라고 말하지 않는다. 이런 점에서 신이 최상의 존재라고 할 때, 스스로 존재하는 신을 최상의 존재라고 말할 수 없다. 최상의 존재는 다른 존재들과의 비교에서 최상으로 인식되어야 그 존재는 진정 최상의 존재가 된다. 그렇지만 하츠혼은 전통적인 기독교 신앙에서 신은 그의 피조물들과 독립적으로 홀로 자존하는 관계이기 때문에 최상의 존재가 되지 못한다고 믿었다.[33] 그리고 절대적 존재는 독립적이고도 일방적인 관계에서 절대적이라는 말이 아니라 모든 사물들과 존재들과의 상호관계에 있을 때만이 그가 절대적이 된다는 뜻이다. 따라서 신이 절대적인 존재로 추앙되려면, 그는 반드시 다른 존재들과의 상호관계에서 인식되어야만 한다. 이것이 신을 상대적 관계로 받아들인다는 것이다. 그리고 이 상대적 신만이 결국에는 신이 인격적이고 사회적이며, 의존적이고, 공감적인 신이 될 수 있다고 하츠혼은 확신한다.[34]

"상대적이 된다는 것은 다른 존재들을 고려한다는 것이며, 그들을 허용함으로써 자기 자신에게 어떤 차이를 만들어낸다는 것이며, 그리고 어떤 점에서 그들을 돌본다는 것이다."[35] 따라서 신의 상대성이 세계와의 관계를 통해서 다른 존재들에게 공감적 감정을 가지게 된다. 이 공감적 감정을 가진 신은 그의 세계와 피조물들을 사랑한다.[36] 악을 포함하여 모든 피조물들의 고통스러운 순간들에 대해 무관심하지 않고 초월한 영역에서 뒷짐만 지고 관망하지 않는다. 피조물의 고통이나 즐거움에도 아무런 변화가 없는 신은 "마음이 없는 유용한 기계"(heartless benefit machine)에 불과할 것이다.[37] 따라서 하츠혼은 이런 신을 철저히 배격했다. 신은 그의 피조물들에게 초월적 존재로서 군림하지 않고 지고한 선을 목표로 설득하며 유인해 가는 인격적이고 사랑의 존재가 된다.

   그렇지만 하츠혼은 신의 사랑의 방식과 통치의 방식은 타자의 자율성에 전적으로 위임하는 방식을 취한다. 말하자면 신은 그들을 만들어 가거나 강압적으로 이끌어가는 것이 아니라 피조물들이 스스로 자신들의 삶을 이끌어가도록 하는 방식으로 그의 피조물들을 돕는다.38) 다시 말해 신은 다른 여타의 일시적인 현실적 존재들과는 달리 비시간적인 영속성을 가지며 모든 존재의 과정 속에서 영향을 행사하는 힘으로 그의 피조물들을 이끌어 간다. 하지만 신의 영향력을 받는 그의 피조물들이 이러한 신적 목적에 순응할 것인지 말 것인지는 그들 스스로의 선택과 결정에 달려있다. 이런 이유에서 신은 강압적인 힘으로가 아니라 설득적 유혹(persuasive lure)으로 그의 피조물들을 이끌어 간다.39) 그러므로 하츠혼은 신은 그의 피조물들에 대해 무관심하지 않고, 반응하는 능동적 활동으로 이해하고, 고난을 당하는 그의 피조물들의 동료가 된다. 그리고 고통 속에서 고통을 당하는 존재, 즉 고통 속에 동참하는 존재로 이해하게 된다.40) 화이트헤드는 보다 명확한 말로 이러한 신을 "고난받는 우주적 동반자"라고 말하면서 갈릴리 예수로부터 신의 이미지를 연상하는 듯하다. 그는 이렇게 표현하고 있다.

   그러나 갈릴리인(예수 그리스도)에 의한 기독교의 기원에는 이 세 주요 사상 계통의 어느 것과도 잘 들어맞지 않는 또 다른 암시가 들어 있다. 그것은 통치하는 카이사르도, 무자비한 도덕가도, 부동의 동자도 역설하지 않는다. 그것은 정적 속에서 서서히 사랑에 의해 작용하는 세계 내의 부드러운 요소들을 강조한다. 그것은 또 이 세계가 아닌 왕국의 현재적 직접성 속에서 목적을 찾는다. 사랑은 통치하지 않으며, 또 부동의 것도 아니다. 또 사랑은 도덕에 대해 별로 주의하지 않는 편이다. 그것은 미래에 눈을 돌리지 않는다. 왜냐하면 그것은 직접적 현재에서 그 보답을 발견하기 때문이다.[41]

그러므로 부조화, 무질서, 슬픔, 고통, 고난과 같은 다양한 악의 형태가 일어나는 곳에는 언제나 그것들을 극복하거나 배제하려고 하는 신의 설득적 사랑이 작동한다.

과정사상이 미적 아름다운 언어로 신의 설득적 모습을 기술하지만, 여전히 신의 활동은 세계를 완전히 통제하지 못한다. 이것이 과정철학의 신이 갖는 문제다. 모든 현실적 존재들은 전적으로 신의 통제 아래 있지 않고, 자신들 스스로 결정할 자유를 가지고 있기 때문이다. 선을 향한 신의 설득적 유혹이나 사랑에도 여전히 신은 세계에 일어나는 일에 대해 피조물들에게 책임을 부여한다. 신은 그의 피조물들에게 세계를 위한 책임적 존재로서 살아야 한다는 사실을 보여주려는 것은 매우 설득력이 있지만, 신에게 악의 책임을 돌리지 않는다는 것으로 고전 유신론이 받는 비판을 피해 가는 것은 왠지 서글프다. 이런 이유에서 하츠혼의 신은 통제할 수 없는 방관자의 신이 아닐까 싶다. 장왕식은 다음과 같이 말한다.

세상에는 신의 의지와는 상관없는 자연의 법칙이 존재한다는 사실을 솔직히 인정하는 것이 자연주의적 유신론이었기 때문에, 인간이 많은 악의 현실과 그 고통들, 말하자면 태풍이나 홍수 그리고 지진 등의 자연적인 악은 신의 의지와는 상관없이 자연발생적으로 나타나는 악으로 설명될 수 있었다. 또한 더 나아가서 인간 또한 나름대로의 자율성을 갖고 있어서 신마저도 어찌할 수 없다는 것을 인정하는 것이 과정신학이기에 히틀러와 같은 악의 실재에 왜 신은 침묵할 수밖에 없었는지를 설명할 수 있었던 것이다.[42]

나가는 말

하츠혼은 그의 정교한 형이상학적 체계의 결과에서 악의 문제를 논했다. 그리고 하츠혼은 악의 문제를 가장 현저한 특징으로 집약되는 미적 가치에서 이해하려고 했다. 미적 가치의 관점에서 보면, 한 현실적 존재의 복합적이고도 다양한 경험의 구조가 신정론의 구조를 이해하는 중요한 열쇠였다. 이런 관점에서 신적 힘이나 전능성의 그릇된 개념을 지향하는 고전 유신론의 주장은 분명 오류가 있다는 것이다. 하츠혼은 신의 힘만이 유일한 힘으로 이해하지 않고 그의 피조물들도 정도에 차이는 있지만 힘을 가지고 있다고 주장했다. 그래서 그는 신이 모든 사물들의 유일한 창조자요 힘의 근원이라는 개념을 부정했다. 이 세계의 모든 현실적 존재들은 저마다 자신의 자유로운 행위에 따라서 주어진 현재의 삶을 살아간다. 이는 모든 현실적 존재들은 느낌의 주체로서 자기 원인적이기 때문이다. 악을 포함한 현재의 사건들이나 계기들은 현실적 존재들의 자유로운 행위의 결과다. 따라서 신이 악의 원인자가 아니기에 신에게 책임을 전가할 수 없다. 비록 개개의 현실적 존재들이 행사할 자유가 그의 주어진 조건에 따라서 인과적으로 결정되었고 또 제한적이기는 하지만, 그들은 스스로 결정하고 창조할 본래적 가치를 지니고 있는 미적 존재들이다. 미적 존재들은 피조물들의 삶의 과정 속에서 어떤 "질적 충동"이라고 부르는 가치를 달성하고자 신이 제공하는 목적이나 희망이나 꿈과 같은 영원한 대상을 느낀다. 이런 점에서 하츠혼의 공헌은 피조물들의 고유한 가치를 달성하는 데 있어서 신의 역할을 강조하면서 피조물들의 창조적 활동을 고무하고 도덕적 책임을 성실히 수행하는 피조물들의 영역을 강조했다는 데 있을 것이다. 그럼에도 여전히 이러한 신의 역할은 그의 피조물과의 고통에 직접적으로 동참하는 신인지는 여전히 비판의 대상이 될 것이다.

끝으로 우리는 그의 신정론에서 중요하게 다룬 상대적 또는 관계적 개념의 의미를 이해하고 이 장을 나가려고 한다. 흔히 '악하다' 또는 '선하다'는 개념은 보편적 개념이 아니다. 그것들은 관계적 개념이다. 말하자면 선과 악의 개념은 느낌의 개념으로서 관계에서 파생되는 개념들이라는 것이다. 그러한 개념들이 개념이든 현실이든 모든 사물들이 서로 부여잡힌 사회적 체계 속에서 이해된다는 것이다. 한 현실적 존재는 과거의 경험들, 현실적 계기들이나 사건들 그리고 미래의 희망과 이상과 같은 영원한 대상들과 내연적으로 또는 외연적으로 파지하며 관계를 가질 때에 의미가 있다. 이런 사회적 관계성을 통하여 악을 포함한 여러 다양한 형태의 계기들이 생겨난다. 그 관계적 대상에 따라서 계기들이나 사건들의 모양이나 형태를 결정한다. 이처럼 악도 그 관계적 대상에 따라서 그것의 모양이나 형태를 결정한다. 이런 점에서 악은 이런 것 또는 저런 것이라고 단정되지 않는다. 무수히 많은 종류의 악들이 사라졌고 다시 올 것이다. 그 결과 이전에 경험한 동일한 악이 아니라 전혀 기대치 않은 악의 형태들이 생성될 것이다. 이 관계하는 방식에서 창조와 자유를 극대화하는 신은 오로지 설득적 사랑으로 그의 피조물들을 돌볼 것이다.

제10장

죽음의 미적 의미

제10장
죽음의 미적 의미

　사람이면 누구나 죽는다는 것은 자명하다. 죽음이 느닷없이 어떠한 알림이나 경고가 없이 우리에게 들이닥치는 명백한 사건임에도 우리는 그것을 자연스러운 것이나 당연한 것으로 여기지 않는다. 죽음은 삶에서 하나의 딜레마다. 비록 사람들이 죽음에 대해 그 어떠한 확신을 갖고 있지 않더라도 죽음의 의미에 관해서는 다양한 견해들로 양보할 수 없는 어떤 확신에 찬 어조로 말하곤 한다. 말하자면, 죽음 그 자체는 필연적이지만, 그 죽음의 의미에 관해서는 의견이 분분하다. 어떤 사람은 육체가 죽은 후에는 천국과 지옥에 간다고 믿는다. 어떤 사람은 모든 인간이 죽지만 언젠가는 다른 동물이나 육신으로 이 세상에 환생한다고 믿는다. 다른 사람들은 육신이 죽으면 잠에서 깨어나지 않는 것처럼 더 이상 존재하지 않는다고 믿는다. 이처럼 우리가 죽음의 의미를 떠올리게 되면 다양한 견해들이 오히려 우리를 혼란스럽게 만드는 것 같다. 이는 죽음이 알 수 없는 없는 신비이기 때문일 것이다. 과정 신학자 로버트

멜러트(Robert B. Mellert)가 적절히 표현했듯이, "생명의 궁극적인 신비는 죽음이다."[1] 따라서 죽음의 의미에 관한 논의는 분명 어려운 주제들 가운데 하나이다.[2]

죽음에 대한 하츠혼의 이해는 어쩌면 여러 입장들 가운데 한 입장에 불과할지 모른다. 그렇지만 하츠혼의 죽음에 관한 입장이 과정 철학적 관점에서 새로운 시각을 제시하고 있으며, 따라서 하츠혼이 신학적으로 혹은 철학적으로 죽음을 어떻게 해명하고 이해하는지를 살펴봄으로써 기독교 신앙에서 간과하기 쉬운 죽음과 삶의 역동적인 관계를 인식할 수 있을 것이다. 하츠혼의 철학은 전통적 신학의 입장에 있는 죽음의 견해에 비판적이다. 그는 「전능성과 다른 신학적 오류들」에서 죽음에 관한 분석을 위해 여섯 가지 신학적 오류들을 지적하고, 그 가운데 '불멸성'(immortality)의 개념이 죽음에 관한 철학적 주제로서 매우 중요하다는 점을 상기시킨다.[3] 과정 사상에 나타난 죽음의 문제는 다른 견해들과는 사뭇 다른 방식으로 설명한다. 전통적인 기독교적 입장과는 다소 거리가 있는 하츠혼의 입장은 형이상학적 원리, 특히 미적 가치의 분석에 따라 미적 관점에서 죽음의 의미를 생각하게 한다.[4]

죽음의 전통적인 견해

하츠혼은 그리스 철학의 인식론적 전통에 의해 영향을 받은 고전 유신론의 관점에 대항하면서 자신의 철학적 입장을 전개한다. 전통적으로 잘못 인식되어 온 유신론적 관점들은 논리적이고 합리적인 입장에서 받아들일 수 없다.[5] 이 전통적인 입장은 죽음의 순간에 각 영혼들은 신의 심판대에 서게 되고, 이 땅 위에서 살아왔던 결과에 따라서 영혼이 신과 함께 하늘나라의 영원한 행복을 얻거나, 아니면 영원한 지옥의 형벌인 불 못에 들어가는 심판을 받게 된다는 것이고, 또는 가톨릭의 경우에는 기독교적 방법과는 달리 우리의 삶에서 이룬 불완전한 요소들을 제거하여야 영원한 행복을 누릴 수 있다고 가르침으로써 이른바 '연옥'이라는 일시적 장소에서 신의 은총을 위해서 현실의 사람들이 탄원하여 천국으로 들어갈 수 있다고 말하기도 했다. 이처럼 전통적 입장이 무엇이든지 간에 하츠혼은 그러한 입장에 반대한다. 무엇보다도 우주에 대한 견해에서 그 차이를 드러내는 하츠혼의 철학적 입장은 새로운 관점을 모색한다. 그는 전통적인 관점의 논리적인 문제를 제기함으로써 죽음의 쟁점에 접근하고 있는데, 크게 두 가지 쟁점을 논의의 출발점으로 삼는다.

첫째로 하츠혼은 '생명이나 영혼의 영속성'으로 이해되는 전통적인 죽음에 대한 견해를 비판한다.[6] 생명이나 영혼의 영속성으로 정의되는 죽음은 가장 보편적이고 널리 알려진 생각이다. 이 견해는 죽음이 영혼과 육체의 분리된 상태로 해석함으로써 신체는 사멸해도 영혼은 영원히 죽지 않는다는 것이다. 역사적으로, 플라톤 이후 서구 철학에서 두드러지게 나타난 대표적인 입장을 유지해 왔으며, 이러한 사상에 관해 '영혼불멸'(immortality of the soul)의 개념으로 설명되었다.[7] '영혼불멸'은 "인간의 몸은 죽더라도 영혼은 다른 존재의 영역 속에서 계속 살 수 있으며, 어떤 종류의 비신체적인 형태를 가지고 살거나 아예 신체가 없이도 살 수 있다"고 말한다.[8] 플라톤은 자신의 철학 주제에서 영혼불멸의 사상을 많이 할애했는데, 이는 사물의 생성이 그것의 원형인 이데아의 세계에서 유래되었다고 생각했기 때문이다. 그에 따르면 인간은 육체 안에 갇힌 영혼의 감금 생활이며, 따라서 죽음은 육체로부터 영혼의 해방 혹은 분리된 실체라는 것이다. 만일 인간이 죽으면, 영혼과 육체가 완전히 분리되어 신체는 사멸하지만 영혼은 영원히 산다. 그러므로 영혼불멸은 인간이 죽음 후에 자신들의 신체와 동일시되지 않는 비신체적 혹은 비물질적인 형태로 생존한다는 방식으로 해명되었다.

이 견해는 근대에 르네 데카르트(Rene Descartes)에 의해 철학적 주제로 복원되었다. 데카르트는 인간을 정신과 물질의 이중적 구조로 파악하고, 정신은 비연장인 반면에 물질은 연장으로 이해했다. 사고와 같은 정신은 신체에 대한 판명한 관념을 가지고 있기 때문에 인간의 자신의 신체와 명백히 구분되고 신체 없이도 존재할 수 있다고 확신하였던 것이다.[9] 간단히 말해 그는 인간은 하나의 신체가 아니라 정신으로 이해되었기 때문에 정신은 단순히 사라지는 실체가 아니라 영속하는 실체라고 주장했다.[10]

하지만 하츠혼의 비판에 의하면, 죽음의 전통적인 견해는 죽음 후의 삶이나 생존 가능성에 대한 전통적인 견해가 결국 영혼불멸의 사상을 이원론의 인식론적 구조에 근거하여 전개되었다는 것이다.[11] 문제는 영혼불멸에 관한 믿음이 '사유하는 실체'(res cogitans)와 '연장하는 실체'(res extensa)가 서로 독립된 속성으로 인식되었다는 데 있다. 인간을 구성하는 궁극적 두 속성이지만 그들은 서로 의존하지 않은 독립된 실체였다. 따라서 하츠혼은 인간 존재들이 본질적으로 그들의 신체와는 구별되고, 죽음 후의 삶도 비신체적인 형태가 된다는 주장이 논리적으로 납득할 수 없는 일이라고 비판한다.

게다가 하츠혼의 과정 철학적 구조에서는 인간을 포함한 모든 사물이 정신적 극과 물리적인 극을 동시에 갖는다. 이 두 극이 경험적 단위로서 인간의 총체성을 의미할 수 있다는 것이다. 만일 신체가 없는 영혼이 사후에 가능한 형태로 존재한다면, 그것은 인간의 형태가 아닐 것이다. 왜냐하면 한 인간은 물리적인 극에 의존되지 않은 정신적인 극을 인간으로 간주할 수 없을 뿐만 아니라 물리적인 극에 접속되지 않고서는 경험적 가치를 향유할 수 없기 때문이다. 하츠혼에 대한 오해는 여기서 종종 발생하는 것처럼 보인다.[12] 많은 이들은 하츠혼의 과정철학에서 정신적인 극(mental pole)과 물리적인 극(physical pole)이 이원론적 구조에서 설명되고 있는 것처럼 말하지만, 사실 정신적인 극과 물리적인 극의 두 요소가 우주의 통일적 요소로 이해되어야 한다는 것이다. 그들은 둘이 아니라 하나다. 보다 일반적으로 말하자면, 물리적 극과 정신적 극은 사실상 분리할 수 없는 양극성적 원리(dipolar principle)에 근거되어 있다는 것이다. 물리적인 극이 없이는 정신적인 극이 존재하지 않으며, 반대로 정신적인 극이 없이는 물리적인 극이 존재하지 않는다. 하나의 현실적 존재(actual entity)는 언제나 이 양극성적 요소들을 필요로 하고, 그렇게 될 때만이 온전한 인간으로서 심미적 가치를 만들어가는 존재가 된다.[13] 이런 맥락에서 하츠혼은 신체가 없는 인간의 불멸은 존재하지 않는다고 단언한다.

둘째로 하츠혼은 신체상으로서의 생존 가능성을 주장하는 견해를 비판한다. 이 견해는 사람이 죽은 후에 신체를 가진 형태로 생존할 수 있다는 것이다. 이것은 인간을 정신으로 이해하고, 그리고 정신은 영속한다는 앞선 견해와는 정반대의 입장으로서 사후의 새로운 물리적 형태로 생존할 수 있다는 것이다. 종교철학자 존 힉(John Hick)은 이 견해를 옹호하는 사람이다. 그에 의하면 인간이 죽음 후에 신체를 가진 형태로 존재할 수 있는 논리적 가능성을 제시하였다. 그의 주장은 다음과 같다.

우리는 이 세계의 어떤 장소에서 갑자기 존재하기를 그만두고, 다음 순간에 처음 장소와는 떨어진 다른 장소에서 존재 속으로 들어오고 있는 어떤 사람에 대한 생각으로 시작해 보자. A와 B사이의 공간으로 통하는 통로가 만들어져 있는데, 그는 이 통로를 통하여 A에서 B로 이동하지는 않았지만, A에서 사라졌다가 B에서 다시 나타났다. 예컨대, 런던에 있는 어떤 학회에서, 동료 중의 한 사람이 불가사의하게 갑자기 사라지고, 다음 순간에 그와 똑같은 모조가 갑자기 불가사의하게 뉴욕의 어떤 비슷한 학회의 모임에 나타난다. 뉴욕에 나타난 그 사람은 신체적, 정신적인 특징들 둘 다에 있어서 런던에서 사라진 그 사람과 닮았다. 또 기장 속의 내용물들을 포함해서 그리고 신념들, 습관들, 정신적 경향들과 완전한 유사성이 있다. 사실 공간의 연속적 점유를 제외하고는, 사라진 사람과 나타난 사람을 동일하게 인정할 모든 것이 있다.[14]

위의 진술에서 힉은 논리적으로 가능한 사건의 결과로 이해한다. 이는 영국의 한 학회에서 갑자기 사라진 사람과 똑같은 사람, 즉 그의 복제된 사람이 뉴욕에 나타난다면, 우리는 그들을 동일시하지 않을 아무런 이유가 없다고 말하기 때문이다. 따라서 모든 결과에 대한 합리적인 판단이 뉴욕에 나타난 사람이 틀림없이 런던에서 사라진 사람과 반드시 동일 인물일 수 있다는 것이다.[15] 하지만 이러한 견해는 죽기 전의 신체와 부활된 후에 나타난 신체 사이의 시간적 간격으로 생기는 신체의 형태에 관해서는 설명하지 못한다. 따라서 비록 힉은 그것이 논리적으로 설명가능하다고 말하지만, 그것은 인간의 합리적인 추론을 넘어선 논의이다.

따라서 그는 이러한 견해도 합리적인 설명과 논리적인 정당성이 결여되어 있다고 비난한다.

결과적으로, 죽음의 전통적인 이해들은 한편에서는 영혼불멸의 믿음이 자아동일성(personal identity)과 인격적인 삶(personal life)에 의해 보장될 수 있는가 하는 문제와 다른 한편에서는 신체상으로서의 생존 가능성의 믿음이 이전의 신체와의 잠정적인 분리되는 기간이나 과정을 설명할 수 있는가의 문제가 분명히 드러난다. 전자는 영혼이나 자아가 이전의 자아와 동일한 자아로 존속하는가의 문제이고, 후자는 인간이 죽을 때에 신체로부터의 영혼이나 정신이 분리되어 다시 어떤 형태로 결합되는가의 문제이다.16) 이런 딜레마에서 하츠혼은 죽음을 이해하기 위해 삶이나 생명을 먼저 알아야 한다고 보았다. 생명은 죽음과는 상치되는 개념이다. 가장 근본적인 의미에서 생명은 살아 있음이다. 인간이 살아 있다는 것은 '미적 창조'(aesthetic creation)이다. 모든 사물의 가치는 그 미적 본성에 의해서 특징짓는다. 따라서 만물의 영장인 인간의 생명은 그 본질에 있어서 미적이다. 미적 본성은 '조화로운 경험들의 성취'(the achievement of harmonious experiences)다.17)

보다 일반적으로 말하자면 인간의 삶은 경험의 총체적인 단위다. 삶을 영위한다는 것은 이미 가치 평가적이다. 주변의 다양한 환경들과 여건들을 평가하면서 자신의 주어진 삶을 구성하거나 만들어간다. 모든 것이 미리 결정되었거나 예정된 것이란 존재하지 않는다. 미적 가치에 따른 모든 결정은 자신이 경험한 내용과 주변의 환경에 의해서 가장 최상의 것을 선택하는 자유를 갖는다. 그에게 열려진 세계는 사회적 관계에 근거하여 결정되지만 최종적인 결정은 자신의 미적 가치에 의해서 결정된다. 결국 인간의 삶은 일종의 경험적 단위에 의해서 특징지어진다.[18] 구체적으로 말해 사람이 산다는 것은 무엇인가를 경험한다는 것이다. 인간이 무엇을 경험한다는 것은 이미 그가 의식적인 존재로서 삶을 살고 있다는 증거다. 주어진 삶을 맹목적으로 살아가지 않는 인간은 일어나는 사건이나 가까운 미래에 일어날 일을 자신의 자유로운 행위나 선택에 의해 해석하고 종합하려고 애쓴다. 즉 삶의 과정을 통해 무엇인가를 성취하고자 하는 능동적 주체로서 행동한다. 그 누구도 자신의 가치를 무가치하게 하지 못한다. 생명의 가치란 그 같은 경험이 획일적이거나 정적인 개념이 아니라 역동적인 개념이며, 인생의 무한한 가치들을 창출하고 삶을 영위하고자 분투노력하는 경험적 존재로 이해되어야 한다. 하츠혼은 다음과 같이 표현한다.

인생은 끊임없이 지속되는 일종의 도박과 같다. 그것은 각 개인의 역량들을 가장 충분하게 발전시키고 또 적당한 방식으로 사용하여 장성한 나이에 이르게 되면 행운이라는 어떤 목표에 도달하는 것과 같다. 그렇지만… 이 목표는 절대적이지 않다. 인생은 오히려 미래의 삶, 즉 누군가가 생존하는 한 그 자신의 미래, 우리가 유익을 끼칠 다른 사람의 미래, 그리고 무엇보다도 중요하고 모든 것을 포함하는 신적 생명의 미래에 최선을 다함으로써 공헌하는 매 순간의 찰나 또는 순간을 만들어가는 것이다.[19]

객체적 불멸성

하츠혼은 불멸(immortality)의 개념이 인간에게 아무런 의미나 가치를 제공하지 못한다고 보았다. 이는 인간의 불멸이 커피를 마시거나 수두에 걸린 것처럼, 한 인간이 경험하는 사건이 아니라 그의 모든 가능성들의 종말과 같기 때문이다. 필립스(D. Z. Phillips)가 적절히 밝히고 있듯이, "우리가 겪는 현재의 경험과 삶의 견지에서 죽음 이후의 생존의 가능성은 불멸로 해석되지 않는다."[20] 이렇듯 하츠혼은 죽음 이후의 삶의 생존 가능성을 배제한다. 그가 말하고 있듯이, "우리 인간의 개별적 의식이 이 땅에서처럼 향유를 누리거나 고난을 받지 않고도 새로운 경험을 가질 수 있다는 의미로서의 죽음 이후의 불멸성은 없으며"[21] 그러므로 "죽음 이후의 인간의 새로운 삶을 이야기한다는 것은 별의미가 없다."[22] 하지만 그의 주장이 매우 단언적으로 들리는 부분이고 또 사후 생존을 믿는 기독교 신앙과는 다른 입장이기는 하지만, 죽음 이후의 새로운 경험이나 삶을 논한다는 것 자체가 어쩌면 아무런 의미가 없음을 뜻하기 보다는 현재의 생명이 더 중요하다는 것을 의미한다.

그는 이런 죽음 이후의 인간의 삶의 생존 가능성을 '주체적 불멸성'(subjective immortality)라고 불렀다.[23] 그는 주체적 불멸성을 두 가지 측면에서 부정하는 것처럼 보인다. 하나는 기독교 전통에서 말하는 사후 생존의 가능성이 너무 지나치게 강조되었기 때문이다. 기독교 전통은 사후 생존의 가능성을 언급하지만 사실 그 주장 너머에 이기적인 종교적 사유의 형식과 관련이 있다. 하츠혼은 그것이 다름 아닌 인간이 신을 통한 인간 자신의 행복을 추구하고자 하는 지극히 이기주의적 사유에서 시작되

없다고 밝힌다. 다시 말해, 신을 단순히 인간의 영원한 행복을 위한 도구로 전락시킬 위험이 있다는 것이다.[24] 그리고 사후 생존의 또 다른 문제는 주체적 불멸성이 도덕적 가치의 기준으로 설명된다는 것이다. 이것은 칸트처럼 신을 인간의 궁극적 완성을 위한 도구로 만든다는 것이다. 만일 우리가 시간적 유한성을 받아들이지 않는다면, 신적 삶은 관념이 궁극적 의미를 구하는 인간의 요구에 충분한 답을 제공하고 있다는 것을 우리가 인식할 수 없다. 신은 인간을 도덕적 완전을 추구하는 존재에 경계를 짓지는 않는다. 자유의 행위자로 삶에서 일어나는 다양한 가치들을 종합하고 창출하는 인간이 되길 바란다.[25]

이런 맥락에서 하츠혼은 주체적 불멸성(subjective immortality)을 배격하고 객체적 불멸성(objective immortality)을 받아들인다. 객체적 불멸성은 원래 화이트헤드의 개념이다. 그것은 과거는 결코 사멸되거나 무화되지 않고 영원히 존재한다는 뜻이다. 비록 지나간 과거가 추상적인 요소이지만, 그것은 우주의 영원한 자료를 제공하는 요소이다. 화이트헤드에 따르면, 객체적 불멸성은 "살아 있는 직접성을 잃어버린 존재가 다른 생성의 살아 있는 직접성에서 실제적으로 구성되는 요소이다."[26] 이것은 "세계의 창조적 전진이 굽힐 수 없는 엄연한 사실을 공통적으로 구성하는 사물들이 생성 및 소멸되고 그리고 객체적으로 불멸"하기 때문이다.[27] 이런 점에서 하츠혼은 죽음을 "마지막 페이지를 완성해 가는 일종의 최종적 과정"으로 이해한다.[28] 그에게 죽음은 한 권의 책의 마지막 문장 뒤에 쓰는 '끝'(The End)이라는 어휘와 같다. 죽음은 더 이상 책에서 인간 경험을 기록할 수 없는 마지막 페이지인데, 즉 인생이나 역사에서 그가 할 수 있는 가치적 공헌을 더 이상 기록하지 않는다는 것이다. 따라서 죽음은 우리의 사건들이나 경험들이 더해지거나 뺄 수 없는 최종적인 종착점과 같다.

우리의 경험들의 신적 유산은 비록 죽음이 우리의 생애의 마지막을 의미하지만 그들의 파멸을 의미하지는 않는다는 것을 뜻한다. 한 책의 마지막 문장 후에 쓰는 '끝'은 책을 없애버리겠다는 것이 아니다. 하나의 책은 누군가에 의해서 더 이상 읽혀지지 않을 때에 사라진다. 그러나 적어도 신은 영원히 우리의 삶에 관한 책들을 읽을 것이다. 이것이 영원한 관심을 갖는 것이 아닐까. 전지성의 개념은 확정적인 대답을 암시한다. 신에게 무관심한 것이란 아무것도 없다는 것을 암시한다.[29]

그런데 하츠혼의 과정사상에서 미적 가치는 두 가지 원리에 의해서 설명되는 데, 보편성과 개별성의 철학적 원리이다. 우리가 인간의 내면을 자세히 들여다보면, 미적 가치의 보편적 개념 속에 있는 우주의 유기적 원리는 '한정성'(definiteness)과 '유한성'(finiteness)을 요구하고 있다는 사실이다.[30] 다시 말해, 미적 가치를 삶의 시작과 끝으로 보는 것은 그것이 보편적 원리에 의해 종속되어 있다는 것을 뜻한다. 성경에서 히브리서 기자가 언급했듯이, "한번 죽는 것은 사람에게 정한 것이다." 모든 피조물에게 하나의 자연법칙이 적용되는 것처럼 죽음은 누구도 피해 갈 수 없는 엄연하고도 냉혹한 사실이고, 모든 피조물은 이 죽음을 경험하지 않으면 안 된다. 모든 인간은 무한히 존재할 수 없는 유한한 피조물이다. 주어진 생에서 일련의 삶의 과정을 밟고 그것의 경험에 따라서 소멸하는 존재다. 그래서 죽음이 우주의 유기적 과정 속에 자연스럽게 발생하는 창발의 한 과정이기 때문에 인간의 죽음은 어쩌면 우주의 냉엄한 보편적 원리인지 모른다. 하츠혼은 이렇게 말한다. "죽음에서 우리의 동일성이 일어나는 것이 아니라 우리가 이전의 순간이었던 것에서 매 순간 속에서 일어나는 일종의 사건이다."[31]

그렇지만 인간에게는 개별적 존재의 가치를 주어진 생에서 무엇인가를 창출하고자 하는 욕구가 있다. 하츠혼은 이것을 우주의 개별적 원리다. 이 개별적 원리는 구체적이다. 이 원리에 따르면 모든 인간은 자신의 고유한 가치를 가지고 무엇인가를 달성한다. 캅과 그리핀이 언급하듯이, 인간은 자신의 주변의 세계에서 주어지는 도덕적 규율에 의해서 살아가는 존재가 아니라 자신의 '만족'(satisfaction)을 향해 나아가는 존재다.[32] 전문적으로 표현하자면 "한 계기적 사건은 자신의 직접성을 '향유하는 것'이다."[33] 하지만 인간의 미적 경험은 단순히 주관적인 직접성만을 향유하지는 않는다. 왜냐하면 그것은 대상적 상호작용 속에서 어떤 가치를 발견하기 때문이다.[34] 따라서 한 개인은 다른 개인의 미적 가치와 서로 다르며, 또 세계를 이해하는 방식에서 차이를 드러내는 것이다. 그것이 인간으로 하여금 삶에서 진, 선, 미와 같은 것을 획득하면서 사는 존재로 특징짓는다.

이 개별적 원리에 의해서 하츠혼은 인간의 죽음이 "유일한 생애의 종말이나 파멸"이 아님을 말하며, 단지 그것은 개별적 인간들의 행위들과 경험들이 "의식적 결과나 연속성의 목적" 끝에 도달하는 것과 같다.[35] 인간은 보편적 원리에 따라 죽음을 경험하지만 자신이 달성한 가치들과 경험들의 고유한 것들은 결코 사멸하지 않는다. 그것은 영원히 우리의 후손이나 이 세계에 남는다. 따라서 하츠혼은 "죽음은 명확한 제한성을 설정해 놓은 것이지 제한되어진 것에 대한 흔적을 말끔히 지우는 것은 아니다"고 말한다.[36] 이것은 인간 자신이 삶의 장에서 이루어 놓은 모든 가치적 성취와 의미는 소멸하지 않는다는 것을 의미한다.

여기서 하츠혼은 이런 세계에서의 미적 가치의 공헌들이 영원한 신 안에서 완전하고도 영원히 기억된다는 사실을 강조한다. 하츠혼의 죽음에 대한 분석은 우리에 대한 신적 사랑이 인격적 불멸을 제공함으로써 측정되어지는 것이 아니라, 우리의 지상에서 살았던 삶에 대한 신의 영원한 경험이 제공된다는 것이다. 그가 기술하듯이, "신이 영원히 사는 것처럼, 영원히 산다는 것은 결코 인간의 특권이 되지는 못하지만, 우리는 영속적이지는 않지만 주어진 이생에서 영원하고 사멸하지 않는 새로운 방식으로 살아감으로서 가치와 의미 있는 삶이 될 때에 영원한 장소들을 얻을 수 있다."[37] 이런 측면에서 죽음의 개별적 공헌은 미적 가치의 구체적인 사건들이나 경험들이기 때문에 미적 가치는 파멸적 혼돈과 무질서 그리고 지루함의 과정에 저항한다. 결국 "가장 근본적인 가치는 경험이 담고 있는 의지와 사고들을 포함시키는 느낌의 통일체로서 경험하고 또 조화와 아름다움을 드러내는 고유한 가치가 되는 것이다."[38]

죽음을 종국적 파멸이 아니라 우주의 미적 과정으로 설명하는 이유에서 하츠혼은 죽음을 경험적 존재의 완성으로 받아들여야 한다고 가르친다. 죽음은 주어진 삶의 과제를 성실히 수행하고 삶의 의미를 터득함으로써 후대에 영향을 미치는 삶의 책을 완성해 가는 일종의 과정이다. 이런 과정에서 인간은 행복과 불행, 기쁨과 슬픔, 즐거움과 괴로움, 선과 악의 경험들을 동시에 겪는다. 이는 인간이 가치-경험적 존재이기 때문이다. 그런 점에서 앞서 언급했듯이, 하츠혼은 죽음을 마치 책의 마지막

장(last chapter)처럼 비유하고 있다. "죽음은 한 인간의 삶의 책의 마지막 페이지이며, 출생은 삶의 책의 첫 페이지이다. 첫 페이지가 없이는 책이 존재하지 않는 것과 같다. 주어진 첫 페이지에서 책은 존재한다. 그러면 죽음은 어떻게 그리고 어떤 책을 구성하고 풍성하게 채워지는 것일까. 죽음은 더 이상 현실이나 사실적 문제가 아니다. 책은 이미 사실이다. 나의 죽음이 일어나고 발생하는 가능성을 알고, 또 그러한 사건은 엄연한 사실이다. 그래서 죽는다는 것은 냉엄한 현실이며, 또한 우리가 논쟁하고 있는 것처럼, 그것이 창조되었던지 아니든 간에 실재한다는 것은 파괴할 수 없고 피할 수 없다."[39]

문제는 삶의 완성을 지향하지 못한 존재자가 되는 경우, 예컨대, 때 이른 죽음을 경험한 존재자가 되는 경우에는 어떻게 이해해야 하는가? 하츠혼은 매우 명확하게 답한다. "죽음의 악은 개체의 파멸을 전제로 한다."[40] 일생의 과정을 채우지 못한 이른 죽음은 비극이다. 하지만 인생에서 경험적 존재로서의 인간은 관계적 개념이기 때문에 무수히 많은 사건들과 경험들과 마주하고 그것들을 통해서 자신의 가치를 창출하는 존재다. 그러는 과정에서 이 세상에서 공헌적 삶을 향유하면서 누릴 수 있지만 그렇지 못한 경우가 있다. 그것이 삶을 중단하게 하는 원인이다. 이러한 비극적 죽음이 발생할 수 있는 것은 상호 의존된 사회적 관계에서 통합하려는 요인들에 의해서 '불일치'(discord)나 '사소성'(triviality)이 미적 가치를 방해하여 지속적이지 못하게 함으로써 때 이른 죽음을 경험하게 한다.[41] 즉 사물의 엇갈림이 다양한 형태의 부정적인 사건들을 야기한다는 것이다. 그래서 죽음은 이러한 불일치의 관계에서 파생하는 원인이 된다.[42]

그럼에도 하츠혼은 죽음의 시간과 방식이 전적으로 우발적이라고 말한다. 결코 신적 예정이나 목적에 의해 결정된 바가 없다. 자신의 선행적 자료들에 의해 구성된 현재의 결정이나 결단에 의해 삶을 구성하는 인간은 열려진 미래로 항해하는 선장과 같은 심정일 것이다. 그 과정인 삶은 매우 나약하고 불안정하기 때문에 우리는 그것을 받아들일 수 있어야 하고, 우리의 삶이 질적인 측면에서 신적 영향에 의해서 진행된다는 사실을 받아들이는 것이 자연스럽다고 하츠혼은 말한다.[43] 비록 때 이른 죽음이라 할지라도 하츠혼이 생각하기는 신적 기억 속에 충분한 가치를 인정받는다 말하고, 그것의 가치가 신적 위로나 사랑이라 말한다. 일어난 모든 경험적 사건이나 계기들은 신에게 소중하다. 신은 모든 것을 기억하면서 우주의 창조적 과정에 영향을 행사한다. 그 행사는 결코 강압적으로 혹은 일방적으로 행사되는 것이 아니라 설득적인 방식으로 행사하신다. 신은 항상 우주의 에로스로서 영원히 불멸하신다. 그러므로 불멸은 인간이 아닌 신에게만 적합한 개념이다.

생명과 신적 기억

하츠혼은 앞서 언급했듯이, 신의 특징은 불멸에 의해서 이해된다고 주장한다. 신은 태어나지도 사라지지도 않는 불멸적 존재다. 인간은 영원히 살지 못한다. 오로지 신만이 영원히 산다. 따라서 불멸은 인간의 것이 아닌 신의 고유한 속성에 속하는 개념이다. 도날드 비네이(Donald Viney)가 적절히 지적하듯이, 불멸은 '신의 전지성에 대한 기능'이다.[44] 신은 발생하는 모든 것을 기억하고 사건화하고 또 그 모든 것을 다 안다.

그의 지식은 오류가 없고 완전하기 때문에 인간의 기억과는 다르다. 이러한 신적 지식에 근거하여 신의 기억은 완전하다. 그래서 신은 인간의 가치들과 경험들을 기억하면서 영원히 존재하게 된다. 인간은 출생하여 죽음이라는 일정한 과정 속에 있는 유한한 존재인 반면에 신은 결코 사라지지 않는 존재다. 인간의 모든 사건들과 경험들조차도 자신의 경험 속에 기억함으로써 신의 존재 의미를 세계에 알린다. 이런 점에서 하츠혼은 불멸하는 존재로서의 신은 "완전성 속에 고립되거나 그것을 상실함이 없이 무한한 경험을 거듭하면서 인격적 개별성을 보존하는 능력을 지닌 존재"라고 주장한다.[45]

게다가 하츠혼의 분석에 따르면, 신적 우연성과 피조물의 우연성에는 명백히 차이가 있다. "신적 우연적 질적 요인들은 우연적 가치의 전체성을 통합하면서 우주적으로 포괄적인 반면에, 비신적 우연적 질적 요소들은 우연적 실재의 전체적인 가치의 파편적인 것을 나타내면서 부분적으로 배타적이어야 한다."[46] 인간의 삶은 공간 속의 한 부분만을 점유하는 반면에 신은 모든 곳에 편재하는 존재다. 그래서 신은 시간적으로 무한한 미래를 가진 존재이기 때문에 우리의 삶을 신적 삶과 같다고 생각해서는 안 된다.[47] 이것이 '객체적 불멸성'(objective immortality) 또는 '사회적 불멸성'(social immortality)이다. 객체적 불멸성은 "어떤 사건이 일어나면 그것이 실재에 있어서 영원하다는 것이다."[48] 다시 말해 과거를 구성하는 성취된 혹은 달성된 사실이나 가치들이 그 성취된 것을 취소하거나 없애버릴 수 없다. 모든 것은 살아 있다. 소멸되는 가치란 없다. 모든 것이 기억된다. 과거의 이룬 모든 것은 사라지지 않는다는 점을 하츠혼은 객체적 불멸성이라고 불렀다.

우리에게 과거를 의식하는 것은 부분적이고 희미하게 기억되는 것들이 신에게 있어서는 완전하고 확실하며 적절하게 유지된다는 사실이다. 나의 행복한 어린 시절은 세계와 나의 부모가 신께 드린 선물이다. 신은 한번 받은 것을 잃지 않는다. 따라서 역사를 진실하게 만드는 것은-만일 역사가 진실이라면-신에 의해 보존된 과거이다. 여기에서 신은 '모든 것의 척도이며… 사고하고 아는데 있어서 인간과는 다르다. 신을 믿는 믿음에 대한 여러 가지 생각들 중에 하나는 불멸인데, 그것만이 역사적 진실을 가능하게 하는 이유이다.[49]

하츠혼은 불멸이 영생의 개념과 유사하다고 생각한 듯하다. 영생이란 우리의 삶이 연장되는 것이 아니라 현재의 선이 실현되는 것으로서, 삶을 더 사는 것이 아니라 현재의 삶의 질을 반추하는 것이다. 따라서 신앙적인 의미에서 영혼의 영생에 관해 말할 때, 우리가 죽음을 넘어선다는 의미에서가 아니라 이타적인 삶으로서 우리가 우리 자신에 대해서 죽는다는 의미에서 죽음을 극복하는 것이다. 바로 그것이 영생하는 것보다 더 중요하다는 것이다.[50] 하지만 하츠혼은 죽음 이후의 삶이 현실의 윤리적 삶의 가치만을 의미하는 것으로 이야기하지 않고 미적 가치의 총체적인 의미로 이야기한다. 그는 다음과 같이 기술한다.

생명이란 무엇인가? 생명은 조화로운 경험들을 성취하는 가장 기본적인 미적 창조(aesthetic creation)이다. 가장 근본적이고 보편적인 가치가 미적이라고 하는 것은 다양한 방법으로 이해될 수 있다. 윤리적 가치만이 보편적 가치라고 할 수 없다. 왜냐하면 유아와 보다 낮은 단계의 동물이 보편적 가치를 나타낼 수 없기 때문이다. 하지만 유아와 낮은 단계의 동물도 조화로운 경험을 향유할 수 있다. 그들 역시 조화롭지 못한 경험으로부터 고통을 당하기도 한다…. 인식적인 가치도 거의가 보편적이라고 볼 수 없다. 유아들이 인식적 가치를 얼마나 많이 인식할 수 있을까? 보편적 가치에 관심을 갖는 사람은 과학자와 도덕주의자가 아니라 예술가이다. 미적 가치는 지식의 단순한 수단이나 자아 또는 다른 자아의 미래의 복지와 같은 다른 이면의 목적으로서가 아니라 경험으로서 경험된다.[51]

미적 창조의 총체적 경험으로서의 인간은 불멸한다. 하지만 이것은 전통적인 육체의 부활이 아니라 신에 의해 기억되는 불멸을 의미한다. 하츠혼은 인간의 불멸을 인간이 죽은 후에 우리의 삶들이 신에 의해 영원히 기억되어지는 것을 사회적 불멸이라고 부른다. 이것은 불멸이란 삶의 영향력에 의해서 달성된 것을 말하고 있기 때문이다. 우리는 다른 사람들의 기억 속에 기억되지만 영속적으로 기억되지는 않는다. 하지만 인간은 신의 기억 속에 영원히 기억된다. 인간이 죽은 후에도 인간의 삶이 지속된다는 사실을 반대한다. 우리의 존재가 더 이상 죽음 후에는 존재하지 않는다. 단지 우리의 삶의 경험들이 타자와 신의 기억 속에 존재하게 된다. 인간의 기억은 제한적이라 영원히 존재하지 않지만, 신의 기억은 전지하기 때문에 개별적 인간의 삶의 경험들은 그의 전지한 기억 속에 영원히 존속할 것이다. 그런 의미에서 하츠혼은 "불멸은 신 앞에서의 영원한 명성"(everlasting fame)이라고 결론을 내린다.[52]

여기서 하츠혼은 객체적 불멸을 신의 사랑으로 해석한다. 그는 보다

감동적인 어조로 다음과 같이 말한다. "신은 흥정의 대상이 될 수 없다. 우리는 우연의 존재다. 우리는 존재하지 않을 수도 있었다. 그리고 우리가 살아가는 한 우리가 계속 살아가게 하는 것이 우리의 의지일 수 있다…. 우주는 우리에게 빚을 지지 않는다. 살아가는 것의 보상은 삶 또는 생명 그 자체이다. 주어진 삶보다 더한 무엇이 주어진다면 그것은 상여금과 같은 은총이다."[53] 그렇다면 신은 어떤 목적을 가지고 세상을 통치하는 걸까? 이 질문에 답하기 위해 하츠혼은 신의 활동을 강조한다. 신은 세계를 통치하는 어떤 목적을 가지고 있고, 그 목적은 분명히 우리의 목적과 다르다. 그리고 신은 우리 개인에 대한 어떤 목적을 가지고 있다. 유한한 인간과 무한한 신은 전적으로 다름에도, 신은 인간의 존재를 이 세상에서 가치 있는 존재자로 유인하고 창조하신다. 하츠혼은 다음과 같이 쓰고 있다.

> 신의 활동은 우리의 존재를 가능하게 한다. 행복한 순간들과 견딜만한 슬픔을 가진 존재가 되게 하신다. 게다가 적법하고도 타당한 목적을 제공하시며, 최종적으로 우리 자신들과 후손들을 포함하여 전체적인 측면에서 보자면, 우리가 사랑하는 사람들이 아마도 우리가 부주의하고 이기적으로 결정하는 것보다 훨씬 더 좋은 삶을 영위할 수 있도록 지혜롭고 신중한 결정을 내릴 수 있는 능력을 부여한다. 또한 어떤 경우에라도 우리가 향유하고 또는 다른 사람들로 하여금 향유할 수 있도록 도와준 어떠한 좋은 경험이 삶의 파괴할 수 없는 요소이며 그것을 사랑하는 일이 우리가 자신들을 이해하는 한에서 우리의 내적 관심거리일 것이다.[54]

이런 맥락에서 하츠혼은 죽음을 삶의 현실적 조건인 생명의 현실성으로 이해해야 한다고 믿는다. 즉 죽음은 존재가 종말을 향해가는 것이라기보다는 보다 더 생산적인 삶의 풍요로운 경험을 향하여 달려가는 현실적 존재 가치의 과정이다. 따라서 죽음의 문제는 현재적 삶이 죽음의 삶을 향해 가는 존재이기 때문에 주어진 삶에 심미적 가치를 경험하는 존재의 과정으로 이해되는 것이다. 그가 말하듯이, "우리가 죽음을 이해하기 위해서는 생명이 무엇인지를 알아야 한다. 이는 죽음이 생명의 끝이나 종결을 의미하기 때문이다."[55] 따라서 "조화로운 경험들을 성취하고자 하는 가장 기본적인 미적 창조"로서의 생명에 대한 우리의 관심은 죽음을 이해하는 조건이 되는 것이다.[56] 이러한 생각은 화이트헤드의 사상 속에 보다 분명히 언급되고 있다.

신의 목적은 시간적 세계에서 가치를 성취하는 일이다. 그의 활동적인 목표가 일시적인 것이나 지속적인 것이나 그것은 미래에 있을 가치의 조정을 위해 현재를 조정하는 것이다. 가치는 현실 그 자체 속에 내재되어 있다. 하나의 현실적 존재가 된다는 말은 '자기-관심'(self-interest)을 갖는다는 말이다. 이 '자기-관심'이 곧 '자기-평가'에 대한 느낌을 뜻한다. 그것은 일종의 정서적 특성을 갖는다. 자기 자신의 것이 아닌 다른 사물들의 가치가 이 궁극적 '자기-관심'에 기여하는 용인들로 구성되는 파생적 가치를 의미한다. 따라서 가치란 현실화를 위한 '궁극적 향유'(ultimate enjoyment)라고 할 수 있다.[57]

여기서 이 세계에 대한 신의 목적이 무엇인지 분명히 가르쳐 주고 있다. 화이트헤드가 언급하듯이, "신은 세계에 대한 미적 일관성의 척도다."58) 신은 세계를 미적 시각에서 이끌어가는 우주의 동반자가 된다. 그는 결코 세계의 모든 가치를 파괴하거나 버리지 않는다. 그에게는 모든 것이 소중하고 가치가 있고, 그의 기억 속에 모든 것을 불멸적으로 저장한다. 따라서 그의 피조물의 모든 가치들은 신속에 존재한다. 그것이 세계에 관심하는 신의 사랑이자 신적 에로스며 신적 은총이다.

하츠혼의 죽음에 대한 분석은 다음과 같이 간략히 요약될 수 있다. 첫째로는 죽음의 신비가 불멸의 개념에 의해서 이해될 수 있다는 것이다. 그가 말하는 죽음은 "삶의 순수한 파멸이나 소멸이 되는 것이 아니라, 주어진 삶을 구성하는 파괴할 수 없는 경험들의 온전한 수에 제한성을 놓음으로써 죽음은 단순히 그것의 종착점에 불과하다."59) 알렌 그레그(Alan Gragg)가 나열하듯이, 죽음은 우리 모두가 피할 수 없이 마주해야 하는 인간의 불가피한 운명이다. 따라서 인간은 불멸성의 개념보다는 제한된 운명적 존재로서 '죽음을 면할 수 없는 운명'(mortality)으로 받아들여야 한다.60)

그런데 하츠혼은 모든 사물이 완전히 우연적이라고 믿는다. 그것은 사람이 죽어가는 엄밀한 방식과 시간도 우연적이라는 것을 의미한다. 어느 누구의 죽음도 결정되지 않는다. 그가 언제 어디서 죽을지는 알려지지 않는다. 이는 "약간의 인과적인 차이"들이 생명과 죽음을 결정할 수 있기 때문이다. 여기서 하츠혼이 "인과적 차이"를 언급하면서 "약간의"(slight)라는 형용사를 사용한 것은 자연의 모든 것이 원인과 결과라는 엄격한 결정론과는 다르다는 것을 보여주기 위함이다. 엄격한 결정론은 세계의 사물이 인과법칙에 의해서 결정되어 있고 규정되어 있다는 것에서 출발한다.61) 하지만 하츠혼은 세계의 사물이 인과의 결정론에 의한 필연적인 결과는 아니라고 주장한다. 사물의 결과는 인과적 법칙에 의해서 형성되고 구성되는 것은 맞지만 필연적으로 그런 방식으로 작동하지 않는다는 것이다. 이러한 인과적 차이는 신학에서 신의 절대적 예정에 의존함으로써 더욱더 유일하고 절대적인 신에 의해서 생명의 조건이 결정되는 것을 강조해 왔다. 하츠혼이 말하듯이, "만일 참된 자유가 오직 신의 자유라는 것을 의미하다면, 인간은 신의 손으로 움직이는 인형과 같을 것이다."62) 그러므로 "신적 목적이 죽음의 때와 방식을 결정짓는 것이란 아무것도 없다"는 것을 의미한다.63) 그리고 모든 사물이 우연적이라면, 그것은 모든 인생이 비극적일 수 있고 또 그러한 일들이 일어날 수 있는 가능성이 있다는 것을 암시한다. 그래서 하츠혼은 이렇게 가르친다. "이 땅에서 사랑한다는 것, 수많은 사람들과 피조물(이웃들)의 사랑, 그리고 특히 한 사람 혹은 두 사람을 위한 사랑을 위해서 나는 그것을 위해 깊이 감사면서 살아야 한다."64)

둘째로 죽음은 우주적 관점 속에서 보다 높은 도덕적이고 이타적인 삶을 제공하는 힘을 갖고 있다. 죽음을 단순히 허무주의적으로 이해한다면, 그것은 현재의 삶을 저급하게 할 수 있다. 인격적 삶의 형태는 현재에서만 가능하다는 그의 주장은 불멸의 개념이 인간에게 적용되는 문제가 아니라 신에게 적용되어지는 문제라는 사실을 강조한다. 그가 적절히 지적하듯이, 만일 우리가 우리자신을 위한 불멸을 주장한다면, 신은 정말로 우리 자신의 소원성취를 위해 단지 필요한 존재자로 생각하기 쉽다. 그러므로 하츠혼은 인간의 불멸은 '신에 대한 불경'(blasphemous)이라고 주장한다.65)

셋째로 죽음이나 불멸의 가치는 삶의 모든 순간이나 찰나의 가치를 절대적으로 소중하게 하는 우주적 근거를 제공하는 것이다. 하츠혼에 의하면, "삶의 모든 순간에서 스스로 하나의 목적이며, 또 어떤 미래의 목표에 단순히 수단으로 작용하는 것을 의미하지는 않는다."[66] 결과적으로 삶은 죽음을 이해하는 조건이다. 죽음에 대한 하츠혼의 생각은 인간이 덧없는 존재임을 깨닫게 해주는 죽음이 아니라 주어진 삶의 가치를 통해서 죽음을 받아들이고, 매순간 최상의 선택을 통해 미적 가치를 창출하는 삶이어야 한다는 것이다. 만일 죽음이 개인의 생명의 종언이라고 한다면, 이 생명은 단 한번 시간적 끝에 도달하는 한정된 본성일 것이다. 하지만 우리의 생명은 마치 우주의 예술 작품과 같은 의미로 유추해 볼 수 있기 때문에 따라서 그는 "죽음을 이해한다는 것은 우리가 생명이 무엇인지를 알아야 한다"는 점을 상기시키고 있다.[67]

나가는 말

죽음에 대한 찰스 하츠혼의 접근방식은 미적 가치로서 이해되었다. 모든 인간은 우주의 보편적 원리에 따라서 죽음은 엄연한 사실이지만, 죽음 이후의 삶의 논리적 가능성에 대해서는 부정했다. 하지만 그것은 종말이나 무화의 의미가 아니다. 죽음에 대한 그의 이해가 갖는 교훈들을 간략히 열거하면서 이 장을 마치고자 한다.

첫째로 죽음에 대한 그의 접근방식은 언제나 삶에 대한 이해와 필수적인 함수관계를 가지고 있다는 것이다. 삶에 대한 이해가 선행되어야만 죽음에 대한 이해가 비로소 하나의 의미를 제공하는 것이다. 그러므로 미적 측면에서 보았을 때, 삶과의 함수관계에서 죽음은 삶의 완성에 이르는 일종의 과정이다. 죽음은 현재의 삶의 질을 강조한다. 죽음은 이 점에서 우리의 미적 삶의 질을 함축하는 생의 사건이다.

둘째로 죽음에 대한 그의 이해는 "시간 속에 제한되어 있는 존재들이 마지막 목적이 될 수 없다는 점을 상기시키는 것이다."[68] 죽음은 인간이 자신의 의지와 노력으로 모든 최종적인 목적에 도달할 수 없는 제한적이고 유한한 존재라는 사실을 가르쳐 주는 냉혹한 보편성 또는 법칙을 가르쳐 준다. 사람은 누구나 자신의 삶이 한정된 삶이고 언젠가는 죽음으로 삶의 책을 종결하리는 것을 알고 있다. 피할 수 없는 삶의 과정이다. 만일 인간이 자신의 시간적 유한성과 제한성을 받아들이지 않는다면, 삶은 미적 가치를 인식하지 못할 것이다. 미적 가치는 유한하면서도 무한하다. 미적 존재로서의 인간은 살아온 삶의 자료를 선택하고 다른 자료를 거절함으로써 스스로 구성하는 것에서 제한을 갖는다는 의미에서 유한하다는 것이고, 무한하다는 것은 자신의 모든 경험적 가치가 신속에 영원히 보존된다는 의미에서 무한하다는 것이다. 이런 이유에서 하츠혼의 형이상학은 인간이 죽음을 미리 앞당겨 보고 현재에 불안해하거나 '한계상황'을 느끼게 되는 하이데거적 방식을 요구하는 것이 아니라, 죽음의 현실이 삶의 과정에서 너무나 명백하기 때문에 주어진 삶의 과정을 창조적 과정과 변혁에 의해 미적 가치를 만들고 달성해 가는 것을 요구하는 것이다.

셋째로 죽음은 신의 타자성에 의해서만 경험된다.[69] 실존주의적 사상에서 흔히들 죽는 사람은 자기 자신의 죽음을 스스로 경험하지 못한다고 한다. 이는 자신의 죽음은 타자의 죽음에서만 경험되기 때문이다. 우리의 이웃으로서의 타자는 사회 안에서 우리와 관계하고, 이웃의 죽음에서 죽음을 우리가 경험한다. 유사하게 하츠혼의 죽음이해도 우리가 스스로 죽음을 경험하는 것이 아니라 오직 신에 의해서만 경험된다는 점을 보여 준다. 그래서 신은 인간의 죽음을 자기 스스로 경험하고 살아온 인간의 모든 경험적 가치를 매우 소중하게 인식하고 보존한다. 데이비드 그리핀이 적절히 말하듯이, "유일하게 불멸적인 존재인 신의 생명에 공헌하는 것이 인간의 권리다."[70] 하츠혼의 신은 기억에서 전지하고 결코 인간의 삶의 경험들을 상실되는 법이 전혀 없다. 신은 사멸하거나 죽지 않는 존재로서 신의 고유한 특권인 것처럼 주장한다.[71] 죽음에 대한 하츠혼의 이해는 신의 전지한 기억 속에 인간의 경험적 가치들이 영원히 기억됨으로써 명시적으로 인간 존재가 신에게 가치가 있는 존재가 된다고 가르친다. 분명히 피조물인 인간은 신 앞에서 소중하고 의미가 있는 존재다. 결과적으로 하츠혼은 인간의 삶이 '신 앞에서의 명성'을 얻은 존재로 인식된다는 사실을 증명하려고 했던 것 같다. 따라서 인간의 삶은 신에 의해 가치가 있으며, 또 그로 인해 소중하게 간직된다고 사실을 받아들이는 것이 믿음이다.

    이 장을 나가면서 우리는 죽음의 미적 차원에서 논의하는 하츠혼의 생각을 정리해 보자. 하츠혼은 무엇보다도 우리에게 인간의 삶에 헌신하는 소중함을 일깨운다. 만일 죽음이 종말이 아니라면 우리는 그것에 대해 어떻게 느껴야 하는가 하는 것이다. 죽음 이후의 삶이 더 이상 존재하지 않는다면, 인간은 주어진 삶에 대한 기회를 최대한 잘 활용하여 삶의 가치를 만들어가는 과정에 어떻게 공헌할 수 있을 것인가에 관심을 갖지 않을까 싶다. 이러한 의미에서 보면 하츠혼의 과정철학은 죽음이란 삶의 성취를 위한 목적이다. 따라서 하츠혼은 철학의 주요한 주제로서의 죽음이 삶과 생명이 무엇인지를 이해하는 조건이며, 그곳에서 영혼과 육체의 관계를 해명하는 인식론의 주제 가운데 한구석에 자리 잡은 죽음의 문제가 진정한 인간의 삶의 문제에서 해명하고 이해하는 철학의 중심과제로 환원하려는 것이라 결론을 내린다. 이는 죽음이 진정 삶의 문제이기 때문이다. 이런 점에 비추어 본다면 전통적인 기독교의 가르침과 교리는 죽음으로부터의 해방의 강조도 매우 중요하지만, 하츠혼이 주장하고 있듯이 보편적 원리로서 죽음을 받아들이는 신앙까지 강조한다면, 기독교 신앙은 한층 더 미적 가치의 존재로서의 삶의 과정을 소중히 여길 수 있지 않을까. 왜냐하면 죽음을 소멸의 의미에서 받아들이는 것이 아니라 삶의 가치적 과제의 달성을 위한 과정으로 받아들이기 때문이다. 그러므로 죽음에 관한 하츠혼의 논의로부터 우리가 삶의 행복에서 미적 가치를 현실화하려는 과정으로 죽음을 해석한다면, 우리는 다가오는 죽음의 현실을 부정하지 않고 그것을 그대로 받아들여 주어진 유한한 삶의 의미를 되찾을 수 있는 방법을 배우지 않을까 싶다.

제11장

과정철학과 포스트모던 신앙

제11장
과정철학과 포스트모던 신앙

'포스트모던'(postmodern)이란 말은 무언가 혼합되고 모순적이고 애매한 의미를 연상하게 한다. 이는 이전의 모던적 사조, 즉 이성적 사유를 가장 중요한 진리치로 받아들인 "계몽주의 철학"을 부정하는 것에는 대부분 일치하는 듯 보이지만, 포스트모던의 전체 이미지를 조망하는 일에는 일치하지 않기 때문이다. 그래서 딱히 무어라 명확하게 규정하기가 어려운 포스트모던이라는 말은 진리의 의미가 붕괴된 것처럼 느낀다. 하지만 포스트모더니티의 상황은 정반대다. 포스트모던 철학자 장-프랑수아 리오타르(Jean-Francois Lyotard)는 「포스트모던적 조건」에서 이렇게 썼다. "포스트모더니티는 의미상실(perte du sens)에 대해 한탄한다."[1] 말하자면 포스트모던은 더욱 본질의 추구보단 의미를 추구한다. 최근에 후기구조주의와 해체주의 철학과 더불어 포스트모더니즘이 논의되면서 이 말은 사상적으로 어렴풋한 철학적 의미를 이미지화하고 있다. 게다가 예술이나 다른 학문과는 달리 철학은 추상적인 개념과 난해한 논증으로 명확한 이미지를 보여주지 못해도, 포스트모던 철학이라고 할 때 그것은 모던 철학과의 어떤 연속선상에 있음을 직감한다. 이런 근거에서 하츠혼의 형이상학은 포스트모던 신앙의 특징들을 끌어내기 위해 모던적 신앙 양태와의 연속선상에서 살펴볼 수 있을 것으로 추정된다. 이런 목적을 위해서 우리는 근대철학에 나타난 신앙의 양태들을 전개하고 그들의 제한적인 것과 비교함으로써 하츠혼의 형이상학에서 포스트모던 신앙의 가능성을 끌어낼 수 있을 것 같다. 하지만 문제가 만만찮다. 가장 중요한 이유는 '과정철학이 과연 포스트모던적 양태의 신앙에 대하여 이야기한 적이 있는가' 하는 것 때문이다. 엄격히 말하면, 하츠혼은 포스트모더니즘이나 포스트모던 철학이라는 용어를 사용하지 않았고, 그런 구조의 틀을 가지고 작업하지도 않았다는 것이다. 그럼에도 하츠혼의 다양한 저작들 속에서 오늘날 우리가 말하는 포스트모던적 사고의 양태를 가장 잘 해명해 줄 수 있는 여러 철학적 개념들이 있다. 우리는 이 철학적 개념에 따라 하츠혼의 작품을 읽고, 그것에서 포스트모던 신앙을 이해해 볼 필요가 있어 보인다.

이 장은 그의 포스트모더니즘에 관한 전반적인 해명을 주된 목표로 삼지는 않는다. 이는 여러 철학적 작품들 속에서 포스트모더니즘의 정의에 관한 문제가 지적되었고, 누가 그것을 정의하는가에 따라서 또 다른 의미의 포스트모더니즘이 전개될 수 있기 때문이다. 언제나 그렇듯이 정의란 하나의 시도이지 보편적 의미의 시도라고 말하기가 어렵다. 마크 데일러(Mark C. Taylor)가 적절히 표현한 것처럼, "포스트모더니즘은 … 잘 알려진 것처럼 문제가 되는 용어다. 종교를 공부하는 학생들이 포스트모더니즘에 관한 논쟁에 참여한다면, 혼란스러움이 가중된다. 어떤 이들은 포스트모더니즘이 신 죽음과 종교의 후퇴를 제시한다고 주장하고, 어떤 이들은 전통 신앙의 회복으로 이끈다고 주장한다. 혹자는 여전히 신앙적 개념을 버려야 할 가능성에서 포스트모더니즘을 찾아야 한다고 주장하기도 한다."[2] 이처럼 포스트모더니즘에 관하여 합의된 정의가 없음에도 여전히 우리는 모더니즘에 관한 인식적 논의 선상에서 포스트모더니즘의 정황을 찾아야 하고, 그리고 모던철학에 관한 철학적 성찰이나 비판에 의해 포스트모던 신앙의 특징들을 발견해야 한다. 포스트모던에 관한 논의 자체도 하나의 관점을 제시하긴 하지만, 모더니티가 포스트모더니티의 사고 양태를 설명하는 중요한 실마리를 제공한다는 희망에서 하츠혼의 과정철학은 포스트모던적 사유형태와 적절한 대화를 시도할 수 있다고 보인다. 무엇보다도 하츠혼은 그의 「위대한 사상가들의 식견과 과실: 서구철학의 평가」(Insights and Oversights of Great Thinkers in Western Philosophy)에서 서구철학 일반에서 어떻게 사상이 움직이고 발전하는지를 평가하면서 시대의 사유가 그 시대에 의미가 있지만 다른 시대에서는 의미가 없었다는 점을 역사적으로 밝혔다. 게다가 '하츠혼이 미학적 원리에서 출발하는 과정형이상학은 포스트모더니티의 경쟁자 중 하나로 간주되지 않을까' 하는 희망에서 이 장은 논의의 근거를 삼는다.[3] 그리고 과정철학과 포스트모더니티의 연관된 연구는 데이비드 그리핀의 「포스트모던 하나님, 포스트모던 기독교」(God and Religion in the Postmodern World: Essays in Postmodern Theology); 조 홀란드와 윌리엄 버슬리와 함께 공동으로 출판한 「포스트모던 신학의 다양성」(Varieties of Postmodern Theology); 그리고 존 캅, 마르쿠스 포드, 피트 군터, 피터 옥스와 함께 출판한 「생산적 포스트모던 철학의 선구자들」(Founders of Constructive

Postmodern Philosophy: Peirce, James, Bergson, Whitehead, and Hartshorne) 등에서 포스트모던 신앙의 가능성에 대한 실마리를 제공한다.[4] 위의 세 저작은 과정철학이 포스트모더니티와 암시적으로 상관이 있음을 보여주는 중요한 연구들이다. 따라서 우리는 과정철학과 포스트모더니티와의 관계에서 포스트모던의 신앙에 초점을 맞추어서 전개해 보고자 한다.

모던적 신앙 양태

하츠혼의 포스트모던 신앙을 이해하기 위해서 우리는 자연스럽게 그의 모던철학에 대한 비판에서 시작해야 할 것 같다. 그에 의하면, 서구문화와 사회를 지배해 온 모던철학은 세계의 '존재'(being), '동일성'(identity), '절대'(absolute), 그리고 '기원'(origins)이나 '원인'(causes)에 대한 과학적 탐구에 두드러진 개념들을 강조한 나머지 사물의 '생성'(becoming), '다양성'(diversity), '상대성'(relative), '차이성'(difference) 그리고 '결과'(effects)를 배제하는 편견이나 일방적인 사고가 지배하는 철학이 되었다.[5] 모더니티의 세계관은 실제로 철학 전통에서 매우 중요한 인식적 의미를 제공한다. 하지만 그 세계관은 포스트모던 시대에 받아들일 수 없는 한정된 세계관이다. 무엇보다도 모던 세계관은 기계론이었다. 17세기 이래 "물리과학의 정통 신조"인 기계론은 "여러 난점을 남겼다."[6] 기계론의 여러 난점들은 화이트헤드가 비판하는 추상적인 것을 구체적인 것으로 오인하는 "잘못 놓여진 구체성의 오류", 데카르트의 철학적 전통을 계승하는 "이원론" 그리고 세계와 아무런 인과적 작용을 하지 못하는 신의 개념인 "이신론" 등으로 나타났다. 모던적 세계관은 포스트모던 시대에 더 이상

중요한 의미를 부여하지 못한다. 이런 의미에서 데이비드 그리핀(David Griffin, 1939-)은 "모던철학은 자멸적이다"라고 단언한다.[7]

이처럼 모던철학의 자멸은 사물의 '본질'을 찾으려는 데서 그 자명성이 더욱 두드러진다. 근대철학은 한마디로 진리를 탐구하려는 의욕이 어느 시대보다 강했다. 여기서 진리는 어떠한 선입견과 편견으로부터 독립적으로 존재하는 본질의 영역이었다. 본질은 정확히 그 무엇이다. 따라서 본질은 어느 것과도 타협하지 않는 진리 그 자체다. 이처럼 모더너티는 근절할 수 없는 본질에 의해서 토대가 마련되었다. 이 본질을 탐구하기 위해서 중요한 도구로 활용한 것이 이성이다. 이성은 주관적이고 정서적인 모든 것을 거부하고 오로지 진리를 위해 봉사했다.[8] 알프레드 N. 화이트헤드조차도 이성을 "정적인 독단주의의 굴레를 씌우는 불행한 결과를" 차단하는 효과라고 말한 적이 있다.[9] 이처럼 이성의 합리적 방식은 본질을 찾으려는 기능으로 큰 기대를 받으면서 철학이나 형이상학에 그 중요성을 가중시킨다. 하지만 포스트모던 철학자로 규정하는 미셸 푸코(Michael Foucault), 자크 데리다(Jacques Derrida), 질 들뢰즈(Gilles Deleuze), 리처드 로티(Richard Rorty)는 학문의 탐구 또는 진리의 확실성과 같은 본질을 찾으려는 철학 일반에 저항했다. 그들은 철학의 궁극적 목표인 진리를 찾을 수 있다는 어떠한 희망을 포기하라고 경고한다.[10] 리오타르가 적절히 밝혔듯이, 포스트모던 세계는 "메타-이야기에 대해 불신"이다."[11] 따라서 그들은 더는 초월적 또는 보편적 진리인 본질의 가장 핵심적인 이성을 내포하고 있는 메타-이야기는 없으며, 그래서 이성은 더 이상 우리가 살고 있는 포스트모던 세계를 설명해 줄 수 없다고 선언한다.

이런 근거에서 모던철학의 담론은 모던의 특징을 열거함으로써 두루

뭉술하게 모던적 신앙의 양태들을 마음속에 그릴 수 있을 것 같다. 몇 가지들을 열거하면 다음과 같다. 첫째로 모던철학은 이성적 사유에 의해 진리의 성격을 규명하려는 열정에서 문제를 들어낸다. 모더니티의 시대적 연대가 획일적으로 일치하지 않지만, 일반적으로 널리 받아들여지고 있는 모더니티의 기간은 16세기에 시작하여 18세기에 성숙기를 거쳐 20세기에 종언을 고하고 있다고 말해진다.[12] 하지만 이런 시대적 배경에서 모던철학에 대한 이해는 데카르트 이후에 나타난 사유의 패턴에 의해 가장 특징적으로 잘 대변해 주고 있는 듯하다.[13] 이처럼 모던시대에 신앙의 가장 중요한 특징은 이성을 강조하고 적용함으로써 신앙의 비이성적 요소를 제거했다. 모던시대의 전유물인 합리성과 객관성은 사물의 절대 권위를 인정하는 이성이라는 도구를 통하여 진리에 도달했거나 진리의 확실성을 추구했다. 간단히 말하면 이성은 사물을 판정하고 판별하는 기준이자 규범이었다. 누구도 이성의 절대 권위에 순종하지 않을 수 없었고, 따라서 진리를 주장하려면, 이성을 인정하지 않고서는 진리로 정의할 수 없었다. 이런 이유에서 이성의 시대에 신앙적 사고와 행동 그리고 신앙 대상에 대해 매우 엄격한 기준이 적용되었고, 그리고 비판적이었다. 사람들은 주어진 신앙과 그것의 전통을 모던 시대에서는 맹목적으로 수용할 수 없었기 때문에 신앙을 미신적이라고 매도했다. 계몽시대의 종교에 관한 그의 글에서 에른스트 카시러(Ernst Cassirer)는 이성주의 시대의 배경에 대해 적절히 기술하는데, "모더니티는 … 신앙의 내용에 관한 영성을 요구하였고 그리고 이러한 모던 영성은 신앙의 주체인 자아에 제한을 두지 않고, 세계의 존재에로 확대시키면서 새로운 관계 속에서 신앙의 확실성의 근거로 대체되지 않으면 안 되었다. 그로 인해 세계는 이제 확실성의 근거에서 신앙의 정당성을 추구해야 한다고 요구했다."14)

상황이 이러다보니 모더니티는 기독교 신앙의 주된 내용인 영성을 배제하거나 아니면 이성에 의한 신앙의 확실성을 추구하도록 요청한 시대적 배경을 암시적으로 드러내게 되었다. 그리핀도 모더니티에서는 "영성을 위한 어떠한 종류의 기반도 제공하지 않았다"라고 지적함으로써 신앙의 합리성을 인정하지 않았다.15) 그 결과 신앙은 확실한 인식체계에서 제외되었다. 비록 신앙의 모던적 입장이 중세신앙에 대한 불신과 비판에서 인간의 역할과 가치를 상대적으로 높이려는 기획이었음에도 불구하고, 모더니티는 신앙을 단지 금욕주의적이고 신비적인 요소라고 단언하였다는 점에서 반/비영성주의를 내세웠고, 또한 신비주의적 영성이 과학적 탐구의 정신에 적용할 수 없는 패러다임으로 간주해 버렸다.16) 신앙의 영성은 한마디로 시대정신과 문화에 맞지 않는 것이고, 이미 종교라는 테두리는 희미하고도 진부한 경계가 되고 말았다. 따라서 이성에 의해 더욱 확고한 신앙의 형태인 '종교적 보편주의'(religious universalism)로 전환하든지 아니면 '종교의 무용성'을 주장하든지 이 두 가지 중 양자택일을 강요하는 것처럼 보였다.17)

더욱이 이러한 모더니티의 열정은 신앙의 대상인 신의 존재나 개념을 상대적으로 약화시켰다. 왜냐하면 모더니티의 인식론이 확실성에 의해 특징적으로 드러나기 때문이었다. 이성은 이처럼 보다 확고한 진리를 추구하고 그러한 기준에 맞지 않는 신의 개념을 의미 없는 형이상학으로 매도했다. 따라서 모더니티의 신앙은 이러한 딜레마에서 곤혹을 치룬 시대였다. 하지만 하츠혼은 이러한 현상을 "신의 개념을 특징짓는 매우 극단적인 방식에서 오는 오류"라고 지적했다.18) 이미 그릇된 전제에서 출발한 모더니티는 신의 개념에 대해 관심을 갖는 것이 주된 목표가 아니라 인간의 위대함을 드러내는 것이 주된 목표였다. 아더 러브조이(Arthur O. Lovejoy)는 그의 「존재의 대연쇄」에서 모던적 시대의 상황을 기술했다. "자연신학은 정통파의 것이든 이신론적인 것이든 그 의도에 있어서는 신의 실존을 증명하는 것이었다. 그러나 그것은 실제로는 인간의 찬미였다."19) 말하자면 모던시대는 인간에 대한 주된 관심으로 신의 개념을 상대적으로 약화시켰다. 이것이 하츠혼이 신을 배제하고 인간만을 위한 한편의 진리만을 추구했던 시대가 모던시대라고 평가했던 이유였다. 비록 모던시대에 신에 관해 논의가 되어도 그것은 살아 있는 인격적 신이 아니라 세계와는 아무런 작용을 하지 않는 신이었다. 따라서 하츠혼은 신이 없는 인간과 인간이 없는 신의 개념은 공허할 뿐이며, 우주의 유기적 구조에서 바람직하지 않다고 논증했다. 왜냐하면 메마르고 생기 없는 이성의 관점은 아름다움에 근거한 미적 차원의 형이상학의 관점에서 논의될 수 있는 가능성을 차단했기 때문이다.20)

    그런데 문제는 우리가 종교의 무용성을 주장할 수 없다면 우리는 보편적 신앙을 회복하는 방향으로 돌아가야 하는데, 그렇게 될 경우 이성의 권위에 따른 보편적 신앙이 신학과 종교의 합리적 모습을 창출하도록 요청받게 된다. 그런 요청에 부담을 느낀 사람들은 당시에 성서 읽기의 새로운 형식인 역사비평이라든지 슐라이어마허와 딜타이에 의한 보편적 해석학으로 기독교 신앙을 직접 혹은 간접적으로 합리적 형태로 회복함으로써 어느 정도 그 요청에 부합하려고 했다.21) 이러한 기독교 신앙의 새로운 변혁된 모습에도 불구하고, 포스트모더니티의 열정을 지니고 있는 니체의 해체적 전통의 철학자들, 즉 데리다와 로티와 같은 철학자들은 모더니티의 이성에 근거하여 진리에 도달하는 철학적 방식의 자기모순을 명시적으로 폭로함으로써 모던철학의 종언을 오래 전에 예견했다.22) 결국 모더니티는 이성에 의해 새로운 세계를 해석하는 데는 성공했다고 볼 수 있지만, 이성 그 자체로서는 세계의 객관성과 합리성을 설명하려는 시도에는 역부족이었다.

둘째로 모더니티의 신앙은 분절적 이원론에서 그 문제가 여실히 드러난다. 흔히들 이원론의 성격과 함께 논의된 모던철학은 물질과 정신, 신과 세계, 세상과 교회는 서로 독립된 실체로서 이해되었다. 당시에 철학적으로 가장 잘 무장되었던 르네 데카르트(Rene Descartes)는 이러한 실체적 이론을 가장 잘 명시한 인물이었다. 그는 모든 사물을 실체적 관점에서 해석하고, 서로 독립된 영역에서 논의했다. 그가 주장했듯이, 실체란 '다른 것을 필요로 하지 않으면서 스스로 존재하는 어떤 것이다.' 세계 속에 존재하는 모든 사물들은 자기 창조적이고 자기 통제적 개념으로 이해되었고, 따라서 인간은 누구도 그가 가진 고유한 자유와 그것의 행위에 침해할 수 없었다. 이는 자신이 원하는 것을 제한받지 않는 자율성에 의해서 보장받는 존재였다. 그런 열정에서 데카르트는 '코기토 에르고 숨'(Cogito ergo sum), 즉 '나는 사유한다 고로 존재한다'라는 명제를 표현했다. '나'는 사물의 주체이고, '자연'은 '나의 대상'이었다. 즉 인간과 자연은 철저히 이원론적으로 분리된 상태가 되었다.23)

과정 신학자 그리핀은 모던철학의 가장 두드러진 특징을 '실체적 개념'이라고 지적하면서 특히 세 가지 영역에서 실체의 특징적 의미들을 설명하는데 도움을 준다. (1) 모더니티는 자연의 기계적, 물질주의적 비물활론적 개념에서 실체적 특징을 드러낸다. 이것은 자연의 근본적인 단위들이 경험을 갖지 못하고 자신의 고유한 활동의 힘이 제한되었음을 뜻한다. 즉 모더니티의 자연은 생기 없고 수동적인 상태에서 행동하는 하나의 기계와 같았다. 기계적 자연은 활동은 하지만 단조로움을 특징으로 하는 것이다.[24]

(2) 모더니티는 인식의 감각주의적 개념이 실체적 특징을 드러낸다.[25] 감각주의(sensationalism)는 전통적인 인식론으로서 세계에 대한 우리의 경험이 물리적 감각에 의해서 설명된다. 그것은 외부의 감각자료가 하나의 경험적 요소를 만들어낸다. 하지만 그리핀이 적고 있듯이, "감각주의는 우리가 우리 자신의 경험을 넘어서 있는 현실적 세계의 현존에 대한 직접적인 지식을 가지지 못한다는 것을 암시한다."[26] 이는 감각주의가 외연적 관계에서 경험적 요소를 인정하고 외연적인 관계를 무시했기 때문이다. 따라서 전통적 인식론인 감각(sensation)은 느낌의 형식이 아니라 가치중립적 상태로 이해되고, 인간의 느낌(feeling)의 문제를 전혀 인식하지 못했다. 하츠혼에 따르면 이 감각의 전통적인 이해는 느낌 아래에 있는 속성보다는 인식 아래에 종속된 속성이었다.[27] 그렇지만 감각과 느낌은 동일하다. 감각이 느낌의 형식인 것처럼, 느낌도 감각의 형식이다.[28] 이것은 감각과 느낌의 실체적 이해에서 유래되었기 때문에 상호무관한 상태의 의미로 받아들여졌다. 그런 면에서 오늘날 이러한 전통적 감각들은 물리적인 대상을 이해하는 인식론 자체가 매우 한정적이게 만들었다는 사실이다.

(3) 모더니티는 세계 속에 자연스럽게 현존하는 신의 존재성을 부정하는 견해에 의해서 특징짓는다. 모더니티는 인간의 자율에 의해서 상대

적으로 신적 활동과 역사를 제한하는 시대였기 때문에 신이 세계에서 현존하는 방식을 부정한다.29) 그 결과 하츠혼이 언급했듯이 포스트모던 상황에서 '실체론적 이원론'(substantial dualism)의 패러다임은 기독교 신앙에 적용할 수 없는 것처럼 보인다.30)

셋째로 모던철학의 신앙은 기계론적 이신론에 의해서 문제를 드러낸다. 앞에서 언급했듯이, 모더니티는 세계관에서 기계론적 세계관을 받아들이고, 그러한 패러다임에서 신앙의 근거를 삼는다. 신은 창조의 행위 중에서 완전한 존재이고 기계적 법칙에 따라 이 우주를 이끌어가는 가운데 자신의 역할을 한정한다. 그것은 이 우주가 법칙에 의해서 너무 완벽하게 창조되었기 때문에 창조자의 개입이 없어도 완전하게 운행하게 되기 때문이다. 실제로 그러한 이신론적 패러다임이 모던 철학이나 세계관에 중요한 공헌 중 하나였다.31)

그렇지만 모던철학에서 기계론적 패러다임에 근거한 이신론(deism)은 신 실재를 인정하지만 신의 완전한 창조에 근거하여 출발하기 때문에 신의 관여보다는 우주의 법칙의 역할을 중요하게 여겼다. 신은 마치 거대한 기계처럼 우주를 완벽하게 창조했고, 따라서 신은 더 이상 우주와 우주의 활동에 간섭하지 않았다. 그로 인해 신은 인간과 사물을 포함한 모든 피조물들은 주어진 인과적 법칙에 따라서 열심히 활동하게 했다. 하지만 모던신앙과 관련하여 이신론적 세계관은 결정적인 세 가지 문제점을 드러내었다. 하나는 기계론적 이신론이 제일 원인의 개념에 의해서 신앙을 설명한다는 데 있다. 제일 원인은 세계에 내재하지도 완전한 인격적 존재도 아니었다.32) 하츠혼은 이렇게 밝힌다. "전통적인 이신론은 신을 전적으로 독립적 또는 비포괄적 존재로 만든다. … 신이 모든 사물을 필연적으로 존재하게 했으므로 그것(세계)으로부터 독립적이라고 말하는 것은 모순이거나 무의미하다."33) 그러므로 모던의 이신론적 신이 단지 초월적 형식의 존재로서 인간의 삶과는 무관한 초연한 존재로 군림한다는 데 문제가 있는 것이다.

  기계론적 이신론의 또 다른 문제는 그것이 매우 복잡한 기계의 구조에 따라서 운행되는 세계관이기 때문에 인과율의 불변적인 법칙을 옹호하며, 따라서 결정론적 세계관에 대한 비판에서 벗어날 수 없는 것처럼 보인다. 이것은 인간과 세계에 대한 신의 통치와 관심을 전혀 기대할 수 없음을 말한다.34) 만일 우리가 주어진 대로 활동하고 행위 한다면, 우리는 선과 악의 행위에 대한 정확한 구분을 할 수 없으며, 신앙의 구체적인 요소들조차도 인간의 의지와는 무관하게 행동할 수밖에 없는 문제를 야기한다. 그런 점에서 모던철학에서 주장하는 신앙의 요소는 신을 절대적으로 믿고 따르며, 또 주어진 현실을 변혁하려고 하는 태도보다는 그대로 수용하고 받아들이는 운명적 또는 결정적 요소에 신앙을 더욱 가중시키는 것이 아니었을까 싶다. 그리핀이 적절히 지적하듯이, "모던철학은 무신론적이었는데, 그것은 고전 유신론 속에 숨겨진 문제들뿐만 아니라 모던 세계관이 신의 매우 중요한 개념을 제거했기 때문이다."35) 다시 말하면 자연의 기계론적 견해는 세계에서의 신적 영향력이나 활동을 허용하지 않았다는 것이다. 비록 이 세계관에서 신이 어떠한 활동을 한다고 해도 그것은 인간이 감지할 수 없는 것이다. 이는 신이 인간으로부터 멀리 떨어져 있는 낯설고 소외된 존재이기 때문이다.

  또 하나의 문제는 신적 자유와 관련되어 있다. 모던시대에 신적 자유는 순전히 내적인 관계가 아니라 외적인 관계였다. 특히 하츠혼은 자유의 개념과 관련하여 전통적 의미에서 나타난 두 가지 모순을 지적하는데, 하나는 그것이 외부의 절대 신이나 궁극적 실재에 의해서 행사되었다는 문제와 다른 하나는 전통적인 결정론에 의해서 자유의 개념이 제시하는 문제이다. 즉 한편에서는 자유가 신의 계획이나 의도에 따라서 움직이는 것으로 이해되었고, 다른 하나는 인간의 행위가 이미 결정되었기 때문에 그 속성에 따른 하나의 움직임으로 설명되었다는 것이다. 결국 자유란 인간의 내면적인 요소는 배제된 채 외연적인 관계에서만 설명되었다는 문제다. 그리고 무엇보다도 그 같은 모던적 의미의 자유는 하츠혼에 따르면, 절대적으로 일방적이고 상호 의존적이지 못한 개념이었다.[36] 그것은 아마도 모더니티가 기계적 세계관이 보여주는 한계일 것이다. 기계적 세계관이 사물을 결정하는 중요한 근거로서 그 시대의 신앙관에 영향을 미쳤다고 본다면, 신앙은 기계적으로 완성된 하나의 생산물에 불과하다. 말하자면, 신과 피조물은 상호의존적인 관계가 아니라 주체와 객체의 관계에서 인식된 주종의 관계로 이해될 수 있다.[37] 그러므로 신이 우주를 창조해 내었고, 거대하고 복잡한 기계 속에 작용하는 우주를 받아들였던 모더니티의 신앙은 변할 수 없는 한 상태에서 출발하여 주어진 자신의 결정체를 통해서 세계에 활동하는 모습을 연상할 수 있지만, 결코 유기적인 관계에서 자유롭게 행위하는 생동감 있는 신앙으로 이해하기는 어렵다고 여겨진다.

포스터모던적 신앙 양태

데이비드 그리핀은 찰스 하츠혼의 과정철학을 포스트모던 철학으로 이해한다. 그러면서 그리핀은 화이트헤드의 과정철학과 마찬가지로 하츠혼의 과정철학은 해체주의 철학(deconstructive philosophy)이 아니라 구성주의 철학(constructive philosophy)이라고 주장한다.[38] 포스트모더니티는 크게 두 가지 접근으로 설명되는데 하나는 해체주의적 접근이고, 다른 하나는 구성주의적 접근이다. 해체주의적 접근은 자크 데리다(Jacques Derrida)에 의해 주도된 철학적 방식인 반면에, 구성주의적 접근은 화이트헤드와 하츠혼에 의해 주도된 철학적 방식이다. 전자는 모더니티의 종말을 의미하고, 반면에 후자는 모더니티의 비판과 반동에서 출발하는 과정형이상학적 견해를 말한다. 분명히 과정철학은 해체주의적 철학방식을 모더니티의 파멸에서 구할 수 있는 구세주로 여기지 않았고, 오히려 해체주의가 허무주의적 형태로 변질되었다고 여긴다.[39] 우리 시대의 해체주의적 신학을 고안하는 마크 테일러(Mark Taylor)도 이런 상황에서 해체주의를 비판한다.

> 수 없이 많은 방식으로 해체주의는 신앙적 성찰을 위한 동반자로 보지 않는다. 사유의 한 형태로서 해체주의는 공언하건데 무신론적이다. 데리다는 다른 사람들과 마찬가지로 자기 자신에게 해체주의가 신학과의 모든 관계를 방해한다고 단호하게 주장한다. 역설적으로 표현하자면, 그것은 주변의 사상가들을 위해 종교적 중요성에 해체의 개념을 제공하는 신학에 이러한 정반대적으로 연관성을 맺고 있다.[40]

이 부정적이고 허무적인 포스트모던 철학은 신 죽음의 해석을 제공하는 구조 틀로 이용하게 되고, 따라서 사람들에게 받아들일 수 없게 한다.

물론 서구 철학이 강조한 로고스 중심주의는 종언을 알리긴 했지만 그렇다고 해서 신학이 해체주의를 받아들이기에는 다소 무리가 있어 보인다. 해체주의의 사조는 현대인에게 이전의 철학에 대해 회의적이면서도 허무적이거나 무신론적인 신앙을 강요하는 것은 사실이다. 하지만 이러한 허무주의의 틈바구니에서도 사람들은 무신론적이지 않은 철학적 사유나 구조 틀을 갈망하고 있는 것 또한 사실이다. 이러한 기대감 속에서 하츠혼의 신학은 포스트모던 신앙을 위한 적절한 대안을 제공하는 것처럼 보인다. 하츠혼은 해체주의와는 정반대의 접근으로 구성적 방식(constructive way)으로 접근하는 과정철학에 의해 사물 또는 경험을 재구성함으로써 종교나 신앙을 위한 타당한 대안을 제공한다.[41]

이런 이유에서 과정철학은 그리핀이 지적하듯이 구성주의적 포스트모더니즘이라고 주장한다. 여기서 구성주의란 말이 갖는 의미가 단지 해체주의적 의미와 대비되는 형식인지, 구체적으로 무엇을 의미하는지는 매우 모호하다.[42] 하지만 과정철학은 구성주의적 접근을 모더니티의 연속적 사유, 즉 모더니티 이후의 사유를 포함시키는 의미로 이해한다.[43] 가장 구체적인 예는 합리론의 이성과 경험론의 경험이다. 합리론과 경험론은 해체주의적 입장에서는 서로 상충하거나 배타적이지만, 구성주의적 포스트모더니티는 이 둘을 포함한다. 따라서 구성주의적 포스트모더니티는 합리론과 경험론의 인식적 두 요소를 신앙의 구성적 요소로 받아들인다. 다시 말하면, 신앙은 경험과 이성의 구성적 요소로 형성된다. 이는 신앙이 실재에 대한 개방성이기 때문이다. 개방적 신앙은 배타성과 일방성에 반대한다. 모던 신앙의 인식적 요소는 경험적 요소를 선택하든지 아니면 이성적 요소를 선택하든지의 입장에서 결정되었지만, 과정철학은 신앙은 경험과 이성의 인식적 요소들 동시에 포함하여 실재에 개방한다는 것이다. 따라서 경험이나 이성 중 어느 하나 필요 없거나 배타적으로 해석할 수 없는 구성요건들이다. 이 두 가지 요소들이 하나의 전체적이고 통합적인 신앙의 인식론을 만들어 낸다. 바로 이런 이유에서 하츠혼의 과정 철학은 해체적이라기보다는 구성적이라는 것이다.[44] 그러면 구성주의적 포스트모던 신앙은 무엇인가? 우리는 하츠혼의 과정철학에 나타난 신앙의 특징적인 요소를 열거함으로써 포스트모던 신앙의 가능성을 살펴보고자 한다.

첫째로 하츠혼의 신앙은 이성의 권위를 배제함이 없이 감성 또는 느낌을 포함하는 형태를 강조한다. 앞서 언급했듯이, 하츠혼의 포스트모던 철학이 해체적이라기보다는 구성적이라는 측면에서 포스트모던 신앙을 주장하는데, 과정철학의 논의의 주제인 경험의 구조는 그 같은 주장을 긍정한다는 것이다. 과정철학은 데리다의 해체적 신앙을 또 하나의 극단이라고 밝히면서 경험의 구성적 요소를 논의한다. 해체란 포스트모더니티의 가장 잘 알려진 데리다의 개념으로서 존 카푸토(John D. Caputo)가 정의하고 있는 것처럼, "현재에도 지속하는 끝나지 않은 작업이며, 어떤 입장이라기보다는 하나의 실천이며, 이론적 관점이나 전망이라기보다는 항상 활동적인 실천 속에 있는 행위다."[45] 간단히 말하면 해체는 '분열의 실행'(an exercise in disruption)이다.[46] 그것은 무엇인가 정착하고 고착하려는 어떤 시도를 와해하려는 행위다. 그러기 때문에 해체란 있는 그대로의 상태에 안주하려는 것에 저항하는 행위이고, 더욱이 해체는 글이나 주장이든 어떤 형식을 파괴하면서 모든 긍정적인 진술과 합리적인 논증 혹은 진리를 해체하려는 작업이다. 데리다가 주장하듯이, 로고스중심주의(logocentrism), 즉 합리적 이성으로 세계를 결정하거나 판단하는 절대 진리에 대한 반항이다. 이런 해체주의적 연장선에서 과정철학은 한편으로는 데리다의 해체주의에 전적으로 동의하는 것처럼 보인다. 과정철학은 철저히 사물의 변하지 않는 현재에 안주하는 일에 저항하기 때문이다.[47] 그럼에도 하츠혼의 과정철학은 다른 한편으로는 해체주의의 포스트모더니즘에 회의적이고도 비판적이다. 그것은 해체의 작업이 로고스중심주의나 전통적 서구 형이상학을 붕괴함으로써 시작한다는 점에서 수용하지 않기 때문이다. 이러한 논의에서 과정철학의 입장은 이성적 요소를 배제하지 않고 그것을 구성시킴으로써 이전의 개념을 해체시킬 수 있다고 주장한다. 하츠혼에게 있어서 세계는 이미 구성적이다. 그것은 이전의 것에 의해서 새로운 형태의 개념이 형성된다. 이런 점에서 과정철학이 한편만을 강요하거나 배제하지 않는 극단적 선택을 강요하는 데리다의 해체주의를 반대하는 이유다.[48]

둘째로 포스트모던 시대의 신앙은 비경쟁적이다. 모더니티의 분절적 이원론의 사고를 배격하는 하츠혼은 신앙의 통합적인 사고에서 포스트모던 신앙의 가능성을 찾는다. 여기서 통합적이란 비경쟁적이다. 모더니티에서는 과학과 종교, 신앙과 이성, 신과 세계, 세계와 교회가 서로 경쟁적인 관계였고, 서로 화합할 수 없이 분리된 영역이었다. 하지만 포스트모더니티는 모더니티의 이러한 경쟁의 관계를 완화하고, 보다 넓은 우주나 세계를 위해서 서로를 필요로 한다고 본다. 이러한 논의는 하츠혼의 '중도적 철학'에서 잘 반영되고 있다. 그에 의하면, 인식적 측면에서 우리가 추구해야 할 것은 중도적 방식의 철학이고, 그는 이 중도적 철학(a philosophy of the middle way)을 '지혜'라고 해석한다. "좋은 형이상학은 철학이나 삶에서 일어나는 오류의 징표인 극단주의를 피하는 것이다."⁴⁹⁾ 서구 철학에서 극단주의의 방식은 양자택일의 방식이다. 그것의 가장 두드러진 것이 이원론이다. 하츠혼은 이렇게 썼다. "이원론은 아마도 두 극단들 간의 한 방식으로서 대다수에 의해서 선택되었다. 그렇지만 '양자포함'(both-and)을 주장하는 것은 두 가지 대조적인 개념들을 정당화하는 데에 언제나 올바른 방식이 아니었다. 그것은 양 극단의 그릇된 것을 모면하려는 한 방식이었다고 생각했는지 모른다."⁵⁰⁾

이처럼 모던의 양자택일의 방식은 하츠혼의 형이상학적 구조에서 받아들이지 않는다. 오히려 양자포함의 방식이 보다 적절하다고 주장한다. 그것이 포스트모던 철학인 구성주의이기 때문이다. 앞서 언급했듯이, 구성적이라는 말은 이전의 경험적 패턴을 부정하지 않고 내포적임을 암시한다. 특히 이 구성적 개념이 하츠혼의 창조적 경험 속에 잘 언급되어 있다. 한 인간의 삶은 그가 살아온 삶과 분리할 수 없다. 인생에서 경험한 사건들, 선생, 학교, 신앙생활 등 다양한 경험적 삶은 현재의 한 인간을 결정하는 것과 같다. 실제로 그는 독립적이고도 동일한 자아가 아니라 과거의 자아, 즉 경험의 자아다. 그는 이미 지나온 경험이 자기 자신 속에 진입하면서 구성하고, 그래서 미래의 자아를 만들고 현재의 자아를 변혁한다. 그것이 하츠혼이 세계 속에 포함한 모든 사물을 경쟁적인 관계로 상정하지 않는 이유다. 보다 구체적으로 설명하면 그것이 이른바 세계의 창조 개념이다. 창조는 무로부터 유를 창조하는 것이 아니라 있는 것으로부터 현재에 더해짐으로써 새로운 형태의 경험이 완성된다는 구조를 말한다. 이런 점에서 과정철학은 신앙이 항상 새로움의 연속이라고 주장한다.⁵¹⁾ 말하자면 과정철학에서 언급된 신앙의 요소는 새로움의 요소라는 것이다. 이전의 경험 구조를 그대로 유지하거나 답습하는 것이 아니라 새로운 형태의 경험이 첨가됨으로써 새로움을 현재에 경험하는 신앙이 된다. 따라서 하츠혼의 과정철학은 새로움의 신앙이자 역동적 신앙을 연출하는 것처럼 보인다.

새로움의 생성은 과정철학의 기본구조다. 새로움은 모든 사물이 독립적이지 않고 상호 의존적인 것을 전제로 하기 때문에 하츠혼은 신앙을 사회-관계적 성격으로 이해하려 했다. 즉 인간의 사고나 행위가 단순히 텅 빈 공간 속에 도출하는 것이 아니라 이전의 주어진 자료에 대한 반응이며, 미래의 투사적 사건에 대한 반응으로 나타나는 결과다. 하츠혼은 이렇게 썼다. "모든 삶은 그것이 무엇이든지 간에 사회적 구조를 갖는다. 다세포의 단계에서 모든 유기체들은 세포들의 연합들이다. 거기에는 통합의 충분한 등급에 도달하려는 사회들에 의해 형성된 사회들과 개체들 간의 경계가 존재한다. 세포들은 스스로 유사한 분자들과 원자들의 연관성들이다."[52]

셋째로 하츠혼은 현실적 존재가 자아 중심에서 존재의 개방으로 나아가는 과정이라고 주장한다. 진 에드워스 비스(Gene Edward Veith)가 말했듯이, 포스트모더니즘의 특징 중 하나는 "탈중심성"이다.[53] 이것은 모든 세계가 객관적 의미를 결여하고 있으며, 따라서 인간은 탈중심적 현실을 경험하게 된다. 말하자면 현실세계에 새로운 경험이 진입하면, 이전의 경험은 변한다. 동일한 의미에서 우리의 신앙도 객관적 의미에서 논할 수 없다. 따라서 하츠혼은 "우리는 우리 자신의 단편성을 수용하여야 한다"[54]고 지적한다. 우리 각자는 단지 "실재의 단편"이다. 우리는 공간 속에서나 시간 속에서 우리가 행하는 모든 방식에서 단편적이다. 우리의 느낌도 온전한 느낌이 아니다. 그래서 하츠혼은 "우리가 겸손하게 공간 속에서와 마찬가지로 시간 속에서도 우리의 단편적인 상태를 겸허하게 받아들이게 될 때 비로소 진정한 예배에 도달할 수 있다"고 확신한다.[55] 우리는 하나의 과정 속에 존재하며, 완전성을 향해 가는 존재다. 그러기 때문에 신앙을 가진 자는 자신이 이미 제한적인 인식적 지평과 느낌의 제한성을 가지고 있다고 고백해야 한다. 하츠혼은 다음과 같이 적절히 기술한다. "우리의 느낌들은 유일한 느낌들이 아니다. 왜냐하면 이러한 느낌들이 기껏해야 다른 동물들, 인간들 그리고 비인간들의 느낌들이 있기 때문이다. 우리의 생각들은 유일한 생각들이 아니다. 왜냐하면, 다른 사람들을 제외하고서도 사고하는 동물들, 다른 피조들의 생각들이 있기 때문이다…. 그리고 더욱 중요한 것은 우주적 정신과 우주적 사고나 느낌들의 문제가 존재한다."[56] 따라서 우리는 우리중심에서 타인의 존재로 나아가야 한다.

하츠혼은 "단편은 전체와의 관계를 의식하는 것"으로 이해한다.[57] 우주에 존재하는 모든 사물은 자기중심으로 구성되어 있거나 그러한 방식으로 움직이지 않는다. 만일 이것이 사실이라면, 우리는 타자의 관계를 염두에 두어야 하고, 타자는 우리의 삶을 구성하는 경험적 존재다. 그런 맥락에서 신앙의 가치도 자아 중심에서 타자의 중심으로 이동하는 것이어야 한다. 하츠혼에 있어서 신앙이 탈중심적이라는 말은 두 가지 측면에서 이해된다. 하나는 탈중심은 모더니티의 자아 중심 혹은 인간 중심에서 벗어나는 것을 의미한다. 모더니티는 자아와 인간이 절대적인 근거이며 주체인 반면에 자연은 객체로 인식되었다. 그로 인해 모더니티의 신앙은 철저히 자기중심적이고 인간 중심주의적인 신앙으로 노출되었다. 하지만 포스트모더니티가 자연과 인간이 서로 조화를 이루는 견해로 이동하면서 보다 포괄적인 우주관을 제시했고, 서로 의존된 사물의 관계에서 인식되는 우주였다. 그러기 때문에 포스트모던 신앙은 서로를 배제하지 않는 의존적 존재로 이해하려고 했던 것이 분명하다. 하츠혼은 이런 측면에서 신앙을 탈중심적이라고 주장한다. 탈중심성의 또 다른 의미는 생태계적 개념이다. 생태계적 신앙은 우주의 보호적인 차원에서 나 중심에서 타인을 배려하는 이타적 신앙을 뜻한다. 따라서 그는 자연이 없는 인간, 인간이 없는 자연 혹은 인간이 없는 신이나 신이 없는 인간을 상상할 수 없었던 것이다.[58]

넷째로 하츠혼은 '가치의 미적 모형'에서 신앙의 의미를 찾는다. 미적 가치는 매우 복잡한 유기적 구조이다. 그것은 단순하지 않으며 복잡한 느낌이론이다. "기본 가치는 경험이 내포하는 의지와 생각이 무엇이든 모든 것을 포함하는 느낌의 통일로서 경험하고 조화 또는 아름다움을 드러내는 본래적 가치다."[59] 그렇다면 신앙의 가치는 무엇인가? 우선 하츠혼은 신앙적 요소에서 가치를 분리하지 않는다. 가치는 자신의 강조적 느낌 또는 자기 관심이다. 즉 그것은 "경험 요소들의 상호적인 순응"(mutual adaptation of the elements of an experience)이다. 상호적인 순응은 "강렬한 가치의 충분조건이다." 그리고 자기 관심과 강조적 느낌의 강렬함은 "경험 속에 통합된 상당한 다양성, 즉 대조에 의존한다." 따라서 하츠혼은 "미적 가치는 다양하고도 조화로운 경험들 속에 발견된다"고 주장한다.[60] 하지만 가치는 절대적으로 주관적이지도 객관적이지 않다. 그렇다고 가치는 결정되어 있지 않다. 전통적 가치는 결정론에 의해서 특징짓는다. 하츠혼에 따르면 결정론은 '미적 무지'(aesthetic ignorance)의 결과다.[61]

이런 근거에서 하츠혼은 미적가치가 두 가지로 해명되는데, 하나는 가치가 경험의 적절한 구조에 대한 해명이고, 다른 하나는 경험의 내면적인 요소인 창조성에 대한 해명이다. 창조성은 "모든 개별자에게 부여하는 가치의 최소화를 보장한다."[62] 이것은 경험의 통일성을 말한다. 경험은 새로움과 대조를 통하여 통일을 이룬다. 그래서 경험은 다원성과 통일성을 가지고 있다. 여러 가지 경험들을 고려하고 대조함으로써 하나의 통일성으로 나아가는 형식들이다. 하지만 이 경험은 경험론자들이 말하는 감각주의를 의미하지는 않는다. 감각주의는 전통주의의 인식적 경험론으로서 문제를 가지고 있다. 감각주의에서 말하는 경험주의는 사회적인 개념이 아니라는 것이다. 사회적 개념의 경험은 서로 연관적이고 독립된 구조를 반대한다. 하츠혼에 따르면 감각(sensation)의 내용을 "미적으로 의미 있고, 사회적으로 표현하고, 유기적으로 순응하고 전개하는 경험 기능들의 정서적 연속체(affective continuum)를 형성하는 것이다."[63] 결국 한 개인은 수동적이고 어떤 상태에 던져진 존재가 아니다. 그는 사회적으로 다양한 사물들이나 경험들과의 유기적인 관계를 통하여 의미를 추구하고 표현하는 존재이다. 하츠혼은 이러한 존재가 좁은 의미에서 신앙적 존재로 이해한다. 그리고 이것은 전통적 신앙관과는 매우 차이가 있어 보인다. 하츠혼은 다음과 같이 기술한다. "인간은 전반적인 자신의 경험에서 단순히 감각의 아름다움, 조화로움 그리고 강렬함을 추구할 뿐만 아니라 정서, 목적 그리고 지적 관심들의 아름다움, 조화로움 그리고 강렬함을 추구한다. 물리적 혹은 감각적 쾌락은 우리의 신체적 기관들 가운데 조화에 동참하는 일이다. 하지만 다른 인격들과의 조화는 미적으로 매우 높은 단계에 있다."[64] 이것은 모든 주체들이 타인을 고려하고 그들과의 관계를 통해서 서로 조화를 추구하는 것이 가장 의미 있는 일이라는 것을 뜻한다. 그래서 모든 개별자에게 미적가치를 제공하는 일은 포스트모던 상황에서 의미 있는 일이 아닐 수 없다. 하츠혼은 이렇게 표현한다. "종교적 신앙은 높은 윤리적이고 문화적 단계에서 예배나 연관성을 표현하고 향상시키는 힘이다."[65] 신앙은 정적이지 않고 역동적인 삶이다. 신앙은 문화적이고 윤리적인 삶의 단계에서 가치를 표현하고 창출하는 힘이다.

나가는 말

우리는 하츠혼의 과정철학 속에 나타난 일련의 생각들을 정리함으로써 포스트모던 신앙의 특징들을 살펴보았다. 첫째로 하츠혼의 포스트모던 신앙은 철저하게 비경쟁적인 신앙이다. 신과 인간, 물질과 정신, 자아와 세계는 서로 경쟁적인 관계가 아니다. 그리고 과학과 종교 그리고 이성과 신앙, 혹은 신앙과 경험의 요소들이 경쟁적이고 상충적인 갈등의 관계에 있지 않다. 그들은 서로 비경쟁적이며 서로를 필요로 하는 통합적 관계이다.

둘째로 하츠혼의 포스트모던 신앙은 그들의 미적가치를 통해서 세계에 그들 자신을 드러나는 신앙의 가능성을 열어준다.

셋째로 하츠혼의 포스트모던 신앙은 사회-관계적 신앙이다. 모든 사물은 독립적으로 유지할 수 없는 형이상학적 근거를 갖는다. 그러므로 유기적으로 서로 연결되어 있으면서 영향을 주고 영향을 받는 관계적 의미에서 우리는 신앙의 요소를 이해해야 한다는. 과정철학은 이런 점에서 자아-중심에서 초월하여 철저하게 관계 중심의 신앙을 요청하는 것처럼 보인다. 다시 말하면 포스트모던 신앙은 타인의 관심에 무관심한 이기주의적 신앙을 배격할 수 있고, 그러면서도 공동체의 유익을 위해 십자가의 희생적 사건을 받아들임으로써 영성을 실천할 수 있게 한다.

넷째로 포스트모던 신앙은 영성에 대한 새로운 회복운동이다. 그것은 영성을 가치의 미적 모형으로 이해하기 때문이다. 즉 영성은 우리 자신의 경험적 자료를 통해서 우리에게 주어진 삶을 살아가게 한다. 분명히 이것은 모던적 신앙과는 정반대적인 개념이다. 그러므로 비/반영성주의를 해체한 모던적 신앙이 자신의 느낌과 경험을 신앙의 역동적 힘으로 받아들이는 하츠혼의 과정철학에 의해서 포스트모던적 신앙의 새로운 철학적 형식으로 다시 전환될 것이라고 보인다.

제12장

과정 종말론

제12장
과정 종말론

　우주가 시작되면서 끊임없이 제기되었던 문제 중 하나는 '인류의 미래는 어떻게 될 것인가' 하는 문제였다. 미래는 언제나 예측할 수 있지만 그것의 예측은 빗나간다. 신학자들은 미래에 관한 연구를 종말론(eschatology)이라고 불렀다. 종말론은 "최후적인 사물들에 대한 가르침 또는 최후적인 것에 대한 가르침"으로 이해된다.[1) 최후의 것이란 인류의 마지막 날에 인류와 역사 그리고 세계는 어떻게 될 것인가의 사건을 말한다. 찰스 하츠혼의 과정철학은 종말론의 신학적 논의에 대한 명시적이지는 않지만 암시적으로 언급했다. 하츠혼은 "인류의 미래"라는 글에서 다음과 같이 적고 있다.

　현재 인류는 가까운 미래에 가능할 것으로 보이는 가장 극단적 위험을 야기하는 원자무기의 발명으로 인해 철학과 신학 그리고 종교에 대한 새로운 문화적 도전을 하고 있다. 이는 이미 폭발된 두 핵분열 폭탄에 의한 죽음의 수가 세계 2차 대전 때 전통적 무기에 의한 사상자들을 훨씬 능가했다는 근거에서 이것을 부정하려 들지는 않을 것이다. 이러한 사람들에게 핵분열 폭탄은 그들의 해로운 효과로 이전의 모든 무기들을 능가하는 많은 규모의 종류가 만들어졌기 때문이다. 지금은 대규모의 여러 가지 유형으로서 최초의 무기들을 능가하는 폭탄들이 나오고 있으며, 또한 그 같은 새로운 무기들의 수가 여러 종류에 의해 증가하고 있는 추세이다. 지구의 면적은 한계가 있고, 또 면적과 관련하여 보면 새들이나 포유동물의 단계 아래에 있는 동물들만이 출현하기에는 협소하기 때문에 적어도 우리는 완전히 승리할 수 없는 상황이 될 가능성을 향해 무시무시하리만큼 가까이 다가오고 있다.[2]

존 캅은 "신학에서 하츠혼의 중요성"에서 "하츠혼은 결코 역사의 과정에 대해 낙관적 기대들과 관련지어 생각하지 않았다"고 진술했다.[3] 비록 보다 나은 미래 세계를 향한 진보가 신적 능력과 상반되지 않을지라도, 하츠혼은 인류가 가지고 있는 모든 성취들이 제한된다고 보았다. 그래서 기독교 신앙이 신의 최종적인 승리를 희망하고 있을지라도, 하츠혼은 세계의 모든 사건이 전적으로 신에게 달려 있기에 미래가 낙관적이라고 주장하는 것에 그다지 수긍하지 않는 편이다. 그리고 과정사상가들은 미래의 사건이나 신에 의한 역사과정이 승리할 것이라고는 대체로 확신하지 못하는 것 같다. 과정 신학자 루이스 포드(Lewis S. Ford)가 적절히 언급한 것처럼, "신은 전적으로 그분이 세계의 결과를 결정하는 유일한 동인(sole agent)이 아니기 때문에 악이 정복될 수 있을 것이라는 사실을 보장할 수 없다."[4] 하지만 머조리 스코키(Majorie H. Suchoki)는 미래에 대해 낙관적인 입장을 주장하지는 않을지라도 미래의 사건이나 악에 대한 궁극적인 정복자로 신의 역할이 역사의 과정에서 매우 중요하다는 점을 밝히면서 세계가 신적인 경험 안에서 어떻게 미래를 향해 나아가야 할지를 보여주려 했다. 스코키는 이렇게 말한다. "신은 시간적 현존의 전진하는 실재에 영향을 미친다."[5]

미래는 에른스트 블로흐(Ernst Bloch)가 말했듯이, "아직-아닌-존재의 존재론"이고, 하츠혼이 말하는 "일정치 않은 비결정적 양상"이다.[6] 그래서 인류는 기다리는 미래에 대해 불안을 느끼면서도 끊임없이 희망한다. 희망은 미래의 사건이며 현실의 관계에서 작용하는 힘이다. 미래의 종말론적 화두는 하츠혼의 과정철학에서 취약한 부분임에는 틀림없지만, 그의 철학적 체계에서 암시적으로 미래의 종말론적 희망에 관한 글들이 여기저기서 눈에 띈다. 그의 사상은 아직 이루어지지 않은 미래의 사건들이 어떻게 진보하고 나아가는지를 보여주었다는 면에서 과정 종말론에 관한 논의는 매우 흥미로운 주제가 될 수 있을 것이다.

역사의 문제

과정철학에서 역사의 의미는 종말론에 대한 과정적 시각을 이해하기 위한 중요한 열쇠로 받아들인다. 역사의 과정적 시각은 종말론에 대한 현대적인 이해들에 도전한다. 다양한 전통 신학에서 종말론은 우선적으로 역사의 마지막에 관심을 둔다. 종국에 이르면 세계와 역사의 궁극적인 결말이 신에 의해서 완성된다. 전통적인 신학의 견해는 신이 직접적으로 모든 인간의 역사과정과 사건들을 통제한다고 가르쳤다. 어느 누구도 역사를 완성할 수 없다. 역사의 과정은 오로지 신적인 섭리와 의지에 따라서 그러한 미래의 운명을 향해 움직여간다. 이는 종말론이 "하나님의 행위에 초점을 맞추고 있기" 때문일 것이다.[7] 따라서 종말론적 성격에서 미래가 알 수 없는 것이라고 할지라도 미래는 근본적으로 신에 의해 완성된다는 것이다. 이와는 대조적으로, 하츠혼의 과정철학은 역사를 섭리적 운명을 향해 움직여가는 것으로 이해하지 않고, 대신에 더욱더 큰 선 또는 공동선을 향해 진행해 가거나 전진해 가는 하나의 과정으로 이해한다. 보다 정확히 말하면, 생성과 소멸의 과정에서 역사는 실제적이고도 내적인 내용들을 구성해 간다. 생성과 소멸의 과정은 역사의 본성이 개별적인 인간을 포함한 현실적 존재들의 '합생'(concrescence) 또는 유기적 관계와 결부하면서 진보해 간다는 사실을 암시한다. 역사의 합생 과정은 고정 패턴에 의해서 정해지는 것이 아니라 "열려진 목적"(open-ended) 또는 "미결정적 사건의 완성"을 향해 움직인다.[8]

역사는 일반적으로 말해 과거에 대한 탐구다. 사멸하고 사라진 과거를 알아가는 것이 역사다. 따라서 역사는 과거에서의 일어난 사실적 사건들을 다룬다. 이처럼 경험적인 자료들 또는 경험적 여건들로부터 하츠혼은 역사에 대한 관점을 구성한다. 하츠혼에 의하면, 역사적 과정 안에서는 느닷없이 비실재의 영역으로부터 역사 안으로 들어와 어떤 역사적 존재가 현실적 존재의 부분으로 구성되는 일은 없다. 말하자면 비록 역사의 어떤 상상하기 어려운 비약 같은 가능성이 전혀 없는 것은 아니지만, 그러한 일은 매우 희박하다. 따라서 아무리 극적인 변화들이 일어날 수 있어도 과거의 사건은 현재의 사건에 부분적으로 영향을 미치기 때문에 과거의 사건과의 완전하고도 갑작스러운 단절이나 독립에서 전진되는 역사는 없다. 우리는 언제나 과거의 사건과 자료에 의해 제공되는 것을 근거로 하여 미래의 새로운 가능성들의 대안들을 계획하고 취급할 수밖에 없다. 즉 하츠혼이 말했듯이, "만일 과정이 누적적인 변화(cumulative change)로 인식된다면, 이미 일어난 이전 사건들은 후속의 사건들 속에 결정된 자료가 되고, 그래서 준거 또는 참조의 대상으로서 과거의 실재가 현재에 원인이 될 수 있다."9) 결국 역사의식이란 과거의 사건들을 인식하고, 그리고 미래의 희망이나 이상(vision)을 향하여 나아가는 과정으로 이해되어야 한다.

역사에 대한 과정적 종말론을 이해하기 위한 시도에서 하츠혼은 역사를 역사적인 사실 혹은 자료로 제한하지는 않는다. 전통적인 의미에서 볼 때 역사는 오로지 과거의 사건들과 사실들에 대한 역사적 기록 및 설명들을 통해서만 접근할 수 있었다. 이러한 생각은 역사가의 우선적인 과제가 역사적인 자료를 선택하고 정렬하는 것이며, 그에 따라서 역사적 사건들을 설명하거나 해석하였기 때문이다.10) 그 결과로 역사가들은 사실들에 대해 어떠한 판단도 내리지 말고 유보해야만 했고, 따라서 역사의 의미가 가치판단과는 아무런 연관이 없는 것으로 단정했다. 하지만 하츠혼은 "영원하게 지금 바로 여기에서부터 과거의 것은 미래의 사건이나 생성을 파악하기 위한 잠재적인 자료들"로 보았고 그리고 "생성은 그냥 사건으로 발생하는 것이 아니라 그것의 적용성이 과거의 자료에 의해서 사건들이 나타난다는 것이다"라고 주장한다.11) 이는 이미 해석자와 같은 한 현실적 존재가 자신의 가치판단에 의해서 과거의 자료들을 구성하기 때문이다. 만일 역사나 역사의식에 가치판단이 들어간다면, 그것은 주관적이거나 임의적인 역사가 될 것이기 때문에 객관적 역사를 지향하는 역사가들은 역사의 의미에서 가치의 중요성과 거리를 두었을 것이다. 그렇지만 하츠혼은 역사이해가 인식론적으로 설명되는 것이 아니라 존재론적으로 설명되어야 한다고 주장한다. 말하자면 역사의 의미는 가치에 대한 언급 없이는 어떠한 것도 이해할 수 없다는 것이다. 분명히 역사의 자료나 과거의 사건들을 선택하고, 구성하고 그리고 비판하는데 있어서 역사적 사고의 자율성이 역사가나 해석가에 의해서 드러나고 재현된다. 만일 그렇다면, 역사는 역사가의 배경, 전통 또는 경험에 의해서 역사물을 취급한다. 따라서 역사는 역사가의 "심리적이고도 감정정인 경험"에 근거한 자신의 자율성에 전적으로 의존되어 있고 맡겨져 있다.[12]

이런 상황에서 하츠혼은 역사를 이해하기 위해서 화이트헤드의 범주적인 도식인 '영원한 객체'(eternal objects)를 활용하는 것처럼 보인다. 영원한 객체는 초월적 존재, 보편자들, 가능태, 관념적 존재들, 관념적 형상들 또는 형식들 그리고 추상적 형식들로 이해된다. 구체적으로 영원한 객체는 가능성의 영역이고 아직 이루지 않은 것들이다. 이를테면 영원한 객체는 붉음, 소리, 색깔, 달콤함, 향기, 감정, 기쁨 혹은 고통, 희망과 같은 것은 영원한 객체로서 가능태의 범주로서 "현실적으로 발생하는 개별적이고도 구체적인 계기들 또는 사건들을 초월해 있다."[13] 말하자면 영원한 객체는 "그것에 대한 개념적 인식이 시간적 세계의 어떠한 명확한 현실적 존재들에 대한 필수적인 지시 관계를 포함하지 않는 어떤 존재라는 것이다.[14] 따라서 영원한 객체는 "어떤 특별하고도 개별적인 경험의 계기"에 대한 언급을 하지 않고도 이해될 수 있는 "추상적인 또는 비연장적인 존재의 상태"이다.[15] 이런 점에서 화이트헤드가 밝혔듯이,

영원한 객체들은 "본질상 시간적 세계의 어떤 개별적이고 현실적인 존재로 그것이 물질적 진입을 하는 사실에 대해서는 중성적이다."[16] 요약하자면, 영원한 객체들은 현실적 사건이 아니다. 대신에 그것들은 실존을 위한 가능성들이다. 그것들은 순수한 가능태들이며, 긍정적인 또는 부정적인 느낌들에 의해 응답되는 과정에서 이외의 다른 어떠한 실존도 갖지 않는다. 영원한 객체들은 발전의 패턴들에 영향을 끼치며, 그들 자신의 객체적 위상과 주체적 강렬함(subjective intensity)을 가진다. 출현하는 계기는 어떤 것으로 도리 자유를 갖지 못한다. 하지만 비록 역사적 사실들이 과거 혹은 선행적 조건이나 자료가 우리의 직접적인 현재를 설명하고 미래를 결정한다는 의미를 준다고 하더라도 사실들은 역사적 사건들에 대한 기술을 위한 충분한 조건들이 아니다. 이러한 의미에서 역사가들이나 해석가들은 역사에 대한 이해를 갖기 위해서는 영원한 객체들을 고려해야 한다.[17]

이런 역사적 의미에서 볼 때 하츠혼은 역사의 궁극적인 목적은 자유의 희망을 향해 손을 내밀어야 한다고 보았다. 즉 과정적 관점에서 역사의 본질이란 자유를 전제로 한다는 것이다. 만일 자유가 없다면, 역사의 기획도 아무런 의미가 없다. 역사 안에서의 경험들과 사실들은 단순히 있는 그대로 일뿐이지만, 그것은 언제나 현재의 자유를 위한 확장과 중진으로 사회의 지속적인 변화를 요구하는 것이다. 존 캅이 언급했듯이, "자유의 확장은 그 안에서 우리가 자유를 누리는 개인적인 삶의 영역들을 확장하는 문제 그리고 자유를 누리는 사람들의 숫자를 확장시키는 문제 양쪽 모두이다"라고 했다.[18] 실제로 역사적 관점에서 우리는 현재에 있다. 그러나 현재는 변한다. 어떤 방향으로 변하는지는 우리가 가히 예측하기 어렵다. 그것이 희망적일 수도 있고, 파괴적일 수도 있다. 그것은 전적으로 과거의 역사를 미래의 희망적 자유로 향할 때에만 더 희망적일 수 있다. 미래의 희망은 언제나 과거 역사로부터 도출된다. 그리고 그것이 미래를 형성하고 구성한다. 즉 과거에서 미래로 나아가는 이것이 과정이라는 것이다. 앞서 언급했듯이, 비록 역사가 내적으로는 자료와 선행적 경험에 의해 결정된다고 하더라도, 외적으로는 자유하다. 그것도 전적으로 열려진 자유다. 하츠혼은 이 자유를 "우연"이라고 보았다. 우연은 "세계의 구체적인 사항들을 의도된 적이 없는 성격"이다.[19] 그야말로 어떤 방식으로 진행되고 나아갈지는 의도된 바가 없다. 유사한 방식으로 화이트헤드도 이렇게 적고 있다. "제한되지 않은 자유는 강제적인 조정의 완전한 부재를 의미한다. 어떠한 강제도 없는 인간 사회는 개인적인 감정들, 목적들, 정서들 그리고 행위들의 행복한 조정을 신뢰하는 것이다."[20] 이러한 이유로 역사의 과정은 고정되거나 미래의 결정된 일련의 법칙들을 기계적으로 따르지 않고 오직 자유에 의해서 펼쳐지는 희망의 종말론을 기대하게 한다. 이것이 하츠혼의 과정철학이 각 현실적 존재가 역사에서 자유의 중요성을 말하는 이유이다. 그러므로 역사 안에서 자유를 향한 이 같은 희망을 갖는 것은 사회의 과정에 추진하는 어떤 힘을 제공하는 것이다.

자유를 향한 희망

하츠혼의 과정철학 체계에서 자유 개념은 중심과제다. 그리고 그 자유의 개념은 과정 종말론을 이해하는데 매우 중요한 열쇠가 된다. 일반적으로 볼 때, 조지 루카스(George Lucas)가 지적하듯이, 과정사상에서의 자유에 대한 이해는 인간경험의 현상에 제한하지 않고, 진실로 존재하는 모든 것들을 규정하는 원칙적인 존재론적 범주다.[21] 그런데 종말론의 의미가 인간자유를 위한 투쟁에서 실현가능하다고 한다면, 자유는 그러한 실현을 달성하는데 있어서 중요한 요소가 된다. 만일 자유가 실제로 내연적으로 커다란 가치를 지닌다고 한다면, 모든 인간 존재들은 진정한 자유를 가지고 있는 것이다. 따라서 모든 피조물들은 종말론적 희망에 대한 그들의 충족을 느낄 수 있으며 그것을 위해 투쟁할 수 있다. 이러한 종말론적 희망을 달성하고자 시도하는데 있어서, 각 개인들은 그 자신들의 필요들, 관심들 그리고 목적들에 대한 최상의 판단자이자 결정자이다. 자유의 내연적인 가치로 인해 누구도 개인들의 필요들이나 갈망들을 그 개인들이 느끼고 아는 것과 같이 친밀하게 그리고 지속적으로 느끼거나 알지 못한다. 따라서 각 개인들은 자신의 자유를 가지도록 허용되어야 한다.

찰스 하츠혼은 그의 형이상학에서 두 가지 자유의 개념을 염두에 두고 설명한다. 하나는 인과적 효능성(casual efficacy)으로서의 자유개념이고, 다른 하나는 자기 원인(causa sui)으로서의 자유개념이다. 첫째로 우리는 인과적 효능성을 이해하면서 자유의 의미를 배우는 것이 좋을 듯싶다. 인과적 효능성은 결정론의 다른 이름이다. 인과적 효능성은 한 현실적 존재가 궁극적으로 선행적 자료나 여건에 의해 지배되는 까닭에서 과거가 필수적인 조건이 된다는 사실을 함축하고 있다. 이런 의미에서 인과적 효능성은 절대적이다. 하츠혼은 이렇게 썼다. "결정론은 … 조건이 결과를 제한 없이 한정한다는 의미에서 절대적이다. 하지만 그것은 주어진 조건들의 이상적 지식에 근거하여 미리 구별할 수 있는 것이 아닌 새로움(novelty)을 만들어 내지만, 창조적 비약을 전적으로 배제하면서 결정된 사건의 종류를 결정한다."22) 화이트헤드도 유사한 방식으로 이 사실을 지적한다. "합생 안에서 일어나는 느낌의 자유가 무엇이든지 간에, 여건 안에 내재된 능력의 제한에 대한 어떠한 위반도 있을 수 없다."23) 과거의 사건들은 현재의 사건들을 어느 정도 결정한다. 과거의 사건들은 현재의 사건들을 결정적이지는 않지만, 어느 정도 결정한다. 이것은 자유가 과거의 여건에 의해 제한되어있다는 것을 의미한다. 이러한 제한들은 주체의 현실적 세계를 구성하는 앞선 존재들에 의해 결정된다. 즉 자유 자체의 성격에 대한 윤곽들은 환경이 존재의 생성과정에 제공하는 자료에 의해 설정된다는 것이다.24) 이들 과거의 조건이나 자료들은 존재와의 외연적이지 않다. 그래서 과거의 조건들과 자료들은 자신의 존재 안에서 재생산 또는 재구성한다. 이것이 인과적 효능성이다. 화이트헤드는 이 인과적 효능성을 잘 설명하고 있다.

> [인과적 효능성]은 직접적인 과거로부터 파생되는 감각 및 직접적인 미래로 이행하는 감각을 낳는다. 즉 과거의 자기에게 속해 있으면서 현재의 가기에게로 이행하며, 현재의 자기로부터 미래의 자기에게로 이행하는 정서적 느낌에 대한 감각을 낳는다. 그리고 과거 속에 국소화(局所化)되어 있으면서도 그 장소적 한정을 벗어나고 있는, 다른 여러 막연한 존재들로부터 유입되는 영향에 대한 감각을 낳는다. 여기서 이 여향은 우리가 수용하고, 통합하며, 향유하며, 전달하고 있는 느낌의 흐름을 수정하고, 강화하고, 억제하고, 변화시킨다.25)

이러한 맥락에서 하츠혼은 인과적 효능성을 현실적 존재들을 위한 '내재와 참여 양태'로 보았다.[26] 그의 형이상학 체계에서 사건들에 대한 인과율적 설명은 대단히 복잡하다. 하지만 모든 존재들은 서로 간에 상호 연관을 맺는다. 하나의 존재가 다른 존재에 영향을 미치는 한, 그 것은 다른 것들에 참여한다. 자유의 개념은 가능태의 성격 속에 이미 내재되어 있고 체계적 상호 연관성의 자료들의 사실에 의해서 조건지어진다.[27] 다시 마래 자유에 대한 이해는 고립되어 있거나 추상적인 것이 아니라 서로간의 상호적인 과계들이 무엇인지를 보여주는 것이다.

그럼에도 하츠혼은 자유가 외연적으로 결정되는 것이 아니기 때문에 과거의 자료들이 현재의 자료들을 기술하기 위한 충분한 조건이 되지 않는다고 주장한다. 하츠혼은 자기-창조로 인해 과거의 자료 또는 과거의 인과적 경험에 의해서 "추론 불가능(undeducibility)하다"고 주장한다. "한 사건의 원인들은 그것의 가능성을 제공한다. … 그러나 그것의 구체화된 것은 아니다. 구체성은 단순히 어떤 가능성 그 이상이고 … 그리고 이 '이상'(more)은 원인으로 규정된 사물의 진정한 가능성으로부터 오지 않는다. 그것은 어떤 것으로부터 올 수 없다. 그것은 생성되는 것이다. 이것은 하나의 행위이다. 하지만 그것은 원인의 행위가 아니라 사건 자체의 행위다. 따라서 사건들과 관련된 창조는 불가피하게 그리고 부분적으로 자기-창조다."[28] 과거에 의해서 예측은 가능하지만 그것이 단정적이거나 절대적인 것으로 나아가는 것은 아니다. 이는 각 개별적인 현실적 존재가 외연적으로는 자유롭기 때문이다. 말하자면 이것은 미래의 사건들이나 이상들과의 관계에서는 열려진 상태이다. 이 주장은 "각 합생 안에서 결정될 수 있는 것은 무엇이든 결정되지만 언제나 그 합생의 주체 초월체(subject - superject)의 결정을 위한 여지가 있다는 것"을 말한다.[29] 주체-초월체란 화이트헤드의 개념인데, 이것은 "그 자신의 내연적 결정에 대한 통일적 전체의 반응"이고, 따라서 현실적 존재의 최종적 결정에 대해 언급하는 것이다.[30] 기대된 미래의 그 같은 반응은 "감정, 판단 그리고 목적에 대한 최종적 조정"을 구성한다. 현실적 존재를 위한 자유는 궁극적으로 그 자신의 바깥의 그 무엇에 의해서도, 그것의 상속의 형태에 의해서도, 그것의 현재의 객관적인 가능성들에 의해서도 결정되지 않는다. 자기 결정과 자기 창조는 과거의 조건들에 의해 개입된다. 그리고 새로운 가능태들은 통일되어 현실화된다. 이런 면에서 자기 창조는 모든 과정에 본유적이다.[31]

그렇다면 종말론적 맥락에서 희망의 의미는 어떻게 이해되어야 하는가? 희망의 의미는 과거가 미래와 함께 통합되는 것을 의미하고, 미래가 현재와 깊은 연관을 가지고 있다고 보는 것이다. 희망은 현재를 평가하기 위한 기반이 된다. 미래를 예측하거나 예언하는데 있어서 우리는 과거의 사건들이 중요한 요소가 된다는 것을 피할 수 없다. 희망의 원천들은 우리 존재의 과거 경험들 안에서 발견된다. 이러한 의미에서 종말론적 희망은 더 나은 사회 질서를 향한 투쟁 안에 참여함으로 유지된다.

둘째로 하츠혼은 자유의 개념을 이해하기 위해서 자기 원인의 개념을 제시한다. 비록 자유개념이 "일반적으로 선행자를 전제로 하는 일련의 종속적인 국면들로 분석될 수 있기는 하지만," 그 선행자는 "결정적인 개별화의 마지막 국면들"을 결정할 수 없다.[32] 이것은 각 개별적인 현실적 존재가 외적으로 자유롭다고 하는 사실에 기인한다. 자유는 비결정적이다. 그래서 하츠혼은 '보편적 인과성'과 '비결정성'을 자유의 두 가지 조건으로 설정하는 것이다. 하츠혼은 다음의 글에서 이렇게 말하고 있다.

> 자유는 모든 영향들과 자극들에 의해, 모든 '전통과 환경'에 의해, 모든 과거의 경험들에 의해 구성되는 현재적 행위를 위한 가능태들 안에서 비결정적이다. 이 비결정은 오로지 현실대(사건, 경험 행위) 그 자체에 의해서만 제거된다. 그리고 행위의 순간에 이르기까지의 모든 주어진 조건들의 관점에서 언제나 다른 결정 행위들이 가능할 수 있었던 그런 양태에서 비결정적이다. 자유로운 행위는 행위가 종속되는 영향들의 전체성 안에서 내재된 불확실성을 해소하는 것이다.[33]

자유의 맥락 안에서는 위험과 더불어 항상 기회가 존재한다. 군주적 사회에서는 결코 어떠한 위험도 없다. 하지만 민주적 사회에서는 위험이 존재한다. 따라서 민주적 사회의 자유가 악의 위험을 수반한다는 것은 피할 수 없다. 그런데 인간 존재들은 "위험의 자리와 기회를 변경시킬 능력을 가지고 있다."[34] 기회나 우연은 자유의 불가결한 측면이기 때문이다. 이런 이유에서 하츠혼은 전통적인 신학에서 신의 섭리가 기회 또는 우연을 배제한다는 것을 강하게 비판한다. 더 나아가서 하츠혼은 "모든 기회를 배제할 수도 있는 섭리라고 하는 유일한 개념은 또한 결정을 내리는 모든 피조물, 즉 모든 피조물들을 배제한다"고 비판한다.[35] 신만이 유일한 결정을 내리는 자기 창조적이거나 자기 결정적이지 않고, 모든 피조물도 정도의 차이는 있지만 자기 원인적이며 자기 결정적이다. 원래 화이트헤드가 궁극적 범주를 창조성이라고 했을 때 그 말은 활동을 내포하고 있기 때문에 "창조적 활동"으로 보아야 한다고 했다.[36] 그레고리 보이드(Gregory A. Boyd)도 이런 방식으로 창조성을 설명한다. "자기 원인으로서의 자유는 모든 선행하는 원인들을 어느 정도 창조적으로 초월하는 능력이다."37) 이것은 다른 현실적 존재들 사이의 내적인 활동의 관계들을 함축한다. 예컨대 모든 앞선 조건들 또는 자료들이 제공되는 인간 존재들은 미래에 대한 관련 아래에서 볼 때에 비결정된 어떤 것을 그들 자신의 결정들을 통해서 창조할 수 있다. 이러한 이유로 인간 자신들이 사용할 선행적 자료들을 자기 창조의 과정 안에 끌어들이고 또 이용하기 위해서 선택하는 것이다. "자기-원인이란 합생의 과정이 느낌들로 이루어진 질적인 옷을 입는 것과 관련된 결단을 내림에 있어 그 자신이 그 결단의 근거가 된다는 것을 의미한다.

합생의 과정은 어떠한 느낌에의 유혹이건 이를 유효하게 만드는 저 결단에 대하여 궁극적으로 책임이 있는 것이다. 우주에 내재하는 자유는 이러한 자기 원인의 요소로 구성되어 있다."38) 다시 말해 인간 존재들 또는 다른 형태의 존재들이든 간에 현실적 존재들은 자기 원인적 자유를 행사하는 힘을 지니고 있기 때문에 미래에 어떤 개별적 목적들을 성취하려는 강한 열망을 가질 수밖에 없다. 그들은 그의 느낌들이나 파지들의 일부를 미래의 경험적 계기들이나 사건들을 향해 공헌하도록 한다. 그들의 최종적인 원인은 "결말 혹은 목적의 힘이다." 그리고 "모든 경험의 계기의 목적은 적합한 종류의 향유에 있다. 현재적 경험의 계기의 목적은 무엇보다도 사용 가능한 자료들로부터 스스로 향유할 수 있는 경험을 창조하고자 하는 것이다."39) 다시 말해 모든 개별적 존재는 어느 정도의 자기 결정의 능력을 가지고 있다. 어떤 것이 현실적이 되려면, 그것은 최소한 부분적으로 자기 창조적이어야 하며, 한 과정 안에서 전적으로 현실적 계기 자체 안에서 존재한다고 볼 수 있다. 우주의 합생 과정에서 개별적 존재는 절대적인 자유와 창조성을 향유한다. 모든 계기들에 있어서 이러한 최종적인 원인의 능력은 자신의 최종적인 원인을 또한 수행했던 과거의 계기들에 의해 영향을 받고 있는 것이다.

희망의 원리로서의 신

하츠혼은 종말론을 이해하기 위해서 역사의 문제와 자유의 행사 그리고 신을 그의 형이상학적 원리로 제시했다. 결국 종말론은 미래의 사건을 현실화하고 미래의 최후의 사건들을 달성하기 위해서는 신의 역할이 중요하다고 보았다. 신을 형이상학적 체계에서 배제하지 않았던 화이트헤드처럼, 하츠혼은 신을 "헤아릴 수 없는 가능성"을 현실화하기 위해서 필요한 개념으로 이해한다. 신은 종말론적 사건에서 매우 중요한데, 위르겐 몰트만이 언급했듯이, "궁극적인 미래에 대해서는 이야기 할 수 없고, 그 대신에 오로지 신의 약속들과 기대들에 대해서만 말할 수 있다."[40]

이러한 종말론적 사건들은 근본적으로 신의 미래로 방향지워진다. 그리고 기독교 종말론은 그러한 방향으로 결정되어진 의미에서만 형식화될 수 있다. 그 하나의 결과로 전통적 신학은 세계 안에서의 신의 활동을 이해하기 위해서 합리적인 설명을 제공해 주지 못한다. 하지만 하츠혼은 신이 세상 안에서 창조적으로 활동한다는 어떤 확신을 제공함으로써 희망의 원리로서 신을 주장한다. 하츠혼에 따르면, 희망의 원리로서의 신은 세계를 위한 그의 설득적 유혹으로 활동하신다는 것이다. 신은 역사의 바깥에 놓여있지 않고, 전적으로 변화는 세계의 영역에 놓고 있기 때문에 신은 자연적이고 물리적인 세계의 시공간적 도식 안에서 능동적인 역할을 수행하고, 피조물은 그러한 신을 기대한다. 이는 신과 세계는 과정적으로 상호 연관되어 있기 때문이다.[41] 하츠혼의 관점에서 볼 때, 신은 구체적인 실재의 차원에서 개별적으로 생성되어가고 있는 현실적 존재들을 위한 희망을 향한 유혹자(lure)로서 그의 지고하고 탁월한 힘을 설득적 힘으로 행사한다. 신은 각각의 존재를 위한 최대한의 시간적 선을 그가 추구하고 보존함으로 인하여 지고한 사랑을 베푼다. 하지만 각각의 현실적 존재를 향한 신의 사랑하는 목적은 강요적인 것이 아니라 설득적이다. 그런 점에서 과정철학의 신은 시간적 존재들의 자유를 고무한다. 하지만 신은 "세계를 조정하는 방식"에서 "바람직한 방향으로 이끌기 위해서 자유를 적절하게 제한한다."[42] 하츠혼은 이것이 실제적이라고 주장한다. "화이트헤드의 표현대로, "신의 역할은 산출력과 산출력의 투쟁도 아니고, 파괴력과 파괴력의 투쟁도 아니다. 신의 역할은 그의 개념적 조화의 압도적 합리성이 그의 인내 속에서 행사되는데 있다. 신은 세계를 창조하지 않는다. 신은 세계를 구원한다. 아니 보다 정확하게 말하면, 신은 진, 선, 미에 관한 자신의 비전에 의해 세계를 이끌어가는 애정 어린 인내심을 가지고 있는 세계의 시인이다."[43]

이처럼 신의 효력은 피조물들이 그의 명령에 유착하는 것을 이끌어내도록 하는 신적인 개념의 본질적 가치에 의존하고 있다. 이러한 방식으로 하츠혼은 신을 설득적으로 세계가 스스로 창조할 때 세계와 더불어 일한다고 주장한다. 세계는 유일한 한 절대자에 의해서 진행하는 세계가 아니라 신의 행위와 인간의 행위에 의해서 연합하여 진행해 가는 세계다. 만일 이 세계가 신의 행위에 초점을 맞추게 되면, 세계는 인간의 행위가 무의미하게 되고, 반대로 이 세계가 인간의 행위에 초점을 맞추게 되면, 세계는 신의 행위가 무의미하게 된다. 따라서 "세계는 행위하는 개인들의 공동체다."[44] 하츠혼은 이렇게 기술한다. "행위하는 한 개인이 된다는 것은 어떤 면에서 자기 자신의 역할을 행한다는 것이고, 그 자리에 자신을 놓는다는 것이다. 어느 누구도 자신의 자리를 대신하지 않는다. 심지어 신도 피조물의 자리를 대신하지 않는다. 이것은 신이 약하다는 것이 아니라 나의 행위가 나의 것임을 말한다. 그래서 신이 단순히 이 세계의 행위를 결정한다고 말하는 것은 무의미하다."[45] 과정 신학자였던 루이스 포드 역시 이 사실을 적절히 해명해 준다. "많은 근원들로부터 온 우리의 행위들을 형성하는 독특한 가치를 지닌 가능성들은… 궁극적으로… 신의 창조적인 행위로부터 도출한다. 신은 미래의 궁극적인 힘이며, 항상 새로운 창조적 가능성들이 가진 부단한 섭리를 통하여 세계를 혼돈 속으로 쇠퇴해 들어가는 것으로부터 구출한다."[46]

    신의 노력의 결과는 진화적인 진보다. 미래를 향한 희망의 근거는 자연 속에서 또는 역사 속에서 신의 신실성에 기반을 둔다. 전체적인 창조는 더 좋은 세계 혹은 사회를 향하여 신에 의해 유혹되어진다. 신은 각 피조물들의 발전을 더 큰 자유로 인도하는 바로 그러한 행위에서 그의 피조물들이 지닌 충실성을 존중하면서 자유를 창조적으로 극대화하는 것이다. 이러한 방식에서 일방적인 또는 강제적인 의지로서의 신에 대한 모습이 거부된다. 오히려 신은 이 피조물들을 위한 우주적인 유혹자이다. 우주적인 유혹자로서의 신은 모든 세대를 통틀어서 지속적인 진화적이고 발전적인 성장에서 그의 피조물들을 고무시키고 양육한다. 따라서 신의 과정은 세계를 위해 가장 최선의 것을 성취하도록 신의 피조물들에게 영감을 불어넣어주는 격려하고 도전하는 동반자와 같다.[47] 말하자면 신의 과정 개념은 현재의 세계를 위한 종말론적 희망을 향하여 근거가 된다는 것이다. 간단히 요약하자면 희망의 격려자로서의 신은 지속적으로 인간 역사 안에서 악으로부터 선을 가져오고자 하는 열망을 가지고 있다. 이러한 열망에서 신은 새로운 이상들을 목표로 설정하고, 인간 존재들로 하여금 미래를 향한 종말론적 희망을 향하도록 지속적으로 유혹하는 새로운 이상들을 제공하는 원천으로 기여한다.[48]

그럼에도 인류의 종말론적 미래는 전적으로 신의 미래만이 아니라 신과 더불어 인류가 함께 만들어가는 과정의 종말론이다. 이것은 인류의 생명을 신의 생명과 같이 사랑하는 것을 말한다. 하츠혼은 인류가 이 신의 생명을 사랑해야 한다고 강조한다. 만일 우리가 우리의 세계를 사랑하지 않는다면, 그것은 바로 신을 섬기지 않는 것이고, 신의 생명을 파괴하는 행위라는 것이다. 그렇게 된다면, 미래의 최후의 삶은 파괴적일 수 있다고 그는 경고했다. "만일 우리가 이 지구상에 수많은 생명을 주의하지 않고 파괴한다면, 우리는 미래의 천년동안 존재할지 모르는 그 생명의 아름다움을 신에게서 앗아가는 것이다. 만일 우리가 신을 사랑한다면, 우리는 이런 일이 발생하지 않도록 바랄 수 없다. 그러나 어떤 경우에서 그것은 지금까지 수백만 종류의 땅의 피조물들에 의해 이미 성취되었던 실제적인 가치들을 신으로부터 앗아갈 수 있는 우리의 힘을 완전히 초월하기도 한다. 신이 소유하는 것을 신으로부터 앗아갈 수 있는 것이란 아무 것도 없다. 그런데 신에게서 조차도 미래가 완전히 현실화된 체계가 아니라 단순히 있음직한 가능성들의 체계이다. 우리가 이러한 가능성들이 현실화되는 것을 말하는 것이 삶의 최종적인 의미이다."[49]

나가는 말

이 장에서 우리는 모든 실재의 사회적 관계에서 과정 종말론이 어떻게 적용되는지를 살폈다. 과정철학의 기본적인 개념은 완결되고 고정화된 창조라는 개념, 즉 기독교 유신론에서 말하는 신의 결정에 의한 섭리적 과정이라는 것은 없다는 것이다. 모든 것은 역동적 실재나 과정의 의미 안에서 이해된다. 역사의 과정은 상호의존적 연결체에서만 이해되는 개념이다. 그리고 역사의 과정을 달성하기 위해서 세계는 가지 결정에 의해서 스스로를 표현하고 완성하며 분투한다. 그런 면에서 과정 종말론이란 개념은 기독교 유신론의 교리와는 다른 개념으로 설명된다.

과정 종말론은 세 가지 주된 요소에 의해서 완성되는 미래의 최후의 사건인데, 인류가 역사, 자유 그리고 신에 의해서 만들어져 가는 종말론이다. 각 순간적인 과정의 단위는 역사 또는 과거를 고려하고 그것을 통일된 현재에로 통합시킴으로써 그리고 이러한 통일을 달성함으로써 희망적 미래를 구성한다. 그리고 이 통일체는 미래의 사건들이나 종말론적 미래를 위한 역사적 자료로 활용하게 된다. 이런 의미에서 종말론의 의미는 세계의 역사적 과정으로 이해될 수 있다. 종말론적 희망은 진행 중인 과정이다. 세계의 역사적 과정 안에서 각 개인은 신이 되었던 혹은 신의 피조물이 되었던 간에 역사의 미래를 성취하는데 있어서 중요한 역할을 감당한다. 따라서 과정 종말론은 '예기적 종말론'(anticipatory eschatology)으로 특징지을 수 있을 것 같다. 현재의 각 개인이 어떻게 행동하는가에 따라서 미래가 희망적일 수도 있고 파멸적일 수 있다는 것을 예상할 수 있기 때문이다.

보다 정확하게 말하면 각 개인적인 현실적 사례들이나 사건들이 자기-완성 또는 자기-실현의 과정으로 이해되기 때문에 종말론적 미래에 대한 어떠한 기대도 현재적인 주체, 즉 각 개인의 과정적 실현이 되는 것이다. 각 개인의 자기 실현화하는 과정 그 자체에서 각 개인이 살아있는 과거나 역사에 의해서 시작되며, 그리고 미래 안에 살아있는 그 자신의 기대에 의해 결정된다는 것이다. 이러한 방식에서 종말론적 미래는 현재 안에 내재해 있다. 각 순간은 거기에 결정적인 판단을 내린 미래다. 각 개인이 미래에 기대하는 것은 부분적으로 현재를 결정한다. 미래가 고정된 실체가 아니라 모든 인간 존재들에 대해서 열려있거나 최소한 결정되지 않은 미결정적 상태라는 것은 "현재의 계기들의 인과적 독립성이 우주 안에 있는 자유를 위한 근거가 된다"고 하는 과정철학의 형이상학적 원리에 의존하고 있는 것이다.[50] 미래의 사건들은 현재 안에 있는 각 현실적 존재들의 행위들과 결정에 의해서 결정되는 사건들이다. 결과적으로 진화론적인 과정 안에서 신의 종말론적 비전이나 유혹은 미래를 위한 더 나은 세계를 성취하거나 또는 창조하는 데 있어서 인간 피조물들을 지지해 준다. 비록 미래는 닫혀있는 세계의 실재보다 오히려 열려 있는 실재로 인해 기인하는 불확실성을 포함하고는 있지만, 하츠혼은 세계의 미래가 신의 유혹하는 힘이나 설득하는 힘 또는 영향들 아래에 있기 때문에 거기에는 언제나 새로움과 기회가 역사 안에서 출현할 가능성이 충분히 있다고 강력하게 주장한다. 이러한 이유로 인해 과정 종말론은 일련의 약속들의 형태에서 신이 미래로부터 우리에게로 오고 있음을 말하는 전통적인 종말론과는 사뭇 다르다. 이와는 달리 과정 종말론은 신의 실재와 인간 피조물의 실재 사이에 상관관계가 있다고 하는 것을 오히려 확언한다. 과정 종말론은 신의 활동에 의해서 시작하여 완성되는 것이 아니라 신의 활동과 그의 피조물의 활동이 함께 요청되는 종말론이다. 다시 말해, 과정 종말론은 신 혼자 만에 의해 시작되지 않으며, 신의 피조물들 만에 의해서도 시작되지 않으며, 신과 그의 피조물 양쪽의 상호 간의 상호협력이나 작용에 의해 결정된다는 사실을 보여주려는 것이다. 그러므로 미래를 열어주고 신의 피조물들에게 자유를 부여해 주는 신의 능력이나 영향으로 인해 세계와 역사의 미래는 인간 존재들이 현재에 달성하고자 하는 것 그리고 미래에 기대하는 것에 의해서 구성되고 형성될 수 있다고 보인다.

제13장

과정철학의 유용성

제13장
과정철학의 유용성

화이트헤드는 학문의 방식을 비행기의 비행에다 비유했다. 비행기는 지상에서 출발하여 대기권을 비행하고 다시 지상으로 착륙한다. 즉 학문은 개별적 관찰과 경험에서 출발하여 상상력의 작용에 의해 그 개별적 내용들을 추론하여 일반화에 도달한다. 그런데 이 도달된 일반화가 참으로 받아들이기 위해서는 그것이 적용할 수 있는가의 원리에 따라 검증되어야 한다는 것이다.[1] 간단히 말해 하나의 이론이 아무리 훌륭하고 뛰어나다고 해도 현실과 무관하고 적용가능하지 않다면 그것은 아무런 의미가 없다는 것이다. 과정철학에 관한 비판 중 하나는 너무 사변적이라는 것이다. 사변적이라는 말은 현실과는 동떨어진 것 또는 삶을 관조할 수 없는 것이라는 다소 냉소적 표현으로 들린다. 과정철학에 대한 이런 비판을 염두에 두면서 우리는 찰스 하츠혼의 사상을 소개한 것으로 그치지 않고 우리의 일상에 적용할 수 있는 부분을 생각해 보려고 한다. 그런데 문제는 적용 가능한 것을 찾아내려는 시도는 너무 광범위하다. 따라서 이 장에서는 과정철학이 우리의 현실에서 어떻게 유용한지를 정리하는 차원에서 살펴보려고 한다. 이것 또한 다양한 과정사상적 개념들을 나열한다면, 우리는 많은 부분을 언급할 수 있지만, 여기에서는 다만 과정철학이 우리의 현실적 삶에서 제공하는 유용성을 다섯 가지 개념에서 한정하여 적용해 보고자 한다. 그 중에는 신, 과정, 비분절적 사고, 미적 가치 그리고 자유의 개념들이 있다.

예배의 가치로서의 신

찰스 하츠혼의 과정철학은 화이트헤드의 과정철학과 매우 유사하다. 하지만 몇 가지 점에서 두 철학자는 차이를 보인다. 데이비드 그리핀은 "화이트헤드와 하츠혼의 차이"(Hartshorne's Differences from Whitehead)에서 일곱 가지의 차이점을 열거했다.[2] 첫째, 화이트헤드의 신은 하나의 유일한 현실적 존재이지만, 하츠혼의 신은 각 선행자들을 완전히 포함하는 신적 사례들(divine occasions)의 끝없는 시간적 연속이다. 둘째, 하츠혼은 특정한 가능성들을 시간적으로 창발 또는 발현하는 것으로 보는 화이트헤드의 영원한 대상에 대한 필요성을 부정한다. 셋째, 하츠혼은 높은 등급의 정서적 유기체의 경험에서 색상과 같은 제2의 성질들을 일차적으로 창발 또는 발현하는 것으로 받아들인다. 반면에 화이트헤드는 동일한 감각들이 비록 다양한 방식으로 기능하더라도 인간의 경험과 같은 높은 등급의 사례들 속에 파지(prehend)하고 있는 것처럼 분자와 같은 낮은 등급의 파지된 사례들 속에 있는 요소라고 논증한다.[3] 넷째, 하츠혼의 철학적 방법과 형이상학적 원리들의 개념은 화이트헤드의 것보다 더욱 단호한 합리주의적 성향을 보인다. 다섯째, 하츠혼은 동시대에 일어나는 사례들은 서로 파지할 수 있다고 한 때는 주장했지만, 사례들이 서로 파지할 수 없다는 화이트헤드에 지금 동의한다. 여섯째, 하츠혼은 사례의 주관적 찰나가 신의 결과적 경험 속에 흡수함으로써 상실한다는 사실을 부정한다. 일곱째, 하츠혼은 유일한 현실적 존재 안에서 어떤 실제적이고도 유전적 또는 발생적 계승을 부인한다. 이는 하츠혼이 화이트헤드의 초기 양상과 후기 양상에 관한 이야기가 오해하게 만드는 것이라고 보기 때문이다. 이런 중요한 차이점에도 불구하고, 하츠혼의 과정철학은 화이트헤드가 취급하지 않은 신학적인 문제에 천착하는 느낌을 준다. 아마도 가장 중요한 차이는 하츠혼은 신학적인 논의 속에 과정 철학적 개념을 편입시킨다는 것이다. 그리고 무엇보다도 하츠혼의 간단히 언급된 신 개념의 문제가 그의 저서들 속에 어김없이 빠지지 않은 주제였다는 데 있다. 그가 신의 문제를 포기하지 않은 이유는 많을 것으로 추측된다. 하지만 우리는 그의 저작들을 통해서 추측할 수 있는 이유는 아마도 크게 세 가지 이유가 있을 듯하다.

첫 번째로 역사적인 이유가 있다. 신의 문제는 철학의 시작과 함께 논의된 가장 오래된 철학적 주제다. 신의 문제는 어제오늘의 문제가 아니라 철학의 단골화두다. 그는 「철학자들은 신에 관해 말한다」에서 서구의 철학이 신의 문제를 배제하고 논의한 적이 없다고 말했다.[4] 우리가 알듯이, 칸트, 라이프니츠, 스피노자, 뉴턴, 흄, 바움가르텐, 헤겔, 제임스 등과 같은 무수히 많은 철학자들은 신의 문제에 지대한 관심을 보였고 많은 분량을 할애하면서까지 신의 개념을 그들의 저술 속에 편입시켰다. 비록 그들이 유신론자이든 비유신론자이든 간에, 신의 문제는 철학적 주제로서 취급되었을 뿐만 아니라 철학의 주요 논제에서 예외자로 취급될 수 없었기 때문이다.

두 번째로 논리적인 이유가 있다. 하츠혼은 자신의 신 개념의 문제가 논리적으로 분석하고 타당한지를 바라는 그의 열망에서 비롯되었다고 보았다. 많은 철학자의 신의 문제에 대한 논의에도 불구하고, 신은 오늘날에는 현대인에게 그다지 큰 매력으로 다가오지 않는 듯하다. 왜냐하면 신은 형이상학적 영역이기 때문이다. 하츠혼은 이렇게 표현한다. "종교의 사실적인 견해는 과거의 전통적인 형이상학의 주장과 일치하지 않는다."5) 사정이 그러다 보니 유신론은 현대인에게 논리적으로 이해 가능한 체계 또는 세계관이라고 설명할 필요가 있다. 하츠혼은 논리적 훈련을 겸비하여 유신론을 이해 가능한 신앙과 종교로 설명할 신학자가 없다고 아쉬워한다. "유신론이 논리적 불합리성을 회피하면서도 종교적 교리가 될 수 있는 증거들이 있을 수 있다. 또한 한 걸음 더 나아가 지식과 특히 수학의 발달에 따라 현대 논리학이 철학을 혹독하게 다루었던 그 분석 방법을 사용하여 종교를 정서적, 윤리적이면서도 논리적인 혼란으로부터 자유롭게 해 줄 수 있다. 하지만 [우리가] 논리학의 기술을 훈련 받았더라면 신앙의 건전성을 보다 확신 있게 보여줄 수 있었을 것이다. 그런데도 아쉽게도 종교적 사상에 정통하면서도 논리적이 기술에 능숙한 신학자들은 찾아보기 힘들다."6)

세 번째로 실제적인 이유가 있다. 이것은 신앙의 실제적인 이유를 말한다. 하츠혼은 가장 솔직하게 쓴 저서인 「하나님은 어떤 분이신가」에서 이렇게 고백했다. "나는 신앙에 있어서 근본주의자는 아니다. 이 점을 분명히 밝힌다. 하지만 나는 분명히 하나님을 믿는다. 우리 존재의 열쇠로서의 하나님의 사랑을 믿으며 우리의 전 존재를 다하여 하나님을 사랑해야 한다는 것을 믿으며 그리고 우리가 우리 자신에 대한 가치를 생각하는 것과 똑같은 기준으로 동료 피조물을 가치 있고 귀중한 존재로 사랑해야 한다는 것을 믿는다."[7] 실제로 1964년 뉴욕의 유니온 신학교(Union Theological Seminary)에서 행한 하츠혼의 초청 강연은 이 사실을 보여준다. 그는 신이라는 용어의 종교적 의미에 대한 분석을 통해 유신론의 논리성에 근거하여 "예배를 받으시는 존재"로서의 신을 밝혔다.[8] 비록 하츠혼이 범재신론 또는 초상대주의 신을 논리적 귀결로서 끌어내긴 해도 그는 구체적인 신앙에서 요청되고 있는 존재로 이해했다. 신은 우리의 삶과 분리되지 않으며 우리의 구체적인 행동과 사건에 의식적으로 반응하는 존재다. 신은 우리의 신앙에서 절대적 가치이자 의미다. 왜냐하면 인간은 단편적인 존재이지만 신은 "비단편적 존재" 즉 "영원한 존재"이기 때문이다. 누군가를 믿고 예배한다는 것은 "우리 자신의 단편성을 수용할" 때 가능하다는 것이다.[9] 하츠혼은 이렇게 적고 있다. "우리는 우리가 상세하게 조사한 공간이 천문학이 인식하는 광대함(immensities)과 비교해 보면 보이지 않을 정도로 미세한 존재다. 진지하게 말해 인간의 개체는 완전하지 않고 완전함의 주인도 아닌 그저 단편적인 존재다…. 어떤 면에서 예배를 이해하지 못하는 사람은 인간의 현실적 상태를 잊어버리거나 부정하는 것이다."[10]

　오늘날 사람들은 현대의 풍조를 따르면서 신에 대해 사소하게 생각하고 시대 혹은 유행에 뒤진 것처럼 여긴다. 심지어 그리스도인 가운데서도 신을 아주 왜소하게 축소해 버리는 풍조가 만연된 것 같다. 하지만 하츠혼은 이런 풍조가 만연한 것은 신의 가치를 모르는 무지의 결과라고 말한다. 그는 이렇게 표현한다. "인기 있는 가수나 배우가 대중에게 최고의 기쁨을 선사하는 시간이 얼마나 행복한 순간인가! 우리의 모든 기쁨과 슬픔을 끊임없이 제공하는 비밀보다 더 행복한 삶의 가치는 신에게 있다!"[11] 이처럼 신은 우리의 삶을 더욱 가치 있게 한다. 게다가 과정사상의 신은 우리의 삶과 멀리 떨어진 존재가 아니다. 비록 우리가 스스로 단편적 존재라고 자작해도 신은 우리의 행동과 자유에 밀접하게 반응하는 존재다.[12] 하지만 신은 자신의 의지나 결정에 따라서 우리에게 반응하지 않는다. 오히려 하츠혼의 신은 본질적으로 사회적이기 때문에 그가 "타인의 창조에 대한 창조적 반응"하는 존재로서 "피조물의 자유로운 행동, 느낌, 생각 그리고 경험"을 통해 풍요로운 삶의 가치를 제공한다.

과정으로서의 사고

과정사상의 기본 명제는 이렇다. 현실적이 된다는 것은 하나의 과정이라는 것이다. 그러면 과정이라는 개념이 우리에게 제공하는 무엇을 명시할까. 아마도 그것은 과정 속에 있는 모든 존재들은 변한다는 것이다. 변화는 과정의 다른 이름이다. 니콜라스 레셔가 적절히 표현했듯이, "과정이란 인과적으로 또는 기능적으로 서로 조직적으로 연결되어 일어나는 사건들의 체계적인 가계(家系)인 실재의 복잡성 속에서 발생하는 변화들을 조정하는 집단이다."[13] 이처럼 무엇이 서로 연결되어 있거나 의존되어 있다는 것은 변화를 가져온다. 그것이 정신적이든 물리적이든 서로에 영향을 주는 것은 필수적이다. 서로 다른 경험을 공유한 개별적 현실적 존재는 자신의 독립된 경험이라는 사고를 철저히 붕괴시킨다. 실제로 우리의 삶이 하나의 과정이라고 할 때 우리는 과정 그 자체를 수용할 필요가 있다. 그러면 과정적 사고는 우리에게 어떤 유익성을 제공할까. 크게는 세 가지의 유용성을 제공하지 않을까. 나열하자면 다음과 같다.

첫째로 상식적인 면에서 과정과 대비할 수 있는 유추적 개념은 '결과'다. 만일 우리가 삶의 결과에 치중한 나머지 인생을 산다면, 우리는 많은 것을 놓치게 된다. 삶은 하나의 과정으로 구성된다. 우리가 만나는 다양한 사람들, 우리에게 발생하는 사건들, 학교생활, 가족들, 우리가 매일 직장에서 마주하는 동료들 및 학생들, 이 모든 것은 인생의 한 과정에서 소중하다. 유대랍비로 존경을 받은 헤럴드 쿠시너(Harold Kushner)는 「아이들이 하나님에 관해 물을 때」(When Children Ask About God)에서 이렇게 적었다. "세계는 승자들을 존경하고 패자들을 경멸한다."14) 승자와 패자는 경기가 끝난 상황을 적절히 반영한 결과다. 우리가 마주하는 세계의 현실은 과정이 아닌 결과에 환호하는 것 같다. 살아온 경험의 삶에 대한 평가는 안중에 없다. 성공한 사람만이 승자의 반열에서 인정을 받고 대접을 받는다. 하지만 모든 사람이 다 승자가 되지 않는 것이 우리의 삶이다. 사실 우리는 승자보다는 패자가 더 많은 세계에서 생활하고 있다. 승자는 당연히 주어지는 영광을 받을 자격이 충분하다. 하지만 그가 그 영광을 얻으려고 분투하고 애썼던 인고의 수많은 순간과 시간은 헌신과 영광을 위한 한 과정에서만 의미가 있지 않을까. 사람은 단지 결과에 매우 집착한다. 말하자면 '끝이 좋으면 다 좋다'는 식이다. 이는 아마도 과정이 제공하는 아름다움과 즐거움을 모르기 때문이다. 마치 사람들이 과정에 가치를 두면서 목표에 도달하기보다는 엄격한 규율 속에서 자신의 목표에 닿으려고 하는 것과 같다. 그렇지만 인생의 아름다움은 결과에 있는 것이 아니라 그곳에 이르기까지의 과정에 있다. 말하자면 과정 그 자체에 인생이 있다. 이런 명시적 의미에서 과정이 아름답고 즐겁다고 생각하는 것은 과정사상이 우리에게 삶의 가치를 제공하는 매력인지 모른다.

둘째로 과정으로서의 사고는 현실의 충성심을 유발하는 힘이다. 과정적 사고를 받아들인다는 것은 현실에 헌신하고 충실해야 한다는 것을 가르치는 것이다. 하츠혼은 하버드대학에서 편집한 「하츠혼: 신세계의 견해」(Hartshorne: A New World View)에서 삶을 간결하게 표현했다. "삶은 과거의 삶에서 미래의 삶으로 가는 선물이다."15) 즉 현실의 삶은 과거의 삶에 의해서 미래로 나아가고, 미래의 삶은 과거의 삶에 의해 도달되는 삶이다. 과정이란 결국 변화를 의미하지만 현실의 중요성을 자각하게 하는 어떤 힘이다. 하츠혼은 「하나님은 어떤 분이신가」에서 "살아가는 것의 보상은 삶 그 자체다"라고 말했다.16) 따라서 그는 현재를 살아가고 경험하는 것이 미래의 삶에 주어지는 선물이지만 현재적 삶에 무엇인가를 공헌(contribution)해야 한다고 밝힌다.17) 이것은 분명히 우리의 삶이 현재의 만족에 안주하지 말고, 인류의 미래를 위해 공헌하는 삶이어야 한다는 것을 의미한다. 그러면 현재에 무엇인가를 공헌하는 삶은 무얼까. 우리는 아마도 하츠혼의 사상에서 두 가지 의미를 추론해 볼 수 있을 것 같다. 하나는 자아 중심적 삶에서 타인에 관한 관심으로의 이동이다. 타인에 관한 관심은 자기 자신을 초월할 때 가능하다. 대니얼 돔브로스키(Daniel Dombrowski)는 다음과 같이 썼다. 현재에 공헌하는 삶은 "우리 자신의 최종적 관심인 자기 관심 또는 사랑을 초월하는 것, 즉 인간이든 또는 비인간이든… 타인의 선에 공헌함으로써 우리의 삶을 존중

하는 것을 말한다."[18] 보다 구체적으로 말해 타인에 관한 관심은 타인을 고려하는 사고다. 타인의 아픔에 동참하는 사고이자, 이웃을 이웃으로 대하는 "동등배려"(equal regard)를 생각하는 사고다. 이것이 화이트헤드가 주장하는 "느낌의 느낌"으로서 긍정적 파지의 행위다. 서로 부여잡는 이 관계적 개념인 파지(prehension)를 통해서 우리는 우리의 이웃과 관계하고, 그들이 맘 아파하면 우리도 아파하는 공감적 관계를 갖는다. 따라서 하츠혼이 적고 있듯이, "타인에 대해 더욱더 민감해하는 존재는 타인에 대해 더 많은 힘을 가진 존재다."[19]

다른 하나는 우리의 내적 관심사로서 향유할 수 있는 삶의 사명 또는 목적의식을 발견하는 삶을 의미한다. 사람이 인생에서 자신이 좋아하는 삶을 발견하는 것만큼 아름다운 것은 없다. 우리를 지탱하고 유지하는 것은 우리가 헌신할 수 있는 사명의 길이다. 현실에 공헌하는 것은 주어진 우리의 내적인 관심을 향유해야 한다. 따라서 하츠혼의 과정사상은 현재의 충실한 삶이 미래의 삶을 예시하고 예견한다는 의미에서 무슨 일이든 주어진 현실에 충실할 것을 강조하는 철학이다.[20]

마지막으로 과정으로서의 사고를 받아들인다는 것은 무엇이든 불변하고 영원한 것은 없다는 것을 암시한다. 과정적 사고는 모든 것이 변하고 지나간다. 우리의 명예, 부귀, 권력 등, 이 세계에 살아가는 동안에 우리가 획득하고 얻는 것들은 무상하거나 덧없다. 오늘 우리가 가진 것이 영원히 지속된다면 얼마나 좋을까. 하지만 그것은 이미 과정 속에 있다. 그렇다고 우리가 허무주의적 인생에 우리를 내 맡길 수 없다. 모든 것이 있다가 사라지는 것은 인생의 허무성이나 무상성을 의미하는 것이 아니다. 과정사상은 그런 허무성과 무상성에 저항한다. 모든 것이 있다가 사라지는 것은 영원한 것이 없다는 것을 가르치는 것이다. 이런 점에서 과정적 사고의 매력은 삶의 과정을 통해서 겸손함을 배우게 한다. 이는 모든 것이 변하기 때문이다.

비분절적 이원론의 사고

과정철학은 분절적 이원론의 사고양태에 반대한다. 근대에 유행했던 이원론의 사고 양태는 오늘날의 통합적 사고 양태에 의해서 위기를 맞고 있다. 이원론의 위기는 모든 것에는 하나만의 진리이고 그 반대의 상황은 비진리로 예단해 버리고 만다. 만일 진리가 하나라고 하면, 그 결과는 매우 비극적일 수밖에 없을 것이다. 말하자면, '내가 옳으면 너는 틀린 것이 된다.' 이는 진리가 '양자-택일'(either/or)의 사유양태 속에서 승인되기 때문이다.[21] 그러므로 분절적 이원론의 진리는 둘이 아니라 유일하다고 여겨졌다. 하지만 진리는 하츠혼이 언급했듯이 "대조"의 원리 또는 "양극성적 원리"에 근거하여 진리는 절대적이면서 상대적이다. T. S. 엘리엇은 다음과 같이 썼다.

> 어느 길이 더 낫다고 할 수 없지요.
> 양쪽 모두 필요하지요.
> 양자택일하는 것도 또한 필요합니다.[22]

이 말에서 우리는 차이와 포용의 폭을 암시하는 것처럼 느낀다. 이처럼 과정철학의 사고는 과학과 종교, 신앙과 이성, 신과 세계, 세상과 교회 등의 이원론적 분절주의를 배격하고, 이 양자들을 상호의존적이고, 영향을 주고 영향을 받는 관계로 받아들이면서 서로 다른 영역 또는 양태를 포용하게 한다. 하츠혼은 "이원론은 … 범주의 개별적 관계를 통해 인간의 지각을 제한한다는 생각을 못하게 한다"고 밝혔다.23) 그러므로 다른 양태의 지각을 인식하지 못하는 것은 서로 개별적인 범주가 될 때에 발생하게 되는 것이다.

비분절적 이원론의 사고는 크게 두 가지 의미를 제공한다. 첫째로 비분절적 이원론의 사고는 경쟁적인 관계가 아니라 통합적인 관계를 가리킨다. 우리 사회는 모든 것이 경쟁적이다. 이러한 사고는 상대를 배격하거나 배타적이지 않으면서도 서로의 가치를 인정할 수 있는 포용적 사고로 이끈다. 상대의 가치를 인정하는 출발점은 그것의 차이를 인정할 때이다. 차이를 인정하지 않으면 상대의 가치가 인정되지 않는다. 우리는 종교와 과학, 신앙과 이성, 신과 세계, 사회와 인간 등의 관계는 배격하는 이분법적 관계가 아니라 지극히 포용적 관계라는 것을 알 수 있다. 화이트헤드는 다음과 같이 표현했다. "철학이 종교나 과학-자연과학이든 사회과학이든-과 긴밀한 관계를 맺고 있을 때 철학은 비효과적이라는 오명에서 해방된다. 철학은 이 종교와 과학을 사상의 합리적 도식 속에 통합시킴으로써 가장 중요한 것을 획득한다."24) 그러므로 차이의 사고는 결국 비분절적 이원론의 사고를 가질 때에 가능하다고 본다.

둘째로 비분절적 이원론의 사고는 개별적인 사고보다는 관계적인 사고를 중시한다. 과정적 사고는 본질적 이원론의 사고를 실체론적 사고라고 이해했다. 실체론적 사고란 지극히 독립적이고 개인적인 사고를 말한다. 왜냐하면 실체적 사고는 다른 주체에 내재하지 않는다고 가르치기 때문이다. 하지만 과정철학은 철저히 한 현실적 존재는 다른 현실적 존재에 내재한다고 가르친다. 예를 들어 어떤 사람이 '우리'(we)라는 말을 사용했다고 하자. 그 말은 하나의 집단이나 사회를 가리킨다. 우리는 나와 너를 개별적으로 분리하지 않고, 나와 너의 결합인 우리와 밀접하게 관련이 있으며, 따라서 우리는 다른 우리 속에 이미 내재하고 있다. 구체적으로 표현하자면, 우리가 어떤 관계에서 피상적인 관계가 아니라 상호간의 포섭된 관계를 의미하는 것이기 때문에 우리는 개체들의 종합 속에 우리가 다 같이 함몰되어지는 것이다. 이것이 바로 하츠혼이 말하는 창조적 종합(creative synthesis)이다. 이런 근거에서 일(one)과 다(many)의 종합으로서의 창조적 종합은 형이상학적 원리로서만 이해되는 것이 아니라 학문적 연계에서도 충분히 적용가능하다고 보인다.

이런 현상은 학계에서 최근 일고 있는 "통섭"(consilience)의 개념에서 찾을 수 있다. 이 용어는 자연과학과 인문학을 연결하려는 통합학문으로 사용하면서 등장했다. 에드워드 윌슨(Edward O. Wilson)은 그의 「통섭: 지식의 대통합」에서 통섭을 "봉합선이 없는 인과관계의 망"으로 정의했다.[25] 이 정의를 풀어보자면, 인과관계는 어떤 결정적인 의미를 암시하지만 이 결정적 의미를 추론하고 예측하는 어떠한 경계가 상실되었다는 것이다. 과학은 이미 철학에 의해 내포적이고, 철학은 이미 종교나 신학을 포함한다. 어느 것이 어느 것인지 우리는 정확히 봉합할 수 있는 규범이나 경계가 허물어졌다. 그럼에도 우리의 문화는 실제로 과학적임을 자랑한다. 그래서 흔히 과학적 지식이 객관적이고도 합리적인 지식으로 추앙된다. 그렇지만 여기서 우리가 기억할 것은 과학적 지식이 유일한 지식이 아니라는 사실이다. 과학적 지식도 여러 지식 중 하나에 불과하다.

윌슨은 이렇게 결론을 내린다. "우리가 잔머리를 굴려 우리의 유전적 본성을 포기하고 만다면, 그리고 마치 신이나 된 것처럼 착각하고 오래된 유산을 방기하며 진보라는 이름 아래 도덕, 예술, 가치를 내동이친다면 우리는 아무것도 아닌 존재가 될 것이다."[26] 사정이 이러다보니, 종교와 신학의 영역은 비합리적이라고 치부되었다. 말하자면 과학은 종교와 같은 영역을 미신적이라 매도했다. 따라서 과학과 종교는 서로 통합할 수 없는 영역이었다. 하지만 하츠혼은 오래 전에 이 같은 통섭의 사고를 기술했다.

> 종교인들은 과학에 … 마음을 열어야 할 뿐만 아니라 철학의 역할에 대해서도 이해를 가질 필요가 있다. 물론 철학에는 명백한 한계가 있고 누구나 인정할 수 있는 의견에 도달할 능력이 없는 것 또한 사실이다. 과학은 여럿이 협력하여 공개적으로 이루어지는 일이며, 신을 믿는 사람이 신의 작품이라고 보는 자연의 아름다움을 찾는 지적 활동인 것과 마찬가지로 철학도 여럿이 협력하여 공개적으로 행하는 일이며, 과학과 종교 또는 종교와 어떤 다른 학문에 대해 생각할 수 있는 근본원리를 찾는 지적 활동이다.[27]

미적 느낌의 사고

서구철학은 진리(truth), 선함(goodness) 그리고 아름다움(beauty)의 초월적 세 가지 가치들을 분리했다. 예술은 아름다움을 추구하는 학문이고, 과학은 진리를 추구하는 학문이며, 종교나 신학은 선함을 추구하는 학문으로 분리되었다. 하지만 오늘날 이러한 삼분법적 사고는 이미 붕괴된 지 오래 되었다. 이러한 서구의 사고방식이 신학의 영역에서는 다르게 적용되었다. 전통신학이 진리를 강조한 반면에 자유주의신학은 선함을 강조했지만, 아름다움에 대한 신학적 연구는 그다지 강조되지 않았다.[28] 하지만 이상배는 그의 "진, 선, 미: 미의 신학을 향하여"라는 소논문에서 "결국 종교나 예술 및 과학이 도달하려고 하는 궁극적인 의미와 가치가 아름다움이며, 우주의 궁극적인 실체인 하나님은 아름다움이라는 개념에 의해 가장 잘 상징된다"고 주장했다.[29] 만일 신학이 아름다움의 개념에 근거하여 미적 신학을 전개하려면 다른 어느 사고양태보다 과정철학의 사고양태가 유용할 것이라고 보인다. 왜냐하면 과정철학에서 우주는 아름다움의 미적 가치나 경험을 떠나서는 이해될 수 없기 때문이다.

과정철학의 우주의 실재는 한마디로 느낌(feeling)이다. 현실적 존재가 어떠하든지 모든 존재는 저마다 느낌의 주체다. 경험하는 행위로서의 느낌은 인간이 감성적이면서도 정서적임을 의미한다. 우주 속에서 사람은 저마다 자신의 느낌에 따라서 살아가는 가치의 존재다. 느낌은 의식이나 감각의 단계에서 구성되는 경험이다. 그것은 죽은 존재가 아니라 살아있는 역동적 존재를 전제로 한다. 광활한 우주 속에서 한 인간은 느낌의 주체로서 의식을 통해서 또는 정신을 통해서 우주 속에 존재하는 다른 존재들의 느낌을 받아들이고 향유한다. 그 느낌이 정신적인 것이든 물리적인 것이든, 모든 사물은 저마다 느끼는 존재로 살아간다. 하츠혼은 이것을 미적 가치라고 불렀다. 미적이란 말은 가치의 또 다른 표현이다. 여기서 우리는 가치가 동일한 기준에 의해서 평가되지 않는다는 것을 기억할 필요가 있다. 가치란 언제나 상대적이다. 절대적 가치란 존재하지 않는다. 그렇다고 느낌이 전적으로 주관적이라고 하는 것도 틀린 말이다. 하츠혼은 느낌이 경험의 강렬함에 따라 다르게 느낄 뿐이지 전적으로 주관적이라고 말하는 것을 경계한다. 그러면 실재의 본래적 가치가 느낌이라고 할 때 그것은 두 가지를 전제로 한다.

첫째, 느낌은 차이성과 다원성의 종합에서 구성된다. 느낌은 서로 다른 존재들에 대한 차이성을 인정하고 다원성을 받아들이고 포용하게 한다. 비록 가장 미세한 존재로부터 신에 이르기까지 그 존재의 가치 등급은 서로 다를 수 있지만, 그것의 가치는 본래적이고 또 가장 고유한 것이다. 그런 점에서 과정철학은 경험 속에 축적된 다양한 가치들과 차이가 있는 가치들을 드러내는 철학이다. 이런 이유에서 자기 가치를 인식하는 사고로서의 과정사상은 현대인들에게 매우 고무적이고 도전적인 사상이 아닌가 싶다.

둘째, 느낌은 미적 가치를 전제로 한다. 그러면 미적 가치의 과정 사상적 사고는 우리에게 무엇을 제공하는가? 우선 하츠혼이 강조하듯이 미적 가치는 중용의 사고다. 중용은 적당함의 기준에 의해서 평가된다. 적당함은 무모함과 부족함의 중간에 위치한다. 그리고 흥미로운 것은 적당함의 개념이 과학의 표준에 의해서 측정되지 않는다. 그것은 양극단에서 중도의 길을 가도록 가르치는 것이다. 이 중용은 이것도 아니고 저것도 아닌 것을 말하는 것이 아니라 극단을 배격하는 것을 의미한다. 하츠혼은 그의 「중용의 지혜: 중도의 철학」(Wisdom as Moderation: A Philosophy of the Middle Way)에서 이 사실을 밝혔다.

빈곤도 좋지 않고 과식도 좋지 않다. 신중함은 너무 멀고, 용감함은 너무 아득하다. 어떤 사람은 친구들에게 친절하다. 그러나 그는 시민으로서의 의무나 외국인에 대한 책임에서는 소홀하다. 어떤 사람들은 선한 목적을 지지하여 적극적으로 나서지만, 그들의 사적인 문제들에서는 몰인정하다…. 중용은 악덕과 미덕을 상반된 양극단들 가운데 사려 깊고 분별하는 중도의 길이다.30)

이처럼 미적가치의 사고는 경직된 심오함도 거절하고, 그렇다고 무질서함도 거절한다. 그것은 혼돈도 반대하지만 그렇다고 기계적 매커니즘도 반대한다. 따라서 중용은 아름다움을 추구한다. 아름다움은 양극단의 조화에서 성취된다.

창조적 자기 변혁으로서의 과정사상

과정사상은 설득으로서의 대화를 강조한다. 대화는 상대를 설득하는 방식으로 전개될 수도 있고, 강압적인 행위를 위해 대화에 임할 수도 있다. 과정사상은 설득과 강압의 개념을 극명하게 대비한다. 이는 강압의 요소보다는 설득의 요소가 훨씬 더 효과적임을 말하기 때문이다. 그런데 과정사상에서 설득으로서의 대화를 강조하는 것은 왜일까. 그것은 대화가 개방성을 목적으로 하기 때문이다. 상대에 대한 개방성은 자기-창조의 과정이다. 역으로 말하자면, 타자에 대한 폐쇄성은 자기-퇴보의 과정이다. 따라서 자기변혁의 창조적 과정은 언제나 타자에 대한 개방성에서 비롯된다. 물론 타자에 대한 개방성이 부정적으로 작용할 수 없는 것은 아니지만, 우주의 발전적 과정에서 개방성은 새로운 경험의 시작이라 보인다. 즉 자기 변화나 자기 창조를 향한 목표는 상대나 사물에 대한 열림에서 시작된다는 것이다.

과정사상은 모든 현실적 존재(존재하는 모든 사물)가 자기-원인적(causa sui)이고 자기 결정적(sel-determination)인 사상을 강조한다. 모든 현실적 존재들이 목표를 두고 그것을 성취하기 위해 자신의 조건들을 만들어 간다. 미래의 약속은 현재의 조건들에 의한 연속성에서 전진한다. 그리고 그것을 성취하려는 시도는 매우 아름답다. 하지만 그러한 목적 자체가 아름다움의 목적이 아니라 그것을 이루어 가는 향유적 삶 그 자체가 아름답게 보이는 것이다.

경험의 총체로서의 인간은 결정에 있어서 자기 창조적인 삶을 생각한다. 이는 모든 인간(혹은 현실적 존재)이 스스로 향유할 수 있는 경험의 주체이기 때문이다. 이 경험은 선험적이고 고유하다. 누구도 자신의 향유를 방해하지 못한다. 이 향유는 과정 사상의 원리에 따르면 자유에 의해서 보장된다. 하츠혼은 이렇게 표현했다. "자유는 자기-창조이자 자기-풍요로움을 의미한다."[31] 자유는 기계적 구조나 삶의 단조로움과 모순을 일으킨다. 자유는 분명히 행동하고자 하는 것과 다르게 행동하고자 하는 것, 또는 그렇게 되고자 하는 것과 다르게 되고자 하는 것을 포함한다. 자유는 자기를 선택한다. 미래의 어떤 사람이 되고자 하는 그 모습을 상상하고 현재에 결단을 내린다. 그것이 바로 희망이다.

피렌체의 정치범이었던 단테(Dante)는 「신곡」(La Dinina Commedia) 제3곡에서 지옥으로 들어가는 입구 문에 새겨진 글을 우리에게 들려준다. "여기 들어오는 자, 모든 희망을 버리라."[32] 어느 누가 지옥을 이렇게 간명하게 표현한 사람이 있을까. 결국 지옥이란 희망할 수 없는 곳이다. 우리가 사는 이 세상에서 만일 지금 지옥과 같은 경험을 하려고 한다면 우리는 희망을 포기하면 된다. 미래의 어떠한 것도 기대할 수 없는 바로 그곳이 지옥이지 싶다. 하지만 과정사상은 희망적 미래를 약속한다. 그것은 우리가 무엇이 되고자 하는 참된 모습을 선택할 수 있는 자유가 있기 때문이다. 그러한 자유로 인해서 각 새로운 결정은 다른 어떤 것으로 생성하고 그것이 미래를 약속한다. 비록 그것이 부정적으로 모든 희망을 절망으로 만들 위험도 있지만, 우리의 자유로운 행위와 결정은 미래의 새로운 현실적 생성을 위한 희망으로 작용한다.

더욱이 자유에 관한 근거는 자연이나 삶의 우발성이나 우연성이라는 궁극적 원리에 기인한다.[33] 이 우주는 합리적이고 논리적인 세계라고 보는 근대의 철학적 사유패턴을 받아들이지만, 그것이 절대적인 것은 아니라고 보았다. 왜냐하면 이 우주에는 논리성과 합리성의 패턴이 발견되긴 하지만 여전히 우발적이고도 우연적인 요소가 분명 존재하고 있기 때문이다. 그리고 이 우발성이 존재하기 때문에 인간의 자유가 더욱더 보장받는다. 우연은 "개별자의 개별자다." 퍼스의 표현을 빌리면, 우연성은 최초성, 신선함, 자발성의 개념이고, 화이트헤드의 용어로 말하면, 그것은 자기 창조성을 말한다.[34] 하지만 하츠혼은 자기 창조성을 자유로 설명한다. 자유는 이미 우연적 사건들이 일어날 것이라는 것을 암시하고 있다. 신의 경우에도 마찬가지다. 신은 자유에 의해서 세계를 통치한다. 하츠혼은 이렇게 고백한다. "… 우연은 신이 세상을 고무시키는 자유의 결과로서 일어난다. 만일 당신이 절대적인 보장, 우연에 대항하는 완전한 보호를 원한다면, 당신은 자유로운 세계 속에서 자유로움을 원하지 않을 것이다.

실제로 당신은 존재하는 세계 속에 존재하고 싶지 않은 것이다. "존재의 대가는 자유이며, 자유를 가짐으로서 우연, 위험, 행운, 좋음과 불행이 동시에 일어난다. 미래에 일어날 섭리(providence)는 한 우연한 세계에 대한 대안이 아니라, 어떤 세계나 가능한 세계와 같은 세계를 결정하는 능력이다."35) 이런 점에서 하츠혼은 신은 스스로 우연을 드러낸다고 보았다. 이는 피조물을 돌보기 위해서 신이 그들의 행복과 불행에 동참하기 때문이다. 그래서 하츠혼은 토기장이의 손에 의해서 빚어지는 순수한 진흙과 같은 오래된 유추에서 신이 자신의 임의대로 피조물을 만들지 않는다. 더욱이 신은 자신의 의지대로 피조물의 의지를 결정하지 않는다. 신은 피조물들에게 전적으로 자유를 보장함으로써 우연을 놓으신다. 우리는 그 우연이 바로 신적 자유로부터 온 인간의 자유라는 것을 알 수 있다.36) 이런 이유에서 하츠혼은 어거스틴, 루터, 칼빈의 신학에서 두드러지게 자유를 경시하는 태도에 만족하지 않는다. 그에 의하면, 그러한 신학자들의 주된 동기는 적어도 "인간이 자기 자신을 구원할 수 있다고 가정하는 인간의 가능성을 배제하기 위함이다. 인간은 그의 의지를 끌어내림으로써 단지 '타락'의 효과를 극복할 수 있기 때문이다. 아마도 인간존재는 완전하게 올바른 결정들을 선택하는 자연적으로 자유로울 수 없다. 하지만 그것은 인간이 선택하는 대략적으로 잘못된 결정이 신에 의해 의지되었던 것을 전혀 수반하지 않는다."37) 그럼에도 하츠혼은 인간의 절대적 자유는 신이 없이는 온전한 선택을 할 수 없다. 왜냐하면 인간은 아무리 자유를 행사하는 능력을 가진 존재라고 해도 "단편적인 존재"다. 이것은 보다 높은 창조성의 외연적으로 생산된 단순한 존재가 아니라 자기 창조에 있어서 단편적인 존재라는 뜻이다. 단편적 존재로서의 인간은 오로지 단편적인 상태를 깊이 향유할 수밖에 없다. 이런 점에서 하츠혼은 우리에게 단편적인 인간임을 수용하라고 권한다. 말하자면 자기-결정과 신의 결정은 서로 조화를 이룰 때에 삶은 더욱더 아름답게 된다는 것이다.

결론적으로 말해 하츠혼의 과정사상은 우연성의 부정이 자유의 부정임을 말하려고 하는 것이다. 우리는 출생, 삶, 죽음에 이르기까지 우리의 결정과 선택에 따라 합리적이고 논리적으로 전개되지 않을 수 있다. 무수히 많은 다른 개체들의 결정들과 마주하고, 발생하는 새로운 경험들로 인해 우리의 경험에 영향을 미치고, 그러한 것들이 우리의 삶의 경험을 재구성한다. 그것이 부정적인 결과로 나타날 수도 있고 긍정적인 결과로 나타날 수도 있기 때문에 미래는 예측하기가 쉽지 않아 보인다. 그럼에도 하츠혼의 과정사상은 우리의 삶에서 발생하는 우연적인 사건들을 극복하고자 노력하고 애쓰는 자유가 더 소중하고 가치가 있다고 가르친다. 이 우연성을 극복해 가는 과정에서 자유가 필연적이라는 의미에서 과정사상은 우리의 삶에서 유용하지 않을까 싶다.

후주

제1장

1) 콜리지와 워즈워즈의 위의 두 시는 찰스 하츠혼이 자서전적 작품인 *The Darkness and the Light: A Philosopher Reflects Upon His Fortunate Career and Those Who Made It Possible* (Albany: State University of New York Press, 1990)에 서문으로 대신한 시들이다. 하츠혼의 생애에 관해서는 「어둠과 빛」(The Darkness and the Light)과 「찰스 하츠혼의 철학」(The Philosophy of Charles Hartshorne)에서 "나의 지적성장의 몇몇 원인들"(Some Causes of My Intellectual Growth)의 내용을 대체로 참조했고, 그리고 그의 사상은 여러 군데 흩어져 있는 책들 속에서 발췌해 두었음을 밝혀둔다.

2) Hartshorne이라는 발음에 관해서 한국의 여러 신학자들과 철학자들은 하트숀, 핫숀, 하르트숀 등으로 불리는데, '하츠혼'으로 통일하는 것이 좋을 듯하다. 이는 그의 이름이 Harts-home으로 불린다. 즉 '하츠'와 '혼'으로 발음된다. 따라서 그의 이름은 '하츠혼'으로 통일하는 것이 좋을 것 같다. 그의 이름에 대한 상세한 설명은 Alen Gragg, *Charles Hartshorne* (Texas, Waco: Word Books, Publisher, 1973), 11을 보라.

3) Eugene Peters, *Hartshorne and Neoclassical Metaphysics* (Nebraska: The University of Nebraska Press, 1970), 1-3.

4) Charles Hartshorne, "Some Causes of My Intellectual Growth," *The Philosophy of Charles Hartshorne*, ed., Lewis Edwin Hahn (La Salle: Open Court, 1991), 14. 헨리 N. 위이만과 버나드 E. 멜란드는 찰스 베네트와 함께 루퍼스 존스를 "현대 신비주의자"로 분류했다. Henry Nelson Wieman and Bernard Eugene Meland, *American Philosophies of Religion* (Chicago: Willett, Clark & Company, 1936), 115-32를 보라.

5) Hartshorne, *The Darkness and the Light*, 120.

6) Ibid., 120-1.

7) 로이스와 호킹의 관념론에 관해서는 Wieman and Meland, *American Philosophies of Religion*, 99-114를 보라.

8) Hartshorne, *The Darkness and the Light*, 312. 화이트헤드의 「수학원리」는 1903년에 출판되었다.

9) Ibid., 313.

10) Ibid., 219.

11) Richard Rorty, "Response to Charles Hartshorne," *Rorty and Pragmatism*, ed. Herman J. Saatkamp (Nashville: Vanderbult University Press, 1995), 29.

12) Charles Hartshorne and William L. Reese, *Philosophers Speak of God* (New York: Humanity Books, 1963).

13) Charels Hartshorne, *Wisdom as Moderation: A Philosophy of the Middle Way* (Albany: State University Press of New York, 1989), 106-7.

14) Hsrtshorne, *The Darkness and the Light*, 270.

15) Charles Hartshorne, *Divine Relativity: A Social Conception of God* (New Haven: Yale University Press, 1948).

16) Hartshorne, *The Darkness and the Light*, 302.

17) Ibid., 291. 영어로는 이렇게 표현되어 있다. "Two robins will not share a bush/ Two in a boundary makes a feud/ There is a wall around the thrush/ And song creates its solitude."

18) Lewis S. Ford, *The Lure of God*의 책은 한국어 「설득하시는 하나님」, 정승태 옮김 (서울: 누가출판사, 2008)로 번역되었다.

19) Hartshorne, *The Darkness and the Light*, 297.

20) Ibid., 305

21) Charles Hartshorne, "Forward to *The Ontological Argument of Charles Hartshorne*," George L. Goodwin, *The Ontological Argument of Charles Hartshorne* (Missoula, Montana: Scholar's Press, 1978): xi.

22) Peters, *Hartshorne and Neoclassical Metaphysics*, 11.

23) Ibid.,

24) Hartshorne, *The Darkness and the Light*, 305.

25) Daniel A. Dombrowski, *Divine Beauty: Aesthetics of Charles Hartshorne* (Nashville: Vanderbilt University Press, 2004), 2. 이 표현은 아마도 스피노자의 평가에서 차용한 것처럼 보인다. 스피노자는 사람들로부터 신에 중독된 철학자였다고 평가를 받았기 때문이다.

26) Hartshorne, *The Darkness and the Light*, 242.

27) Ibid., 323.

28) Hartshorne, *The Divine Relativity: A Social Conception of God*, ix.

29) Hartshorne, *The Darkness and the Light*, 379.

제2장

1) Nicholas Rescher, *Process Metaphysics: An Introduction to Process Philosophy* (Albany: State University of New York, 1996), 9; 「과정형이상학과 화이트헤드」, 장왕식 옮김 (대구: 이문출판사, 2010), 24.

2) Ibid. 파르메니테스는 모든 사물이 존재에서 출발한다고 생각했기 때문에 비존재에서 존재가 생성된다는 견해를 배격했다. 그래서 그는 현상과 실재를 구분함으로써 변화에 대한 상식적인 사고방식을 거부했다. 그에 의하면 변화란 현상을 단지 실재로 혼동한데서 기인한 결과라고 주장했다. 플라톤의 대화편 「테아이테토스」(Theaitetos)에서 그의 스승 소크라테스가 파르메니테스를 제외한 모든 사람들, 즉 프로타고라스, 헬라클레이토스, 엠페도클레스, 에피카르모스, 호메로스 등이 이른바 '생성이론'(flux doctrine)을 주장하고 있다고 지적한다.

3) Alfred North Whitehead, *Process and Reality: An Essay in Cosmology*, eds. David R. Griffin and Donald W. Sherburne (New York: The Free Press, 1978), xi; 「과정과 실재: 유기체적 세계관의 구상」, 오영환 옮김 (서울: 민음사, 1994), 39. 위의 번역은 필자의 것임을 밝혀둔다.

4) Eugene Peters, *Hartshorne and Neoclassical Metaphysics* (Nebraska: The University of Nebraska Press, 1970), viii.

5) Milton K. Munitz, 「현대분석철학」, 박영태 옮김 (서울: 서광사, 1997), 17.

6) Reinhold Niebuhr, "A. N. Whitehead and Science," *The New Humanist*, VII, 5 (Autumn 1934), 1-7. *Process Philosophy and Christian Thought*, eds. Delwin Brown, Ralph E. James, and Gene Reeves (Indianapolis: The Bobbs-Merrill Company, Inc, 1971), 22에서 재인용.

7) Rescher, *Process Metaphysics*, 23-4; 「과정형이상학과 화이트헤드」, 47-9를 보라. 찰스 하츠혼은 그의 작품에서 자주 "차이성 속의 통일성"(unity in difference)을 언급했는데, 하츠혼과 셀돈의 어떤 연관이 있는지는 잘 알려져 있지 않지만, 비슷한 시기에 학문적 영향을 간접적으로 받지 않았을까 싶다.

8) Lewis S, Ford, "A Whiteheadian Basis for Pannenberg's Theology," *Encounter* 38 (Autumn 1977): 307-17; 그리고 Wolf Pannenberg, "A Dialogue about Process Philosophy," *Encounter* 38 (Autumn 1977): 318-24.

9) Lewis S. Ford, *The Lure of God: A Biblical Background for Process Theism*

(Philadelphia: Fortress Press, 1978), 33; 「설득하시는 하나님」, 정승태 옮김 (서울: 도서출판 누가, 2008), 88.

10) Rescher, *Process Metaphysics*, 26-7; 「과정형이상학과 화이트헤드」, 51-3.

11) Jürgen Moltmann, *God for a Secular Society: The Public Relevance of Theology*, trans. Margaret Kohl (Minneapolis: Fortress Press, 1999), 278. 위르겐 몰트만은 화이트헤드의 "이해하시는 고난 받는 동반자"(suffer who understands)의 표현이 그의 아들의 죽음으로 인해 생겨난 것으로 추정하고 있다.

12) Ford, *The Lure of God*, 2; 「설득하시는 하나님」, 27.

13) Ford, *The Lure of God*, 2-3; 「설득하시는 하나님」, 27-8.

14) Ford, *The Lure of God*, 3; 「설득하시는 하나님」, 28.

15) 존 머쿼리의 글은 Ford, *The Lure of God*, 3; 「설득하시는 하나님」, 28에서 재인용했음.

16) "The Development of Process Theology," *Process Philosophy and Christian Thought*, 24이하.

17) Donna Bowman, "God for Us," *Handbook of Process Theology*, eds. Jay McDaniel and Donna Bowman (St. Louis: Chalice Press, 2006), 12.

18) Stephen Lee Ely, *The Religious Availability of Whitehead's God: A Critical Analysis* (Madison: University of Wisconsin Press, 1942). 56.

19) Ibid., 55. 엘리는 위스콘신 대학에서 박사학위를 받은 후에 약 15년 동안 교수로 가르쳤지만, 불행하게도 42세의 젊은 나이에 암으로 세상을 떠난 철학자다.

20) Victor Lowe, *The Review of Religion*, 4 (May 1943): 409-15.

21) Bernard Loomer, "Ely on Whitehead's God," *Process Philosophy and Christian Thought*, 286.

22) William A. Christian, "The Concept of God as a Derivative Notion," *Process and Divinity* (La Salle, Ill.: Open Court, 1964), 181 이하를 참조하라.

23) Donald W. Sherburne, "Whitehead without God," *Process Philosophy and Christian Thought*, eds. Delwin Brown, Ralph E. James and Gene Reeves (Indianapolis: The Bobbs-Merrill Company, Inc., 1971): 305-28을 참조하라.

24) John B. Cobb and David R. Griffin, 「과정신학」, 류기종 옮김 (서울: 도서출판 열림, 1993), 11.

25) Ralph H. James, *The Concrete God: A New Beginning for Theology-The*

Thought of Charles Hartshorne (Indianapolis: The Bobbs-Merrill Company Inc., 1967), xiii-xvi.

26) Daniel Day Williams, God's Grace and Man's Hope (New York: Harper and Brothers Publishers, 1949); 그리고 The Spirit and the Forms of Love (New York: University of Press of America, 1981). 1967년에 쓴 두 번째 책은 사후에 미국대학출판부에서 다시 출판되었다.

제3장

1) Nancy Frankenberry, "Hartshorne's Method in Metaphysics," The Philosophy of Charles Hartshorne, ed. Lewis Edwin Hahn (La Salle: Open Court, 1991), 291.

2) Ibid.

3) Charles Hartshorne, Beyond Humanism (Gloucester: Peter Smith, 1975), 253-97을 보라. 하츠혼이 염두에 두고 반응했던 반형이상학자들은 구체적으로 시카고대학교의 루돌프 카르납, 모리스 슐릭크, 한스 라이헨바하 등의 논리실증주의자들이었다. 여기서 하츠혼은 실증주의자들과 논리실증주의자들을 특별히 구별하지 않았고, 분석철학자들을 대체로 실증주의로 묶어서 논의했다.

4) 하츠혼은 논리 실증주의와 분석철학의 전제가 잘못되었다고 지적한다. "경험적 의미의 기준으로서 입증주의(verifiability)는 양산논리에서 아무런 의미가 없다. 더욱이 의미의 기준으로서 반증주의(falsifiability)는 주로 형이상학적 진리에 대항하기 위해서 논점을 이미 옳다고 가정해 놓고 있다. 그렇지만 입증성은 일반적으로 의미의 기준으로서는 타당하고, 그리고 반증성은 경험적 의미의 기준으로서는 유효하다." Charles Hartshorne, Creative Synthesis and Philosophic Method (La Salle: Open Court Publishing Co., 1970), 21-2.

5) Rudolf Carnap, "On the Character of Philosophical Problems," Philosophy of Science, I, 5; Hartshorne, Beyond Humanism, 254-5에서 인용.

6) Charles Hartshorne, Reality as Social Process: Studies in Metaphysics and Religion (Glencoe, IL.: The Free Press, 1953), 30. 화이트헤드도 유사한 방식으로 과학의 독단적 경험주의를 비판했다: "과학이 관찰을 하면서 다른 어떤 근원에 의지하지 않고서 감각적 지각에만 의존하였기 때문에 결국 파산하게 되었다." 그의 Modes of Thought (New York: The Macmillan Co., 1938), 154.

7) Charles Hartshorne, The Logic of Perfection and Other Essays in Neoclassical Metaphysics (La Salle, Illinois: The Open court Publishing Co., 1962), ix-xiii.

8) Ibid., xii.

9) Hartshorne, *Creative Synthesis and Philosophic Method*, 33.

10) Anthony Gottlieb, 「서양철학의 파노라마, II」, 이정우 옮김 (서울: 산해, 2002), 64-5.

11) Hartshorne, *Creative Synthesis and Philosophic Method*, 22.

12) Ibid.

13) Ibid., 24. 여기서 형이상학은 일반적으로 고전 형이상학이 아니라 신고전 형이상학을 의미한다.

14) Alfred North Whitehead, *Process and Reality: An Essay in Cosmology*, corrected by David Ray Griffin and Donald W. Sherburne (New York: The Free Press, 1978), 3; 「과정과 실재」, 오영환 옮김 (서울: 민음사, 1997), 49. 화이트헤드는 경험을 기술하기 위해서 일관성, 논리성, 적용성의 삼중적인 조건이 필요하다고 보았다. 이런 면에서 화이트헤드의 형이상학은 경험론의 전통에 서 있다.

15) Hartshorne, *Creative Synthesis and Philosophic Method*, 31.

16) 화이트헤드는 현실적 존재를 이렇게 정의한다: "현실적 존재는 세계를 구성하는 궁극적인 실재적 산물이다. 보다 더 실재적인 어떤 사물을 발견하기 위해 현실적 존재의 배후로 나아가는 일은 불가능하다…. 이 현실적 존재들은 복잡하고도 상호 의존적인 경험의 물방울들(drops of experience이다." Whitehead, *Process and Reality*, 27-8; 「과정과 실재」, 73.

17) Hartshorne, *The Logic of Perfection*, 285.

18) Charles Hartshorne, *Reality as Social Process* (Glencoe: The Free Press, 1953), 175.

19) 형이상학에서는 크게 두 유형의 형이상학이 있다. 하나는 '기술적 형이상학'(descriptive metaphysics)이고, 다른 하나는 '수정적 형이상학'(revisionary metaphysics)이다. 스트로슨(P. F. Strawson)과 같은 철학자는 기술적 형이상학을 옹호하는데, 기술적 형이상학의 목적은 단순히 개념적 도식을 기술하는 것이다. 반대로 수정적 형이상학은 아리스토텔레스와 칸트의 형이상학 유형이다. 화이트헤드와 하츠혼은 '기술적 형이상학'을 따르고 있다.

20) Hartshorne, *Reality as Social Process*, 175.

21) Hartshorne, *Beyond Humanism*, 262.

22) Ibid., 175-6.

23) Hartshorne, *Creative Synthesis and Philosophic Method*, 89-90.

24) Hartshorne, *Reality as Social Process*, 89.

25) Ibid., 90.

26) Ibid.

27) Charels Hartshorne, *Reality as Social Process*, 29.

28) Ibid.

29) Nancy Frankenberry, "Hartshorne's Method in Metaphysics," 302.

30) 하츠혼의 철학에서 양극성(polarities)은 대조(contrast)와 종합(synthesis)과 동일한 의미로 사용한다. 양극성의 원리는 존재론적, 인식론적, 가치론적인 측면에서 다르게 설명되는 것처럼 보인다. John E. Smith, "Neoclassical Metaphysics and the History of Philosophy," *The Philosophy of Charles Hartshorne*, ed. Lewis Edwin Hahn (La Salle: Open Court, 1991), 501-6을 보라.

31) Hartshorne, *Creative Synthesis and Philosophic Method*, 99.

32) Charles Hartshorne, *Wisdom as Moderation*, 4. 하츠혼은 양극성의 원리를 모리스 코헨(Morris Cohen)의 사유에서 차용했다.

33) 만일 인식론의 중도적 입장에서 양극성적 원리에 대한 적용을 참조하려면, 그의 *Wisdom as Moderation*을 참조하라.

34) Hartshorne, *Reality as Social Process*, 37.

35) Hartshorne, *Wisdom as Moderation*, 9.

36) Eugene H. Peters, *Hartshorne and Neoclassical Metaphysics* (Nebraska: University of Nebraska Press, 1970), 53.

37) Ibid., 54-5.

38) Justus Buchler, *Metaphysics of Natural Complexes* (New York: Columbia University Press, 1966), 18, 49.

39) Charles Hartshorne, "Ontological Primacy: A Reply to Buchler," *Journal of Philosophy*, 67 (December 10): 980.

40) Charles Hartshorne, *The Philosophy of Psychology of Sensation* (Chicago: University of Chicago Press, 1934), 8.

41) Charles Hartshorne, *Creative Synthesis and Philosophic Method*, 75-7. 일반적으로 미학은 아름다움을 연구하는 학문이다. 오늘날 미학이라고 불리는 이 학문이 탄생한 것은 1750년 독일에서 출판된 알렉산더 바움가르텐(Alexander Gottlieb Baumgarten, 1714~1762)의 저서 「아이스테티카」에서 유래되었다.

42) Hartshorne, *Reality as Social Process: Studies in Metaphysics and Religion* (Glencoe: Free Press, 1971), 44.

43) Alfred North Whitehead, *Religion in the Making* (New York: Macmillan Company, 1962), 97.

44) Hartshorne, *Wisdom as Moderation*, 5.

45) 아리스토텔레스는 지나침과 모자람을 악덕의 특징으로 상정하면서 덕의 특징으로서 중용을 주장했다. 그러므로 덕은 중용을 택하는 도덕적인 행동의 성품이다. 그는 이렇게 말한다. "덕이란 중용에서 성립하는 행위 선택의 성품이다. 이 때의 중용은 우리와의 관계에 있어서 중용이요, 이 중용은 이성적 원리에 의하여 그리고 실제적인 지혜를 가지고 있는 사람이 그것을 결정할 때에 기준으로 삼을 원리에 의하여 결정되지 않으면 안 되는 것이다." Aristotle, 「니코마코스 윤리학」, 최명관 옮김 (서울: 서광사, 1984), 1107a, 72.

46) Karl Friedrich Rosenkranz, 「추의 미학」, 조경식 옮김 (서울: 나남, 2008), 23. 로젠크란츠는 헤겔의 계승자로서 마그데부르크에서 세무 공무원의 아들로 출생했고, 할레대학에서 헤겔철학의 강의를 수강함으로써 그가 전념한 철학은 헤겔 철학이었다.

47) Daniel A. Dombrowski, *Divine Beauty: The Aesthetics of Charles Harthsorne* (Nashville: Vanderbility University Press, 2004), 30.

48) Hartshorne, *Wisdom as Moderation*, 4.

49) Ibid.

50) Ibid., 1-2.

51) Dombrowski, *Divine Beauty*, 29-32를 보라.

52) Hartshorne, *Creative Synthesis and Philosophic Method* (La Salle: Open Court, 1970), 235.

53) 이 도형의 다른 설명을 위해서 그의 *Creative Synthesis and Philosophy Method*, 305를 참조하라. 그리고 이 도형은 다시 *Wisdom as Moderation*, 3에 언급되었다.

54) Hartshorne, *Wisdom as Moderation*, 3-4.

55) Ibid,, 16.

제4장

1) Alfred North Whitehead, *Process and Reality: An Essay in Cosmology*, eds. David Ray Griffin and Donald Wl Sherburne (New York: The Free Press, 1978), 18; 『과정과 실재: 유기체적 세계관의 구상』, 오영환 옮김 (서울: 민음사, 1994), 73.

2) Charles Hartshorne, *Creative Synthesis and Philosophic Method* (La Salle: Open Court, 1970), 1.

3) Ibid., 3; 그리고 Charles Hartshorne, "Creative as a Philosophical Category," *Journal of Philosophy* 55 (1958), 945.

4) Charles Hartshorne, *The Logic of Perfection* (La Salle: Open Court, 1962), 40.

5) Hartshorne, "Creative as a Philosophical Category," 945.

6) Hartshorne, *Creative Synthesis and Philosophic Method*, 3. 실체(substance)란 스스로 존재하는 자기 원인적 존재이고, 다른 외부의 어떤 사물이나 존재를 필요로 하지 않는 개념이다. 칸트의 말을 인용하자면, "실체의 도식은 시간 속의 실재가 갖는 영속성이다. 즉 그것은 일반적으로 시간의 경험적 결정들을 포함한다. 그리고 그 외의 모든 것들이 변화하고 있음에도 불구하고 실체는 영속적으로 지속한다." 이것은 칸트가 실체를 "불괴멸성", 즉 사멸되지 않는 사물로 그리고 "동일성", 즉 변하지 않는 존재로 보았다는 것을 의미한다. 따라서 실체는 현실적으로 상호작용을 하지만 영향을 주고받는 존재가 아니라 일방적인 관계가. 주체는 객체를 인식하지만, 객체는 주체를 인식하지 못하는 이른바 독립적 존재다. Immanuel Kant, 『순수이성 비판』, 이명성 옮김 (서울: 홍신문화사, 1997), 290-을 보라.

7) Hartshorne, *Creative Synthesis and Philosophic Method*, 13.

8) Aristotle, 『형이상학』, 조대호 역해 (서울: 문예출판사, 2004), 7권을 보라. 아리스토텔레스는 그의 『형이상학』 7권, 3장-6장에서 실체의 후보군으로서 네 가지를 언급하는데, 본질(to ti en einai), 보편자(katholou), 류(類, genos), 기체(基體, hypokeimenon) 등이다. 본질은 "첫째가면서 그 자체로 있는 것"이다. 보편자는 "적어도 본질 안에 속해 있다는 가정에서 어떤 것의 실체이다." 류(類)는 "실체의 범주가 아니라 고유한 있음"이다. 기체는 "다른 것들은 그것에 대해 술어가 되지만, 그것 자체는 다른 어떤 것에 대해서도 술어가 되지 않는 것"이다.

9) Charels Hartshorne, *Beyond Humanism: Essays in the Philosophy of Nature* (Gloucester: Peter Smithm 1975), 111-23을 보라.

10) Hsrtshorne, *The Logic of Perfection*, 192.

11) 미학은 예술이나 미적 경험이라는 용어보다 훨씬 많이 등장한다. 미학은 간단

히 정의하면 "미의 철학"이다. 그래서 아름다움을 규정하고, 그것의 기준에 대한 적합한 설명을 부여하는 것이 미학의 목표다. 여기에서는 다만 철학의 한 분과로서 미학을 미의 철학으로 정의했고, 그리고 미학의 의미를 하츠혼이 강조했던 가치와 연결하여 사용했음을 밝혀둔다.

12) Fritjof Capra, *The Turning Point: Science, Society, and the Rising Culture* (Tronto: Bantam Books, 1988), 60;「새로운 과학과 문명의 전환」, 이성범, 구윤서 옮김 (서울: 범양사출판부, 1988), 57.

13) Hartshorne, *The Logic of Perfection*, 196. 요소 - 환원주의적 사회는 17세기 뉴턴-데카르트에 의해 기초가 된 기계론적 세계관이다. 전체를 부분으로 나눌 수 있고, 또 부분의 합이 전체가 된다는 요소-환원주의는 인식하기 위해서 그 대상을 요소로 분할하여 하나의 요소를 자세히 조사하여 그 결과를 모으면 된다는 것이다.

14) John B. Cobb and David R. Griffin, *Process Theology: an Introductory Exposition* (Philadelphia: The Westminster Press, 1976), 14.

15) Randall C. Morris, *Process Philosophy and Political Ideology: The Social and Political Thought of Alfred North Whitehead and Charles Hartshorne* (Albany: State University of New York Press, 1991), 76.

16) Hartshorne, *Logic of Perfection*, 192.

17) Charles Hartshorne, "Organic and Inorganic Wholes," *Philosophy and Phenomenological Research* 3/2 (December 1942), 127.

18) Hartshorne, *Logic of Perfection*, 161-90을 참조하라.

19) F. Copleston,「합리론」, 김성호 옮김 (서울: 서광사,1994), 441-3을 보라. 논리적 원리에서 라이프니츠가 이성적 진리 또는 명제를 필연적으로 참이라고 주장한 것은 모순율에 근거하기 때문이다. 즉 그가 언급하듯이, 등변의 직삼각형은 직사각형이라는 명제를 부정하면 이는 반드시 모순을 포함하게 될 것이기 때문이다.

20) Charles Hartshorne, "Chance, Love, and Incompatibility," 2.

21) Hartshorne, *Creative Synthesis and Philosophic Method*, 48-9를 보라. 비영혼의 영역이라는 말은 하츠혼의 표현이고, 아리스토텔레스는 '식물 영혼'(vegetable soul)이라고 표현했다.

22) Eugene H. Peters, *Hartshorne and Neoclassical Metaphysics* (Nebraska: University of Nebraska Press, 1970), 30.

23) Hartshorne, *Creative Synthesis and Philosophic Method*, 49.

24) Ibid., 50.

25) Alan Gragg, *Charles Hartshorne* (Waco, Texas: Word Books, Publisher, 1976), 34.

26) Hartshorne, *Creative Synthesis and Philosophic Method*, 141.

27) Hartshorne, *Omnipotence and Other Theological Mistake* (Albany: State University of New York Press, 1984), 51; 「하나님은 어떤 분이신가: 하나님의 전능하심과 여섯 가지 신학적인 오류」, 홍기석, 임인영 외 옮김 (서울: 한들출판사, 1995), 80.

28) Hartshorne, *Beyond Humanism*, 165-8을 보라.

29) Hartshorne, *Omnipotence*, 51; 「하나님은 어떤 분이신가」, 81.

30) Ibid., 51-2.

31) Charles Hartshorne, *The Darkness and the Light: A Philosopher Reflects Upon His Fortunate Career and Those Who Made It Possible* (Albany: State University of New York Press, 1990), 28.

32) Hartshorne, *Omnipotence*, 62-3.

33) Hartshorne, *The Logic of Perfection*, 217.

34) Ibid., 227.

35) Hartshorne, *Beyond Humanism*, 175.

36) Hartshorne, *Logic of Perfection*, 230.

37) Alfred North Whitehead, *Science and the Modern World* (Cambridge: Cambridge University Press, 1926), 49; 「과학과 근대세계」, 오영환 옮김 (서울: 서광사, 1991), 81.

38) 정연홍, 「화이트헤드의 과정철학」 (대전: 충남대학교출판부, 2004), 4-5.

39) Whitehead, *Science and the Modern World*, 49; 「과학과 근대세계」, 81.

40) Alan Gragg, *Charles Hartshorne* (Texas, Waco: Word Books, Publishers, 1973), 31.

41) Charles Hartshorne, *Reality as Social Process*, 44.

42) Gragg, *Charles Hartshorne*, 31.

43) Ibid.

44) Bryant Keeling, "Feeling as a Metaphysical Category: Hartshorne from an Analytical View," *Process Studies* 6 (Spring, 1976), 52-3.

제5장

1) Gregg Easterbrook, "A Hundred Years of Thinking about God," *U. S. News and World Report* (February 23, 1998), 61.

2) Daniel A. Dombroski, *Divine Beauty: Aesthetics of Charles Hartshorne* (Nashville: Vanderbilt University Press, 2004), 2.

3) Charles Hartshorne, *The Divine Relativity: A Social Conception of God* (New Haven: Yale University Press, 1976), 116.

4) Charles Hartshorne, *The Logic of Perfection and Other Essays in Neoclassical Metaphysics* (LaSalle, IL: Open Court Publishing Co., 1962), ix xiii.

5) Ibid., xii.

6) Delwin Brown, Ralph E. James, and Gene Reeves, eds. *Process Philosophy and Christian Thought* (Indianapolis: The Bobbs Merrill Company, Inc., 1971), 168.

7) Charles Hartshorne and William L. Reese, *Philosophers Speak of God* (Chicago: University of Chicago Press, 1953). 2; Morris R. Cohen, *A Preface to Logic* (New York: Meridian, 1956), 67-9를 보라.

8) Hartshorne, *Reality as Social Press: Studies in Metaphysics and Religion* (Boston: The Beacon Press, 1953), 89.

9) Hartshorne, *Divine Relativity*, 15, 116. 또한 하츠혼의 신 개념 사용에 대한 철학적, 신학적 논의를 위해서 그의 *A Natural theology for Our Time* (La Salle, IL: Open Court Publishing Co., 1967), 128을 참조하라.

10) Ibid., 61.

11) Hartshorne, *Reality as Social Process*, 120, 123. "초상대주의"는 "범재신론" (panentheism)과 동일한 의미다. 범재신론이란 신과 세계가 동일한 것이 아니라 상호 의존적이다. 신과 세계는 서로 대립적이지 않고 상호 보완적이다.

12) Hartshorne, *Divine Relativity*, ix.

13) Hartshorne and Reese, *Philosophers Speak of God*, 16. 하츠혼의 신관은 그의 스승인 화이트헤드의 신과 유사하다. 화이트헤드는 여섯 가지 반테제로 이러한 신의 양극적 개념을 설명한다. "신이 영원하고 세계는 변한다고 말함이 옳듯이,

세계는 영원하고 신은 변한다고 말함도 참이다. 신은 일자이고 세계가 다자이 듯이, 세계는 일자이고 신은 다자라고 말하는 것도 참이다. 세계와 비교해서 신이 월등하게 실제적이라고 말함이 옳듯이, 신이 세계 안에 내재한다고 말함도 참이다. 신이 세계를 초월한다고 말함이 옳듯이, 세계가 신을 초월한다고 말함도 참이다. 신이 세계를 창조한다고 말함이 옳듯이, 세계가 신을 창조한다고 말함도 참이다." Alfred North Whitehead, *Process and Reality: An Essay in Cosmology*, corrected eds., David Ray Griffin and Donald W. Sherburne (New York: The Free Press, 1978), 528.

14) Hartshorne and Reese, *Philosophers Speak of God*, 129.

15) Frederick C. Copleston, 「중세철학사」, 박영도 옮김 (서울: 서광사, 1988), 447.

16) Charles Hartshorne, *A Natural Theology for Our Time* (La Salle: Open Court, 1967), 41-4.

17) Charles Hartshorne, *Man's Vision of God: and the Logic of Theism* (New York: Willett, Clark & Company, 1941), 8-9. 여기 이 도표는 하츠혼의 것을 한국어로 그대로 옮겨 번역했음을 밝힌다.

18) Ibid., 9.

19) Ibid., 11-2를 참조하라.

20) Charles Hartshorne, *Anselm's Discovery: A Re-examination of the Ontological Argument for God's Existence* (La Salle: Open Court, 1965), 8-9.

21) Hartshorne, *Man's Vision of God*, 13.

22) Ibid., 15.

23) Hartshorne, *Divine Relativity*, 67-7을 보라.

24) 이 책의 서문에서 "하츠혼 교수는 일반적인 서론과 현대의 대부분 그리고 서론적 주해들을 썼다"고 밝히고 있기 때문에 다소 선택적 논의가 될 수도 있을 것이다.

25) Charles Hartshorne and William L. Reese, *Philosophers Speak of God* (New York: Humanity Books, 1953), 16.

26) Ibid.

27) Ibid., 17. 그리고 범재신론과 초상대주의 신관에 대해서는 Charles Hartshorne, *Divine Relativity: A Social Conception of God* (New Haven: Yale University Press)를 참조하라.

28) Hartshorne, *Philosophers Speak of God*, 16.

29) Ibid., 18.

30) Ibid., 38-54를 보라.

31) Ibid, 53.

32) Hartshorne, *Reality as Social Process*, 120, 123. 초상대주의는 "범재신론"(panentheism)과 동일하다. 범재신론이란 신과 세계가 동일한 것이 아니라 상호 의존적이다. 신과 세계는 서로 대립적이지 않고 상호 보완적이다.

33) Hartshorne and Reese, *Philosophers Speak of God*, 129.

34) Hartshorne, *Creative Synthesis and Philosophic Method*, 264.

35) Ibid.

36) Ibid.

37) Ibid. 265.

38) Hartshorne, *A Natural Theology for Our Time*, 23-4.

39) Harthorne, *Creative Synthesis and Philosophic Method*, 265

40) Ibid., 266.

41) Ibid., 268.

42) Ibid., 268-9.

43) Hartshorne, *Divine Relativity*, 33.

44) Ibid., 33-4.

45) Alfred North Whitehead, *Science and the Modern World* (New York: The Free Press, 1925), 174; 「과학과 근대세계」, 오영환 옮김 (서울: 서광사, 1991), 254.

46) Whitehead, *Science and the Modern World*, 255-6; 「과학과 근대세계」, 255-6.

47) Hartshorne, *Divine Relativity*, 38-40.

제6장

1) Charles Hartshorne, *The Divine Relativity: A Social Conception of God* (New Haven: Yale University Press, 1948). 6장에서 발전시킨 신의 사회적 개념에 관해서는 이 책에서 많은 부분을 발췌하고 참조했음을 밝혀둔다.

2) Ibid., 4.

3) Charles Hartshorne, *Omnipotence and Other Theological Mistakes* (Albany: State University of New York Press, 1984), 26; 「하나님은 어떤 분이신가: 하나님의 전능성과 여섯 가지 신학적인 오류」, 홍기석, 임인영 외 옮김 (서울: 한들출판사, 1995), 19.

4) Charles Hartshorne, *The Divine Relativity: A Social Conception of God* (New Haven: Yale University Press, 1948), 7.

5) Ibid., 11.

6) Ibid., 11-2를 보라.

7) Ibid., 11.

8) Ibid., 8-9.

9) Ibid., 9.

10) F. Copleston, 「영국경험론」, 이재영 옮김 (서울: 서광사, 1991), 407에서 인용.

11) Hartshorne, *The Divine Relativity*, 25.

12) Ibid.

13) Ibid., 28.

14) Alfred North Whitehead, *Process and Reality: An Essay in Cosmology*, eds. David Ray Griffin and Donald W. Sherburne (New York: The Free Press, 1978), 208; 「과정과 실재: 유기체적 세계관의 구상」, 오영환 옮김 (서울: 민음사, 1994), 382.

15) Alfred North Whitehead, 「관념의 모험」, 오영환 옮김 (서울: 한길사, 1996), 323-5를 보라.

16) Whitehead, 「과정과 실재」, 100-2, 220. 하츠혼은 사회의 종합(synthesis)이라고 표현하고, 화이트헤드는 사회의 결합체(nexus)라고 표현한다. 여기에서 종합이나 결합체는 하나의 사회(a society)를 가리킨다.

17) Hartshorne, *The Divine Relativity*, 28.

18) Ibid., 26-9를 보라.

19) Whitehead, *Process and Reality*, 164-5; 「과정과 실재」, 312-3.

20) Hartshorne, *Divine Relativity*, 20.

21) Hartshorne, *Wisdom as Moderation*, 88-9. 하츠혼은 '무로부터의 창조'의 표현이 본질적인 논점을 혼동하고 있는 그리스 개념으로부터 신학을 자유롭게 논의하기 위해서 받아들여진 것으로 가정한다. 하지만, 이 문구로 인해서 신학은 상당히 다른 의미로 해석될 수 있다. 그것은 이렇게 다시 말할 수 있다. 우리는 신에 의해 피조된 존재다. 하지만 신은 무로부터 우리를 만드는 것이 아니라 여건으로 존재하는 부모들을 통해서 우리를 만드신다. 만일 무로부터의 창조를 받아들이면, 우리가 부모의 결과로 파생된 존재가 아니거나 그들이 원인이 아니었다는 것을 암시하게 된다. 따라서 우리는 '무로부터의 창조' 문구는 합리적이고 타당한 방식으로 사용되지 않을 수 있다. 그리고 순수하게 "물질로부터의 창조"도 부정된다. 따라서 하츠혼은 관념주의와 물질주의 둘 다를 배격한다고 보인다. 이 문제에 관해서는 Hartshorne, *Omnipotence and Other Theological Mistakes*, 75-9를 참조하라.

22) Hartshorne, *Creative Synthesis and Philosophic Method*, 14.

23) Hartshorne, *Divine Relativity*, 37.

24) Ibid., 38. 하츠혼은 신은 상징적으로 표현되거나 문자적으로 표현될 수 있다고 보았다. 하지만 최근의 종교철학적 논의에서는 이 두 가지 방법 외에도 메타포적인 표현, 유비적인 표현, 확신적인 표현 등이 있다. 이러한 논의에 관해서는 Frederick Ferre, Language, Logic, and God (Chicago: University of Chicago Press1987), 1-7; 정승태, 「종교철학담론」 (대전: 침례신학대학교출판부, 2009), 432-440을 보라.

25) Hartshorne, *Divine Relativity*, 31.

26) Ibid., 48.

27) Whitehead, *Process and Reality*, 342; 「과정과 실재」, 589. 화이트헤드에 따르면, 아리스토텔레스에서 유래된 부동의 동자 개념은 초월적 창조자로 이해되면서 신의 명령에 따라 세계가 존재하게 되었다는 것이다.

28) Rene Descartes, 「철학의 원리」, 원석영 옮김 (서울: 아카넷, 2002), 46.

29) Ibid., 43.

30) Hartshorne, *Wisdom as Moderation*, 92.

31) Whitehead, 「과정과 실재」, 603.

32) Charles Hartshorne, *A Natural Theology for Our Time* (La Salle: Open Court Publishing Co., 1979), 4.

33) Ibid.

34) Ibid., 4-5.

35) Hartshorne, *Divine Relativity*, 47.

36) Ibid.

37) Hartshorne, *Wisdom as Moderation*, 122.

38) 과정철학의 신에 대한 비판은 스테픈 L. 엘리에 의해서 제기되었는데, 그는 과정철학의 신은 형이상학적 신이지 예배의 대상의 신은 아니라고 주장했고, 복음주의자 칼 F. H. 헨리는 과정신학의 신은 "왜소한 신"이라고 논증했다. 이 책에서는 하츠혼의 신의 개념을 소개하는 것이 주된 목적이기 때문에 하츠혼의 신 개념에 대한 비판적 내용을 상세하게 다루지 않을 것이다. 과정철학의 신에 대한 비판들은 다음과 같은 책들을 참조하라. Stephen Lee Ely, *The Religious Availability of Whitehead's God*: A Critical Analysis (Madison: University of Wisconsin Press, 1942), 17-21; Carl F. H. Henry, "The Stunted God of Process Theology," *Process Theology*, ed. Ronald H. Nash (Grand Rapids: Baker Book House, 1987), 357-76; 그리고 David Basinger, *Divine Power in Process Theism: A Philosophical Critique* (Albany: State University of New York Press, 1988), 27-39를 보라.

39) Hartshorne, *Divine Relativity*, 47.

40) Ibid., 48.

41) Ibid., 139-40.

42) Ibid., 40; Hartshorne, *Creative Synthesis and Philosophic Method*, 239-40. 설득에 관한 화이트헤드의 논의를 보려면, Whitehead, Process and Reality, 342-51; 「과정과 실재」, 588-603을 참조하라.

43) Hartshorne, *Creative Synthesis and Philosophic Method*, 239.

44) Wilhelm Weischedel, 「철학자들의 신」, 최상욱 옮김 (서울: 동문선, 2003), 419-41을 참조하라. 헤겔 철학은 절대자인 신에 대한 인간의 인식에서 정점을 이룬다. 헤겔 철학에서 신이 무엇으로 말했는지는 애매한 부분이 없지 않다. 신은 "무한한 생명," "진리로서의 신," "절대자," "이념," "절대 정신," "절대 현상" 등으로 표현된다. 하지만 신에 대한 이름으로서 "절대자" 또는 "절대 정신"으로 보는 것이 가장 일반적이다. 신에 대한 인식은 주관적 정신과 객관적 정신의 종합이다. 하지만 정신은 스스로 활동적이지만, 신으로서의 절대 정신은 인간의 정신에 의해서 인식되는 것이지 신의 의식에서 인간과 상호 연관되는 것이 아니다. 결국 절대자인 신은 인간의 정신 안에서 어떻게 일어나는가 하는 최종적인 변증법으로 설명된다고 보인다.

45) Hartshorne, *Divine Relativity*, 143.

46) Ibid., 144.

47) Hartshorne, *Reality as Process*, 40-43; *Omnipotence*, 94; 그리고 *Man's Vision of God and the Logic of Theism* (La Salle: Open Court, 1941), 177-80을 보라.

48) Hartshorne, *Man's Vision of God and the Logic of Theism*, 179. 이것은 화이트헤드가 신을 갈릴리 이미지로 이해하는 것과 유사하다. 그는 독단적이고도 통제하는 신의 개념이 아니라 설득적인 힘을 가지고 진리와 아름다움으로 그의 피조물을 이끄는 신을 말한다.

49) Hartshorne, *Divine Relativity*, 142-4를 보라.

50) Ibid., 143.

51) Ibid., 144.

52) Ibid., 145.

53) Ibid.

54) Ibid. 145-6; Hartshorne, *Creative Synthesis and Philosophic Method*, 3, 313; 그리고 Hartshorne, *The Logic of Perfection*, 269-70을 보라.

55) Ibid.

56) Hartshorne, *Divine Relativity*, 146.

57) Ibid., 157.

제7장

1) Daniel L. Migliore, *Faith Seeking Understanding: An Introduction to Christian Theology*, second edition (Grand Rapids: William B. Eerdmans Publishing Co., 2004), 82.

2) 전통적 신적 속성의 오류들에 관한 논의는 Charles Hartshorne, *Omnipotence and Other Theological Mistakes* (Albany: State University, 1984), 1장을 보라.

3) "이중적 초월의 원리" 개념은 하츠혼 자신에 의해서 고안되었다. 그는 다음과 같이 적고 있다. "'이중적 초월'의 개념은 내가 제안한 것이다. 기본적인 개념은 화이트헤드와 다른 철학자들에게서도 발견된다. 하지만 그들은 구체적으로 그 개념을 발전시키지 않았다." Ibid., 44, 45-6.

4) Ibid., 46-7. 전통신학은 신의 속성을 두 가지 서로 다른 측면으로 구분했다. 한 측면은 신의 절대적 속성이나 비공유적 속성(incommunicable attribute)이고, 다른 측면은 신의 상대적 속성이나 공유적 속성(communicable attribute)이다. 신의 절대적 속성이나 비공유적 속성에서는 신의 단순성, 불변성, 영원성, 무소부재성, 자존성이 포함되고, 신의 상대적 속성이나 공유적 속성에서는 신의 거룩, 사랑, 자비, 정의, 인내, 지혜가 포함된다. Migliore, *Faith Seeking Understanding*, 83-4를 보라.

5) 역사적으로 기독교 변증가들은 2세기 중엽 로마의 복잡한 문화 환경에서 기독교를 변증할 목적과 필요에 의해서 기독교 교리와 그리스 철학, 특히 플라톤과 아리스토텔레스의 철학을 종합하여 그들의 신학을 정립했다. 저스틴과 클레멘트와 같은 그리스 초기 기독교 변증가들을 시작으로 5세기의 어거스틴을 거쳐 아퀴나스에 이르기까지 철학의 훌륭한 틀을 이용하여 기독교를 변증하는 일에 헌신했다. 당시에 좋은 현상은 믿는 것과 아는 것을 구분하여 서로의 관계를 설명하고자 한 부분이다. 하지만 이것은 결국 기독교 신앙이 표준화되었다는 것이 문제가 된 것처럼 보인다. 이 문제에 관해서는 이장직,「기독교 사상사」(서울: 대한기독교서회, 1980), Wiliston Walker,「세계기독교회사」, 민경배 외 3인 편역 (서울: 대한기독교서회, 1982), 그리고 정승태,「디펜시오 크리스티아누스」(대전: 하기서원, 2011)을 참조하라.

6) John B. Cobb and David Griffin, *Process Theology: An Introductory Exposition* (Philadelphia: The Westminster Press, 1976), 43. 대니엘 데이 윌리엄스도 하츠혼이 자신의 삶을 통해서 신의 문제에 천착하면서 씨름했고 그 결과 다른 어떤 통찰보다도 더 깊고 새로운 방식으로 신의 본성에 관해 서술했다고 적고 있다. Daniel Day Williams, *The Spirit and the Forms of Love* (Lanham: University Press of America, 1981), 104-5를 보라.

7) Charles Hartshorne, *Divine Relativity: A Social Conception of God* (New Haven: Yale University Press, 1943), 134.

8) Ibid.

9) Ibid.

10) Hartshorne, *Omnipotence and Other Theological Mistakes* (Albany: State University of New York Press, 1984), 18.

11) Hartshorne, *Divine Relativity*, 135. 신 전능성의 문제를 더 보려면, 정승태, "찰스 하츠혼의 사상에서 신 전능성의 문제,"「복음과 실천」, 27 (2000): 265-96을 참조하라. 이 논문은 신 전능성에 대한 하츠혼의 논의를 비판적으로 기술했다.

12) Hartshorne, *Divine Relativity*, 134.

13) Ibid., 136.

14) Ibid.

15) Ibid.

16) Ibid.

17) Ibid., 136-7.

18) Lewis S. Ford, *The Lure of God: A Biblical Background for Process Theism* (Philadelphia: Fortress Press, 1978), 24-5; 「설득하시는 하나님」, 정승태 옮김 (서울: 도서출판 누가, 2008), 67-8. 포드에 따르면, 신의 섭리는 하나님의 설득이라는 관점에서 본다면 창조적 과정에서 이미 명백히 드러나고 또 역사적 과정에서 다시 보게 되는 '하나님의 인도하심'을 이해하는 방법이다. 선을 현실화하는 신의 능력은 혼자 결정하지 않고 우발적 사건에서 그의 피조물들과 함께 결정하는 힘이다.

19) Hartshorne, *Divine Relativity*, 138.

20) Ibid.

21) Ford, *The Lure of God*, 24-5; 「설득하시는 하나님」, 70.

22) Hartshorne, *Divine Relativity*, 138.

23) 신의 힘의 논리에 관해서 하츠혼과 버나드 루머(Bernard Loomer)은 유사하게 설명했다. 루머는 상대적인 힘을 구체적이고 의존적인 힘으로 그리고 절대적인 힘을 추상적이고 일방적인 힘으로 정의한다. 하지만 하츠혼과 루머 양자는 탁월한 힘인 상대적인 힘이 최상의 힘이라고 규정하는 것은 동일하다. Bernard Loomer, "Two Conceptions of Power," *Process Studies* 6 (Spring 1976): 5-32를 보라.

24) Robert Mesle, *Process Theology: A Basic Introduction* (St. Louis: Chalice Press, 1993), 26-7.

25) Hartshorne, *Omnipotence*, 45.

26) 신적 전지성의 문제는 '신은 미래를 알면서 인간은 자유한가'의 문제다. 말하자면 신의 예지는 인간의 자유행위와 모순을 일으킨다. 이 문제에 대해, 양립불가능성의 답변이 있다. 넬슨 파이크(Nelson Pike)가 양립불가능성의 답변을 시도했는데, 그는 고전 유신론이 신의 전지성을 너무 강조한 나머지 인간의 "자발적인 행위"(voluntary act)를 제한하거나 부정하는 한 논리적 귀결이었음을 지적한다. 만일 신의 지식이 인간의 자유와 양립 가능하려면, 신의 지식은 엄격히 무시간적(timeless)이어야 한다. 물론 파이크는 신적 지식이란 알려진 것의 어떤 인과적 관계성을 제공할 수 없다고는 주장하지 않는다. 다만 파이크가 문제를

삼고 있는 점은 신의 지식이 인과적으로 인간의 행위를 결정한다면 어떻게 무시간적인 원인이 시간적 결과를 야기할 수 있는지를 논증한다. (1) 만일 신이 X가 A를 행할 것이라는 것을 안다면, 확실히 X는 A를 행해야만 한다. (2) 신은 내일 X가 A(그것이 무엇이든지 간에)를 행할 것을 안다. (3) 그러므로, 내일 X가 A를 필연적으로 행할 것이다. 따라서 그가 제시하는 것은 인간의 다양한 조건이나 과거 사건들이 인과적인 관계에서 미래를 예측할 수 있다고 주장했다.

27) Anicius Manlius Severinus Beothius, *The Consolation of Philosophy*, trans. William Anderson (Carbondale, IL: Southern Illinois University Press, 1963), 5.2, 107; 5.4, 111을 참조하라.

28) Augustin, 「어거스틴의 자유의지론」, 박일민 옮김 (서울: 풍만 출판사, 1985), 19.

29) Hartshorne, *Divine Relativity*, 61.

30) David Baniger & Randall Basinger, eds., *Predestination & Free Will: Four Views of Divine Sovereignty & Human Freedom*, 11.

31) Charles Hartshorne, *Man's Vision of God: and the Logic of Theism* (Chicago: Willet, Clark & Company, 1941), 178. 기독교 신학에서 가장 큰 걸림돌은 신적 선택 교리인데, 왜냐하면 선택교리가 예정론과 연관되어 있기 때문이다. 어거스틴, 아퀴나스, 루터, 칼빈과 같은 고전 신학자들은 이 선택교리를 가르쳤다. 그 결과, 웨스트민스터 신앙고백(Westminster Confession)은 이 교리를 체계화했다. "하나님의 영광을 드러내기 위해서 영원 전부터 어떤 사람들과 천사들은 영원한 생명으로 예정되었고, 다른 사람들과 천사들은 영원한 죽음으로 예정되었다." The Presbyterian Church, *Book of Confessions* (Louisville: Office of the General Abssembly, 1983), 6. 016.

32) Hartshorne, *Creative Synthesis and Philosophic Method*, 270; 그리고 이중적 초월의 원리에 관한 논리적 문제는 Hartshorne, *Omnipotence*, 44-50; 「하나님은 어떤 분이신가」, 72-9를 보라.

33) 선한용, 「시간과 영원: 성어거스틴에 있어서」 (서울: 대한기독교서회, 1998), 21.

34) Santiago Sia, *God in Process Thought* (Lancaster: Martinus Nijhoff Publishers, 1985), 58.

35) Ibid., 59.

36) Charles Hartshorne, "Omniscience," *An Encyclopedia of Religion*. ed. Vergilius Ferm (Secaucus, NJ: Popular Books, 1945), 284.

37) 하츠혼은 "[전통적인] 신은 그에게 미래로서가 아닌 하나의 유일한 영원적 현재로서 모든 시간들에 속한 것으로서 미래를 알고 있다고 주장된다. 하지만 이 교

리는 우리에게 미래가 우리에게 현재나 과거와 마찬가지로 동일한 실재를 객관적으로 소유하지 않는다면 혹은 전까지는 전지성의 순수한 개념 혹은 있는 그대로의 현실의 인식으로부터 추론되지 않는다"고 기록하고 있다. *Man's Vision of God: and the Logic of Theism* (Chicago: Willett, Clark & Company, 1941), 98.

38) Hartshorne, *Man's Vision of God*, 99-104를 참조하라.

39) Ibid., 100.

40) Peters, *Hartshorne and Neoclassical Metaphysics*, 44.

41) Randall C. Morris, *Process Philosophy and Political Ideology: The Social and Political Thought of Alfred North Whitehead and Charles Hartshorne* (Albany: State University of New York Press, 1991), 51.

42) Alfred North Whitehead, *Process and Reality: An Essay in Cosmology*, corrected eds. David Ray Griffin and Donald W. Sherburne (New York: The Free Press, 1978), 27-28, 46; 「과정과 실재: 유기체적 세계관의 구상」, 오영환 옮김 (서울: 민음사, 1994), 88-9, 124. 화이트헤드에 있어서는 "개개의 합생에 있어서 결정 가능한 것은 무엇이든지 결정되지만, 거기에는 그 합생의 자기 초월적 주체의 결단에 맡겨진다"는 것이다. 이것은 스스로 외연적인 조건을 초월하고자 하는 자유의 행위로서 해석한다.

43) Hsartshorne, *Omnipotence*, 26-7; 「하나님은 어떤 분이신가」, 49-50.

44) John C. Moskop, *Divine Omniscience and Human Freedom: Thomas Aquinas and Charles Hartshorne* (Atlanta: Mercer University Press, 1984), 31-2.

45) 신의 거룩함에 관한 논거는 임마누엘 칸트(Immanuel Kant)에 의해서 그 중요성이 나타났다. 칸트는 신의 존재를 증명하기 위해서는 그의 도덕적 명령을 이해해야 한다고 보았다. 특히 신의 도덕적 명령은 인간의 윤리적 의무와 연관하기 때문에 인간이면 누구나 도덕적 명령을 행하도록 구속되어 있는 행위로서 도덕적 의무를 수행할 책무를 갖는다는 것이다. Immanuel Kant, 「실천이성비판」, 백종현 옮김 (서울: 아카넷, 2002), 특히 4장, 467-501을 보라.

46) Charles Hartshorne, *Man's Vision of God and the Logic of Theism* (La Salle: Free Open Court, 1941), 316.

47) Hartshorne, *Divine Relativity*, 124.

48) Ibid. 125. 신적 지식에 대한 하츠혼의 논거는 라일리우스 소시누스(Laelius Socinus, 1525~1562)의 신학적 견해를 따른다. 합리주의의 요소와 초자연주의의 요소를 동시에 받아들던 소시누스는 인간의 무능력과 전적 타락에 대한 입장을 반대했다. 특히 그는 신적 지식에서 신은 현실태는 현실적으로 알고, 가능태는 가능한 것으로 안다는 견해를 주장했다. Charles Hartshorne and William

L. Reese, *Philosophers Speak of God* (Amherst: Humanity Books, 2000), 152; Charles Hartshorne, *The Logic of Perfection* (La Salle: Open Court Co., 1962), 42, 148, 155를 보라.

49) Hartshorne, *Omnipotence*, 26; 「하나님은 어떤 분이신가」, 50.

50) Hartshorne, *Divine Relativity*, 125.

51) Ibid. 125-6.

52) Ibid. 126.

53) Ibid.

54) Hartshorne, *Man's Vision of God*, 292-3. 신의 속성과 공의의 관계에 대한 신학적 논의를 위해서 Wolfhart Pannenberg, *Systematic Theology*, vol 3, trans. Geoffrey W. Bromiley (Grand Rapids: William B. Eerdmans Publishing Co., 1998), 495-6; Millard J. Erickson, *Christian Theology* (Grand Rapids: Baker Book House, 1985), 284-9; 그리고 John S. Feinberg, *No One Like Him: Foundations of Evangelical Theology* (Wheaton: Crossway Books, 2001), 345-8을 참조하라.

55) Hartshorne, *Divine Relativity*, 127. 아리스토텔레스는 인간은 본성상 계획을 세우고 동기를 가지고 결과를 예측한다고 주장한다. 선의 행함은 어느 것보다 동기가 중요하다는 것이다. Aristotle, 「니코마코스 윤리학」을 보라.

56) Hartshorne, *Divine Relativity*, 127.

57) Hartshorne, *Man's Vision of God*, 115.

58) Ibid., 151. "궁극적 동기는 동일하게 두 가지 근본적인 측면, 즉 자기 - 사랑과 타인을 위한 사랑을 가지는 사랑이다."

59) Hartshorne, *Divine Relativity*, 127.

60) Ibid.

61) Hartshorne, *Man's Vision of God*, 292-3.

제8장

1) 인간존재에 관한 현대적 논의에서 물리주의적 견해는 '물리주의적 실재론,' '물리적 일원론,' '정신 - 두뇌 동일성 이론' 및 '행동주의' 등으로 나타나고, 정신주의적 견해는 '유아론,' '실존주의' 및 '심적 무법칙론' 등으로 나타난다. 위의 두 가지 견해들은 육체와 마음의 인과법칙, 심적 속성들의 외연적 관계, 정신이

나 물질의 인과 배제성 등을 논하면서 물리적 원인이 정신적 혹은 심적 원인에 영향을 미치는 것이냐, 아니면 정신적 및 심적 원인이 물리적 원인에 영향을 미치는 것이냐의 문제에 대부분 국한되어 있다. 최근의 철학적 논쟁은 옥스퍼드의 기독교 철학자인 리차드 스윈번(Richard Swinburn)에 의해서 다시 논의되면서, 종전의 지배적인 인간본질의 '심신의 문제'는 물리적인 입장, 특히 정신적 사건과 두뇌의 사건이 동일하다는 '동일성 이론'의 비판에서 실체론적 이원론'(substantial dualism)의 '양태론적 증명'을 통한 인간본질의 문제에 새로운 의미를 부여하고 있다. 인간존재의 일반적인 논의를 위해 다음과 같은 저작들을 참조하라: Donald Davidson, *Essays on Actions and Events* (Oxford: Oxford University Press, 1980); Norman Malcolm, *Problem of Mind: Descartes to Wittgenstein* (George Allen & Unwin, 1971); David Chalmers, *The Conscious Mind* (Oxford: Oxford University Press, 1996); Own Flanagan, *The Problem of the Soul: Two Visions of Mind and How to Reconcile Them* (New York: Basic Books, 2002); 그리고 Richard Swinburne, *The Evolution of the Soul* (Oxford: Clarendon Press, 1997).

2) Leslie A. Muray, *An Introduction to the Process Understanding of Science, Society and the Self: A Philosophy for Modern Humanity* (Lewiston: The Edwin Mellen Press, 1988), 1.

3) Charles Hartshorne, *Creative Synthesis and Philosophic Method* (La Salle, Illinois: Open Court Publishing Co., 1970), 306.

4) Charles Hartshorne, *Reality as Social Process: Studies in Metaphysics and Religion* (Glencoe: Free Press, 1971), 34.

5) Charles Hartshorne, "Creativity as a Philosophical Category," *Journal of Philosophy*, 55 (Fall 1958): 945.

6) Hartshorne, *Creative Synthesis and Philosophic Method*, 173-203을 보라.

7) Ibid., 3.

8) Ibid., 7.

9) Alfred North Whitehead, *Process and Reality: An Essay in Cosmology*, corrected and edited by David Ray Griffin and Donald W. Sherburne (New York: The Free Press, 1978), 50;「과정과 실재: 유기체적 세계관의 구상」, 오영환 옮김 (서울: 민음사, 1994), 129.

10) Hartshorne, *Reality as Social Process*, 42.

11) Hartshorne, *Creative Synthesis and Philosophic Method*, 70-2를 참조하라.

12) Ibid., 83.

13) Ibid.

14) Santiago Sia, *God in Process Thought* (Boston: Martinus Nijhoff Publishers, 1985), 59.

15) Hartshorne, *Creative Synthesis and Philosophic Method*, 75.

16) Donald W. Sherburne, *A Key to Whitehead's Process and Reality* (Chicago: The University of Chicago Press, 1981), 208-9. 화이트헤드는 그의 지각론에서 두 가지 양태로 설명하는데, 하나는 '현시적 직접성'(presentational immediacy)이고, 다른 하나는 '인과적 효능성'(causal efficacy)이다. 이 두 가지 양태에서 인과적 효능성이 근원적이고 근본적이다. Alfred North Whitehead, 「상징작용: 그 의미와 효과」, 정연홍 옮김 (서울: 서광사, 1991)을 참조하라.

17) Hartshorne, *Creative Synthesis and Philosophic Method*, 75.

18) David Griffin, "Charles Hartshorne," *Founders of Constructive Postmodern Philosophy*, eds., David Ray Griffin, John B. Cobb, Marcus P. Ford, Pete A. Y. Gunter, and Peter Oche (Albany: State University of New York Press, 1993): 200-1.

19) Charles Hartshorne, *The Logic of Perfection* (La Salle: Open Court, 1991), 219.

20) Charles Hartshorne, *The Philosophy and Psychology of Sensation* (Chicago: The University of Chicago Press, 1934), 1-4를 보라. 여기서 파지(prehension)의 개념은 "타인들의 느낌"과 동일시된다. 화이트헤드의 기술적인 용어인 파지는 문자적으로 '부여잡음' 혹은 '상호 의존성'의 의미를 부여하는 불교의 인연기멸(dependent co-origination)과 매우 흡사하다. Alfred North Whitehead, *Science and the Modern World* (New York: The Macmillan Company, 1925), 69-72를 참조하라.

21) Hartshorne, *Creative Synthesis and Philosophic Method*, 91.

22) Eugene H. Peters, *Hartshorne and Neoclassical Metaphysics: An Introduction* (Lincoln: University of Nebraska Press, 1970), 30.

23) Ibid., 31-2.

24) Hartshorne, *Creative Synthesis*, 76.

25) Hartshorne, *Reality as Social Process*, 15.

26) Ibid. 화이트헤드의 상징적 연관성의 개념은 인과적 효능성과 현시적 직접성의 결합에서 그것을 하나의 의미로 전환시키는 기능을 설명하는 개념이다. 경험의 구성요소가 다른 구성요소에 관한 의식이나 믿음 또는 정서와 같은 것을 이끌어내는 경우에 상징적으로 기능한다. 이때 느낌의 통일성을 위해 지각의 최종

적 단계인 상징적 연관에 의해서 종합되는 것이다.

27) Bryant Keeling, "Feeling as a Metaphysical Category: Hartshorne from an Analytical View," *Process Studies*, 6 (Spring, 1979), 52-5을 보라.

28) Whitehaed, *Process and Reality*, 164; 「과정과 실재」, 410.

29) Wayne Viney, "Charles Hartshorne's Philosophy and Psychology of Sensation," *The Philosophy of Charles Hartshorne*, ed., Lewis Edwin Hahn (La Salle, Illinois: Open Court, 1991), 97.

30) Ibid.

31) Hartshorne, *Creative Synthesis and Philosophic Method*, 308.

32) Alan Gragg, *Charles Hartshorne* (Waco, Texas: Word Books, Publisher, 1973), 55. Alan Gragg는 전형적으로 플라톤, 어거스틴, 아퀴나스 그리고 칸트에 이르기까지 서구 형이상학자들은 "실체 이론"에 비추어서 인간의 영혼을 탐구하고 논의하였음을 지적하고 있다.

33) David Griffin, "Charles Hartshorne," *Founders of Constructive Postmodern Philosophy*, 199-201.

34) Nicholas Rescher, *Process Metaphysics: An Introduction to Process Philosophy* (New York: State University of New York Press, 1996), 105; 「과정형이상학과 화이트헤드」, 장왕식 옮김 (서울: 이문출판사, 2010), 167.

35) Hartshorne, *Creative Synthesis and Philosophic Method*, 45-48을 보라.

36) Jaegwon Kim, *Mind in a Physical World* (Boston: MIT Press, 1998), 17.

37) Charles Hartshorne, *Wisdom as Moderation: A Philosophy of the Middle Way* (Albany: State University of New York, 1987), 108-9.

38) Gragg, *Charles Hartshorne*, 55.

39) Charles Hartshorne, *Beyond Humanism: Essays in the Philosophy of Nature* (Gloucester, Mass.: Peter Smith, 1975), 165.

40) David Griffin, "Hartshorne's Postmodern Philosophy," *Hartshorne, Process Philosophy and Theology*, ed. Robert Kane and Stephen H. Phillips (Albany: State University of New York Press, 1989), 6.

41) Bryant Keeling, "Feeling as a Metaphysical Category: Hartshorne from an Analytical View," *Process Studies*, 6 (Spring, 1976), 52.

42) John B. Cobb, "The Philosophy of Charles Hartshorne," *Process Studies*, 21

(Summer 1992), 80.

43) Hartshorne, *Beyond Humanism*, 168.

44) David Griffin, "Hartshorne's Postmodern Philosophy," *Hartshorne, Process Philosophy and Theology*, ed. Robert Kane and Stephen H. Phillips (Albany: State University of New York Press, 1989), 6.

45) Hartshorne, *Beyond Humanism*, 165.

46) Gragg, *Charles Harthsorne*, 38.

47) Whitehead, *Process and Reality*, 84; 「과정과 실재」, 184.

48) John B. Cobb and David R. Griffin, *Process Theology: an Introductory Exposition* (Philadelphia: The Westminster Press, 1976), 24.

49) 화이트헤드의 철학에서는 작용인과 목적인과의 관계가 '합생(concrescence)의 초기 순응적 위상'과 '후속하는 보충적 위상들'간의 관계이다. 초기의 위상은 인과적 효능성인 반면에, 보충적 위상은 새로움의 위상이다. 하츠혼의 철학에서는 보편적 인과성과 자유를 집약적으로 설명한다. 정승태, "신의 전지성과 인간의 자유: 찰스 하츠혼을 중심으로," 「복음과 실천」, 28 (2001), 92-100을 보라.

50) Hartshorne, *Creative Synthesis and Philosophic Method*, 203.

51) Hartshorne, *Reality as a Social Process*, 34.

52) Whitehead, *Process and Reality*, 125; 「과정과 실재」, 248.

53) Hartshorne, *Beyond Humanism*, 195-6.

54) Ibid., 196.

55) Hartshorne, *Beyond Humanism*, 30.

56) Charles Hartshorne, *Creative Synthesis and Philosophic Method*, 6.

57) Hartshorne, "Chance, Love and Incompatibility," 9.

58) Ibid., 10.

59) Hartshorne, *Creative Synthesis and Philosophic Method*, 6.

60) Brayant Keeling, "Feeling as a Metaphysical Category: Hartshorne from an Analytical View," 54-5; Stephen Toulmin, *Foresight and Understanding* (New York: Harper Torchbooks, 1961), 77-9를 참조하라.

제9장

1) Friedrich Nietzsche, 「선악을 넘어서」, 김훈 옮김 (서울: 청하, 2003), 77-8.

2) Simone Weil, *Waiting for God* (New York: Harper & Row, 1976), 120.

3) Barry L. Whitney, "Hartshorne and Theodicy," *Hartshorne: Process Philosophy and Theology*, ed., Robert Kane and Stephen H. Phillips (Albany: State University of New York Press, 1989), 53.

4) G. W. Leibniz, *Theodicy: Essays on the Goodness of God, the Freedom of Man and the Orgin of Evil*, ed., Austin Farrer, and trans. E. M. Huggard (La Salle: Open Court Company, 1985). 1710년 쓴 이 저작에서 그는 "자신이 이루어낸 가장 완벽한 체계의 철학적 저술"이라고 스스로 평가했다. 신의 정당성을 위한 변론인 이 저서에서 그의 주요 논적은 프랑스 회의론자이자 백과전서파의 한 사람이었던 피에르 베일(Pierre Bayle, 1647~1706)이었다. 베일은 악의 존재는 해결 불가능한 문제라고 단정하고, 그 이유를 기독교가 이성에 반하기 때문이었다고 주장했다. 그래서 베일은 기독교 신앙의 믿음은 어디까지나 믿음의 문제이지 이성의 문제가 아니라고 결론을 내렸다. 이에 대한 답변의 형식으로 라이프니츠가 신의 선함과 전능성을 세계 안의 악과 어떻게 조화를 시킬 것인가 하는 문제에 착안하여 해결책을 제공했던 것이다.

5) 전통적 신정론과 비전통적 신정론의 구분은 과정 신학자 데이비드 그리핀(David Griffin)이었다. 다양한 신정론의 논의에 대해서는 David R. Griffin, *God, Power, and Evil: A Process Theodicy* (Philadelphia: The Westminster Press, 1976), 251-313; 「과정신정론: 하나님, 힘 그리고 악에 대한 물음」, 이세형 옮김 (대구: 이문출판사, 2007), 311-93. 그리고 화이트헤드의 악에 대한 문제를 보려면, 손호현, 「아름다움과 악: 화이트헤드의 미학과 신정론 3권」 (서울: 한들출판사, 2009)를 보라.

6) Charles Hartshorne, *A Natural Theology for Our Time* (La Salle: Open Court Publishing Company, 1967), 80-1.

7) Ibid, 81.

8) Alfred North Whitehead, *Process and Reality: An Essay in Cosmology*, corrected eds. David R. Griffin and Donald W. Sherburne (New York: The Free Press, 1978), 21; 「과정과 실재: 유기체적 세계관의 구상」, 오영환 옮김 (서울: 민음사, 1994), 78.

9) Ibid.

10) Ibid.

11) Charles Hartshorne, *The Logic of Perfection* (La Salle: The Open Court Press, 1962), 142-4.

12) Ibid., 18-23을 보라.

13) Santiago Sia, *God in Process Thought* (Lancaster: Martinus Nijhoff Publishers, 1985), 96-7에서 인용.

14) Hsrtshorne, *Omnipotence and Other Theological Mistakes* (Albany: State University of New York Press, 1984), 12;「하나님은 어떤 분이신가: 하나님의 전능하심과 여섯 가지 신학적인 오류」, 홍기석, 임인영 외 옮김 (서울: 한들출판사, 1995), 33.

15) 최근 사람들로부터 호응을 받고 있는 대안으로서 자유의지 방어론(free-will defense)이 있는데, 이 대안은 인간의 자유로운 행위의 결과에 근거하여 악의 현실성을 강조한다. 자유로운 한 인간의 행위가 자유롭다는 그들의 주장이 인과적으로 충분한 조건을 가질 수 없으며, 따라서 신이 피조물에게 자유로운 선택이나 결정하도록 허용했다고 논증함으로써 비결정론에 근거된 인간의 자유만을 강조하였다. 그 결과, 그들의 논의가 도덕적 악의 문제에 대해서는 광명을 보여주지만 자연적 악의 문제에 대해서는 별로 도움을 주지 못한다. 또한 자유의지 방어론자인 알빈 플랜팅가(Alvin Plantinga)나 스테픈 데이비스(Stephen Davis)와 같은 유신론자들의 문제점은 "한 인간의 행위가 전적으로 자유한가?"라고 물을 때, 한 존재의 행위가 인과적으로 결정되지 않은 것처럼 보인다고 주장한다.

16) Hartshorne, *Creative Synthesis and Philosophic Method* (La Salle: The Open Court Publishing Co., 1970), 237-8.

17) Alfred North Whitehead, *Adventures of Ideas* (New York: The Free Press, 1933), 259;「관념의 모험」, 오영환 옮김 (서울: 한길사, 1996), 398. 주체적 형식(subjective form)이란 파지의 주체가 그 파지의 여건을 느끼는 방식을 의미한다. 주체적 형식에는 정서, 평가, 목적, 역작용, 혐오감, 의식과 같은 것들이 있다. Donald W. Sherburne, ed., *A Key to Whitehead's Process and Reality* (Chicago: University of Chicago Press, 1981), 12-13을 참조하라.

18) Marjorie Hewitt Suchocki, *The End of Evil: Process Eschatology in Historical Context* (Albany: State University of New York Press, 1988), 63.

19) Hartshorne, *A Natural Theology for Our Time*, 81.

20) Chares Hartshorne, *Reality as Social Process: Studies in Metaphysics and Religion* (Boston: The Beacon Press, 1953), 99.

21) Hartshorne, *Creative Synthesis and Philosophic Method*, 311.

22) Hartshorne, *The Logic of Perfection*, 14; 그리고 그의 *Creative Synthesis and Philosophic Method*, 240을 참조하라.

23) Hartshorne, *Logic of Perfection*, 14.

24) 'intensity'는 '강도'로 번역되지만, 필자는 이 용어를 의도적으로 '강렬함'으로 번역했다. 사실 화이트헤드나 하츠혼의 용어에서 선의 요소를 강렬함이나 강도로 표현하고 있지만, 무엇을 정확히 의미하는지에 대한 설명이 빈약하다. 이를테면, 욕망의 강렬함, 선의 강렬함, 돈의 강렬함 등으로 표현할 때, 선의 강렬함을 의미하지만, 악의 강렬함을 의미할 수도 있기 때문이다. 물론 화이트헤드나 하츠혼이 강렬함의 반대개념으로 사소성을 언급하고 있기 때문에 선에 대한 열정을 의미하는 것으로 이해할 수 있다.

25) Whitehead, *Adventures of Ideas*, 256-7; 「관념의 모험」, 394-5.

26) Griffin, *God, Power, and Evil: A Process Theodicy*, 282; 「과정 신정론: 하나님, 힘 그리고 악에 대한 물음」, 357.

27) Ibid.

28) Alfred North Whitehead, *Science and the Modern World* (New York: The Free Press, 1925), 192; 「과학과 근대세계」, 오영환 옮김 (서울: 서광사, 1991), 278.

29) Hartshorne, *Omnipotence*, 10-3; 「하나님은 누구이신가」, 29-33; 그리고 Whitehead, *Adventures of Ideas*, 257; 「관념의 모험」, 395.

30) Whitehead, *Process and Reality*, 23-4; 「과정과 실재」, 82-3.

31) Hartshorne, *Divine Relativity: A Social Conception of God* (New Haven: Yale University Press, 1948), 29.

32) Ibid., 1-3; 60-5를 보라. 하츠혼은 「신의 상대성」 1장에서 "신은 최상의 존재로 인식되지만 모든 것에 영향을 받는 존재다"(God as Supreme, Yet Indebted to All)라는 점을 밝히고, 그리고 2장에서는 "신은 절대적 존재이지만 모든 것과 관계하는 존재다"(God as Absolute, Yet Related to All)라는 점을 밝힌다.

33) Ibid., 42-4.

34) Ibid., 83.

35) Hartshorne, *Creative Synthesis and Philosophic Method*, 55.

36) Hartshorne, *Omnipotence*, 27; 「하나님은 어떤 분이신가」, 45.

37) Hartshorne, *Omnipotence*, 10; 「하나님은 어떤 분이신가」, 29.

38) Hartshorne, *Divine Relativity*, 42-4.

39) Ibid., 142. 설득적 힘으로서의 신 통치에 관해서는 Lewis S. Ford, *The Lure of God: A Biblical Background for Process Theism* (Philadelphia: Fortress Press, 1978), 29-43; 「설득하시는 하나님」, 정승태 옮김 (서울: 누가출판사, 2008), 81-107

을 참조하라.

40) Hartshorne, *Man's Vision of God*, 331-2.

41) Whitehead, *Process and Reality*, 346; 「과정과 실재」, 589-90.

42) 장왕식, 「화이트헤드 철학과 기독교」, 325-6. 하츠혼의 신정론에 관해서는 정승태, 「복음과 실천」(2002), 30집을 참조하라. 그곳에서 상세히 하츠혼의 신정론에 대한 비판을 구체적으로 밝혔기 때문에 여기서는 생략하도록 한다.

제10장

1) Robert B. Mellert, 「과정신학입문」, 홍정수 역 (서울: 대한기독교서회, 1989), 163.

2) 죽음에 관한 다양한 접근들이 소개되었다. 그 중 몇 가지 두드러진 접근들을 열거하자면 다음과 같다. 후기비트겐슈타인의 언어철학에서 접근하는 D. Z. Phillips, *Death and Immortality* (New York: Macmillan, 1970); 물리주의적 견해에서 죽음의 문제를 논의하는 D. M. Armstrong, *A Materialist Theory of the Mind* (London: Routledge & Kegan Paul, 1993)와 H. D. Lewis, *The Self and Immortality* (New York: Seabury, 1973); 그리고 기독교 신앙 전통의 입장에서 사후 생존의 가능성과 인격적 동일성을 주장하는 Richard Swinburne, *The Evolution of the Soul* (Oxford: Oxford University Press, 1986), Terence Penelhum, *Survival and Disembodied Existence* (London: Routledge & Kegan Paul, 1970), John Hick, *Death and Eternal Life* (New York: Harper & Row, 1976) 등을 열거할 수 있다. 사후 생존의 가능성에 반대하여 사후 생존의 불가능성을 주장하는 논의들도 주목을 받고 있는데, 그러한 논의들은 Corliss Lamont, *Illusion of Immortality* (New York: Philosophical Library, 1950); Owen Flanagan, *The Problem of the Soul* (New York: Basic Books, 2002); Kai Nielsen, *Ethics without God* (New York: Prometheus Books, 1990) 등의 작품들 속에 잘 나타나 있다. 특히 필립스(D. Z. Phillips)의 주장은 죽음이나 불멸의 개념을 종교적 삶의 양식이나 언어 놀이 속에 작용하는 영향을 미치는 개념으로 설명하고 있으며, 라몬트(Carliss Lamont)는 자연주의적 입장에서 죽음은 자연의 한 부분으로서 죽음 이후의 생존의 가능성을 전면 부인한다. 그리고 넬슨(Kai Nielsen)의 경우에는 도덕적인 입장에서 죽음 이후의 생존 가능성을 주장하는 기독교 신앙의 교리들은 전혀 근거 없는 것이라고 주장한다. 하지만 죽음과 불멸성에 관한 작품들 속에서 한 가지 명확하게 제공하는 교훈은 현재적 삶의 질에 대해서는 어느 누구도 부정하지 않았다는 것이다. 즉 죽음의 문제는 현재의 삶을 이해하는 일종의 척도나 수단으로 해석해 볼 수 있다는 것이다.

3) Charles Hartshorne, *Omnipotence and other Theological Mistakes* (Albany: State

University of New York, 1984), 32-7을 보라.

4) 이 책의 목적이 하츠혼의 사상을 소개하는 데 있기 때문에 비판적 논의에 초점을 맞추지 않았음을 밝힌다. 따라서 하츠혼의 형이상학에서 미적 죽음의 의미에 관한 비판은 정승태, "찰스 하츠혼의 사상에서 본 죽음의 심미적 의미,"「복음과 실천」(2006 가을호): 131-59를 참조하라.

5) 고전 유신론에 대한 비판은 정승태, "신고전 유신론에 있어서 신 전능성의 문제,"「복음과 실천」(2000): 265-95를 보라

6) Charles Hartshorne, *Wisdom as Moderation: A Philosophy of the Middle Way* (Albany: State University of New York Press, 1987), 51.

7) 사후 생존의 양태는 '환생'(reincarnation), '신체 부활'(bodily resurrection), 혹은 '신체 없는 영혼'(disembodied soul) 등이다. 문자적으로 사후 생존은 죽지 않고 독립적으로 존재할 수 있는 영혼이나 자아가 있다는 것에 대한 믿음을 말한다.

8) Michael Peterson, William Hasker, Brus Reinhenbach, David Basinger, *The Philosophy of Religion: An Introduction to the Philosophy of Religion* (Oxford: Oxford University Press, 1991), 302. 영혼과 신체가 서로 다른 세계에서 파생되었다고 주장하는 플라톤은 영혼은 신체와 달리 불멸하다고 믿었고, 실제 자신의 삶에서 신체의 죽음이 영혼의 해방으로 생각했다. 원래 영혼은 본래 생성계의 모든 사물의 시초인 이데아의 세계에 살고 있다가 신체와 결합하여 신체 속에 들어오게 되었다. 따라서 인간은 이 불완전한 현실 세계에서 영원한 고향인 이데아의 세계를 동경하고 본래의 장소로 돌아가는 것은 당연하다고 플라톤은 믿었다.

9) Rene Descartes, *Discourse on Method and the Meditation* (New York: Penguin Books, 1968), 54.

10) 현재 옥스퍼드 대학의 리처드 스윈번(Richard Swinburne)은 사후 생존의 가능성에서 신체가 없이도 존재할 수 있다고 가정하는 것은 논리적으로 참이라고 진술한다. 그의 *The Evolution of the Soul* (Oxford: Clarendon Press, 1986), 161-73을 참조하라.

11) Hartshorne, *Omnipotence*, 59-62를 참조하라.

12) Hartshorne, *Reality as Social Process: Studies in Metaphysics and Religion* (Boston: The Beacon Press, 1953), 4장을 보라. 정신과 물질의 관계에서 하츠혼은 인식론의 두 부류인 '실재론'(realism)과 '관념론'(idealism)의 종합이라고 보았다. 이런 맥락에서 인간은 물질과 정신의 두 요소가 있을 때에 온전하다고 주장한다.

13) David Griffin,「화이트헤드 철학과 자연주의적 종교론」, 장왕식, 이경호 옮김 (서울: 동과서, 2004), 386-402에서 이러한 오해를 바로 잡고 있다. 그리고 죽음

에 대한 하츠혼의 입장에 비판적인 논의는 John Hick, *Death and Eternal Life* (Louisville: Westminster/John Knox Press, 1994), 217-21을 참조하라.

14) John Hick, *Death and Eternal Life* (Louisville: Westminster/John Knox Press, 1994), 280.

15) Ibid., 281.

16) 전통적인 견해에 대한 비판적 논의들은 Charles Hartshorne, *Beyond Humanism: Essays in the Philosophy of Nature* (Cloucester, Mass.: Peter Smith, 1975), 165-93; Yeager Hudson, *The Philosophy of Religion* (London: Mayfield Publishing Company, 1991), 295-327; 그리고 Michael Peterson, William Hasker, Bruce Reichenbach, David Basinger, *Reason & Religious Belief: An Introduction to the Philosophy of Religion*, 174-92를 보라.

17) Hartshorne, *Wisdom as Moderation*, 52.

18) Donald Wayne Viney, *Charles Hartshorne and the Existence of God* (Albany: State University of New York Press, 1985), 125-7.

19) Hartshorne, *Wisdom as Moderation*, 54.

20) D. Z. Phillips, *Death and Immortality* (London: Macmillan, 1970), 41.

21) Hartshorne, *Omnipotence*, 4.

22) Ibid., 117.

23) 실제로 화이트헤드나 하츠혼은 주체적 불멸성을 철학적 논의에서 가리키는 '인격적 불멸성'(personal immortality)의 개념과 같은 의미로 사용하고 있다.

24) Hartshorne, *Omnipotence*, 117.

25) Hartshorne, *Wisdom as Moderation*, 51-2.

26) Alfred N. Whitehead, *Process and Reality: An Essay in Cosmology* (New York: The Free Press, 1978), 43.

27) Ibid., 43-4.

28) Hartshorne, *Wisdom as Moderation*, 61.

29) Ibid.

30) Ibid., 53.

31) Charles Hartshorne, *Reality as Social Process*, 211.

32) John B. Cobb and David R. Griffin, *Process Theology: An Introductory Exposition* (Philadelphia: Westminster Press, 1976), 116.

33) Ibid.

34) Donald Wayne Viney, *Charles Hartshorne and the Existence of God* (Albany: State University of New York Press, 1985), 121-5.

35) Hartshorne, *Wisdom as Moderation*, 51.

36) Charles Hartshorne, *The Logic of Perfection* (La Salle, Illinois: Open Court, 1962), 260.

37) Ibid., 262.

38) Hartshorne, *Creative Synthesis and Philosophic Method* (La Salle, Illinois: Open Court, 1970), 303.

39) Hartshorne, *The Logic of Perfection*, 253.

40) Ibid.

41) 하츠혼은 불일치나 사소성을 악의 발생의 근거로 제시하는 것처럼 죽음의 미적 가치에서도 이 불일치와 사소성을 미적 가치를 방해하는 동일한 두 요소로 보았다.

42) Hartshorne, *Creative Synthesis and Philosophic Method*, 304.

43) Hartshorne, *Wisdom as Moderation*, 54.

44) Viney, *Charles Hartshorne and the Existence of God*, 41.

45) Hartshorne, *Omnipotence*, 117-8; *Wisdom as Moderation*, 53-6.

46) Hartshorne, *Creative Synthesis and Philosophic Method*, 214.

47) Hartshorne, *The Logic of Perfection*, 246.

48) Hartshorne, *Omnipotence*, 60.

49) Ibid.

50) Ibid., 61.

51) Hartshorne, *Wisdom of Moderation*, 51-2.

52) Hartshorne, *The Logic of Perfection*, 259.

53) Hartshorne, *Omnipotence*, 164.

54) Ibid.

55) Hartshorne, *Wisdom of Moderation*, 51.

56) Ibid.

57) Alfred N. Whitehead, *Religion in the Making* (New York: The Free Press, 1926), 48.

58) Ibid., 47.

59) Alan Gragg, *Charles Hartshorne* (Waco, Texas: Word Books, Publishers, 1973), 72.

60) Ibid., 72-3.

61) Hartshorne, *Wisdom of Moderation*, 53.

62) Ibid.

63) Ibid., 54.

64) Hartshorne, *Wisdom as Moderation*, 62.

65) Santiago Sia, *God in Process Thought* (Bordrecht: Martinus Nijhoff Publishers, 1985), 105에서 재인용.

66) Hartshorne, *The Logic of Perfection*, 239-40.

67) Hartshorne, *Wisdom as Moderation*, 51.

68) Sia, *Charles Hartshorne*, 103.

69) "타자성"이라는 말은 프랑스 철학자 엠마뉘엘 레비나스(Emmanuel Levinas)의 용어를 차용했음을 밝혀둔다. 레비나스는 죽은 자 자신에게 죽음이 무엇인지를 정확히 말해주지도 의미를 제공하지도 않는다고 보았다. 하지만 죽음은 자신의 죽음에 대한 경험이 아니라 타자의 경험이라는 것이다. 타자의 죽음에 "나" 자신을 개방한다. 말하자면 타자의 죽음에 가까이 다가감에서 죽음을 경험한다는 것이다. Denis K. Keenan, *Death and Responsibility* (Albany: State University of New York, 1999)를 보라.

70) Griffin, 「화이트헤드의 철학과 자연주의적 종교론」, 400.

71) Ibid.

제11장

1) Jean-Francois Lyotard, 「포스트모던적 조건」, 이현복 옮김 (서울: 서광사, 1992), 71.

2) Mark C. Taylor, "Reframing Postmodernisms," *Shadow of Spirit: Postmodernism and Religion*, eds. Philippa Berry and Andrew Wernick (London: Routledge, 1992), 11; 포스트모던 논의를 보려면, 배국원, "포스트모더니즘 소묘 II," 「복음과 실천」, 15집 (1992): 83-109를 참조하라.

3) Charles Hartshorne, *Insights and Oversights of Great Thinkers: An Evaluation of Western Philosophy* (Albany: State University of New York Press, 1983).

4) David R. Griffin, *God and Religion in the Postmodern World: Essays in Postmodern Theology* (Albany: State University of New York Press, 1989), 「포스트모던 하나님, 포스트모던 기독교」, 강성도 옮김 (서울: 한국기독교연구소, 2002); David R. Griffin, William A. Beardslee, Joe Holland, *Varieties of Postmodern Theology* (Albany: State University of New York Press, 1989); David R. Griffin, John B. Cobb, Marcus P. Ford, Pete A. Y. Gunter, Peter Ochs, *Founders of Constructive Postmodern Philosophy: Peirce, James, Bergson, Whitehead, and Hartshorne* (Albany: State University of New York Press, 1993).

5) Charles Hartshorne, *Creative Synthesis and Philosophic Method* (La Salle, Illinois: The Open Court Publishing Co., 1970), 44.

6) Alfred North Whitehead, *Science and the Modern World* (Cambridge: Cambridge University Press, 1926), 50; 「과학과 근대세계」, 오영환 옮김 (서울: 서광사, 1991), 82-3.

7) David R. Griffin, "Charles Hartshorne's Postmodern Philosophy," *Hartshorne, Process Philosophy and Theology*, eds. Robert Kane and Stephen H. Phillips (Albany: State University of New York Press, 1989), 1; Griffin, "Charles Hartshorne," *Founders of Constructive Philosophy*, 197.

8) 데리다의 해체, 흔적, 차연의 개념들, 푸코의 광기의 개념을 중심으로 정상과 비정상의 구분, 그리고 로티의 신실용주의를 통한 본질주의에 대한 저항 등은 모던의 로고스 중심주의에 대한 비판을 내포하고 있다. 후기구조주의와 해체주의 등을 살펴보려면, 정승태, 「그까이꺼 해석학 폼나게 풀어보자」 (대전: 침례신학대학교출판부, 2009), 319-94를 참조하라.

9) Alfred North Whitehead, *Process and Reality: An Essay in Cosmology, corredted ed.*, David Ray Griffin and Donald W. Sherburne (New York: The Free Press, 1978), 9; 「과정과 실재: 유기체적 세계관의 구상」, 오영환 옮김 (서울: 민음사,

1994), 59.

10) Kenneth Baynes, James Bohman, and Thomas McCarthy eds., *After Philosophy: End or Transformation?* (Cambridge: MIT Press, 1987); James Edwards, *Ethics Without Philosophy* (Gainesville: University Press of Florida, 1985).

11) Lyotard, 「포스트모던적 조건」, 13-4.

12) Griffin, 「포스트모던 하나님, 포스트모던 기독교」, 32.

13) David R. Griffin, William A. Beardslee, Joe Holland, *Varieties of Postmodern Theology* (Albany: State University of New York Press, 1989), 10-2.

14) Ernst Cassirer, *The Philosophy of the Enlightenment* (New Jersey: Princeton University Press, 1979), 138.

15) David Griffin, 「포스트모던 하나님, 포스트모던 기독교」, 강성도 옮김 (서울: 도서출판 한국기독교 연구소, 2002), 253.

16) Charles Hartshorne, *Beyond Humanism: Essays in the Philosophy of Nature* (Gloucester, Mass.: Peter Smith, 1975), 2-3.

17) Griffin, 「포스트모던 하나님, 포스트모던 기독교」, 139.

18) Hartshorne, *Creative Synthesis and Philosophic Method*, 40.

19) Arthur O. Lovejoy, 「존재의 대연쇄」, 차하순 옮김 (서울: 탐구당, 1984), 259.

20) Charles Hartshorne, "Theistic Humanism," *Hartshorne: A New World View*, ed. Herbert F. Vetter (Cambridge: Harvard Square Library, 2007): 25-7을 보라.

21) 이를테면, 몽테스키외(Brede et de Montesquieu, 1689-1755)의 경우에는 '만일 하나님이 존재한다면, 그는 필연적으로 정의로운 분이어야 한다'고 주장했고, 흄(David Hume, 1711-1776)은 '기적은 자연의 법칙들의 위반이다'고 말하고, 볼테르(Francois-Marie Arouet de Voltaire)는 '종교 제도는 오직 사람들에게 질서를 유지하게 위해서 존재하며… 종교의 모든 것은 이러한 사회적 질서를 고려하기 위해서 필요하다'고 말함으로써 계몽주의 시대의 종교는 이성적 기준에 의해서 움직여지며, 만일 그렇지 않다면 종교적 신앙을 비이성적으로 간주하는 시대였음을 엿볼 수 있다. Isaac Kramnick, ed., *The Portable Enlightenment Reader* (New York: Penguin Books, 1995), 3부에 언급된 "이성과 신," 75-180을 참조하라.

22) Kenneth Baynes, James Bohman, Thomas McCarthy, eds., *After Philosophy: End or Transformation?* (Cambridge: MIT Press, 1987)를 참조하라.

23) Griffin, "Charles Hartshorne," 198-9.

24) Griffin, 「포스트모던 하나님, 포스트모던 기독교」, 35-6; Griffin, "Charles Hartshorne," 199.

25) Griffin, 「포스트모던 하나님, 포스트모던 기독교」, 36-7; Griffin, "Charles Hartshorne," 200-1.

26) Griffin, "Charles Hartshorne," 200.

27) Charles Hartshorne, *The Philosophy and Psychology of Sensation* (Chicago: The University of Chicago Press, 1934), 39-40.

28) Ibid., 128.

29) Griffin, "Charles Hartshorne," 199; 213-4.

30) Charles Hartshorne, *The Logic of Perfection and Neoclassical Metaphysics* (La Salle: Open Court Publishing Co., 1962), 224-6.

31) 정승태, 「합리적 신앙을 위한 종교철학담론」(대전: 침례신학대학교 출판부, 2004), 5장을 참조하라.

32) Hartshorne, *Creative Synthesis and Philosophic Method*, 38-9.

33) Hartshorne, *Divine Relativity*, 89-90.

34) Hartshorne, *Divine Relative: A Social Conception of God*, 3-5, 142; Hartshorne, *The Logic of Perfection*, 63-6, 273-5를 참조하라.

35) Griffin, "Charles Hartshorne's Postmodern Philosophy," 17-8.

36) Charles Hartshorne, *Divine Relativity*, 27-8.

37) Ibid., 28.

38) David Griffin, "Charles Hartshorne's Postmodern Philosophy," Hartshorne, *Process Philosophy, and Theology*, eds. Robert Kane and Stephen H. Phillips (Albany: State University of New York Press, 1989): 1; Griffin "Charles Hartshorne," *Founders of Constructive Postmodern Philosophy: Peirce, James, Bergson, Whitehead, and Hartshorn*, John B. Cobb and Others (Albany: State University of New York Press, 1993): 197. 필자는 과정철학을 재구성주의 철학(reconstructive philosophy)으로 이해한다. 주어진 다양한 자료들을 통해서 현재를 해석하고 만족에 이르는 방식은 단순히 구성적이라기보다는 현재의 재현의 의미가 강하기 때문에 재구성주의 철학이라고 해석했다. 정승태, 「엇갈린 신학들의 풍경」(대전: 하기서원, 2010), 9장 "해체주의 신학과 재구성주의 신학"을 참조하라.

39) Griffin, "Charles Hartshorne's Postmodern Philosophy," 2-3.

40) Mark C. Taylor, *Erring: A Postmodern A/theology* (Chicago: The University of Chicago Press, 1984), 6.

41) Ibid., 5. 마크 테일러의 해체주의 신학에 대한 그리핀의 논의와 쟁점은 Griffin, "Postmodern Theology And A/Theology: A Response to Mark C. Taylor," *Varieties of Postmodern Theology*, 29-61을 참조하라.

42) 월터 앤더슨은 그의 "Reality Isn't What It Used to Be Theatrical Politics, Ready-to-Wear Religion, Global Myths, Primitive Chic, and Other Wonders of the Postmodern World"에서 구성주의를 "우리가 비인간적인 현실에 '하나님의 견지'를 갖지 않고, 그리고 결코 가진 적도 없을 뿐만 아니라 가질 수도 없는 견해"라고 정의한다. 그러면서 그는 구성주의를 "단지 상상적인 세계를 추구하지 않고, 현실적 세계만을 추구하고 있다"고 본다. 이것은 그가 "다양한 사람들의 집단들이 다양한 이야기를 구성하고, 다양한 언어들이 삶을 경험하는 다양한 방식을 구현하기 때문으로 이해한다." Walter Truett Anderson, Reality Isn't What It Used to Be Theatrical Politics, *Ready-to-Wear Religion, Global Myths, Primitive Chic, and Other Wonders of the Postmodern World* (San Francisco: Harper & Row, 1990), 6. 앤드슨의 정의와는 달리, 과정철학은 구성주의를 가치의 심미적 원리에서 구성주의를 말한다. 그래서 필자가 생각하기에는 과정철학은 사물의 느낌적 요소를 구성주의의 한 형태로 이해한 듯하다.

43) Griffin, "Charles Hartshorne's Postmodern Philosophy," 1.

44) Ibid., 1-2.

45) John D. Caputo, *Radical Hermeneutics: Repetition, deconstruction, and the Hermeneutic Project* (Bloomington: Indiana University Press, 1987), 193.

46) Ibid.

47) Dan R. Stiver, 「종교언어철학」, 정승태 옮김 (대전: 침례신학대학교출판부, 2001), 8장을 참조하라.

48) Griffin, "Charles Hartshorne's Postmodern Philosophy," 2-3.

49) Charles Hartshorne, *Wisdom as Moderation: A Philosophy of the Middle Way* (Albany: State University of New York Press, 1987), 5.

50) Ibid., 12.

51) Hartshorne, *Creative Synthesis and Philosophic Method*, 3.

52) Hartshorne, *Divine Relativity*, 27.

53) Gene Edward Weith, 「현대 사상과 문화의 이해」, 오수미 옮김 (서울: 예영커뮤

니케이션, 1998), 89.

54) Hartshorne, *Wisdom as Moderation: A Philosophy of the Middle Way*, 83.

55) Ibid., 84.

56) Ibid.

57) Ibid., 85.

58) Charles Hartshorne, *Creative Synthesis and Philosophic Method*, 198.

59) Ibid., 301.

60) Ibid.

61) Ibid., 306.

62) Ibid.

63) Wayne Viney, "Charles Hartshorne's Philosophy and Psychology of Sensation," *The Philosophy of Charels Hartshorne*, ed. Lewis E. Hahn (La Salle: Open Court Publishing Co., 1991), 92.

64) Hartshorne, *Creative Synthesis and Philosophic Method*, 312.

65) Charles Hartshorne, *The Divine Relativity: A Social Conception of God* (New Haven:Yale University Press, 1976), 1.

제12장

1) Jürgen Moltmann, 「희망의 신학」, 전경연, 박봉랑 옮김 (서울: 대한기독교서회, 1989), 13.

2) Charles Hartshorne, *Wisdom as Moderation: A Philosophy of the Middle Way* (Albany: State University of New York Press, 1987), 131.

3) John B. Cobb, "Hartshorne's Importance for Theology," *The Philosophy of Charles Hartshorne*, ed. Lewis Edwin Hahn (La Salle: Open Court, 1991), 182. 화이트헤드 자신도 역사의 과정은 필연적이라고 보지 않았다. 따라서 역사의 과정에는 완전성이 없다. 그는 이렇게 적고 있다. "역사의 진보는 선행자들에 의한 후속자들의 규정을 고찰함으로써 합리적으로 설명될 수 있다. 그러나 또 한편으로 역사의 진보는 그것이 자신에 관여하고 있는 형상의 어떤 선별된 흐름을 나타내고 있기 때문에 합리적인 설명이 불가능하다. 역사의 내부에서는, 어째서 어떤 다른 형상의 흐름이 아니라 바로 그 형상의 흐름이 예시되어 왔어야만 했는가

하는 데에 대한 이유를 찾아볼 수 없기 때문이다." Alfred North Whitehead, *Process and Reality: An Essay in Cosmology*, eds. David R. Griffin & Donald W. Sherburne (New York: The Free Press, 1978), 46;「과정과 실재: 유기체적 세계관의 구상」, 오영환 옮김 (서울: 민음사, 1994), 124.

4) Lewis S. Ford, *The Lure of God: A Biblical Background for Process Theism* (Philadelphia: Fortress Press, 1978), 119;「설득하시는 하나님」, 정승태 옮김 (서울: 도서출판 누가, 2008), 253-4.

5) Majorie H. Suchoki, *The End of Evil: Process Eschatology in Historical Context* (Albany: State University of New York Press, 1988), 154.

6) Ernest Bloch, *The Principle of Hope*, vol 1, trans. Neville Plaice, Stephen Plaice & Paul Knight (Cambridge: MIT Press, 1996), 7; Charles Hartshrone, *Man's Vision of God: and the Logic of Theism* (New York: Willett, Clarke & Company, 1941), 99.

7) Daniel L. Migliore, *Faith Seeking Understanding: An Introduction to Christian Theology* (Grand Rapids: William B. Eerdmans Publishing Company, 2004), 336.

8) Hartshorne, *Man's Vision of God: and the Logic of Theism*, 99-102를 보라.

9) Charles Hartshorne, *The Logic of Perfection and Other Essays in Neoclassical Metaphysics* (La Salle: Open Court, 1962), 249; 그리고 Hartshorne, *Creative Synthesis and Philosophic Method*, 170-1을 보라.

10) 역사철학자 루빈 콜링우드(Rubin G. Collingwood)는 역사를 '관념의 역사'로 규정하고, 역사를 "과거 경험의 재현"(reenactment of past experience)이라고 단언한다. 이는 역사가의 정신이나 생각이 과거의 경험들을 현재에 재현하는 것이기 때문이다. R. G. Collingwood, *The Idea of History, revised edition* (Oxford: Oxford University Press, 1994), 282-302를 보라.

11) Charles Hartshorne, "A Reply to My Critics," *The Philosophy of Charles Hartshorne*, 650.

12) 하츠혼은 가치가 어떻게 인간경험과 어떻게 연관이 되는지 잘 정리해 주고 있다. 한 인간의 경험 속에는 독특한 가치판단이 이미 구성되어 있기 때문에 하츠혼이 해석학 일반에 대해 언급하지 않지만 해석에서 독자나 저자와 같은 인간 경험을 가진 해석자는 가치판단에서 자유로울 수 없다고 주장한다. Charles Hartshorne, *Creative Synthesis and Philosophic Method* (La Salle: Open Court Publishing Co., 1970), 228-302를 보라.

13) Whitehead, *Process and Reality*, 44;「과정과 실재」, 119.

14) Ibid. 영원한 객체는 항상 현실적 존재들을 위한 가능태이다. 가능태란 단순히

형식이고 아직 이루지 않은 사건이다. 하지만 본질상 그것이 개념적이고 형식화로 느껴지지만, 시간적 세계에 현실적 존재로 진입하여 물리적 사건을 만들어낸다. 그리고 영원한 객체를 결정하는 것은 이른바 과거의 경험이나 자료 또는 과거 역사적 사건들과 상관적인 관계를 가지고 있고, 따라서 영원한 객체 홀로 현실로 진입하지는 않는다.

15) Alfred North Whitehead, *Science and the Modern World* (New York: The Free Press, 1925), 159; 「과학과 근대세계」, 오영환 옮김 (서울: 서광사, 1991), 234. 현실적 세계나 물리적 현상을 이해하기 위해서는 반드시 관념 세계, 즉 영원한 객체와 같은 관념세계를 끌어들여야 한다는 것이 그의 형이상학적 입장이다.

16) Whitehead, *Process and Reality*, 44; 「과정과 실재」, 119.

17) Hartshorne, *Creative Synthesis and Philosophic Method*, 65-6.

18) John B. Cobb and David R. Griffin, *Process Theology* (Philadelphia: Westminster Press, 1976), 154.

19) Hartshorne, *The Logic of Perfection*, 206.

20) Alfred North Whitehead, *Adventures of Ideas* (New York: The Free Press, 1933), 56; 「관념의 모험」, 오영환 옮김 (서울: 한길사, 1996), 121.

21) George R. Lucas, *Two View of Freedom in Process Thought: A Study of Hegel and Whitehead* (Missoula, MT: Scholars Press, 1979), 15.

22) Hartshorne, *The Logic of Perfection*, 161-90을 참조하라.

23) Whitehead, *Process and Reality*, 27; 「과정과 실재」, 88.

24) Hartshorne, *The Logic of Perfection*, 188-9.

25) Whitehead, *Process and Reality*, 171; 「과정과 실재」, 335.

26) 하츠혼은 인과적 효용성을 "생성의 누적성이 인과성이고, 현재 속에 과거의 영향이다"라는 의미로 사용한다. Hartshorne, *Creative Synthesis and Philosophic Method*, 26.

27) Ibid., 44, 101.

28) Charles Hartshorne, "Causal Necessities: An Alternative to Hume," *The Philosophical Review* 63 (Oct. 1954): 497.

29) Whitehead, *Process and Reality*, 27-8; 「과정과 실재」, 91.

30) Ibid. 화이트헤드는 주체-초월체를 자기-초월체라고 표현했다. 이것은 현실적 존재가 경허하고 있는 주체이면서도 동시에 자기를 초월하는 존재라는 의미이다.

31) Charles Hartshrone, *Reality as Social Process: Studies in Metaphysics and Religion* (Boston: The Beacon Press, 1953), 87.

32) Whitehad, *Process and Reality*, 154; 「과정과 실재」, 296. 화이트헤드에 따르면, "발생적으로 선행자를 전제로 하는 일련의 종속적인 위상으로 분석될 수 있다. 중간 단계의 모든 것의 최초의 국면인 여건도 결정적인 개체화의 최종 국면을 결정하지 않는다"고 보았다.

33) Charles Hartshorne, *The Logic of Perfection*, 231.

34) Hartshorne, *Divine Relativity*, 152.

35) Hartshorne, *Omnipotence*, 69-71.

36) 정연홍, 「화이트헤드의 과정철학」 (대전: 충남대학교출판부, 2004), 60.

37) Gregory A. Boyd, *Trinity and Process: A Critical Evaluation and Reconstruction of Hartshorne's Dipolar Theism Toward a Trinitarian Metaphysics* (New York: Peter Lang, 1992), 69.

38) Whitehead, *Process and Reality*, 88; 「과정과 실재」, 190-1.

39) John B. Cobb and David R. Griffin, *Process Theology* (Philadelphia: Westminster Press, 1976), 25.

40) Jurgen Moltmann, *The Coming of God: Christian Eschatology* (Minneapolis: Fortress Press, 1996), 140.

41) Hartshorne, *Divine Relativity*, 141.

42) Ibid., 142.

43) Whitehead, *Process and Reality*, 346; 「과정과 실재」, 595.

44) Harthsorne, *The Logic of Perfection*, 313. 하츠혼의 형이상학에서 신도 개인이고 그의 피조물도 개인이다. 피조물과는 달리 신은 "우주적 개인"(universal or cosmic individual)이다. Ibid., 242.

45) Ibid.

46) Ford, *The Lure of God*, 36; 「설득하시는 하나님」, 94-5.

47) Hartshorne, *The Logic of Perfection*, 314-5.

48) Hartshorne, *Divine Relativity*, 138-9.

49) Hartshorne, *Wisdom as Moderation*, 132. 하츠혼은 철학자 에른스트 블로흐와 위르겐 몰트만이 주장한 것처럼 미래의 약속이나 목적에 의해서 현재로 오는

것이 아니라 현재의 자유로운 행위에 따라서 미래가 생성된다고 보았다. 말하자면, 미래의 사건은 목적에 의해서 필연적으로 완성되는 것이 아니라 우연적으로 생성되기 때문에 그것이 파멸적일 수도 있고 희망적일 수도 있다는 것이다. 그래서 하츠혼은 인간 역사의 마지막 시대가 파멸되지 않기 위해서 핵, 생태, 경제의 문제들에 대한 우리의 노력이 무엇보다 중요하며, 그리고 종교의 역할도 이런 미래적 종말론의 상황에 맞추어서 강조되어야 한다고 주장한다. "이 지구상에 있는 생명에 초점을 맞추는 종교는 천국에 대한 초점을 맞추어서는 안 되며, 우리 중 어떤 사람들의 필요에 초점을 맞추어야 한다. 하지만 그러한 초점은 단지 우리 국가의 '비대해지는 것'에 초점을 맞추지 말고, 지구의 필요에 초점을 맞추어야 한다." Ibid., 135.

50) Hartshorne, *Man's Vision of God*, 99.

제13장

1) Alfred North Whitehead, *Process and Reality: An Essay in Cosmology* (New York, The Free Press, 1978), 5-7; 과정과 실재: 「유기체적 세계관의 구상」, 오영환 옮김 (서울: 민음사, 1994), 52-3.

2) David Griffin, "Hartshorne's Differences from Whitehead," *American Academy of Religion* 5 (1973): 35-57. 나는 신의 유용성을 언급하면서 화이트헤드와 하츠혼의 차이를 언급하지 않은 것이 못내 마음에 걸려 마지막 나가는 장에서 언급했음을 밝힌다.

3) 경험론자 존 로크(John Lock)는 단순관념과 복합관념을 구분한다. 관념을 얻는 방식은 대상과의 관계에서 제1성질과 제2성질을 통해서 가능한데, 제1성질은 고체성과 연장, 모양, 운동과 정지 수이고, 제2성질은 색이나 소리, 맛과 향기 등이다. 제1성질이 대상에 속하는 성질이라면 제2성질은 이러한 관념을 만들어 주는 힘 이외에는 물체에 속하지도 그것을 구성하지도 않는다.

4) Charles Hartshorne and William L. Reese, *Philosophers Speak of God* (Amherst: Humanity Books, 2000). vii-x.

5) Charles Hartshorne, *The Divine Relativity: A Social Conception of God*, (New Haven: Yale University Press, 1948), 25.

6) Ibid., xi.

7) Charles Hartshorne, *Omnipotence: and Theological Mistakes* (Albany: State University of New York Press, 1984), x; 「하나님은 어떤 분이신가: 하나님의 전능하심과 여섯 가지 신학적인 오류」, 홍기석, 임인영 외 옮김 (서울: 한들출판사, 1995), 5.

8) Charles Hartshorne, *A Natural Theology for Our Time* (La Salle: Open Court Publishing Co., 1967), 3-7. 이 책은 하츠혼이 1964년에 행한 유니온 신학교의 "모스 강연"(The Morse Lectures)의 결과로 1967년에 출판되었다.

9) Charles Hartshorne, *Wisdom as Moderation: A Philosophy of the Middle Way* (Albany: State University of New York Press, 1987), 83.

10) Ibid., 84.

11) Hartshorne, *Divine Relativity*, 141.

12) Ibid., 142.

13) Nicholas Rescher, *Process Metaphysics: An Introduction to Process Philosophy* (Albany: State University of New York Press, 1996), 38; 「과정형이상학과 화이트헤드」, 장왕식 옮김 (대구: 이문출판사, 2010), 70.

14) Harold Kushner, 「어린이들이 하나님에 관해 물을 때」, 노은석, 정승태 옮김 (대전: 이화출판사, 2010).

15) Charles Hartshorne, *Hsrtshorne: A New World View*, ed. Herbert F. Vetter (Cambridge, Massachusetts: Harvard Square Library, 2007), 52.

16) Charles Hartshorne, *Omnipotence: and Theological Mistakes* (Albany: State University of New York Press, 1984), 121; 「하나님은 어떤 분이신가: 하나님의 전능하심과 여서 가지 신학적인 오류」, 홍기석, 임인영 외 옮김 (서울: 한들출판사, 1995), 164.

17) Hartshorne, *Hartshorne: A New World View*, 50.

18) Daniel A. Dombrowski, *Divine Beauty: The Aesthetics of Charles Hartshorne* (Nashville: Vanderbilt University Press, 2004), 189.

19) Ibid., 93

20) Hartshorne, *Omnipotence*, 122; 「하나님은 어떤 분이신가」, 164-5.

21) Charles Hartshone, *Wisdom as Moderation: A Philosophy of the Middle Way* (Albany: State University of New York Press, 1987), 69.

22) T. S. Elliot, *The Complete Poems and Plays*, 416에서 인용. 이 시는 원래 라일리가 어느 길이 더 나으냐고 묻는 실리아의 질문에 대해서 엘리엇이 대답한 시다.

23) Charles Hartshorne, *Creative Synthesis and Philosophic Method*, 50.

24) Whitehead, *Process and Reality*, 15; 「과정과 실재」, 69.

25) Edward O. Wilson, 「통섭: 지식의 대통합」, 최재천, 장대익 옮김 (서울: 사이언스 북스, 2005), 459.

26) Ibid., 508.

27) Hartshorne, Omnipotence, 113; 「하나님은 어떤 분이신가」, 153-4

28) 이상배, "진, 선, 미: 미의 신학을 향하여," 「복음과 실천」, 제15집 (1992): 183-202.

29) Ibid., 200.

30) Hartshorne, *Wisdom as Moderation: A Philosophy of the Middle Way* (Albany: State University of New York Press, 1987), 1.

31) Hartshorne, *Wisdom as Moderation*, 88.

32) Dante, 「신곡」, 김의경 옮김 (서울: 혜원출판사, 1996), 제3곡, 9행, 21. "여기 들어오는 자, 모든 희망을 버리라"의 문장은 "나를 거쳐 가려는 자는 모든 희망을 버려라"로 번역되기도 한다.

33) Charles Hartshorne, "Chance, Love, and Incompatibility." 이 글은 하츠혼이 1949년 4월 29일 미국 오하이오 콜럼버스 미국 철학협회 서부지부에서 회장 수락 연설이다. 이 논문은 수정하여 그의 *Reality as Social Press: Studies in Metaphysics and Religion* (Boston: The Beacon Press, 1953), 제5장에 개재했다.

34) Ibid.

35) Hartshorne, *Wisdom as Moderation*, 92.

36) Ibid.

37) Ibid., 93-4.

참고자료

1. 단행본

강성도. 「화이트헤드의 과정철학 입문」. 서울: 조명문화사, 1992.

고 목. 「화이트헤드의 유기체 철학과 불교」. 서울: 시간과 공간, 1999.

김경재. 「과정철학과 과정신학」. 서울: 전망사, 1988.

김상일. 「수운과 화이트헤드」. 서울: 지식 산업사, 2001.

_____. 「화이트헤드와 동양철학」. 서울: 서광사, 1993.

문창옥. 「화이트헤드 과정철학의 이해」. 서울: 통나무, 1999.

박영식. 「고난과 하나님의 전능」. 서울: 동연, 2012.

손효현. 「아름다움과 악: 화이트헤드의 미학과 신정론」, 3권. 서울: 한들출판사, 2009.

_____. 「신학적 미학 서설」, 1권. 서울: 한들출판사, 2009.

_____. 「하나님, 왜 세상에 악이 존재합니까」. 서울: 열린서원, 2005.

안형관. 「화이트헤드 철학의 이해」. 대구: 이문출판사, 1988.

오영환. 「화이트헤드와 인간의 시간경험」. 서울: 통나무, 1997.

장왕식. 「종교적 상대주의를 넘어서: 과정신학으로 종교다원주의를 넘어서기」. 서울: 대한기교서회, 2002.

정승태. 「그까이꺼 해석학! 폼나게 풀어보자!」. 대전: 침례신학대학교출판부, 2005.

_____. 「합리적인 신앙을 위한 종교철학담론」. 수정증보판. 대전: 침례신학대학교출판부, 2009.

_____. 「철학에 관한 신앙적·신학적 성찰」. 대전: 침례신학대학교출판부, 2008.

정장길. 「화이트헤드와 새로운 민중신학: 민중신학의 패러다임적 대전환 - 한국식 과정신학」. 서울: 한국기독교연구소, 2004.

Basinger, David. *Divine Power in Process Theism: A Philosophical Critique*. Albany: State University of New York Press, 1988.

Brown, Delwin. *To Set at Liberty: Christian Faith and Human Freedom*.

Maryknoll: Orbis Books, 1981.

Case-Winters, Anna. God's Power: *Traditional Understandings and Contemporary Challenges*. Louisville: Westminster/John Knox Press, 1990.

Cobb, John B. 「과정신학과 불교」. 김상일 옮김. 서울: 대한기독교서회, 1988.

_____. 「은총과 책임」. 심광섭 옮김. 서울: 기독교대한감리회 홍보출판국, 1997.

_____. 「존재구조의 비교연구: 과정신학의 기독교 이해」. 김상일 역. 서울: 전망사, 1980.

_____. *Christian Natural Theology: Based on the Thought of Alfred North Whitehead*. Philadelphia: The Westminster Press, 1975.

_____. *God and the World*. Philadelphia: The Westminster Press, 1974.

_____, and David Griffin. 「과정신학」. 류기종 옮김. 서울: 도서출판 열림, 1993.

Ford, Lewis S. 「설득하시는 하나님」. 정승태 역. 서울: 도서출판 누가, 2008.

_____. *The Emergence of Whitehead's Metaphysics: 1925-1929*. Albany: State University of New York Press, 1984.

Gragg, Alan: Charles Hartshorne. Waco: Word Books, Publisher, 1976.

Griffin, David. 「포스트모던 하나님 포스트모던 기독교」. 강성도 옮김. 서울: 한국기독교연구소, 2002.

_____. 「화이트헤드 철학과 자연주의적 종교론」. 장왕식, 이경호 옮김. 서울: 동과서, 2004.

Hick, John. 「신과 인간 그리고 악의 종교 철학적 이해: 아우구스티누스에서 플란팅가까지 신정론의 역사」. 김장생 옮김. 서울: 열린 책들, 2007.

Jackson, Gordon E. *Pastoral Care and Process Theology*. New York: University of Press of America, 1981.

James, Ralph. *The Concrete God: A New Beginning for Theology-The Thought of Charles Hartshorne*. Indianapolis: The Bobbs-Merrill Company, Inc., 1967.

Johnson, A. H. *Whitehead's Theory of Reality*. Boston: The Beacon Press, 1952.

Leclerc, Ivor. 「화이트헤드 형이상학 이해의 길잡이」. 안형관 옮김. 대구: 이문출판사, 2003.

Lucas, George R. *The Rehabilitation of Whitehead: An Analytic and Historical*

      Assessment of Process Philosophy. Albany: State University of New York Press, 1987.

_____. *Two Views of Freedom in Process Thought: A Study of Hegel and Whitehead*. Missolula, Montan: American Academy of Religion, 1979.

May, Wolf. *The Philosophy of Whitehead*. London: Allen & Unwin, 1959.

McDaniel, Jay., and Donna Bowman. *Handbook of Process Theology*. St. Louise: Chalice Press, 2006.

Mellert, Robert. 「과정신학입문」. 홍정수 옮김. 서울: 대한기독교서회, 1989.

Mesle, Robert. *Process Theology: A Basic Introduction*. St. Louis, Missouri: Chalice Press, 1993.

Morris, Randall C. *Process Philosophy and Political Ideology*. Albany: State University of New York Press, 1991.

Moskop, John C. *Divine Omniscience and Human Freedom: Thomas Aquinas and Charles Hartshorne*. Macon: Mercer University Press, 1984.

Nash, Ronald., ed. *Process Theology*. Grand Rapids: Baker Books, 1989.

Odin, Steve. 「과정형이상학과 화엄불교」. 안형관 옮김. 대구: 이문출판사, 1999.

Ogden, Schubert M. *Faith and Freedom: Toward a Theology of Liberation*. Nashville: Abingdon Press, 1989.

Peters, Eugene H. *Hartshorne and Neoclassical Metaphysics: An Interpretation*. Lincoln: University of Nebraska Press, 1970.

Peterson, Michael. *Evil and the Christian God*. Grand Rapids: Baker Book House, 1982.

Pittenger, Norman. *The Last Things in a Process Perspective*. London: Epworth Press, 1970.

_____. *The Lure of Divine Love: Human Experience and Christian Faith in a Process Perspective*. New York: Pilgrim Press, 1979.

Rescher, Nicholas. *Process Metaphysics: An Introduction to Process Philosophy*.

New York: State University of New York Press, 1996.

Ross, Stephen David. *Perspective in Whitehead's Metaphysics*. Albany: StateUniversity of New York Press, 1983.

Rust, Eric C. *Evolutionary Philosophers and Contemporary Theology*. Philadelphia: The Westminster Press, 1983.

Schmidt, Paul F. *Perception and Cosmology in Whitehead's Philosophy*. New Brunswick: Rutgers University Press, 1967.

Shields, George W. ed. *Process and Analysis: Whitehead, Hartshorne, and the Analytic Tradition*. Albany: State University of New York Press, 2003.

Suchocki, Marjorie H. *The End of Evil: Process Eschatology in Historical Context*. Albany: State University of New York Press, 1988.

_____. *God, Christ, Church: A Practical Guide to Process Theology*. New York: Crossroad, 1992.

Viney, Donald W. *Charles Hartshorne and the Existence of God*. Albany: State University of New York Press, 1985.

Whitehead, Alfred N. 「교육의 목적」. 오영환 옮김. 서울: 궁리, 2004.

_____. 「과정과 실재: 유기체적 세계관의 구상」. 오영환 옮김. 서울: 민음사, 1991.

_____. 「과학과 근대세계」. 오영환 옮김. 서울: 서광사, 1991.

_____. 「관념의 모험」. 오영환 옮김. 서울: 한길사, 1996.

_____. 「상징작용: 그 의미와 효과」. 정연홍 역. 서울: 서광사, 1989.

_____. 「열린 사고와 철학」. 오영환 옮김. 서울: 고려원, 1992.

_____. 「이성의 기능」. 김용옥 역안. 서울: 통나무, 2000.

_____. 「종교론」. 류기종 옮김. 서울: 종로서적, 1986.

_____. 「화이트헤드와의 대화」. 서울: 궁리, 2006.

Whitney, Barry L. *Evil and the Process God*. New York: The Edwin Mellen Press, 1985.

Williams, Daniel Day. *The Spirit and the Forms of Love*. New York: University Press of

America, 1981.

_____. *God's Grace and Man's Hope*. New York: Harper & Berothers Publishers, 1949.

2. 정기간행물

문창옥. "창조성과 궁극자의 범주."「화이트헤드연구」, 창간호 (1998): 53-75.

_____. "화이트헤드의 과정철학에서 인격적 동일성의 문제."「한국 철학회」, 53 (1997): 81-106.

이태호. "창조성, 다자 일자와 사물, 있는 것, 존재자의 관련성."「창조성의 형이상학」. 한국 화이트헤드 학회. 서울: 동과서, 1998: 76-100.

전 철. "후기 화이트헤드에 있어서 체계와 환경의 문제: 과정과 실재의 '지속'과 '변형' 개념을 중심으로."「화이트헤드연구」, 18 (2009): 1-21.

정승태. "과정 신정론: 찰스 하츠혼을 중심으로."「복음과 실천」, 30 (2002): 85-110.

_____. "신고전 유신론에 나타난 신 전능성의 문제."「복음과 실천」, 27 (2000): 265-95.

_____. "신의 전지성과 인간의 자유: 찰스 하츠혼을 중심으로."「복음과 실천」, 28 (2001): 65-98.

_____. "존재론적 논증: 찰스 하츠혼을 중심으로."「복음과 실천」, 34 (2004): 109-32.

_____. "찰스 하츠혼의 인간이해."「복음과 실천」, 32 (2003): 157-82.

_____. "포스트모던 신앙의 가능성: 찰스 하츠혼을 중심으로."「복음과 실천」, 36 (2005): 145-70.

_____. "찰스 하츠혼의 사상에서 본 죽음의 심미적 의미."「복음과 실천」, 38 (2006):131-160.

Basinger, David. "Human Freedom and Divine Providence: Some New Thought on an Old Problem." *Religious Studies* (1979): 491-510.

Burrell, David B. "Does Process Theology Rest on a Mistake?" *Theological Studies* 43 (1982): 125-35.

Christian, William. "An Appraisal to Whiteheadean Nontheism." *Southern Journal of hilosophy* 15 (1967): 27-35.

Griffin, David R. "Hartshorne's Difference from Whitehead." *American Academy of Religion*, 5 (1973):35-57.

Walker, Theodore. "Hartshorne's Neoclassical Theism and Black Theology." *Proces Studies* 18 (Winter 1989): 240-58.

Wheeler, David L. "Toward a Process-Relational Christian Soteriology." *Process Studies* 18 (Summer 1989): 102-13.

내 소견에는 사람이 자기 일에
즐거워하는 것보다 나은 것이 없나니
이는 그의 본분이라

- 전도서 3장 22절 -

저　　자	정 승 태
발 행 인	배 국 원
초판발행	2013년 4월 10일
등록번호	출판 제6호(1979. 9. 22)
발 행 처	침례신학대학교 출판부(하기서원)
주　　소	대전광역시 유성구 북유성대로 190(305-358)
전　　화	(042)828-3255, 3257
팩　　스	(042)828-3256
홈페이지	http://www.kbtus.ac.kr
이 메 일	public@kbtus.ac.kr

값 17,000원
ISBN 978-89-93630-41-1　　93230